考前充分準備　臨場沉穩作答

公務人員

「高等考試三級」應試類科及科目表

高普考專業輔考小組◎整理

完整考試資訊

http://goo.gl/LaOCq4

✪普通科目

1.國文◎（作文60%、公文20%與測驗20%）

2.法學知識與英文※（中華民國憲法30%、法學緒論30%、英文40%）

✪專業科目

類科	科目
綜合行政	三、行政法◎　四、行政學◎ 五、公共政策　六、政治學
社會行政	三、行政法◎　四、社會學與社會工作 五、社會研究法　六、社會研究法社會政策與社會立法及社會福利服務
人事行政	三、行政法◎　四、行政學◎ 五、現行考銓制度　六、公共人力資源管理
勞工行政	三、行政法◎　四、勞資關係 五、就業安全制度　六、勞工行政與勞工立法
文化行政	三、本國文學概論　四、文化行政與文化法規 五、藝術概論　六、文化人類學
教育行政	三、教育行政學　四、教育哲學與比較教育 五、課程與教學　六、教育心理與測驗統計
財稅行政	三、財政學◎　四、民法◎ 五、會計學◎　六、稅務法規◎
金融保險	三、保險學◎　四、 經濟學與會計學 五、貨幣銀行學　六、財務管理與投資學
統計	三、統計學　四、經濟學◎ 五、資料處理　六、抽樣方法與迴歸分析
會計	三、財政學◎　四、中級會計學◎ 五、會計審計法規（包括預算法、會計法、決算法與審計法）◎ 六、政府會計◎　七、成本與管理會計◎
法制	三、行政法◎　四、立法程序與技術 五、民法◎　六、刑法 七、民事訴訟法與刑事訴訟法

廉政	三、行政法◎　　四、行政學◎ 五、公務員法（包括任用、服務、保障、考績、懲戒、交代、行政中立、利益衝突迴避與財產申報） 六、刑法與刑事訴訟法或經濟學概論與財政學概論(選試科目)
交通行政	三、運輸學　　四、運輸經濟學 五、運輸規劃學　六、交通政策與行政
土木工程	三、材料力學　　四、土壤力學（包括基礎工程） 五、測量學　　六、鋼筋混凝土學與設計 七、營建管理與工程材料
水利工程	三、流體力學　　四、水文學 五、水利工程　　六、渠道水力學
水土保持工程	三、坡地保育規劃與設計（包括沖蝕原理) 四、集水區經營與水文學 五、水土保持工程（包括植生工法) 六、坡地穩定與崩塌地治理工程
機械工程	三、熱力學 四、流體力學與工程力學（包括靜力學、動力學與材料力學） 五、機械設計　　六、機械製造學（包括機械材料）
職業安全衛生	三、工業安全管理（包括應用統計） 四、工業安全衛生法規 五、工業衛生概論與人因工程 六、安全工程
電力工程	三、計算機概論　四、電路學與電子學 五、電機機械　　六、電力系統

註：應試科目後加註◎者採申論式與測驗式之混合式試題(占分比重各占50%)，應試科目後加註※者採測驗式試題，其餘採申論式試題。

各項考試資訊，以考選部正式公告為準。

千華數位文化股份有限公司
新北市中和區中山路三段136巷10弄17號
TEL: 02-22289070　FAX: 02-22289076

公務人員

「普通考試」應試類科及科目表

高普考專業輔考小組◎整理

完整考試資訊

http://goo.gl/7X4ebR

✪普通科目

1.國文◎（作文60%、公文20%與測驗20%）

2.法學知識與英文※（中華民國憲法30%、法學緒論30%、英文40%）

✪專業科目

類科	科目
綜合行政	三、行政法概要※　四、行政學概要※ 五、公共政策概要◎
社會行政	三、行政法概要※　四、社會工作概要◎ 五、社會政策與社會立法概要◎
人事行政	三、行政法概要※　四、行政學概要※ 五、公共人力資源管理概要
勞工行政	三、行政法概要※　四、勞資關係概要 五、勞工行政與勞工立法概要
文化行政	三、本國文學概要　四、藝術概要 五、文化行政概要
教育行政	三、行政法概要※　四、教育概要 五、教育行政學概要
財稅行政	三、稅務法規概要◎　四、會計學概要◎ 五、民法概要◎
會計	三、會計學概要◎　四、成本與管理會計概要◎ 五、政府會計概要◎
廉政	三、行政法概要※ 四、公務員法（包括任用、服務、保障、考績、懲戒、交代、行政中立、利益衝突迴避與財產申報）概要 五、刑法與刑事訴訟法概要或經濟學概要與財政學概要(選試科目)
交通行政	三、運輸學概要　四、運輸經濟學概要 五、交通政策與行政概要
土木工程	三、材料力學概要　四、鋼筋混凝土學概要 五、測量學概要與土木施工學概要

水利工程	三、流體力學概要　四、水文學概要 五、水利工程概要
水土保持工程	三、水土保持（包括植生工法）概要 四、集水區經營與水文學概要 五、坡地保育（包括沖蝕原理)概要
機械工程	三、機械力學概要　四、機械製造學概要 五、機械設計概要
職業安全衛生	三、工業安全衛生法規概要 四、工業安全管理（包括應用統計）概要與工業衛生概要 五、安全工程概要
電力工程	三、電工機械概要　四、輸配電學概要 五、電子學概要

註：應試科目後加註◎者採申論式與測驗式之混合式試題(占分比重各占50%)，
應試科目後加註※者採測驗式試題，其餘採申論式試題。

各項考試資訊，以考選部正式公告為準。

千華數位文化股份有限公司
新北市中和區中山路三段136巷10弄17號
TEL: 02-22289070　FAX: 02-22289076

注意！考科大變革！

112年起
高普考等各類考試刪除列考公文

考試院院會於110年通過，高普考等各類考試國文**刪除列考公文**。**自112年考試開始適用**。

考試院說明，高普考試普通科目國文原列考公文，考量現行初任公務人員基礎訓練已有安排公文寫作課程，各機關實務訓練階段，亦會配合業務辦理公文實作訓練，故不再列考。

等別	類組	變動	新規定	原規定
高考三級、地方特考三等	各類組	科目刪減、配分修改	各類科普通科目均為：國文（作文與測驗）。其占分比重，分別為**作文占80%，測驗占20%**，考試時間二小時。	各類科普通科目均為：國文（作文與測驗）。其占分比重，分別為作文占60%，公文20%，測驗占20%，考試時間二小時。
普考、地方特考四等				
初等考試、地方特考五等		科目刪減	各類科普通科目均為：**國文刪除公文格式用語**，考試時間一小時。	各類科普通科目均為：國文（包括公文格式用語），採測驗式試題，考試時間一小時。

參考資料來源：考選部

～以上資訊請以正式簡章公告為準～

千華數位文化股份有限公司
新北市中和區中山路三段136巷10弄17號
TEL: 02-22289070　FAX: 02-22289076

原來這樣會違規！

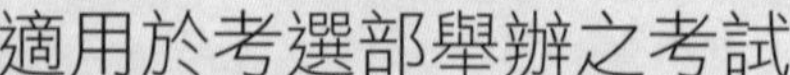

適用於考選部舉辦之考試

扣考

若發生以下情形，應考人不得繼續應考，其已考之各科成績不予計分。

- 把小抄藏在身上或在附發之參考法條中夾帶標註法條條次或其他相關文字之紙張。
- 考試試題註明不可以使用電子計算器時，使用電子計算器(不論是否為合格型號)。
- 在桌子上、椅子、墊板、原子筆、橡皮擦、修正帶、尺、手上、腿上、或入場證背面等刻寫小抄。
- 電腦化測驗時，因為題目不會寫，憤而破壞電腦設備。

依試場規則第4條第1項第5、7、10款；第5條第1項第1、5款規定處理。

不予計分

- 混合式試題考試結束時誤將試卷或試卡夾在試題上攜出試場。
- 非外國文科目，使用外國文作答。（外國文科目、專有名詞及有特別規定者，不在此限）。

依試場規則第4條第2項、第10條規定處理。

-20分

- 考試開始45分鐘內或規定不得離場時間內，就繳交試卷或試卡，未經監場人員同意，強行離開試場。
- 電腦化測驗僅能用滑鼠作答，自行使用鍵盤作答。

依試場規則第5條第1項第1、6款規定處理。

-5分

視以下情節輕重，扣除該科目成績5分至20分。

- 坐錯座位因而誤用別人的試卷或試卡作答。
- 裁割或污損試卷（卡）。
- 在試卷或試卡上書寫姓名、座號或不應有文字。
- 考試時用自己準備的紙張打草稿。
- 考試前沒有把書籍、筆記、資料等文件收好，並放在抽屜或桌子或椅子或座位旁。
- 考試時，行動電話放在衣服口袋中隨身攜帶，或放在抽屜或桌子或椅子或座位旁。
- 考試開始鈴響前在試卷或試卡上書寫文字。
- 考試結束鈴聲響畢，仍繼續作答。
- 使用只有加減乘除、沒有記憶功能的陽春型計算器，但不是考選部公告核定的電子計算器品牌及型號。

依試場規則第6條第1、2、4、6、7、8、9款。

-3分

視以下情節輕重，扣除該科目成績3分至5分。

- 攜帶非透明之鉛筆盒或非必要之物品，經監場人員制止而再犯。
- 考試時間結束前，把試題、答案寫在入場證上，經監場人員制止，仍強行帶離試場。

依試場規則第6條第1、2、4、6、7、8、9款。

千華數位文化股份有限公司
新北市中和區中山路三段136巷10弄17號
TEL: 02-22289070　FAX: 02-22289076

目次

第4章 刑罰理論

第5章 保安處分

第二部分 最新實務見解

第三部分 相關法規

第四部分 高分精選題庫

第五部分 歷年試題及解析

國考大師帶你輕鬆上榜

關於刑法總則一科之研讀，常遭遇到的問題，無非是刑法學上存有許多特殊概念，在許多爭議問題上，不僅學說上產生諸多相異見解，實務運作上也往往未能採取一致立場，造成彷彿在汪洋大海中漂浮，莫衷一是。

不可諱言地，在法律學科中，刑法理論的抽象性、複雜性遠高於其他領域（如：民商法律等），常造成在學習時，或有認為刑法一科的投資報酬率較低，或有在研讀繁多爭議問題時倍感受挫，或有在花費許多時間、心力後仍覺無所適從，這往往是由於未能掌握正確的學習方法所致！

本書「國考大師教您看圖學會刑法總則」即是為了解決在學習刑法總則時所遭遇之困境，由圖表式學習的觀點切入，引領建立起刑法總則之體系架構，輔以刑法學上各式各樣的學說理論，佐以實務見解的運用，以此鳥瞰式學習法，相輔相成地建構起對於刑法總則一科的完整認識；透過本書的引導，將會發現：原來刑法總則不若想像中的複雜；刑法學者們在許多議題上的爭論，原來都是各有所本；各個理論學說的演進，均是有其時空背景或所欲追求的目的；原來可以如此悠遊自如地徜徉在刑法總則的浩瀚學涯中，無入而不自得！

刑法總則權威 任穎

導讀

本書由基礎理論出發，介紹刑法總則的體系架構，包括三階層理論與二階層理論（即負面構成要件理論）對於犯罪行為之解釋，其次則是關於競合理論之內容，期以解決刑法上論罪科刑之問題，最後則是有關犯罪行為之法律效果，包括刑罰及保安處分在內。

在開始進入本書內容之前，必須先建立起「刑法之最後手段性」的觀念，所謂「刑法之最後手段性」係指刑罰以外之法律效果若能有效防止不法行為時，即應避免採取刑罰，此乃憲法上比例原則之體現，學者或稱此為「刑法之謙抑思想」（參見甘添貴，月旦別冊，P.160、161）；詳言之，刑法具有：

一、**補充性**：指刑法具有防止犯罪之最後手段性質。

二、**片斷性**：刑法處罰對象之行為限於對人類重大生活利益造成侵害之行為，故刑法僅保護部分之人類生活利益，此即刑法之片斷性。

三、**寬容性**：刑罰以外之社會統制手段若較能保護社會法益，即無須刑法介入。

在學習刑法學上的諸多概念與理論時，常可發現「刑法最後手段性」之身影穿梭其中，許多刑法學上的疑難問題，也常透過「刑法最後手段性」的觀點尋求最適當的解決方式，應謹記在心！

其次，刑法總則條文之修正，反映刑法實務界及學界對刑事政策之影響，亦屬命題焦點所在。舉例言之，刑法總則修正草案於民國94年1月7日經立法院三讀通過，同年2月2日經總統正式公布，於95年7月1日起正式施行，此乃刑法總則歷年來最大幅度之修正，其修正重點如：將拘束人身自由之保安處分納入罪刑法定原則、關於新舊法律比較改採「從舊從輕原則」、限縮§10「公務員」之定義、修正違法性錯誤之罪責、修正責任能力中關於精神狀態之用語、原因自由行為之明文化規定、修正不能犯之行為不罰、將「共犯」章更名為「正犯與共犯」、對教唆犯之立法例改採限制從屬性理論、限縮褫奪公權之適用範圍、修正得易科罰金之條件、修正提高罰金易服勞役之期限、提高數罪併罰執行刑之上限、廢除§55牽連犯及§56連續犯、將自首改為得減輕其刑、增設附條件之緩刑、修正緩刑之效力不及於從刑、提高無期徒刑之假釋門檻、增訂重罪累犯及有再犯危險之性侵害罪犯不得假釋之規定、修正追訴權時效停止進行之時點、延長追訴權及行刑權時效期間、修正性侵害犯罪強制治療之規定、修正增訂宣付監護處分及禁戒處分之要件、由「裁量宣告制」改採「義務宣告制」及修正保安處分之期間等；另外104年12月30日修正刑法第2、11、36、38、40、51、74、84條，並增訂第五章之一、第五章之二，諸此修正條文常為命題焦點，應多留心法律修正之趨勢！

試題落點與分析

刑法總則一直是各類科國家考試必考科目，刑法中重要的原理原則都體現於總則中各條文之規定中，因此精讀刑法總則中各條條文規定、了解與刑法總則條文搭配的各項刑法原理原則，是準備刑法總則最好方式。

一、考試準備方法

綜觀各項國家考試的刑法總則題目，可以發現刑法總則的考點大多結合刑法分則之犯罪行為出題，亦即是：大部分的考題都是描述行為人的犯罪行為態樣與犯罪事實之涵攝，找出適用的刑法分則和刑法總則條文。例如，在多數行為人的題型，除了涵攝其犯罪事實、找出所應適用刑法分則之條文（如第271條殺人罪、第339條詐欺罪）之外，還可以引述第四章正犯與共犯之規定；另外，如一個犯罪行為該當於多個犯罪之構成要件者，尚有第55條，想像競合規定之適用。就準備方法上，應注意配合研讀下列重點：

(一) 基本原理原則之學理及法條。

(二) 考試近五年內之新修法條、制度和修訂及立法理由。

(三) 重要實務見解與新近實務見解。

二、考點分析

從近五年各國家考試類科的刑法總則考題來看：

(一) 基本上考點都集中在第12條至第31條：從行為人之主觀構成要件—故意或過失，考到論處刑責時之個人加重或減輕要件、阻卻違法事由、未遂理論、正犯與從犯理論等。此部分，除了法條明示之原則外，考生亦須研讀法條背後的學理基礎，以近五年之刑總考題來觀察，這幾年較常出現的考點是「錯誤」系列，以及阻卻違法事由（第21條至第24條）、行為之未遂概念（第25條之普通未遂或稱障礙未遂、第26條之不能未遂）。

(二) 第1條至第11條之法例規定也有機會出題，但多在解題前階段即須檢驗，如管轄權（第3條到第9條）、公務員、重傷害（第10條）等等。特別注意因跨境電信詐騙之新興犯罪之盛行，於105年11月30日就第5條予以修正。106年的身障三等特考即出現相關考題。

(三) 若行為人成立之犯罪有多數者，結論一定要寫到犯罪之競合。

(四) 刑法沒收制度於105年大幅修正，如考題中論及「犯罪所得」者，均應提出依新法得予沒收之解答。

(五) 其他如緩刑、累犯、假釋等規定，雖出現頻率相對低，但還是要加以了解熟知。

考點	法例	故意、過失、不作為犯等	錯誤（事實錯誤、法律錯誤）	罪責（阻卻罪責事由）	阻卻違法事由	未遂犯、不能犯、中止犯	正犯與從犯	刑（沒收、累犯、緩刑、假釋等）	競合
法條範圍	§1～§10	§12～§15	—	§16～§20	§21～§24	§25～§27	§28～§31	§32～§49、§57～§99	§50～§56
105年身障三等	✔		✔	✔			✔		✔
105年一般警察三等							✔	✔	✔
105年高考三級（一般行政）					✔		✔	✔	
105年高考三級（法制）		✔	✔						
105年地特三等（一般行政）					✔			✔	
106年身障三等	✔				✔		✔		

考點	法例	故意、過失、不作為犯等	錯誤（事實錯誤、法律錯誤）	罪責（阻卻罪責事由）	阻卻違法事由	未遂犯、不能犯、中止犯	正犯與從犯	刑（沒收、累犯、緩刑、假釋等）	競合
106年高考三級（一般行政）			✔		✔	✔			✔
106年高考三級（法制）		✔	✔						✔
106年地特三等（一般行政）			✔		✔				
107年身障三等						✔			
107年高考三級（一般行政）		✔				✔	✔		
107年高考三級（法律廉政）	✔	✔			✔			✔	✔
107年地特三等	✔	✔							
108年身障三等		✔			✔			✔	
108年高考三級（一般行政）					✔	✔	✔	✔	
108年高考三級（法制）						✔	✔	✔	✔
108年地特三等（一般行政）					✔	✔	✔		
108年地特三等（法制）	✔				✔		✔		

(10) 試題落點與分析

考點	法例	故意、過失、不作為犯等	錯誤（事實錯誤、法律錯誤）	罪責（阻卻罪責事由）	阻卻違法事由	未遂犯、不能犯、中止犯	正犯與從犯	刑（沒收、累犯、緩刑、假釋等）	競合
109年身障三等						✔	✔		
109年高考三級（一般行政）			✔			✔			
109年高考三級（法制）					✔		✔		✔
110年身障三等					✔		✔		
110年高考三級（一般行政）					✔	✔	✔		
110年高考三級（法制）	✔						✔		

第一部分　必考重點圖解

第1章　基礎理論

本章依據出題頻率區分，屬：**A** 頻率高

第一節　導論

一、刑法總則之體系架構

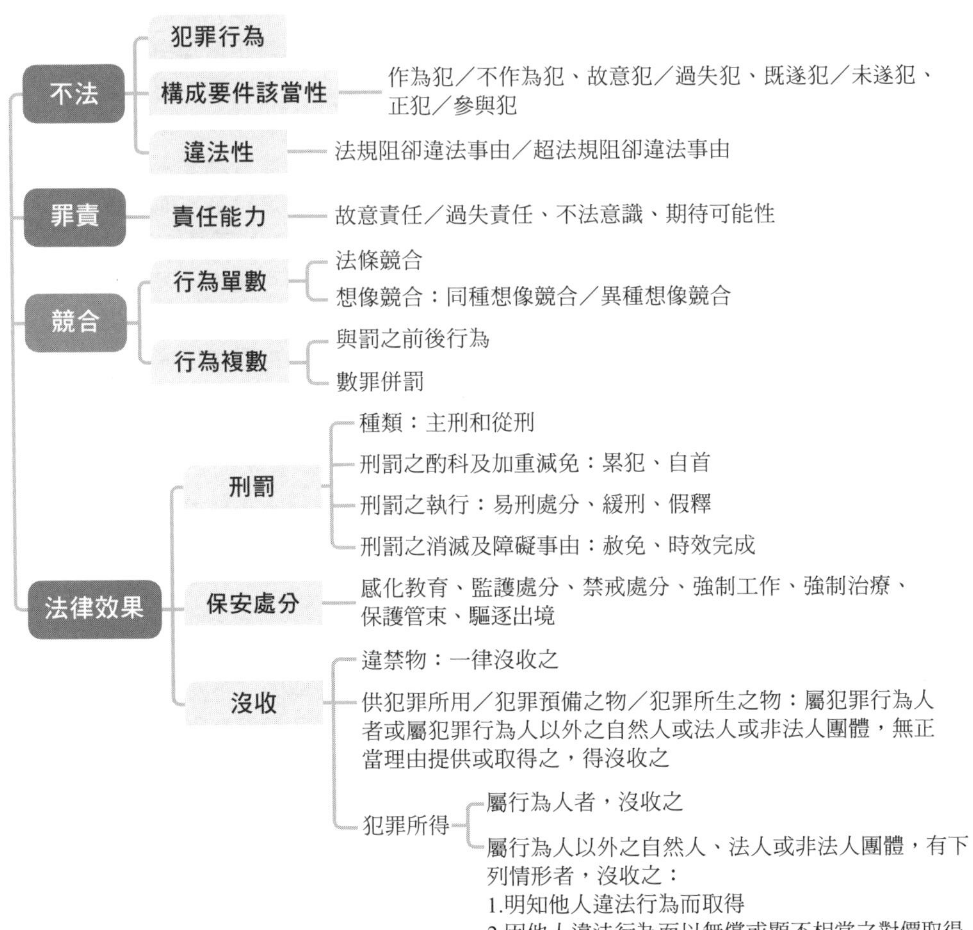

二、「不法」與「罪責」刑法

國家刑罰權之成立基礎／犯罪成立要件

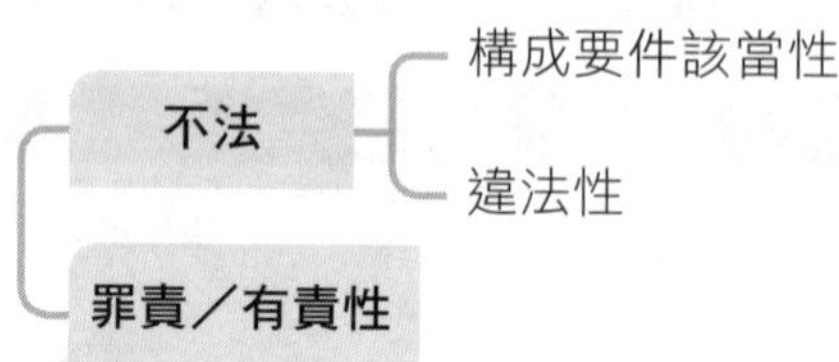

不法的概念

刑法所稱「不法」乃指法律所禁止之行為模式，此種法所禁止之行為模式造成法益之侵害，且係無正當理由之法益侵害行為。在判斷何謂「不法」的基準上，通說認可區分為「構成要件該當性」與「違法性」兩個層次加以論述。在構成要件該當性的層次上，旨在判斷該行為是否屬法律所要禁止之行為，亦即是否為侵害法益之行為。而在違法性的層次上，則是判斷該法益侵害行為是否具有正當理由，在諸多法律規範中設有立法者承認可允許侵害法益之正當理由，此即所謂「法規阻卻違法事由」。惟若法規未明文規定，但在學說上或依整體法律精神可加以探求出作為法益侵害之正當理由，即屬所謂「超法規阻卻違法事由」。由此可知，違法性係針對整體法規範之違反進行評價；是以，具備構成要件該當性之行為（即法益侵害行為），在欠缺法規或超法規阻卻違法事由之情形下，即屬不法行為。

罪責的概念

通說承認之一般性罪責要素包括責任能力、不法意識及期待可能性等；另在刑法分則中亦有涉及與行為人個人情狀有關之要素，可視為是個別犯罪類型之罪責要素，稱為「特殊之罪責要素」。如刑法義憤殺人罪中之「義憤」要素與法益侵害無關，而是與行為人之情狀及本身期待可能性相關，故立法者以此一要素進行刑罰輕重之調整。

● 比較說明

通說認為，「不法」是針對行為（事件）本身之判斷，而「罪責」乃是針對行為人之評價；換言之，罪責是指行為人抗拒不法行為之能力（或稱「期待可能性」），為求維持刑罰手段目的關係之平衡，對於欠缺期待可能性之行為人放棄以刑罰作為預防犯罪之手段。

依刑法§31II，共同正犯、教唆犯、幫助犯係針對不法行為之參與，而與罪責無關，在數人共同犯罪時，各該行為人均就自身罪責負其責任，此即區分「不法」與「罪責」之適例。

三、「三階層理論」與「二階層理論」

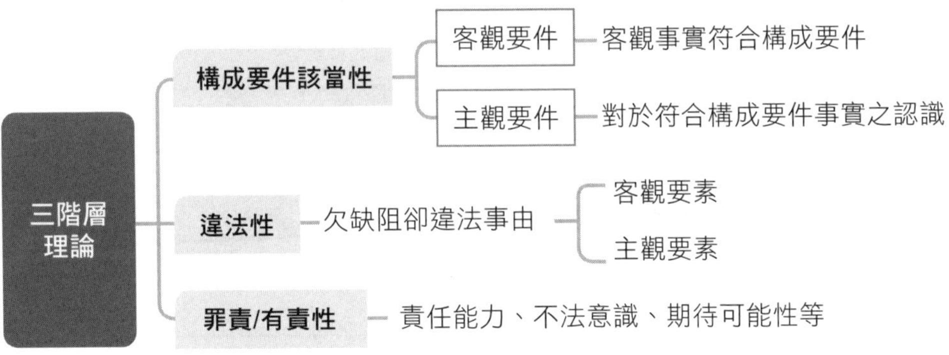

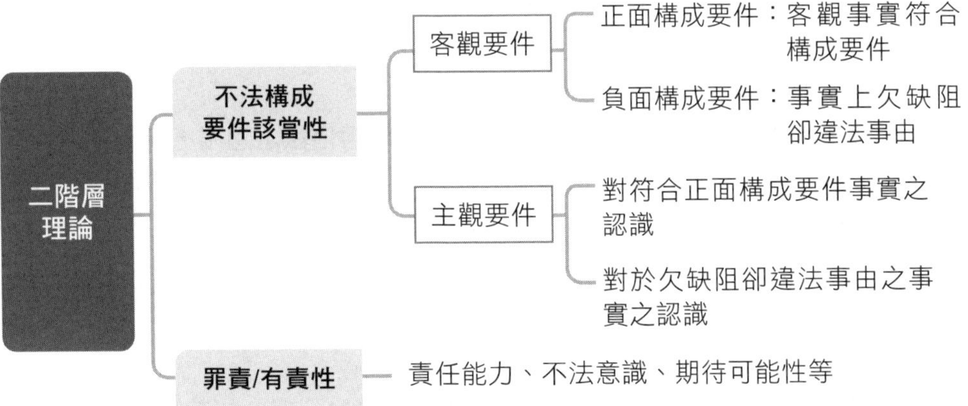

● 比較說明

通說採取「三階層理論」，認為犯罪係指「構成要件該當、違法、有責」之行為，而採「二階層理論」（又稱「負面構成要件理論」）之學者則認為犯罪係指「不法構成要件該當、有責」之行為。亦即具備三階層理論中所稱之「構成要件該當性」，再加上阻卻違法事由不存在，即屬具備二階層理論所稱之「不法構成要件該當性」。

論其實際，在認定特定事實是否構成犯罪，採取三階層理論或二階層理論進行檢驗，均無二致，僅在「容許構成要件錯誤」或「反面容許構成要件錯誤」之情形，始會發生差異；詳言之，若採取二階層理論，在容許構成要件錯誤之情形，即屬阻卻構成要件錯誤，而在反面容許構成要件錯誤之情形，則屬未遂犯之情形。質言之，就前揭理論之訴求作用而言，三階層理論分就「構成要件該當性」與「違法性」之兩分法對行為人揭示：在具備構成要件該當性之情況下，縱使存有阻卻違法事由，該行為仍屬侵害他人法益之行為，應審慎為之。

第二節　刑法基本原則

一、罪刑法定原則

刑法§1：「行為之處罰，以行為時之法律有明文規定者，為限。」

(一) **意義**：犯罪之法律要件及其法律效果，均須以法律明確加以規定，法律若未明文規定處罰者，即無犯罪與刑罰可言，簡稱「法定原則」。

(二) 衍生原則

習慣法禁止原則：在罪刑法定原則下，排除習慣法之適用，所有犯罪與刑罰之成立均應以成文法為依據，惟通說認習慣法可作為補充或解釋構成要件之依據。

最高法院

23年上字第2038號判例

刑法處罰發掘墳墓之本旨，在保護社會重視墳墓之習慣，故其**犯罪之成立與否，應以是否違背法律上保護之本旨為斷**。苟發掘墳墓之目的，在於遷葬，並無其他作用，而發掘以後隨即依照習慣改葬他處者，既與法律上保護之本旨不相違背，自無犯罪之可言。

二、法益保護原則

通說認為，刑法之目的在於保護法益，所謂「法益」則指應以法律手段加以保護之生活利益而言，在德國通說上將法益區分為個人法益與超個人法益兩種，我國傳統學說上有以法益持有人作為區分標準，將法益區分為個人法益、社會法益與國家法益。

法益一元論	此說認為所有超個人法益之本質與個人法益並無二致，個人法益乃超個人法益之核心，其間差異在於兩種法益之持有者數目不同，個人法益之持有者為單一個體，而超個人法益之持有者為多數人。此說據此主張無區分個人法益與超個人法益之必要。	
法益二元論	**質相異說**	此說認為超個人法益與個人法益各有不同的本質、目的及體系，超個人法益的持有者即是社會、國家，而非多數人之集合。
	量相異說	此說認為超個人法益與個人法益不具有本質上差異，而係數量上之差異，所有的超個人法益均必須能夠還原為個人法益，且超個人法益與個人法益之法益保護方向相同，而非相對立。

法益之功能

1. 刑法分則構成要件設立及體系化之基礎。
2. 構成要件解釋之指導原則。
3. 違法性認定之標準。
4. 決定犯罪個數即競合論之標準。
5. 量刑輕重之比較基準。

三、責任原則

刑法之中心內涵為「無責任即無罪刑」，認為不法行為之處罰不能僅著眼於客觀行為之法律評價，行為人之主觀責任要件亦應一併考量，此即所謂「責任原則」。易言之，國家刑罰權對於特定不法行為加以行使時，必須考慮行為人本身是否具有可非難性，除主觀上對於犯罪構成要件之故意或過失外，行為人對於不法行為之認識（即「不法意識」）與保護法益之期待可能性，均應一併考量。

第三節　刑法適用效力

一、地之適用效力

(一) 屬地原則（領土原則）

所謂「屬地原則」係指國家對於所有在其管轄領域內發生之犯罪行為，不問行為人或被害人之國籍為何，均具有刑罰權。**刑法§3規定：「本法於在中華民國領域內犯罪者，適用之。」**即為屬地原則之規定，該條文內容所稱「領域」包括領土、領空及領海在內。

與「屬地原則」相對應者，乃所謂「國旗主義」，指於懸掛一國國旗之船舶或在該國籍航空機內發生之犯罪，不論其行為地為國內外或公海領域，均可適用該國之刑法，此為國際法上之慣例。我國刑法§3後段所規定「在中華民國領域外之中華民國船艦或航空機內犯罪者，以在中華民國領域內犯罪論。」即採「國旗主義」作為「屬地原則」之補充性適用規定。

最高法院

70年台上字第5753號判例

上訴人辯稱其犯罪地點在美國，依刑法§6、§7，不適用刑法§241III、I處罰，經查上訴人違反監護權人即自訴人之意思，擅將陳某帶回臺灣定居，所犯和誘罪為繼續犯，其侵害自訴人監護權之犯罪行為至提起自訴時仍在繼續中，依刑法§4犯罪之行為或結果有一在中華民國領域內者，為在中華民國領域內犯罪，上訴人犯罪行為既在中華民國領域內，自得依刑法規定追訴處罰。

58年8月25日第一次民刑庭總會會議決議

提案：我國人民在我國駐外使領館內犯罪，究應視為在我國領域內犯罪，抑係在我國領域外犯罪？

決議：刑法§3所稱中華民國之領域，依國際法上之觀念，固有真實的領域與想像的（即擬制的）領域之分，前者如我國之領土、領海、領空等是，後者如在我國領域外之我國船艦及航空機與夫我國駐外外交使節之辦公處所等是，但同條後段僅規定在我國領域外船艦及航空機內犯罪者，以在我國領域內犯罪論，對於在我國駐外使領館內犯罪者，是否亦屬以在我國領域內犯罪論，則無規定。按國際法上對於任何國家行使的管轄權，並無嚴格之限制，在慣例上本國對於本國駐外使領館內之犯罪者，能否實施其刑事管轄權，常以駐在國是否同意放棄其管轄權為斷。是以對於在我國駐外使領館內犯罪者，若有明顯之事證，足認該駐在國已同意放棄其管轄權，自得以在我國領域內犯罪論。

(二)屬人原則

「屬人原則」係指一國之刑法對於其國民在外國犯罪者，仍得適用之謂。

1. **公務員之屬人原則**：刑法§6規定該法於中華民國公務員在中華民國領域外犯下列各罪者，適用之：

(1)§121至§123、§125、§126、§129、§131、§132及§134之瀆職罪。

(2)§163之脫逃罪。

(3)§213之偽造文書罪。

(4)§336I之侵占罪。

2. **一般國民之屬人原則**（刑法§7）

一般國民在國外犯罪時，若所犯者非刑法§5、§6所列舉之罪，而其最輕本刑為3年以上有期徒刑之罪者，仍得適用我國刑法規定，但若依犯罪地之法律對該行為未設有處罰規定者，則不在此限。

(三)保護原則

若外國人在本國領域外犯罪，但侵害本國或本國人之重大法益者，亦得適用本國刑法加以處罰：

1. **超個人法益之保護原則**（刑法§5①～⑦、⑪）：內亂罪、外患罪、§135、§136及§138條之妨害公務罪、§185-1及§185-2之公共危險罪、偽造貨幣罪、刑法§201、§202之偽造有價證券罪及刑法§211、§214、§216、§218行使偽造文書印文罪、§339-4之加重詐欺罪。

2. **個人法益之保護原則**（刑法§8）：刑法§7於在中華民國領域外對於中華民國人民犯罪之外國人，準用之。換言之，外國人若於中華民國領域外對中華民國人民犯§5、§6以外之罪，而其最重本刑為3年以上有期徒刑之罪，依犯罪地之法律設有處罰規定者，亦有我國刑法之適用。

(四)世界法原則

依刑法§5⑧至⑩規定，侵害超國家法益之犯罪，基於世界各國共同利益之保護，不論行為人之國籍為何，各該國家均可對其行使國家刑罰權，此等犯罪類型包括有：

1. 毒品罪。但施用毒品及持有毒品、種子、施用毒品器具罪，不在此限。
2. 刑法§296、§296-1之妨害自由罪。
3. 刑法§333及§334之海盜罪。

二、人之適用效力

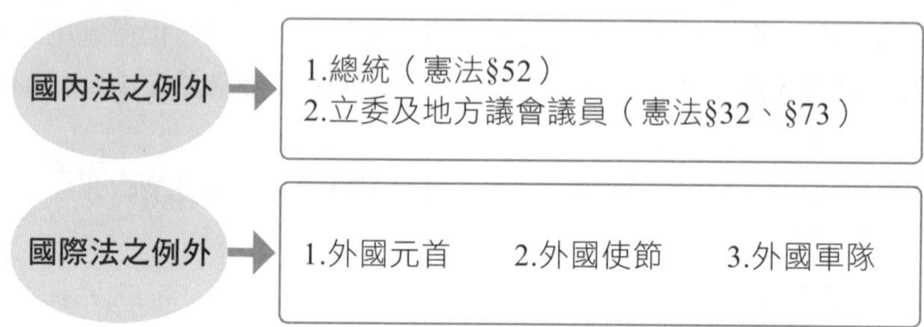

《釋字165》

憲法§32、§73**及**§101**對於國民大會代表、立法委員及監察委員在會議時或院內所為之言論及表決，分別特設對外不負責任之規定，旨在保障中央民意代表在會議時之言論及表決之自由，俾能善盡言責。**關於地方民意代表言論之保障，我國憲法未設規定，各國憲法亦多如此。未設規定之國家，有不予保障者，如日本是（參考日本最高裁判所昭和42年5月24日大法廷判決），有以法規保障者，如我國是。地方議會為發揮其功能，在其法定職掌範圍內具有自治、自律之權責，對於議員在會議時所為之言論，並宜在憲法保障中央民意代表言論之精神下，依法予以適當之保障，俾得善盡表達公意及監督地方政府之職責。惟上項保障，既在使地方議會議員順利執行職務，自應以與議案之討論、質詢等有關會議事項所為之言論為限，始有免責之權，如與會議事項無關，而為妨害名譽或其他顯然違法之言論，則係濫用言論免責權；而權利不得濫用，乃法治國家公法與私法之共同原則，即不應再予保障。故**地方議會議員在會議時就有關會議事項所為之言論，應受保障，對外不負責任。但就無關會議事項所為顯然違法之言論，仍難免責。**

《釋字435》

憲法§73規定立法委員在院內所為之言論及表決，對院外不負責任，旨在保障立法委員受人民付託之職務地位，並避免國家最高立法機關之功能遭致其他國家機關之干擾而受影響。為確保立法委員行使職權無所瞻顧，此項言論免責權之保障範圍，應作最大程度之界定，**舉凡在院會或委員會之發言、質詢、提案、表決以及與此直接相關之附隨行為，如院內黨團協商、公聽會之發言等均屬應予保障之事項。越此範圍與行使職權無關之行為，諸如蓄意之肢體動作等，顯然不符意見表達之適當情節致侵害他人法益者，自不在憲法上開條文保障之列。**至於具體個案中，立法委員之行為是否已逾越保障之範圍，於維持議事運作之限度，固應尊重議會自律之原則，惟司法機關為維護社會秩序及被害人權益，於必要時亦非不得依法行使偵審之權限。

《釋字388》

憲法§52規定，總統除犯內亂或外患罪外，非經罷免或解職，不受刑事上之訴究。此係憲法基於總統為國家元首，對內肩負統率全國陸海空軍等重要職責，對外代表中華民國之特殊身分所為之尊崇與保障。現職總統競選連任時，其競選活動固應受總統副總統選舉罷免法有關規定之規範，惟其總統身分並未因參選而變更，自仍有憲法§52之適用。

憲法§52規定，總統除犯內亂或外患罪外，非經罷免或解職，不受刑事上之訴究。此係憲法基於總統為國家元首，對內肩負統率全國陸海空軍、依法公布法律、任免文武官員等重要職責，對外代表中華民國之特殊身分所為之尊崇與保障。藉以確保其職權之行使，並維護政局之安定，以及對外關係之正常發展。惟此所謂總統不受刑事訴究之特權或豁免權，乃針對其職位而設，並非對其個人之保障，且亦非全無限制，如總統所犯為內亂或外患罪，仍須受刑事上之訴究；如所犯為內亂或外患罪以外之罪，僅發生暫時不能為刑事上訴追之問題，並非完全不適用刑法或相關法律之刑罰規定。現職總統競選連任時，因其已名列總統候選人，其競選活動固應受總統副總統選舉罷免法有關規定之規範，惟其總統身分並未因參選而變更。依憲法優於法律之法則，現職總統依法競選連任時，除犯內亂或外患罪外，非經罷免或解職，並不得適用刑法及總統副總統選舉罷免法等有關刑罰之規定予以訴究，以符憲法§52之意旨。

《釋字627》

總統豁免權之範圍？總統享有國家機密特權？其範圍如何？

一、總統之刑事豁免權憲法§52規定，總統除犯內亂或外患罪外，非經罷免或解職，不受刑事上之訴究。此係憲法基於總統為國家元首，對內肩負統率全國陸海空軍等重要職責，對外代表中華民國之特殊身分所為之尊崇與保障，業經本院釋字第388號解釋在案。依本院釋字第388號解釋意旨，總統不受刑事上之訴究，乃在使總統涉犯內亂或外患罪以外之罪者，暫時不能為刑事上訴究，並非完全不適用刑法或相關法律之刑罰規定，故為一種暫時性之程序障礙，而非總統就其犯罪行為享有實體之免責權。是憲法§52規定「不受刑事上之訴究」，係指刑事偵查及審判機關，於總統任職期間，就總統涉犯內亂或外患罪以外之罪者，暫時不得以總統為犯罪嫌疑人或被告而進行偵查、起訴與審判程序而言。但對總統身分之尊崇與職權之行使無直接關涉之措施，或對犯罪現場之即時勘察，不在此限。總統之刑事豁免權，不及於因他人刑事案件而對總統所為之證據調查與證據保全。惟如因而發現總統有犯罪嫌疑者，雖不得開始以總統為犯罪嫌疑人或被告之偵查程序，但得依本解釋意旨，為必要之證據保全，即基於憲法§52對總統特殊身分尊崇及對其行使職權保障之意旨，上開因不屬於總統刑事豁免權範圍所得進行之措施及保全證據之處分，均不得限制總統之人身自由，例如拘提或對其身體之搜索、勘驗與鑑定等，亦不得妨礙總統職權之正常行使。其有搜索與總統有關之特定處所以逮捕特定人、扣押特定物件或電磁紀錄之必要者，立法機關應就搜索處所之限制、總統得拒絕搜索或扣押之事由，及特別之司法審查與聲明不服等程序，增訂適用於總統之特別規定。於該法律公布施行前，除經總統同意者外，無論上開特定處所、物件或電磁紀錄是否涉及國家機密，均應由該管檢察官聲請高等法院或其分院以資深庭長為審判長之法官五人組成特別合議庭審查相關搜索、扣押之適當性與必要性，非經該特別合議庭裁定准許，不得為之，但搜索之處所應避免總統執行職務及居住之處所。其抗告程序，適用刑事訴訟法相關規定。總統之刑事豁免權，亦不及於總統於他人刑事案件為證人之義務。惟以他人為被告之刑事程序，刑事偵查或審判機關以總統為證人時，應準用民事訴訟法§304：「元首為證人者，應就其所在詢問之」之規定，以示對總統之尊崇。總統不受刑事訴究之特權或豁免權，乃針對總統之職位而設，故僅擔任總統一職者，享有此一特權；擔任總統職位之個人，原則上不得拋棄此一特權。

三、時之適用效力

法律係以施行日起向將來發生效力，至廢止之日失其效力，刑法亦同；而在時間的適用效力方面，立法例有「從新原則（適用裁判時法）」、「從舊原則

（適用行為時法）」、「從新從輕原則」、「從舊從輕原則」及「從輕原則」等。在94年2月2日修正前之舊法係採取「從新從輕原則」，規定：「行為後法律有變更者，適用**裁判時**之法律。但裁判前之法律有利於行為人者，適用最有利於行為人之法律。」而95年7月1日起施行之**刑法§2規定：「行為後法律有變更者，適用行為時之法律。但行為後之法律有利於行為人者，適用最有利於行為人之法律。非拘束人身自由之保安處分適用裁判時之法律。處罰或保安處分之裁判確定後，未執行或執行未完畢，而法律有變更，不處罰其行為或不施以保安處分者，免其刑或保安處分之執行。」**即係採取「從舊從輕原則」之立法例，亦即法律有變更者，原則上適用行為時法，以與刑法§1「罪刑法定原則」相互搭配，例外在行為後之法律有利於行為人者，則適用最有利於行為人之裁判時法。比較前開新舊法之差異，係將原先適用新法（即裁判時法）之原則修正為以適用舊法（即行為時法）為原則，但判斷基準均為最有利於行為人之法律，亦即「從輕原則」。此外，拘束人身自由之保安處分則排除於「從新原則」之外。104年12月30日修正公布、105年7月1日施行的沒收新制，則於刑法§2第2項新增：「**沒收、非拘束人身自由之保安處分適用裁判時之法律**。」本次修正將沒收視為主從刑之外的獨立法律效果，而且依新法第2條第2項所定，是否處以行為人沒收效果或非拘束人身自由的保安處分，均適用裁判時的法律，仍採從新原則，並得以「溯及既往」。

最高法院

27年上字第2615號判例

犯罪在刑法施行前，比較裁判前之法律孰為有利於行為人時，應就罪刑有關之一切情形，比較其全部之結果，而為整個之適用，不能割裂而分別適用有利益之條文。上訴人於民國24年3月間，連續結夥三人以上攜帶兇器搶奪，原判決關於連續部分，適用舊刑法§75，而於其所犯搶奪罪之本刑部分，則適用裁判時之刑法，其適用法則，自屬不當。

《最高法院95年度台上字第6483號判決》

行為後法律有變更者，依刑法§2I之規定為新舊法之比較時，應就罪刑有關之一切情形，比較其全部結果，而為整體之適用新法或舊法，不能割裂而分別適用有利益之條文。

(一)**須「行為後」法律有變更**：指犯罪行為業已終了，法律發生變更之情形而言；換言之，若係繼續犯、接續犯之犯罪類型，在行為實施之際發生法律變更之情形，尚非所稱「行為後法律有變更」，須至法律行為終了發生法律變更情形，始有刑法§2I之適用。

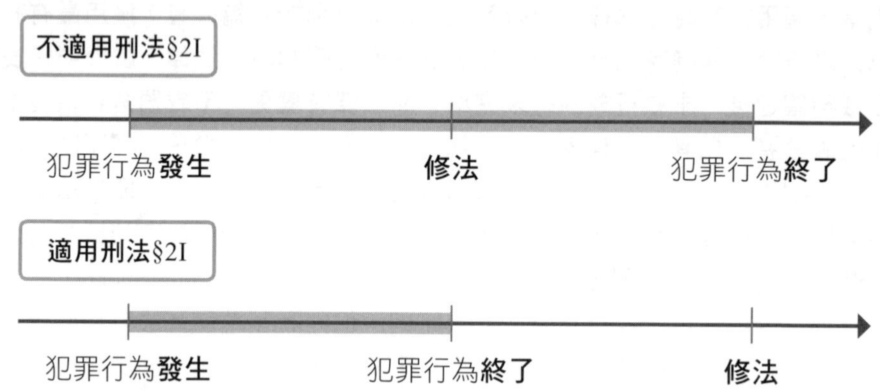

最高法院

28年上字第733號判例

1. 略誘罪為繼續犯，當被誘人未回復自由以前，仍在其犯罪行為繼續實施之中。
2. 略誘罪為繼續犯，當被誘人未回復自由以前，仍在其犯罪行為繼續實施之中其間法律縱有變更，但其行為既繼續實施至新法施行以後，自無行為後法律變更之可言。

29年上字第3866號判例

連續數行為而犯同一之罪名者，以一罪論，刑法§56定有明文，則當連續犯罪之際，遇刑法有變更時，其一部涉及舊法，一部涉及新法者，即應依最後行為時之法律處斷，縱如上訴意旨所稱，被告自民國26年起充當保長，至28年止，連續浮派公款侵占入己，則其犯罪行為已連續至懲治貪污暫行條例施行以後，已無適用刑法處斷之餘地。（本則判例於94年9月27日經最高法院94年度第14次刑事庭會議決議判例保留並加註「應注意新刑法已修正，刪除連續犯之規定」）

(二)**須係「法律」有變更**

所謂「法律變更」係指**關於犯罪之構成要件及法律效果發生變更**之情形而言，該項變更足以影響行為可罰性之範圍以及其法律效果。

精選案例

何謂「空白刑法」？其補充規範之變更是否為刑法§2I所稱之「法律變更」？

答 **所謂「空白刑法」又稱為「空白構成要件」，係指立法者僅規定罪名、法律效果以及部分犯罪構成要素，至於其禁止內容則規定於其他法律或行政規章，必須由其他法律或行政規章為補充性規範後，始能確定可罰之範圍。**例如：刑法§117違背局外中立命令罪、刑法§192I違背預防傳染病法令罪。析言之，此種構成要件所規範之事實與當時客觀社會環境具有密切之關聯性，其可罰性應予限縮或擴張取決於社會生活之情形，為求因時制宜，立法者乃授權行政機關斟酌實際需要，以行政命令為補充性規範。

就「空白刑法」之規範變更之性質而言，學說上有下述爭議：

甲說：法律變更

補充規範與空白刑法（空白構成要件）兩者合為一個犯罪類型之整體，二者須相互結合，始能完成刑罰規範之目的，彼此間具有密不可分之關係，補充規範之變更即足以改變空白刑法之可罰性範圍，故其二者不得割裂適用。

乙說：事實變更

刑法§2所稱之法律係指刑罰法律而言，亦即指經立法機關制定、總統公布之法律，作為補充規範之行政命令本身並無刑罰之規定，僅係認定事實之具體標準，而非犯罪構成要件之抽象性規範，故非刑法§2所稱之法律；換言之，若非空白構成要件本身有所變更，即非法律變更。通說及實務見解採此說。

《釋字第103號解釋》

刑法§2所謂法律有變更，係指處罰之法律規定有所變更而言。行政院依懲治走私條例§2II專案指定管制物品及其數額之公告，其內容之變更，並非懲治走私條例處罰規定之變更，與刑法§2所謂法律有變更不符，自無該條之適用。

《最高法院76年度第11次刑事庭會議決議》

決議：**刑法§2I所謂法律有變更者，此法律乃指刑罰法律而言**，行政法令縱可認為具有法律同等之效力，但因其並無刑罰之規定，究難解為刑罰法律，故如事實變更及刑罰法律外之法令變更，均不屬本條所謂法律變更範圍之內，自無本條之適用（參見51年台非字第76號判例）。故行政院依國家總動員法§7I所發禁止之命令，與妨害國家總動員懲罰暫行條例§5I之基本法文相結合，即使有補充法規之效力，但此項行政法令之變更，自難解為刑罰法律之變更。又妨害國家總動員懲罰暫行條例§5I違反政府依國家總動員法所發對黃金外幣（經指定為國家總動員物資）不得自由買賣之禁止命令罪與懲治走私條例§2I項私運管制物品進口逾公告數額罪，二者在刑法上之違法類型相似。觀於司法院大法官會議釋字第103號解釋、本院49年台上字第1093號、51年台上字第159號、65年台上字第2474號各判例及本院51年10月8日第五次民庭總會決議意旨，行政院原依國家總動員法§3⑨於40年5月3日以命令補充指定有關金融措施辦法中之黃金外幣為國家總動員物資，現為因應金融上情勢之變遷，將此項指定黃金外幣為國家總動員物資之命令予以廢止，此即黃金外幣以後不再列為國家總動員物資，亦屬事實之變更。並非處罰規定之變祵，自無刑法§2I之適用。至現非法買賣外幣，其合於管理外匯條例罰則之規定者，則應依該條例處罰之。

精選案例

刑法§2I已將新舊法之法律適用問題由「從新從輕原則」改採「從舊從輕原則」，其實際之比較情形為何？

答 《臺灣高等法院暨所屬法院99年法律座談會》

法律問題：甲自民國94年起至95年4月底止，連續販賣第一級毒品予乙，甲於警詢、偵查及法院審理時均自白犯罪，法院於99年4月判決，毒品危害防制條例§17II也已修正，有關刑法§2I法律修正之比較適用，是否應就刑法、毒品危害防制條例之相關修正條文為一體之比較？

討論意見：

甲說：肯定說

按「行為後法律有變更，經比較裁判時及裁判前之法律，以適用最有利於行為人之法律者，應就罪刑有關之一切情形，比較其全部之結果，而為整體之適用，不能割裂而分別適用之」（最高法院93年度台上字第10號判決意旨參照），所謂適用係指完整性之適用，與「準用」係依其性質而為選擇性之應用者不同，是比較新舊法適用法律時，應就罪刑有關之一切情形，比較其全部之結果而為整體之適用，不能割裂而分別適用新舊法律（最高法院88年度台非字第31號判決意旨參照），故「依刑法§2I比較裁判時法、中間時法，或行為時法何者有利於行為人時，應就與罪刑有關之一切情形，全部加以比較，依綜合判斷之結果，為整體之適用，不得割裂而分別適用裁判時、中間時、或行為時法中個別有利之條款，始能符合法律修正及上開條項所定原則」（最高法院87年度台上字第3621號判決意旨參照），故本件應比較甲行為時之刑法、毒品危害防制條例之相關規定，再比較甲裁判時之刑法、毒品危害防制條例之相關規定後，擇其中最有利於甲之相關規定。是以綜合全部甲行為時罪刑之結果而為比較，倘甲適用行為時法，雖得依修正前刑法§56之規定成立連續犯之一罪，惟其最重之宣告刑得宣告死刑，倘甲適用現行裁判時法，雖甲之數次犯行均須分論併罰，惟依現行裁判時毒品危害防制條例§17II之規定，因甲於偵查及審判時均自白犯罪，而各次犯罪必須均減輕其刑，最重僅得量處無期徒刑，是應全部適用裁判時刑法及毒品危害防制條例之規定。

乙說：否定說（採此說） 所謂行為後法律有變更，依刑法§2I之規定為新舊法之比較，係指各別法律於行為時及裁判時何者有利於行為人而言，故應該各別比較刑法行為時及裁判時何者有利於行為人，適用舊刑法連續犯之規定，再比較毒品危害防制條例行為時及裁判時之規定何者有利於行為人，經比較之結果以新修正之毒品危害防制條例§17II有利於行為人，故甲應各別適用舊刑法§56連續犯之規定及新修正之毒品危害防制條例§17II之規定減輕其刑。

丙說 應逕適用修正後毒品危害防制條例§17II之規定。按所謂「法律有變更」，係指足以影響行為之可罰性範圍及其法律效果之法律修正而言，毒品危害防制條例§17II係新增加之法條，而無法律變更之問題。故本件應比較行為時刑法之相關規定及現行毒品危害防制條例§4I之規定後，認修正前刑法及修正前毒品危害防制條例，§4I較有利於甲，而一體適用甲行為時之修正前刑法及修正前毒品危害防制條例§4I之規定成立連續販賣第一級毒品罪後，再逕適用毒品危害防制條例§17II之規定減輕其刑。

四、外國裁判之適用效力

對於同一犯罪行為，若在外國已受外國司法機關裁判確定並執行處罰，本國法院對該犯罪行為應如何處理？學說上有所爭論，茲分敘如下：

複勘原則（併算原則）	此說認為外國裁判係基於外國司法權之作用而來，基於本國國家刑罰權獨立之立場，僅能將外國裁判當作一種事實狀態，不能賦予其法律效力；本國法院在針對該犯罪行為進行審理時，仍得對該外國裁判加以複勘，行為人縱令已在外國受刑之一部或全部之執行，仍允許本國法官得自由裁量是否將已執行之刑罰併入計算。通說及刑法§9：「同一行為雖經外國確定裁判，仍得依本法處斷。但在外國已受刑之全部或一部執行者，得免其刑之全部或一部之執行。」即採此立場。
終結原則	此說認為若同一犯罪行為業經法院判決確定，則不論該判決結果為實體判決（有罪、無罪）或形式判決（不受理、免訴），亦不論該判決是否經執行，基於一事不再理原則，本國刑罰權對該犯罪行為即不得再加以處罰。

五、刑法總則之適用範圍

刑法§11：「本法總則於其他法律有刑罰、保安處分或沒收之規定者，亦適用之。但其他法律有特別規定者，不在此限。」

其他刑罰法律設有總則規定	此指在特別刑法設有總則性規定時，依特別法優先於普通法原則，應優先適用特別法之總則性規定，但若該特別刑法未設規定時，則刑法總則在未與該特別刑法抵觸之範圍內，仍可適用。如：陸海空軍刑法。
其他刑罰法律未設總則規定	在其他刑罰法律未設有總則性規定，亦無排除刑法總則適用之明文規定時，即應適用刑法總則之規定；至若其他刑罰法律另設有相異之總則性規定，或排除性規範時，則從其規定。
保安處分	刑法§11所稱之「刑罰」包括刑事處罰與保安處分在內。論其性質，保安處分亦可能拘束行為人之自由，與刑事處罰之自由刑類似。如：竊盜犯贓物犯保安處分條例§1：「竊盜犯及與竊盜案件有關之贓物犯，其保安處分之宣告及執行，依本條例之規定；本條例未規定者，適用刑法及其他法律之規定。」即屬適例。

六、刑法之解釋方法

文義解釋	係指就條文文字上所顯示之意義進行解釋，應注意其文字之意涵，解釋時需符合社會通念，又稱為「文理解釋」或「文法解釋」。
體系解釋	係指就法條在整體法律體系中之地位及該法條與其他法條間之體系關係進行闡釋，又稱為「系統解釋」。
歷史解釋	係指探究法律制訂之經過或法制史上之演變，進一步解釋法條意義，又稱為「沿革解釋」。
目的性解釋	係指針對法條所保護之法益規範目的而為解釋；詳言之，刑法法條之制訂目的即在於保護法益，此一解釋方法即係針對該受保護之法益而為解釋。
合憲性解釋	係指在解釋刑法規範時，不得違背憲法之規定與精神，否則即屬無效，此乃基於法律優位原則而來。

七、刑法之用語

(一)「以上」、「以下」、「以內」

依刑法§10I：「稱以上、以下、以內者，俱連本數或本刑計算。」換言之，若有「未滿」、「不滿」或「超過」等用語，即指不包含本數計算之情形。

(二)「公務員」之概念〔註1〕

依刑法§10II，稱公務員者，包括：

1. **依法令服務於國家、地方自治團體所屬機關而具有法定職務權限，以及其他依法令從事於公共事務，而具有法定職務權限者〔註2〕。**

(1)本款前段係指國家或地方自治團體所屬機關中依法令任用之成員，其依法代表、代理國家或地方自治團體處理公共事務者，即應負有特別保護義務及服從義務，至於無法令職掌權限者，縱使服務於國家或地方自治團體之所屬機關，亦不具有公務員身分，如：保全人員或清潔人員等。

(2)本款後段係指雖非服務於國家或地方自治團體之所屬機關，但因其從事法定公共事務，應視為刑法上之公務員；如：依政府採購法規定之各公營事業之承辦、監辦採購人員即屬之。

2. **受國家、地方自治團體所屬機關依法委託，從事與委託機關權限有關之公共事務者**〔註3〕**。**

此即「受託行使公權力」之情形，在其受託範圍內，具有刑法上公務員之身份。

關於「公務員」之實務見解

《最高法院30年上字第2950號判例》

上訴人既服務於郵局，專司運輸業務，即應視為刑法上之公務員，其私攬乘客得財俵分，顯係對於主管事務直接圖利，自應成立懲治貪污暫行條例§3I②之罪。

➡ 依新修正刑法§10II，郵局中專司運輸業務之員工如依法令具有一定法定職務權限，即屬該項第一款所稱之公務員，若否，則非刑法上公務員。

《最高法院31年上字第836號判例》

商會非執行公務之機關，該會主席原非公務員，上訴人因侵占所保管之商會飛機捐款，偽造商會主席公函，偷蓋該會鈐記，並提出作為付清該款之憑證，自係盜用印文偽造私文書而復行使，不應成立行使偽造公文書之罪。

➡ 因商會非國家或地方自治團體所屬之機關，商會主席非身分公務員，若無授權或委託行使公權力之情形，即非刑法上之公務員。

《最高法院36年院解字第3733號解釋》

法院錄事派在繕狀處服務即係依法令從事於公務應為刑法上之公務員如利用職務上之機會向訴訟人詐財應成立懲治貪污條例§3⑤之罪。

➡ **法院錄事係依法令服務於國家機關而具有法定職務權限之人員，屬新刑法§10II①前段之公務員。**

《最高法院43年台非字第55號判例》

農會為農民自行組織之團體，而非公務機關，並職員不能認為刑法§10II所稱之公務員，該會職員先後以他人名義偽造申請書，並行使之，以冒領肥料硫酸錏及生產貸款，自係連續行使偽造私文書而詐取財物，應依刑法§56、§216、§210、§339I、§55，從較重之連續行使偽造私文書罪處斷，原判決既認行為後法律有變更，應適用裁判時之刑法論擬，乃仍認被告有公務員身分，依同法§131I處以對於主管事務直接圖利之瀆職罪刑，顯屬用法錯誤。

➡ **農會職員非國家或地方自治團體所屬機關中依法令任用之成員，惟若依法令負有一定公共事務之處理權限時，仍有因受委託行使公權力而具有公務員性質之可能。**

《最高法院70年台上字第1059號判例》

刑法上之公務員，係指依據法令，從事於公務之人員而言，被告既係屏東縣九如鄉公所依照台灣省公墓火葬場、殯儀館、納骨堂塔管理規則§22之規定，僱用之公墓管理工，掌理勘測公墓使用面積、催收公墓使用費等事務，即屬依據法令，從事於公務之人員，與刑法上之公務員相當。

《最高法院76年台上字第2527號判決》

紡拓會雖係依經濟部國際貿易局輔導設立之財團法人，並由該局委託辦理美加紡織品配額管理，該會本此授權暨經濟部頒發之紡織品出口配額處理辦法規定，核發輸美特種海關發票，該會人員執行該項公權力時，視同公務員，然紡拓會並非政府機關，其職員自非公務員，其職員承辦處理前開紡織品出口配額之事務時，為受公務機關委託承辦公務之人員，亦僅犯戡亂時期貪污治罪污條例之罪時，應依同條例處罰而已。尚不能因而認係法律上之公務員，其制作之文書仍非公文書，上訴人等之變造上開發票，應屬刑法第210條之變造私文書罪。

➡ **依新法，紡拓會之職員於承辦紡織品出口配額之事務時，性質上乃受公權力機關即經濟部委託承辦公務之人員，應屬刑法§10II②所稱之委託公務員。**

(三)**「公文書」之概念**

依刑法§10III，稱公文書者，謂公務員職務上製作之文書。

- **《釋字第97號》**行政官署對於人民所為之行政處分製作以處分為內容之通知。此項通知原為公文程式條例所稱處理公務文書之一種。除法律別有規定者外，自應受同條例關於公文程式規定之適用及限制，必須其文書本身具備法定程式始得謂為合法之通知。
- 《最高法院28年7月11日決議》公務員代表國家機關與私人間所私立私法上之契約，不應認為公文書。

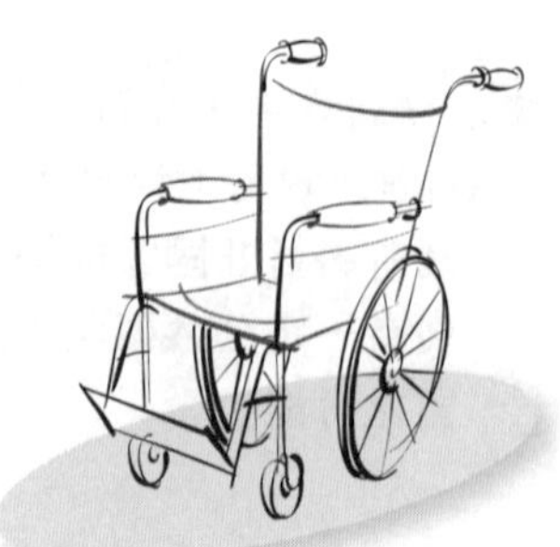

(四)**「重傷」之概念**

1. 依刑法§10IV，稱重傷者，謂下列傷害：
   (1)毀敗或嚴重減損一目或二目之視能。
   (2)毀敗或嚴重減損一耳或二耳之聽能。
   (3)毀敗或嚴重減損語能、味能或嗅能。
   (4)毀敗或嚴重減損一肢以上之機能。
   (5)毀敗或嚴重減損生殖之機能。
   (6)其他於身體或健康，有重大不治或難治之傷害。
2. 該項第1至5款採取列舉主義，第6款採概括主義，解釋上第6款之重傷係指除去前5款之傷害而對於身體或健康有重大不治或難治之情形而言。
3. 依實務見解，所稱「毀敗」係指各該器官之生理機能達到完全且永遠喪失效能之情形；修正後新增「嚴重減損」亦構成重傷程度。

關於「重傷害」之實務見解

《最高法院98台上字第4233號判決》

刑法§10IV①所定毀敗或嚴重減損一目或二目之視能之重傷害，係指一目或二目之視能完全喪失，或雖未喪失，但已有嚴重減損之情形，而其情形，並不以驗斷時之狀況如何為標準，如經過相當之診治，而能回復原狀，或雖不能回復原狀而只減衰，但未達嚴重減損其視能之程度者，仍不得謂為該款之重傷。

《最高法院62年台上字第3454號判例》

被害人左膝蓋關節組織主要之伸出迴轉機能，既經完全喪失，不能回復而殘廢，無法上下樓梯，且該關節屈時受阻，伸時呈無力並發抖，自難自由行走並保持身體重心之平衡，殊不能謂非達於毀敗一肢機能之程度。上訴人既因其傷害行為，發生重傷之結果，自應構成傷害致人重傷罪。

《最高法院54年台上字第460號判例》

刑法§10IV⑥所謂其他於身體或健康有重大不治或難治之傷害，係指不合於前5款所列舉之重傷，自不包括毀敗一肢以上之機能在內。

《最高法院30年上字第445號判例》

刑法§10IV④所謂毀敗一肢以上之機能，係指一肢以上之機能完全喪失其效用而言，若臂骨雖經折斷，但醫治結果仍能舉動而僅不能照常者，祇可認為減衰機能，要與毀敗全肢之機能有別，又毀敗一肢以上之機能，既設有專款規定，則傷害四肢之重傷，自以有被毀敗之情形為限，其同條IV⑥所規定其他於身體或健康有重大不治或難治之傷害，即不包括傷害四肢在內。

《最高法院29年上字第135號判例》

手之作用全在於指，上訴人將被害人左手大指、食指、中指砍傷斷落，其殘餘之無名指、小指即失其效用，自不能謂非達於毀敗一肢機能之程度。

《最高法院29年上字第685號判例》

刑法§10IV⑥所謂其他於身體或健康有重大不治或難治之傷害，係指傷害重大，且不能治療或難於治療者而言，故傷害雖屬不治或難治，如於人之身體或健康無重大影響者，仍非本款所稱之重傷。

《最高法院28年上字第1098號判例》

刑法§10IV④所稱毀敗一肢以上之機能，係指肢體因傷害之結果完全喪失其效用者而言，初不以驗斷時之狀況如何為標準，如經過相當之診治而能回復原狀，或雖不能回復原狀而僅祇減衰其效用者，仍不得謂為該款之重傷。（應注意94年2月2日修正公布刑法§10IV④之規定）

《最高法院24年上字第3806號判例》

第二指為手之一部，因傷害結果，不能伸屈自如，雖與手之機能有關，然僅係該指喪失活動力，尚非毀敗全肢之機能。

(五)「性交」之概念

依刑法§10V，稱性交者，謂非基於正當目的所為之下列性侵入行為：

1. 以性器進入他人之性器、肛門或口腔，或使之接合之行為。
2. 以性器以外之其他身體部位或器物進入他人之性器、肛門，或使之接合之行為。

(六)「電磁紀錄」之概念

依刑法§10VI，稱電磁紀錄者，謂以電子、磁性、光學或其他相類之方式所製成，而供電腦處理之紀錄。

(七)「凌虐」之概念

1. 依刑法§10VII，稱凌虐者，謂以強暴、脅迫或其他違反人道之方法，對他人施以凌辱虐待行為。
2. 此為108年5月29日公布修正條文，立法定義凌虐為以強暴、脅迫或其他違反人道之方法，對他人施以凌辱虐待行為。

註解

〔**註1**〕94年修法前舊刑法§10II規定「稱公務員者，謂依法令從事於公務之人員。」新法修正限縮公務員之定義，其修正理由為：

(一)該項有關公務員之定義，其規定極為抽象、模糊，於具體適用上，經常造成不合理現象，例如，依司法院釋字第8號、第73號解釋，政府股權占百分之五十以上之股份有限公司（如銀行），即屬公營事業機構，其從事於該公司職務之人員，應認為係刑法上之公務員。然何以同屬股份有限公司，而卻因政府股權占百分之五十以上或未滿之不同，使其從事於公司職務之人員，有刑法上公務員與非刑法上公務員之別？實難以理解。究其根源，實為公務員定義之立法不當結果，應予修正。

(二)公務員在刑法所扮演之角色，有時為犯罪之主體，有時為犯罪之客體，為避免因具有公務員身分，未區別其從事職務之種類，即課予刑事責任，而有不當擴大刑罰權之情形，故宜針對公務性質檢討修正。

〔**註2**〕學者有稱此種公務員為「身分公務員」，見甘添貴〈刑法新修正之公務員概念〉一文，收錄於元照出版，刑法總則修正重點之理論與實務。

〔**註3**〕學者有稱此種公務員為「授權公務員」，見前註。

第2章　犯罪理論與行為理論

本章依據出題頻率區分，屬：**C 頻率低**

第一節　犯罪理論

刑法學上所稱之犯罪理論，係指關於犯罪之成立須具備何種法律要件之犯罪結構理論。

一、古典犯罪理論

此說係由德國學者李斯特及貝林提出「構成要件該當性」，奠定三階層理論犯罪結構之基礎，又稱為「李斯特—貝林理論」。

(一) 此說採取因果行為理論（自然行為論），以經驗主義為基礎，認為不法係客觀、罪責為主觀，亦即構成要件要素性質上為描述性、客觀性要素，否認主觀之合法性要素。

(二) 對於阻卻違法事由亦採客觀判斷立場，僅承認法規阻卻違法事由，認為阻卻違法事由不能由價值思考予以創造，不承認超法規違法事由。

(三) 對於罪責之本質採取「心理罪責理論」。

(四) 認為「不法意識」係故意的一部份，採取故意理論。

二、新古典犯罪理論

此派學說採取社會行為論，認為行為必須透過社會之價值判斷加以觀察，不能僅由經驗之角度出發。

(一) 不法的本質是社會損害性，罪責的本質是可非難性。

(二) 承認規範性構成要件要素與主觀不法要素。

(三) 對於阻卻違法事由採客觀判斷立場，亦承認超法規阻卻違法事由（認可實質違法性之概念）。

(四) 對於罪責之本質採取規範罪責理論，承認期待可能性為罪責要素。

(五) 將故意及過失歸類為罪責要素，認為不法意識亦為故意之一部份。

三、新古典目的論綜合理論

現今通說採取「新古典目的論綜合理論」，此乃新古典犯罪理論受目的行為論影響後確立之學說。

(一) 認為構成要件為不法構成要件，且認為規範性構成要件要素與描述性構成要件要素僅為程度上之差異（量之差異），而無本質上之不同。

(二) 主張故意與過失為構成要件要素，亦即故意乃一般主觀不法要素，特定不法意圖則為特殊之主觀不法要素。

(三) 對於罪責之本質採取規範罪責理論。

(四) 對於不法意識之定位採取罪責理論，認為不法意識非故意要素，而係罪責要素。

第二節　行為理論

一、因果行為論

早期通說採取「因果行為論」，認為行為乃是人的內在意思所支配改變外在世界之身體行動，行為人的內在意思為原因，外在的身體行為變動為結果，行為即係此等原因與結果間之因果歷程。

批評者認為，人類行為之特質非僅係抽象之意志，而應以追求特定目的之意志為其內容，此說無法將不作為之概念包括在內，且亦將反射動作或受強制之動作視為行為，其概念過於廣泛，欠缺行為概念對犯罪行為之過濾功能。

二、目的行為論

此說認為行為之基礎在於人類行為之目的性，過失行為則係具有潛在之目的性，而人類行為之目的性均受到「目的意志」之支配。

批評者認為此一見解無法包括無認識過失及不作為之情形，在無認識過失之情形，行為人對於結果（即行為目的）欠缺預見可能性，在不作為之情形，行為人並未透過意志之推動加以支配因果歷程。

三、社會行為論

德國多數說認為刑法上之行為應透過人類行為與社會環境之關係加以觀察，指人之意志所支配或可得支配，並具有社會重要性之人類行止，此乃折衷於因果行為論及目的行為論，其所稱「社會重要性」則係指對於刑法上歸責之判斷具有意義之特質而言。

惟論者有謂「社會重要性」之概念過於空泛，且有循環論證之嫌，因行為是否具備刑法可歸責性之判斷意義，須完成不法構成要件之審查，然在審查不法構成要件時，必須先確認是否有行為之存在。

第三節 「行為」之概念

一、刑法上「行為」之意義

學說上對於「行為」概念之解釋，各有歧異，有認為刑法上之行為係指出於意思主宰支配之人類行止，且此一客觀行止須引發外界具有刑法重要性之後果（即採「社會行為論」之見解），或認行為乃人之外部態度，必須具有意思支配可能性及外部態度，或區分為「心素」及「體素」，或採修正之因果行為理論，認為行為乃是人之意識狀態下，特定意志所能支配之身體舉止，或認為係行為人在意識狀態下之身體舉止；綜合而論，刑法上行為之概念得以下列圖示予以理解：

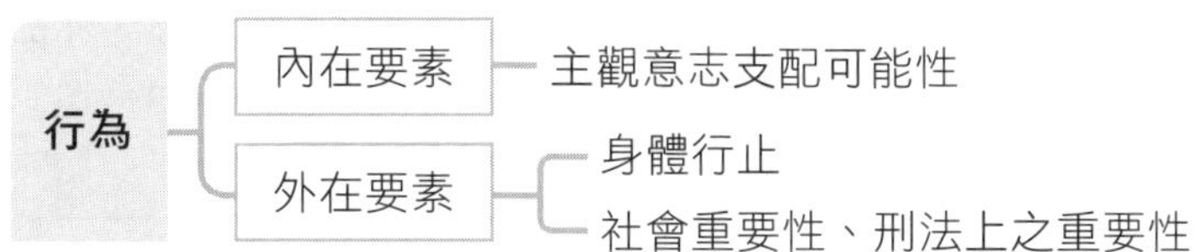

(一) **具體實例判斷：**

非刑法上行為	反射動作、絕對強制、睡眠中之行止、無意識狀態中之行止等。➡欠缺意志支配可能性。
刑法上之行為	自動化行為、間接強制（指行為人受到脅迫影響其意思決定之情形）、衝動行為等。

(二)「行為能力」與「責任能力」之區分

行為能力	指自然人基於人類自然意志力所擁有之行為資格，與年齡或精神狀態無涉，僅須具備形成固定意思之能力即具備行為能力。
責任能力	指自然人能辨別合法或違法及依其辨識結果而控制其行為之能力，須達到特定年齡且在正常之精神狀態下，始具有責任能力。
區別實益	1. 有責任能力者，必有行為能力；有行為能力者，未必有責任能力。 2. 行為能力係在檢討構成要件該當性前所需考量，乃前審查階段之問題；責任能力涉及年齡及精神狀態，屬罪責層次之考量問題。

二、「作為」與「不作為」之區分

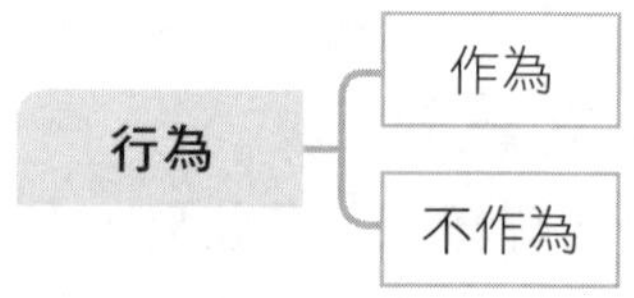

刑法上之「行為」概念可大別為「作為」與「不作為」兩種型態，前者係指行為人以積極行為之方式實現犯罪構成要件，後者則係指在一定條件配合下，行為人以消極不干擾之方式促成犯罪之實現。

(一)關於「作為」與「不作為」之區分，學說上有下列爭議：

以法規範對於社會事實評價重點加以判斷，亦即以行為所具有之社會意義在刑法判斷上之重點為何，作為判斷基準。

由風險概念出發，認為作為係指創造風險或加速既存風險之行為，而不作為則是指不排除既存風險之行為。

(二)**區分實益：**不作為行為人必須有作為義務（保證人地位），始成立犯罪。

一、夜間駕車未開車燈而撞傷他人，行為人係作為犯或不作為犯？

答 此即「雙重行為」之適例，亦即該行為非單純之作為或不作為，而係由作為及不作為結合而成之複合行為，構成要件該當之結果係同時由同一行為人之作為與不作為同時肇因而來；就此案例而言，刑法評價之重點並非單純針對行為人之駕駛行為（作為），亦非單純針對未開車燈之不作為，而係針對行為人於夜間駕駛未開車燈之作為，故屬作為犯。

二、醫師進行手術時，疏於注意而未取用原應使用之麻醉藥劑，反而誤取他種麻醉藥劑，導致病患死亡？

答 在此案例中，存有醫師之過失作為（取用錯誤之麻醉藥劑）及不作為（未取用正確之麻醉藥劑），而就行為人之全體行為以觀，刑法非難之基礎在於醫師注射錯誤之麻醉藥劑行為，亦即過失之積極作為，此處行為人之不作為針對行為人積極之作為行為乃居於補充性地位，故此情形應成立作為犯。

三、醫師對病患注射對病情毫無助益之藥劑，導致病患不治，則應成立作為犯或不作為犯？

答 此處病患不治係因醫師未注射對病患病情有助益之藥劑，刑法規範重點在於醫師不予注射有效之藥劑，故應成立不作為犯。

四、見到有人溺水，拋下繩索拉近後發現係仇人，便將繩索鬆開，導致被害人溺水死亡，應成立作為犯或不作為犯？

答 就行為之社會意義而言，刑法評價重點在於鬆手之行為，亦可認為此一行為結合不作為（未繼續將被害人拉上岸）與作為（鬆開繩索）兩部分，可非難之部分則為後者之作為，故該行為人應係以作為方式成立殺人罪。

第四節　犯罪成立要件

《犯罪審查結構》

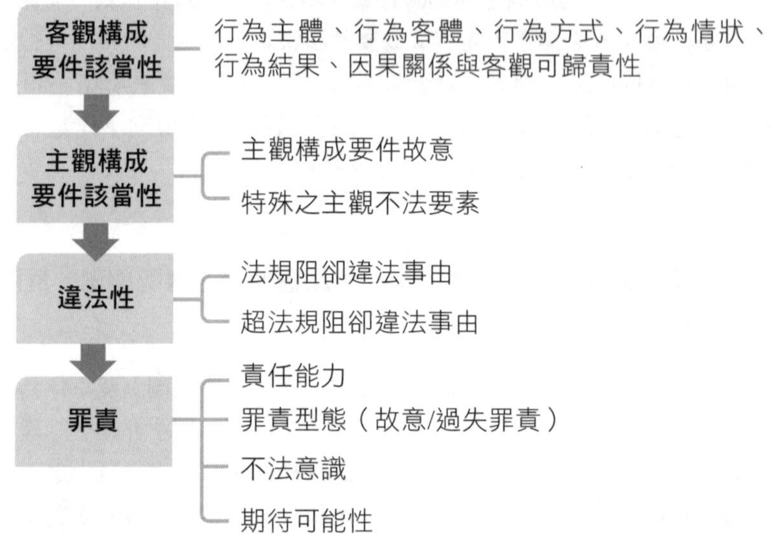

一、構成要件

構成要件係指立法者針對各種犯罪行為之構成犯罪事實加以類型化、抽象化而予以明文規範於刑法分則或其他刑事法律條款中，作為可罰行為之要件。

構成要件之分類

1. 基本構成要件、變體構成要件
2. 單一構成要件、結合構成要件
3. 完整構成要件、空白構成要件（有待補充之構成要件）
4. 封閉構成要件、開放構成要件
5. 描述性構成要件要素、規範性構成要件要素
6. 客觀構成要件要素、主觀構成要件要素
7. 成文構成要件要素、不成文構成要件要素

(一) 客觀構成要件該當性

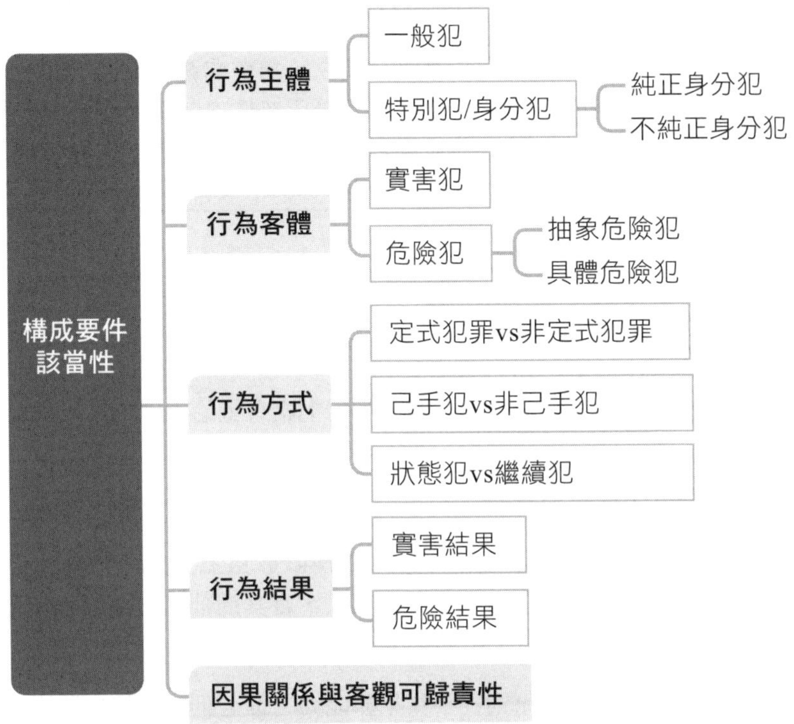

1. 行為主體

行為主體即指犯罪行為人而言，通說認為僅有自然人屬之，依法條對行為人是否要求具備特定之資格，可區分為一般犯與特別犯兩類：

<table>
<tr><td>一般犯</td><td colspan="2">指法定構成要件中對行為人之資格與條件均未設限制。</td></tr>
<tr><td rowspan="2">特別犯（身分犯）</td><td colspan="2">指唯有具備特定資格或條件之人，始為適格之行為人，從而得以實現犯罪構成要件。</td></tr>
<tr><td>純正身分犯（刑法§31I）</td><td>行為人必須具備特定資格條件始能成立該犯罪，該特定身分與法益侵害有關。如：公務員受賄罪。</td></tr>
</table>

特別犯（身分犯）	不純正身分犯（刑法§31II）	指該特定資格或條件僅係作為刑罰加重或減輕之事由，不具備該特定資格或條件之人，雖無法成立該加重或減輕要件之罪，但仍可成立基本構成要件之罪；此等身分要素與法益侵害無涉，非不法要素，而係罪責要素。如：殺直系血親尊親屬罪、義憤殺人罪等。

法人可否成為刑法上之犯罪主體？

答 關於法人是否具有犯罪能力之問題，學說上素有爭論：

肯定說：此說認為法人實際上存有為違法行為之可能性，故應肯認法人與自然人同有犯罪能力。

否定說：此說認為刑法上之犯罪行為人僅限於自然人，因刑法上之行為概念須出於有自由意志之自然人，且其刑罰之決定須考量罪責要素，法人在本質上欠缺自由意志及罪責，無從適用。

折衷說：此說認為法人原則上不具犯罪能力，但若刑法規範中特別設有遏阻法人從事違法行為之規定，則應例外適用。

我國現行實務採取折衷立法例，原則上認為法人不具備犯罪能力，例外則設有處罰法人之規範，其規範方式有下列兩種：

- 兩罰制：法人之代表人或負責人因執行業務而犯罪者，除應處罰該代表人或負責人外，對該法人亦課以罰金刑。
- 代罰制（轉嫁罰制）：指法人犯罪者，僅處罰其行為人或法人之負責人。

2. 行為客體（侵害客體）

行為客體即指行為所侵害之具體對象，由法益侵害之角度觀之，可將犯罪區分為實害犯與危險犯：

實害犯	指行為必須造成客觀之實害結果，始成立既遂犯罪，若否則屬未遂。如：殺人罪、傷害罪。

危險犯	指行為僅須對法益造成危險，不需客觀上有實害發生，即成立犯罪。	
	抽象危險犯	指行為若符合構成要件中所描述之事實，即屬該當預定之抽象危險，無待執法者就具體情節加以認定，此乃因抽象危險犯對於法益侵害具有代表性。如：刑法§173I放火罪之成立，只需行為人故意放火燒燬現供人使用之住宅，即屬具有抽象危險，又如刑法§179I亦屬之。
	具體危險犯	指構成要件除規定一定之行為方式外，並以一定之危險狀態作為構成要件要素，條文中常以「致生公共危險」之態樣顯現。如：刑法§174II、III，§175I、II、III，§179II、IV，§180，§181I等均屬之。

3. **行為方式**：指構成要件行為，可依下列基準區分

(1) 依行為手段是否要求特定方式區分：

A. 定式犯罪。

B. 非定式犯罪。

(2) 依行為手段是否須親自實施區分：

A. 己手犯（專屬犯）。

B. 非己手犯。

(3) 依犯罪行為是否完成區分：

A. **狀態犯（即成犯）**：行為造成特定不法情狀，犯罪即屬完成，亦即構成要件行為不必對法益在一定時間內造成持續性侵害，如：刑法§320竊盜罪。

B. **繼續犯**：構成要件之行為須對法益維持一定時間之侵害，始成立犯罪。如：刑法§305侵入住宅罪、§306私行拘禁罪。

區別實益

	狀態犯	**繼續犯**
成立共同正犯或幫助犯之可能性	必須在既遂前加入，始能成立。	在行為終了前之任何時點加入即可成立。
追訴權時效之起訴時點（刑法§80II）	犯罪行為成立時	犯罪行為終了時

4. **行為情狀**：指犯罪類型對於行為時之特殊情狀亦予以規定，必須在該特定情狀下始構成犯罪。如：刑法§309侮辱罪之「公然」要件即屬之。

5. **行為結果**：除行為犯外，行為人之行為必須發生行為結果，始能成立既遂罪，所稱結果包括「實害結果」與「危險結果」在內。

   (1) **實害結果**：指行為對於刑法保護之法益已發生客觀可見之損害者是。

   (2) **危險結果**：指行為對於刑法保護之法益構成具體危險，但尚未造成客觀可見之實害而言。

行為犯（舉動犯）	行為人僅須實現構成要件所描述之行為，不待結果之發生，即屬既遂。
結果犯	行為必須發生構成要件之結果，始成立既遂。

6. **因果關係與客觀可歸責性**：所謂「因果關係」乃行為與結果之間之支配關係，亦即行為人須對結果有支配力，行為人採取不同之作法即會有不同之結果出現，此一因果關係之探究，目的在於使刑罰理性化，排除欠缺實益之處罰；德國通說將客觀可歸責性之判斷與因果關係之檢驗置於客觀構成要件層次，認為因果關係係因自然科學之觀點加以判斷結果原因，而客觀可歸責性係以規範之觀點來判斷結果歸責。

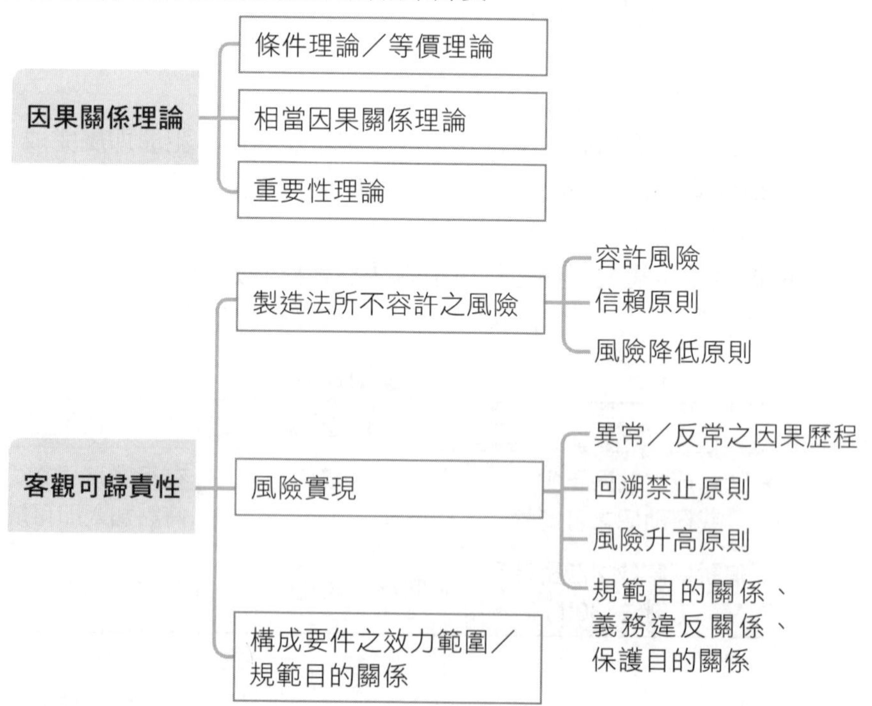

(1)**因果關係之理論**

A.**條件理論（等價理論）**：指某事實對於結果之發生，不可想像其不存在之各個條件，均係刑法上之原因；若可想像其不存在而結果仍會發生，該事實即非結果之條件。

(A)依此理論，特定結果可能係由多數條件共同造成，該多數條件均屬等價，故又稱為「等價理論」。

(B)擇一之因果關係：指兩個以上單獨足以造成結果發生之事實，共同發生效力時，每個事實皆是結果之條件。此為條件理論之補充理論。

(C)偏離常規之因果關係：在條件理論中，不須考慮違背經驗法則之偏離常規情形。

(D)超越之因果關係/因果關係中斷：指行為雖已開始作用，但因其他事件介入而迅速單獨造成結果者，在後介入之事件與結果間形成超越之因果關係，而使前行為與結果間之因果關係中斷。

B.**相當因果關係理論**：指行為與結果間由一般經驗法則判斷，具有相當可能性；僅有構成要件該當之條件始為結果之原因。

最高法院

76年台上字192判例

刑法上之過失，其過失行為與結果間，在客觀上有相當因果關係始得成立。**所謂相當因果關係，係指依經驗法則，綜合行為當時所存在之一切事實，為客觀之事後審查，認為在一般情形下，有此環境、有此行為之同一條件，均可發生同一之結果者，則該條件即為發生結果之相當條件，行為與結果即有相當之因果關係。**反之，若在一般情形下，有此同一條件存在，而依客觀之審查，認為不必皆發生此結果者，則該條件與結果不相當，不過為偶然之事實而已，其行為與結果間即無相當因果關係。

C.**重要性理論**：認為結果原因應依條件理論之公式判斷，結果歸責則係就刑法規範保護目的、個別構成要件之特性判斷重要性。此一理論區分「因果關係」與歸責問題，引導下述客觀歸責理論之產生。

(2)**客觀可歸責性**

客觀可歸責性之中心思想在於，若行為人之行為創造或提升一個法所非難之危險，且該危險在具體事件歷程中實現進而導致構成要件結果之發生，始能將該結果歸責於行為人。詳言之，當行為人之行為對於行為客體製造法所不容許之風險，且構成要件結果之發生係因該風險之實現，該結果係在構成要件效力範圍內時，始能將構成要件結果歸責於行為人，茲就其要件分敘如下：

A.**製造法所不容許之風險：**

容許風險	行為與結果之發生雖具有因果關係，但若屬容許風險之範疇，則該結果之發生不能歸責於行為人，而「容許風險」之判斷基準則依具體個案判斷，衡量生活利益與風險為之。
信賴原則	此一原則適用於交通刑法領域，指行為人雖知悉他人之違法行為將造成法益侵害，但仍有具體根據相信他人會為正確合法之行為，若該信賴為正當，則結果之發生則屬容許風險，不可歸責於行為人。
風險降低原則	指對於既存之風險予以修正或減緩，或延後該風險對結果之作用，或引導另一結果型態之發生而言。如：甲欲以木棒攻擊乙之頭部，丙見狀出手阻擋，甲所持木棒攻擊乙之背部，導致乙之背部挫傷，此時該受傷結果不可歸責於丙之行為。

B.**風險實現：**行為人雖製造法所不容許之風險，但若最後結果之發生不可歸責於行為人，則行為人仍不具可歸責性。

(A)**異常／反常之因果歷程：**若結果之發生與行為人之行為間具備因果關係，但該結果係基於反常之因果歷程所導致者，則該反常之因果關係即可阻卻客觀可歸責性。如甲持刀刺傷乙之心臟，乙在送醫途中發生車禍死亡，經解剖後發現乙之死因為顱內出血，則乙之死亡結果並非甲所製造之風險所實現，對於甲應論以殺人未遂罪，而非殺人既遂罪。

(B)回溯禁止原則：指行為人行為後，因他人之故意行為介入導致結果發生，則行為人即欠缺客觀可歸責性；惟若行為人對該他人之故意介入行為具有預見可能性時，則不適用回溯禁止原則。

(C) **風險升高原則**：若行為人之行為提高結果發生之風險，且該風險逾越容許風險之範疇，則結果之發生對行為人即具有可歸責性。學者有批評此一原則以風險提高取代條件關係，忽略行為之實際作用。

(D) **規範目的關係（義務違反關係／保護目的關係）**：指結果之發生須行為人所違背之規範所欲排斥之風險實現，否則行為人仍不具備客觀可歸責性。

C. **構成要件之效力範圍／規範目的關係**：行為人雖製造法所不容許之風險，且該風險亦導致具體結果之發生，然若該風險與結果間非構成要件效力之範疇，則該具體結果之發生仍屬不可歸責於行為人。

➡自我負責原則：行為人僅須對自身行為負責，對於他人或被害人自己行為所導致之結果不應由行為人負責。

例如：藥局藥師出售安眠藥予顧客，顧客服用過量導致死亡，該藥師對顧客之死亡結果不須負責。

(二) **主觀構成要件該當性**

1. **構成要件故意**

(1) **認知**：行為人對構成要件事實之認識。

(2) 意欲：行為人主觀上希望構成犯罪事實發生之意思。

➡故意與行為同時存在原則／同時性原則：指主觀犯意與客觀事實須並存而言，亦即行為人於行為時必須認識犯罪事實發生之可能性，故意乃指行為時之故意，行為則係故意時之行為。

2. **特別主觀構成要件要素**

所謂「特別主觀構成要件要素」係指「意圖」而言，例如：刑法§320竊盜罪之「不法所有意圖」者是。

(三) **錯誤理論**

刑法學上之錯誤理論，係以「行為人主觀上之認識與客觀上之事實不一致」為中心，逐次開展其理論及應用。

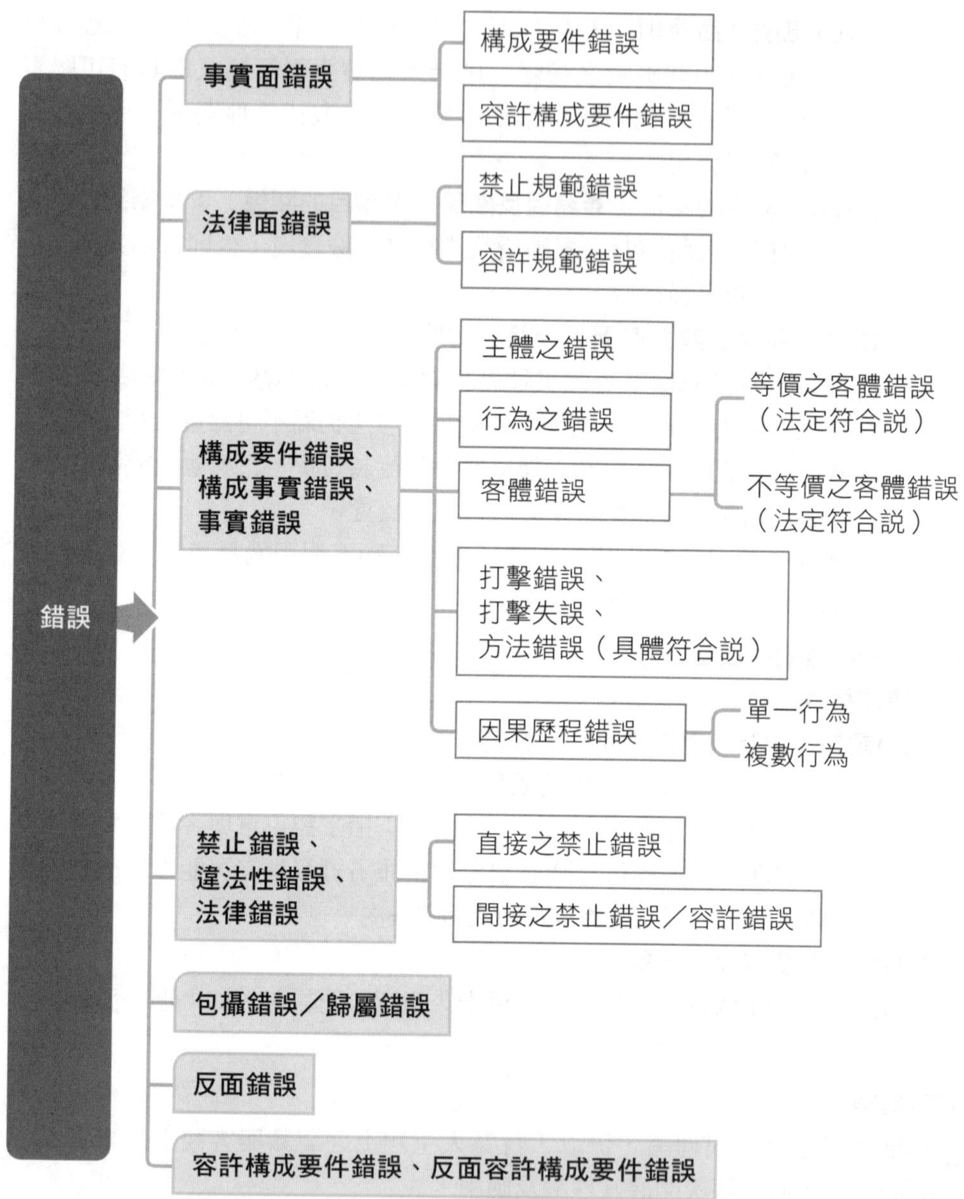

1. **構成要件錯誤／構成事實錯誤／事實錯誤**

(1) **主體之錯誤**：在純正身分犯（特別犯）之情形，具備該特定身分資格之人誤認自己不具備該特定身分資格。

➡阻卻構成要件故意。

(2) **行為之錯誤**：行為人對於符合構成要件行為之事實欠缺認識，不知其行為會導致犯罪結果發生。

➡阻卻構成要件故意。

(3) **客體錯誤**：行為人對於行為客體發生誤認。

A. **等價之客體錯誤**：通說採法定符合說，認為其法律效果為不阻卻構成要件故意。如：甲誤丙為乙而殺之。

法定符合說：行為人主觀上認識之事實與客觀上發生之事實，如在同一構成要件內，即具有法定之符合，不阻卻構成要件之故意；反之，則阻卻構成要件故意。

B. **不等價之客體錯誤**：通說採法定符合說，認為其法律效果為阻卻構成要件故意，例外在主觀認識之事實與客觀上發生之事實具有同質符合時，在該符合之範圍內成立故意。

(4) **打擊錯誤／打擊失誤／方法錯誤**：指行為人所為之攻擊行為因實行失誤，導致其所損傷之客體與行為人原欲攻擊之客體不同。

➡通說採具體符合說，認為此時可阻卻構成要件故意。

具體符合說：行為人主觀上認識之事實與客觀上之事實必須具體一致，始能成立故意。

(5) 因果歷程錯誤：指行為人所預想之因果歷程與客觀上實際發生之因果歷程不一致。

A. **單一行為**：通說認應以相當因果關係理論觀之，若結果依行為人所未認識之因果歷程出現，但在一般人經驗上可認為相當時，成立故意既遂犯，但若認為不相當時，則成立未遂犯。

如：甲欲殺害乙，乙受傷後欲逃離，不慎溺水死亡。

B. **複數行為**：通說及實務均認為應成立故意犯罪（將前後行為過程視為一個行為整體）。

最高法院

26年上字第1026號判例

上訴人先將被害人口項用繩帕勒住，旋又拖往他處將被害人頭顱砍落，棄屍水中。其砍落頭顱時，在上訴人雖以之為殺人後之殘毀屍體藉以洩忿，而實際上被害人因被砍而死，其砍落頭顱，仍係殺人行為之一部，原審認其不另構成損壞屍體罪，固屬無誤，惟其將被害人拖往他處，既係誤認被害人業已身死，則其主觀上並無妨害他人行動自由之故意，而其用繩帕細勒，又係殺人之一種手段，則於所犯殺人遺棄屍體兩罪外，自無更成立刑法§302I罪責之理。

28年上字第2831號判例

如果某甲並不因被告之殺傷而死亡，實因被告將其棄置河內始行淹斃，縱令當時被告誤為已死而為棄屍滅跡之舉，但其殺害某甲，原有致死之故意，某甲之死亡又與其殺人行為有相當因果關係，即仍應負殺人既遂責任。至某甲在未溺死以前尚有生命存在，該被告將其棄置河內，已包括於殺人行為中，並無所謂棄屍之行為，自不應更論以遺棄屍體罪名。

2. **禁止錯誤／違法性錯誤／法律錯誤**

所謂「禁止錯誤」係指行為人對於規範之誤認，涉及罪責要素中之不法意識。

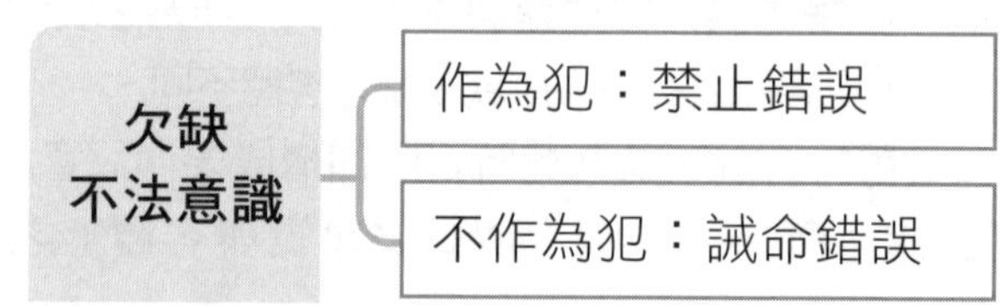

(1) **直接之禁止錯誤**：行為人誤認禁止規範（不法構成要件）之存在或界限。

A.行為人不知有禁止規範存在。

B.行為人誤以為禁止規範已失效。

C.行為人誤解禁止規範之界限。

(2) **間接之禁止錯誤**：行為人誤認容許規範（即阻卻違法事由）之存在或界限，又稱為「容許錯誤」。

A.行為人誤以為某一容許規範存在。

B.行為人誤解既存容許規範之界限。

(3) **法律效果**

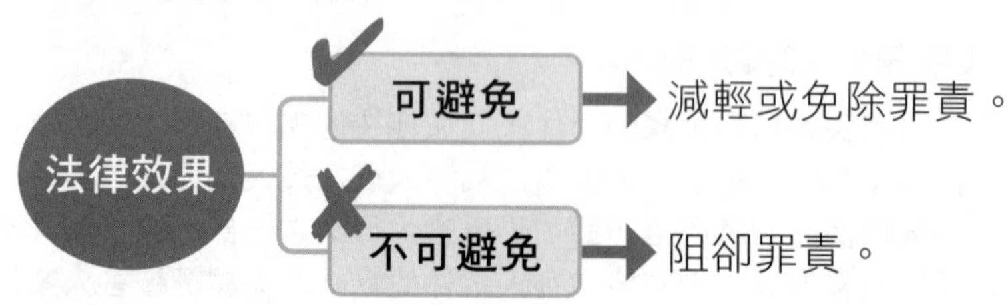

刑法§16：除有正當理由而無法避免者外，不得因不知法律而免除刑事責任。但按其情節，得減輕其刑。

94年修正前刑法§16係規定「不得因不知法律而免除刑事責任。但按其情節得減輕其刑。如自信其行為為法律所許可而有正當理由者，得免除其刑。」依修正後規定，對於有正當理由而無法避免之違法性錯誤不具備有責性，但如非無法避免之違法性錯誤，仍不能免除刑事責任，僅得按其情節減輕其刑〔註1〕。

3. **包攝錯誤／歸屬錯誤**
   (1) **意義**：指行為人在具有構成要件故意之情形下，錯誤地將所涉及之構成要件為有利於己之解釋，誤認其行為非構成要件行為。
   (2) 法律效果：通說認為不影響故意之成立，但可能成立禁止錯誤。
   如：行為人誤以為刑法上所稱「他人之物」限於無生命之物品，進而認為殺害鄰居飼養之貓不構成刑法上之毀損罪。
4. **反面錯誤**
   (1) **普通錯誤**：行為人主觀上認為不構成犯罪，但客觀上已構成犯罪。
   (2) 反面錯誤：行為人主觀上認為構成犯罪，但客觀上不構成犯罪。
5. **容許構成要件錯誤**
   (1) **意義**：行為人對於阻卻違法事由之前提事實發生錯誤。
   (2) 法律效果：
   A.成立故意犯罪：此乃「嚴格罪責理論」之立場。
   B.阻卻故意（通說）

故意理論	不法意識為故意之一部份，容許構成要件錯誤之行為人不具備故意，至多僅能成立過失犯。
限縮罪責理論	應類推適用構成要件錯誤之法理，阻卻故意。
限縮法律效果之罪責理論	認為容許構成要件錯誤為獨立之錯誤類型，其法律效果應類推適用構成要件法理，阻卻故意。
負面構成要件要素理論	認為阻卻違法事由為負面構成要件，發生錯誤時應「直接適用」構成要件錯誤之法則，阻卻故意不法，若行為人有過失，則成立過失犯。

(A) **於一定情形下阻卻違法性**：以事前標準認定違法性，依個別具體狀況判斷行為人於行為時之誤認是否具有可避免性，若行為人於行為時已盡注意義務，即可阻卻違法性。

(B) 我國實務見解：以誤想防衛為例，實務上立場並不一致，有認為行為人仍應成立故意犯罪〔註2〕，亦有認為應阻卻故意，若行為人有過失時，則另外論以過失犯罪〔註3〕。

(3) **反面容許構成要件錯誤**：指對於阻卻違法事由基礎事實之錯誤，客觀上已存有阻卻違法事由之事實，但行為人主觀上卻不知悉該事實之存在。如：客觀上存有現在不法侵害，但行為人未認知。關於其法律效果，則因採取不同理論而異：

A. **古典犯罪理論：阻卻違法**。

不法乃客觀層面之判斷，與行為人主觀無涉。

B. **負面構成要件理論／二階層理論：成立未遂犯**。

客觀上無法既遂，但行為人主觀上已具備故意要件。

C. **目的既遂理論**：

成立既遂犯	僅係量刑上之問題。
成立未遂犯	因行為人欠缺故意犯之結果不法，應類推適用未遂犯之規定。

6. **空白構成要件錯誤**

(1) **普通錯誤**：學界通說認為應成立構成要件錯誤，阻卻故意。

如：行為人誤以為藍頂亞馬遜鸚鵡非保育類野生動物，竟為個人收藏、觀賞之目的，向不知名賣家購買之。

(2) **反面錯誤**：如行為人將非屬保育類野生動物之動物作為買賣客體，並認為係觸犯野生動物保育法之規定，學說上有下列見解：

A. **成立未遂犯**：行為人欠缺客觀不法性，應僅成立未遂犯。

B. **成立幻覺犯**：因主客觀不相當，故不成立犯罪。

7. **關於罪責或其他處罰條件之錯誤**

在罪責及其他處罰條件方面，因責任能力、個人阻卻刑罰事由、個人免除刑罰事由或客觀處罰條件均係由客觀面觀察，與行為人主觀上有無認識或誤認無涉，故無錯誤之問題。

(四) **過失之作為犯**

刑法學上係以處罰故意犯罪為原則，處罰過失犯罪則為例外，故刑法§12II即規定：「過失行為之處罰，以有特別規定者，為限。」且對於同一犯罪類型之行為，可能僅處罰故意而不處罰過失，不可能未處罰故意而僅罰及過失行為。

1. **過失之要素及種類**

要素	**種類**
❶ 客觀注意義務之違反 ❷ 主觀注意義務之違反 ❸ 客觀預見可能性 ❹ 主觀預見可能性	❶ 有認識過失、無認識過失 ❷ 普通過失、業務過失

「業務」之意義：基於個人社會生活地位，反覆實施同種類之行為。

《最高法院68年第5次刑庭會議決議》

刑法上所謂業務上之行為，指其事實上執行業務之行為而言。某甲既以駕駛小貨車推銷食品為業，則其駕駛行為，應認為包括於推銷之業務行為中，亦即為其推銷業務之一部。某甲雖非以駕車為其專業，亦仍無礙於業務之性質，其於執行運送食品推銷業務中，過失致人於死，即應依業務上過失致人於死罪論處。

最高法院

75台上字第1685號判例

汽車駕駛人之駕駛工作，乃隨時可致他人身體生命於危險之行為，並係具有將該行為繼續，反覆行使之地位之人。因此應有經常注意避免他人於危險之特別注意義務。上訴人所駕駛之客貨兩用車，係以之為販賣錄音帶所用，其本人並以販賣錄音帶為業，故其駕駛該車本屬其社會活動之一，在社會上有其特殊之屬性（地位），其本於此項屬性（地位）而駕車，自屬基於社會生活上之地位而反覆執行事務，因之，在此地位之駕車，不問其目的為何，均應認其係業務之範圍。上訴人徒以其時非用以運載錄音帶，即謂非業務行為，難認有理由。

《最高法院75年上字第3248號判決》

刑法上所謂業務，係指個人基於其社會地位繼續反覆而執行之事務，其主要部分之業務固不待論，即為完成主要業務所附隨之準備工作與輔助事務，亦應包括在內。上訴人○○以修理汽車為業，在修理過程中之駕駛行為要屬修車附隨之事務，如駕車往保養廠途中撞人致死而有過失責任，即應依業務上過失致人於死罪論處。

2.結果加重犯／加重結果犯

刑法§17：因犯罪致發生一定之結果，而有加重其刑之規定者，如行為人不能預見其發生時，不適用之。

意義	行為人以犯輕罪之意思實施犯罪行為，進而導致重罪之結果，法律對該犯罪類型亦設置特殊犯罪型態，將基本犯罪與加重結果視為獨立之犯罪型態，科以較重之刑罰，即稱之「結果加重犯」。其規範目的在於衡平刑罰與責任。
要件	1.須因故意基本犯罪導致一定之結果：加重結果犯之成立要件以故意犯罪之基本犯罪成立為其前提。 2.加重結果之發生須與基本行為間具有因果關係與客觀可歸責性。 3.行為人須能預見結果之發生：採取主觀說，對於加重結果之發生是否能預見，應以行為人個人得否預見作為判斷基準。 4.須法律設有加重其刑之規定：若法律未設有特別加重處罰之規定，則回歸適用刑法競合理論處理論罪科刑問題。 ➡現行刑法之特別規定，如：§125II、§126II、§135III、§136II、§278II、§282、§293II、§294II、§302II、§325II等。 5.須行為人對於加重結果之發生欠缺故意。

最高法院

24年上字第1403號判例

刑法§17所謂行為人不能預見其結果之發生者，係指結果之發生出於偶然，為行為人所不能預見者而言。上訴人對於被害人臂臀各部以腰帶抽擊，原無致死之決心，顧傷害係破壞人身組織之行為，其受傷後因治療無方而致死亡，究非不能預見之偶然結果，該被害人受傷後既因調治無效身死，上訴人自應負傷害致人於死之罪責。

29年上字第1011號判例

刑法§277II傷害致人於死之罪，係因犯罪致發生一定結果而為加重其刑之規定，按照同法§17固以行為人能預見其結果發生時，始得適用，但上訴人於甲乙等叢毆被害人時，既在場喝打，**此種傷害行為，足以引起死亡之結果，在通常觀念上不得謂無預見之可能**，則上訴人對於被害人之因傷身死，即不能不負責任。上訴意旨謂被害人身受各傷，無一屬於要害且均甚輕微，其死亡結果斷非行為人所能預見，主張應依刑法§17不負致死之責，自無可採。

47年台上920號判例

加重結果犯，以行為人能預見其結果之發生為要件，所謂能預見乃指客觀情形而言，與主觀上有無預見之情形不同，若主觀上有預見，而結果之發生又不違背其本意時，則屬故意範圍。

《最高法院95年台上字第1506號判決》

刑法上之加重結果犯，以行為人於行為時能預見其結果之發生為要件，而所謂能預見乃指客觀情形而言，與主觀上有無預見之情形不同，若主觀上有預見，而其結果之發生又不違背其本意時，則屬故意範圍；又因自己行為致有發生一定結果之危險者，負防止其發生之義務，為刑法§15II所明定；而對於一定結果之發生，法律上有防止之義務，能防止而不防止者，為不作為犯，其所負責任與因積極行為發生結果者相同，此觀諸同法§15I之規定甚明。則**刑法上之不作為犯，乃指消極行為之犯罪，與積極行為之犯罪，在法律上可發生同一之效果；而該消極不作為本身，即係犯罪行為，至於是否與刑法上各個犯罪之構成要件該當，仍應按行為人有無違反法律上防止義務之客觀情形，及其主觀上有無犯罪故意及是否有應注意、能注意而不注意等意思要件，綜合觀察，分別論以故意或過失犯**，非謂行為人祇要客觀上違反法律上之防止義務，即成立與積極作為結果相同之不作為犯；此與加重結果犯係指行為人於客觀上能預見因其犯罪致發生一定結果時，即應適用刑法上關於因發生該加重結果而加重其刑之規定處斷者不同。

《最高法院95年台上字第3392號判決》

刑法§17所謂之加重結果犯，以行為人能預見其結果之發生為要件，所謂能預見乃指客觀情形而言，與主觀上有無預見之情形不同。若主觀上有預見，而結果之發生又不違背其本意時，則屬故意範圍。亦即行為人對於加重結果之發生有無可能預見，應依行為當時之客觀情狀，而非就行為人之主觀認識，以為判斷。故所謂「能預見」，係指「就客觀情形有可能預見」，而與有預見不同……。

《最高法院95年台上字第4178號判決》

共同正犯在犯意聯絡範圍內之行為，應同負全部責任。惟**加重結果犯，以行為人能預見其結果之發生為要件，所謂能預見乃指客觀情形而言，與主觀上有無預見之情形不同，若主觀上有預見，而結果之發生又不違背其本意時，則屬故意範圍；是以，加重結果犯對於加重結果之發生，並無主觀上之犯意可言**。從而共同正犯中之一人所引起之加重結果，其他之人應否同負加重結果之全部刑責，端視其就此加重結果之發生，於客觀情形能否預見；而非以各共同正犯之間，主觀上對於加重結果之發生，有無犯意之聯絡為斷。又刑法§277II前段傷害致人於死之罪，係因犯傷害罪致發生死亡結果而為加重其刑之規定，依同法§17規定，固以行為人能預見其結果發生時，始得適用，但傷害行為足以引起死亡之結果，如在通常觀念上不得謂無預見之可能，則行為人對於被害人之因傷致死，即不能不負責任。

《最高法院98年台上字第5810號判決》

按**傷害致人於死罪係加重結果犯，學理上稱為「故意與過失之競合」，以行為人對於基本（傷害）行為有故意，對於加重結果（致死）部分有過失，始令負該加重結果之責，並於實體法上給予實質上一罪之評價**。加重結果犯之刑罰權既屬單一，非但在訴訟法上無從分割，即在實體法上亦無從割裂適用法律，故如基本行為應依兒童及少年福利法§70I項加重其刑者，對於加重結果部分自應一體加重。又兒童及少年福利法§70I既規定「加重其刑至二分之一」，即係賦予法院於該加重範圍內之刑罰裁量權，事實審法院自得審酌個案情節，就其加重之程度，為適當之權衡，以求其平。

精選案例

基礎行為未遂，但已發生加重結果時，可否適用結果加重犯之規定？

答 **肯定說**：依我國學說通說及實務見解，基礎行為雖僅止於未遂，但因已發生加重結果，即可論以加重結果犯。

最高法院

32年上字第1206號判例

上訴人之強姦雖尚未遂，亦未將被害人推墮水中，但該被害人既係因拒姦跌入塘內溺斃，其死亡之發生，與上訴人之強姦行為，顯有相當因果關係，上訴人自難辭強姦因而致被害人死亡之罪責。

3. **加重結果犯之加重處罰理由**

結果危險理論	此說認為基本行為本身即帶有產生加重結果之危險。
行為危險理論	行為本身即帶有危險性，不要求基本行為既遂。
區別理論	依各該法條探究其立法原意，係著重於行為危險或結果危險，分別觀之。

(五) **不作為犯**

- **刑法**§15I：對於犯罪結果之發生，法律上有防止之義務，能防止而不防止者，與因積極行為發生結果者同。
- **刑法**§15II：因自己行為致有發生犯罪結果之危險者，負防止其發生之義務。

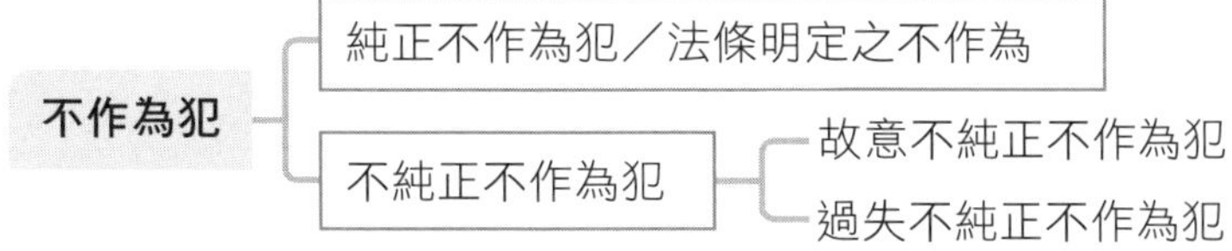

1. **不作為之概念**

（請參見前述「作為與不作為之區分」之說明）

2. **類型**

(1)**純正不作為犯／法條明定之不作為**：指犯罪構成要件明定行為人須以不作為之方式始能實現構成要件事實之犯罪類型。

如：刑法§149公然聚眾不遵令解散罪、刑法§194不履行賑災義務罪、刑法§306II無故侵入他人住宅留滯不退去罪等。

(2)**不純正不作為犯**：指對於構成要件該當結果之發生負有防止義務之人，不為其應為之防止行為，導致發生與以作為方式實現法定犯罪構成要件事實之不作為犯。

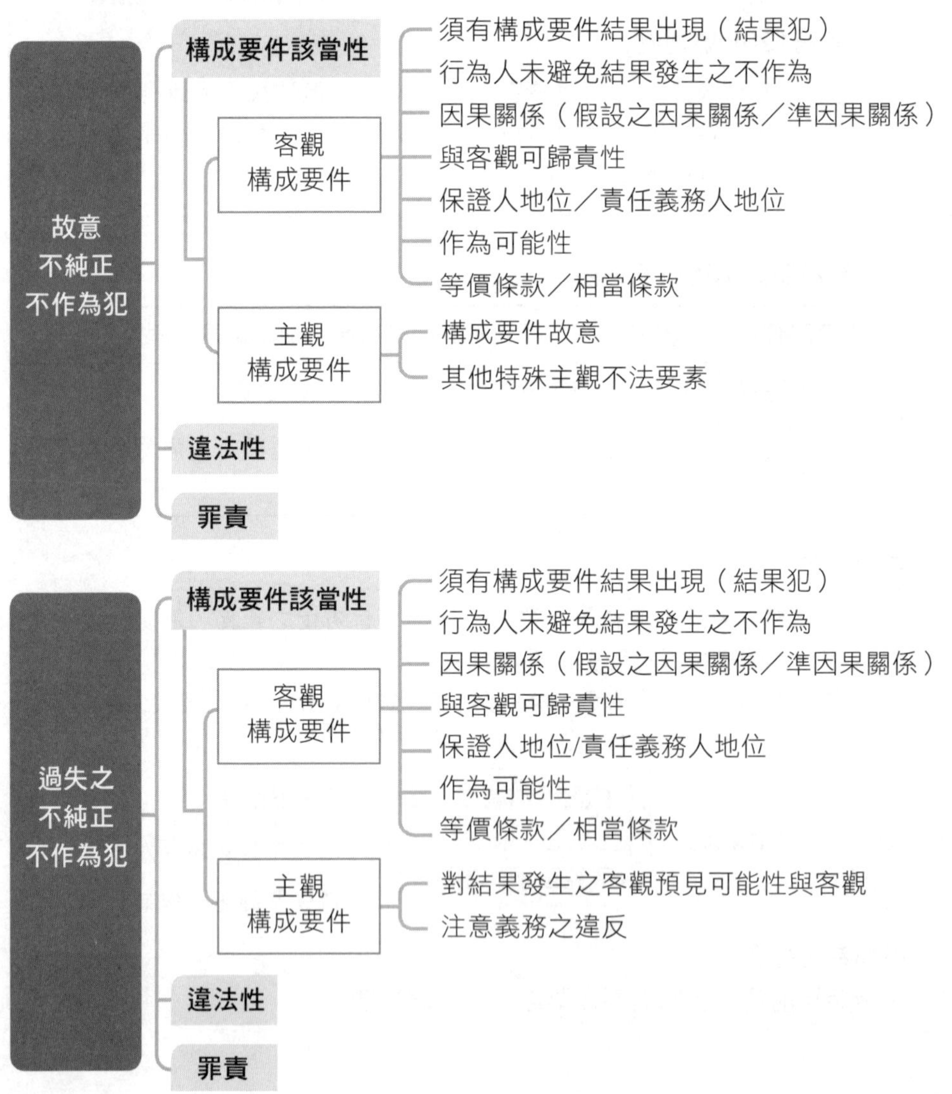

二、保證人地位

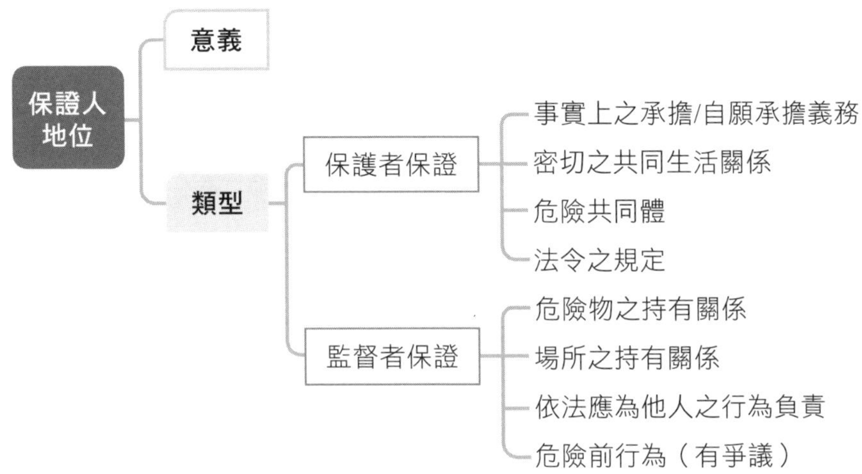

(一) **意義**：在不純正不作為犯行為主體認定上，僅有居於保證人地位之保證人有不作為，始能評價為犯罪行為。

(二) **類型**

1. **保護者保證**：指對於一定法益具有特別之保護義務。

事實上之承擔自願承擔義務	指事實上負有承擔保證結果不發生之義務。如：保母、救生員等。
密切之共同生活關係	指配偶、直系血親親屬間互負保證人義務。
危險共同體	指為達特定目的而組成具有互負排除危難義務之團體，成員彼此間具有特別信賴關係。如：登山隊。
法令之規定	此在學說上存有爭議，筆者認為仍應以個別規定進行判斷。

2. **監督者保證**：指對於特定危險源負有監督義務之保證人。

危險物之持有關係	指持有破壞法益危險性較高之設備、物質或動物。
場所之持有關係	指場所負責人應對場所中可能發生之法益侵害具有防止發生之義務。

依法應為他人之行為負責	法律上有義務監督或控制他人行為者，須防止被監督人或被控制人之行為造成他人之損害，此乃基於信賴關係而來。
危險前行為	1. 指製造危險之行為人應對該特定危險狀態負有防止結果發生之義務。 2. **否定說**：此說認為可直接歸責於危險之前行為，無須論以後階段之不作為，否定危險前行為作為保證人地位之內涵。 3. **違背義務之危險前行為理論**：此說認為前行為除須具備導致結果發生之迫切危險外，尚須具備義務之違反性。 4. **因果之前行為理論**：主張前行為與後行為具有因果關係即可，不問前行為有無違背法律義務。

精選案例

「臥底警察」是否具有保證人地位？

答 臥底警察不具全面性之保證人地位，在臥底期間對於輕微犯罪之制止亦不具保證人地位，此乃利益衡量之故。

三、違法性

(一) 概說

對於構成要件該當行為，經價值判斷後認為與整體法規範處於對立衝突狀態之行為，即具有違法性。易言之，凡符合構成要件該當之行為，在刑法上推定其具有違法性，除非有反證（即阻卻違法事由）得以推翻之，此即「違法性推定原則」。

依法律是否設有明文規定為區分標準，可將阻卻違法事由大別為「法規阻卻違法事由」及「超法規阻卻違法事由」。

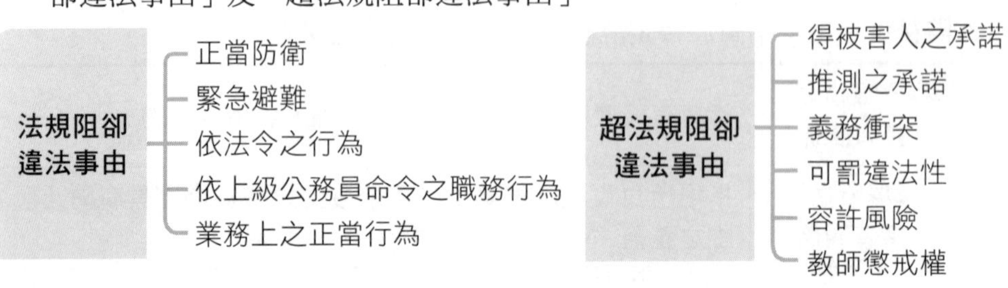

(二) 法規阻卻違法事由

1. 正當防衛

刑法§23：「對於現在不法之侵害，而出於防衛自己或他人權利之行為，不罰。但防衛行為過當者，得減輕或免除其刑。」

(1) **客觀要件**

防衛情狀（現在不法之侵害）	**侵害**	指法律上所保護之法益遭受損害或危險，且限於人為侵害，其態樣包括作為及不作為在內。
	現在	係指已開始、尚未結束之侵害而言。
	不法	不法指該侵害行為乃破壞客觀法秩序之行為，通說認為對於違法侵害之行為均可主張正當防衛，不論該行為是否具備可責性。
防衛行為	**適當性、有效性**	指防衛手段須能達到排除現在不法侵害之目的。
	必要性	指存有多數防衛手段時，應選擇其中損害最小之手段。
	衡平性、利益衡量原則	正當防衛原則上不考慮利益間之平衡，允許防衛者為了保護財產法益而侵害他人身體法益，惟若保護之利益與受損害之利益間過於失衡，則為例外。
	須對加害人為之	對於非實施侵害之第三人不得主張正當防衛。

(2) **主觀要件**：防衛意思

早期古典犯罪理論在犯罪結構上主張「不法是客觀，罪責是主觀」，否認有主觀不法要素之存在；惟現今通說均肯認在構成要件該當性及違法性層次包括客觀要件與主觀要件之判斷，在正當防衛方面，須有防衛意思作為主觀阻卻違法要素。

所謂防衛意思即指防衛意識而言，亦即防衛者須認識防衛情狀之事實，進而為防衛行為，始足當之。

精選案例

「防衛意識」除「防衛故意」外，是否也須出於「防衛目的」？

答 肯定說：防衛意識係指防衛者認識防衛情狀之事實，並基於保護自己或他人法益之目的，進而為防衛行為之意思。

否定說：正當防衛之主觀要件與構成要件故意相同，以防衛者對於防衛事實有所認識，即為已足，與防衛者之目的無涉。

➡通常情形下，防衛者於認識防衛情狀事實時，均會存有保護自己或他人法益之目的，亦即防衛故意與防衛目的係同時出現，在實際運用上宜採否定說，否則將過度限縮正當防衛之適用。

(3)**類型**

A.為自己法益之正當防衛。

B.為他人法益之正當防衛。

(4)**正當防衛之限制**

通說認為，在防衛結果與損害在比例上顯不相當時，即非法所許可，對於顯然欠缺有責性之侵害，應採取迴避或以最輕微方式為防衛行為；另對於輕微之損害，僅有合乎比例原則之防衛行為始係必要之防衛行為。

最高法院

25年上字第1238號判例

上訴人於房門外安設皮線銅絲，直達大門外之門框旁，通以電流為防盜之具，適有某甲寄宿其家，於夜間啟門小解，誤觸電絲，登時身死，此種設備，既足以危及生命，乃對於寄宿之外客，並不明白指示，致肇禍端，其應負過失致人於死之罪責，殊無可辭。惟上訴人於門外安設電線，係供防盜之用，縱有時構成防衛過當之殺人行為，但其防禦之盜賊，尚未因而觸電，即防衛過當問題並不發生，自不另成犯罪。

互毆得否主張正當防衛？

答

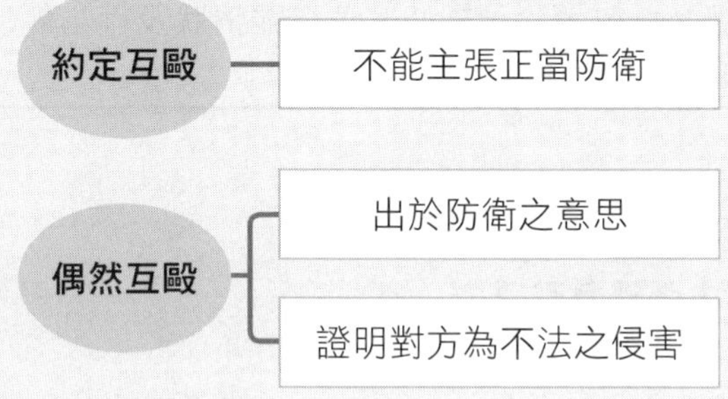

最高法院

17年上字第686號判例

查正當防衛係對於現在不正之侵害防衛自己或他人之權利者而言，本案上訴人與某甲口角互毆彼此成傷，**不能證明某甲先行侵害，自不得主張正當防衛。**

30年上字第1040號判例

正當防衛必須對於現在不法之侵害始得為之，侵害業已過去，即無正當防衛可言。至**彼此互毆，又必以一方初無傷人之行為，因排除對方不法之侵害而加以還擊，始得以正當防衛論。**故侵害已過去後之報復行為，與無從分別何方為不法侵害之互毆行為，均不得主張防衛權。

2. **緊急避難**

刑法§24：「因避免自己或他人生命、身體、自由、財產之緊急危難而出於不得已之行為，不罰。但避難行為過當者，得減輕或免除其刑。前項關於避免自己危難之規定，於公務上或業務上有特別義務者，不適用之。」

(1) **客觀要件：**

緊急避難情狀	指客觀上存有對法益造成損害或危險之情況，包括人為及自然災害在內，且該危險須具有即時性，不包括事前可預測或可預見之危難在內。
緊急避難行為	行為人之緊急避難行為需符合適當性、必要性及不過當之要件，亦即需符合比例原則之要求。

(2)**主觀要件**：緊急避難意思

避難故意說	認為避難者主觀上須認知緊急避難情狀及避難行為，與其目的無涉。
避難意圖說	認為避難者除須認知緊急避難情狀及行為外，其行為尚須出於救助之目的。

精選案例

「自招危難」可否主張緊急避難？

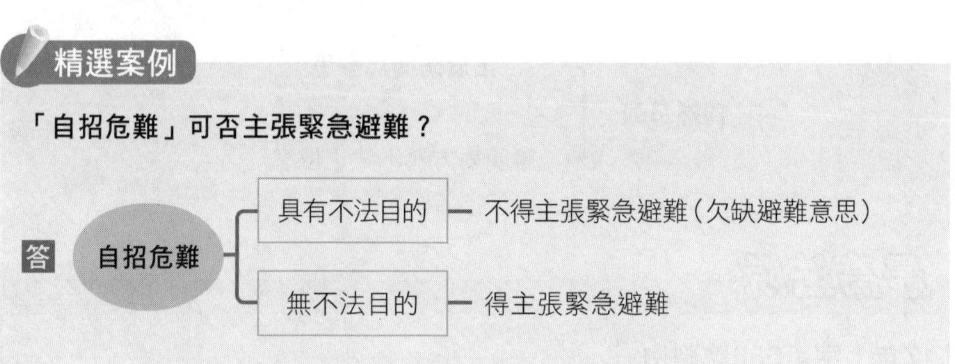

「正當防衛」與「緊急避難」之差異

	正當防衛	緊急避難
對象	他人之不法侵害。	人之行為、動物之攻擊或自然現象均屬之。
對抗之對象	僅得對於實施侵害之人主張。	對於第三人或他人之物均得主張。
對抗之法益	無限制。	法條規定限於生命、身體、自由、財產等法益。
手段限制	不必採取迂迴手段。	「不得已」：須先採取迂迴手段，無法迴避時始能主張。
法益之權衡	無限制。	採取利益權衡原則。
主體	任何人均得主張。	若屬公務上或業務上有特別義務者，須受限制。
得否對之再主張正當防衛或緊急避難？	對正當防衛不得再主張正當防衛，但可主張緊急避難。	對緊急避難不可主張正當防衛，但可主張緊急避難。

3. 依法令之行為

> **刑法**§21I：「依法令之行為，不罰。」

(1) **客觀要件：**

A.須有法令明文規定。

B.該行為須符合法令之限制。

(2) **主觀要件：**行為人主觀上須認知其行為係基於法令行之。

(3) 相關依法令行為：民法§151自助行為（自救行為、自力救濟）、民法§447出租人之自助行為、民法§960占有之自助行為、民法§928債權人之留置權、民法§1085父母之懲戒權等。

4. 依上級公務員命令之職務行為

> **刑法**§21II：「依所屬上級公務員命令之職務上行為，不罰。但明知命令違法者，不在此限。」

(1) **客觀要件**

A.執行該命令之行為人須具有公務員身分。

B.該命令須具有拘束力。

C.該職務行為限於命令範圍內。

(2) **主觀要件**

A.行為人須基於行使職務之意思為之。

B.行為人須非明知命令違法。

精選案例

下級公務員對於上級公務員所發布之命令，負有何種程度之審查義務？倘若命令有違法情事或明知命令違法，但受上級公務員脅迫，下級公務員仍依據該命令為之，得否阻卻違法？

答 **形式違法審查說**：對於長官所下達之命令，下級公務員僅能審查該命令是否具備形式合法要件，無權過問命令之實質內容是否合法正當。

實質違法審查說：下級公務員除須審查命令是否具備形式合法要件外，尚須審查命令之實質合法性，若該命令實質上違法，則依據該命令所為之行為即不得阻卻違法。

➡通說採取**形式違法審查說**之立場，認為下級公務員不應負有審查命令實質上是否違法之義務，否則即有混淆行政體系、拖垮行政效能之弊端。

5. 業務上之正當行為

刑法§22：「業務上之正當行為，不罰。」

(1) **客觀要件**

A. 業務行為須為法律所容許。

B. 行為須在業務範圍內。

C. 須為正當且必要之業務行為。

D. 須經相對人承諾：此乃業務上行為具備正當性之前提要件。

最高法院

43年台上字第826號判例

刑法上所謂業務，係以事實上執行業務者為標準，即指以反覆同種類之行為為目的之社會的活動而言；執行此項業務，縱令欠缺形式上之條件，但仍無礙於業務之性質。上訴人行醫多年，雖無醫師資格，亦未領有行醫執照，欠缺醫師之形式條件，然其既以此為業，仍不得謂其替人治病非其業務，其因替人治病，誤為注射盤尼西林一針，隨即倒地不省人事而死亡，自難解免刑法§276II因業務上之過失致人於死之罪責。

(2) **主觀要件**：行為人須基於執行職務之意思。

(三) **超法規阻卻違法事由**

1. **得被害人之承諾**

(1) **客觀要件**

A. 承諾人須為被害人。

B. 被害人須具有承諾能力。

➡國內多數說認為，承諾能力之判斷須在具體個案中依各該法益之意義及犯罪構成要件之類型加以評斷。

C. 承諾人對於該法益具有處分權。

➡個人對於超個人法益不具備處分權。

D. 承諾必須先於侵害行為之前為之，且須於行為時仍有效存在。

E. 承諾本身須為有效之意思表示。

F. 侵害行為不得逾越承諾之範疇。

(2) **主觀要件**：行為人須對承諾之事實具有認識。

	阻卻構成要件之同意	阻卻違法之承諾
法律效果	阻卻構成要件該當性	阻卻違法性
行為人之能力要件	同意者須具備自然之意思能力	承諾者須具備承諾能力
是否須符合公序良俗	否	是
意思表示之瑕疵	同意之意思表示縱有瑕疵，亦發生阻卻構成要件之效力	有瑕疵之承諾意思表示不生阻卻違法之效果

2. **推測之承諾／可推測之同意**：指行為人雖欠缺被害人之事實上承諾（即前述1、得被害人之承諾），然依客觀事實判斷，若被害人當時能為承諾之意思表示時，必為事實上之承諾，此乃基於無因管理之法則而來。

(1) **客觀要件**

A. 推測承諾之對象須為法益之持有者。

B. 法益持有者若在客觀理性情狀下將為事實上之承諾。

C. 客觀上無從取得法益持有者之事實上承諾。

(2) **主觀要件**：行為人必須基於保護法益持有者之意思為之。

(3) **例外**：承諾之拒絕

若被害人（即法益持有者）已明確為拒絕行為人之意思表示，即無從成立推測之承諾，然若該拒絕顯有權利濫用情形，則行為人得以援用緊急避難以阻卻違法。

3. **義務衝突**

(1) **意義**：指同時有數個互不相容之意義存在，行為人若履行其一義務，勢必無法履行其他義務，有認為此種情形為緊急避難之補充性原則。

(2) **類型**：

A. **數個作為義務相衝突**

等價之義務	不作為犯之特殊阻卻違法事由（如：父親見子女同時落水，僅能拯救1人）
不等價之義務	應適用緊急避難法則（亦即行為人須履行較高階之義務，未履行低階義務之不作為始能阻卻違法）

B.**作為義務與不作為義務相衝突**：通說認為應適用緊急避難法則處理。

C.**數個不作為義務相衝突**：應適用緊急避難法則處理。

4.**可罰違法性**

(1)**意義**：刑法上之違法係指可罰之違法而言，而所謂「可罰違法性」乃指值得作為犯罪而以國家刑罰權加以科處刑罰之違法性。

(2)理論基礎

A.刑法之謙抑思想。　　B.違法性之相對論。

(3)**判斷基準**

A.**被害之輕微性**：受侵害之法益極為輕微。

B.**逸脫之輕微性**：行為本身未逾越社會倫常規範。

➡具備此二要件之行為，可認係不具可罰之違法性。

最高法院

74年台上字第4225號判例

行為雖適合於犯罪構成要件之規定，但如無實質之違法性時，仍難成立犯罪。 本件上訴人擅用他人之空白信紙一張，雖其行為適合刑法§335I之侵占罪構成要件，但該信紙一張所值無幾，**其侵害之法益及行為均極輕微，在一般社會倫理觀念上尚難認有科以刑罰之必要。且此項行為，不予追訴處罰，亦不違反社會共同生活之法律秩序，自得視為無實質之違法性**，而不應繩之以法。

5.**容許風險（見前述「因果關係與客觀可歸責性」中關於容許風險之說明）。**

6.**教師懲戒權**

(1)**客觀要件**

A.存有足夠之教育理由。

B.須為適當且必要之處罰。

(2)**主觀要件**：行為人須基於教育之目的而為行為。

四、罪責

(一)責任能力

1.**意義**：通說認為，所謂「責任能力」係指行為人有辨別合法或不法之辨識能力，以及依該辨識結果而為行為之控制能力，而在責任能力有無之判斷時點上，係指行為人為犯罪行為時須有責任能力，此即所稱「**責任能力與行為同時存在原則**」。

2. 判斷基準

(1) 年齡

刑法§18I	刑法§18II	刑法§18III
未滿14歲人之行為，不罰。	14歲以上未滿18歲人之行為，得減輕其刑。	滿80歲人之行為，得減輕其刑。

(2) 精神狀態〔註4〕

- **刑法**§19I：行為時因精神障礙或其他心智缺陷，致不能辨識其行為違法或欠缺依其辨識而行為之能力者，不罰。
- **刑法**§19II：行為時因前項之原因，致其辨識行為違法或依其辨識而行為之能力，顯著減低者，得減輕其刑。
- **刑法**§19III：前2項規定，於因故意或過失自行招致者，不適用之。

(3) 原因自由行為

A. §19III「原因自由行為」構成**責任能力與行為同時存在原則之例外**〔註5〕

(A) **原因行為**：行為人在先行行為之原因設定階段處於具有責任能力之狀態，嗣後因故意或過失自陷於無行為能力或精神障礙狀態。

(B) 結果不自由：行為人之行為實現不法構成要件時之結果階段，行為人業已處於無法辨識其行為違法性或欠缺依其辨識而為行為之能力。

a. 行為人對於自陷於精神障礙狀態須具有故意或過失：若行為人在原因階段欠缺對於侵害特定法益之故意或預見可能性，則回歸一般罪責原則處理。

b. 行為人在先行行為階段，即須對於其結果階段之行為將造成一定法益之侵害具有預見可能性。

B. **原因自由行為之可罰性基礎**：關於原因自由行為之可罰性基礎，學說上主要有二種見解，其一係採取**構成要件模式說**，認為行為人係在有罪責能力時種下可罰之禍根，而在無罪責能力時實現犯罪行為；其二係採取**例外模式說**，認為行為人在有罪責能力時即已具備故意，又可分為下列二種立場：

(A) **例外說**：此說認為處罰無責任能力時之違法行為，係刑罰正義遭受破壞，必須將有原因的無責任能力人之違法行為作例外處理，亦即處罰該行為構成「罪責與行為同時存在原則」之例外。

批評 依此說，則「罪刑法定原則」與「罪責原則」將互不相容，因原因自由狀態下之行為欠缺構成要件該當性之評價，而陷入無罪責狀態下之行為亦非罪責規範之領域，此說將責任之認定視為無責任能力之例外，可說是虛擬之想像。

(B) **前置說／構成要件說／先行行為說**：此說認為欲建立原因自由行為之可罰性，即應將行為時之時點認定提前至自陷行為本身，亦即行為人自陷於精神障礙或心智缺陷之行為即屬實施構成要件之行為，與嗣後實現犯罪構成要件之行為結合而成一個整體構成要件，自陷於精神障礙或心智缺陷之行為，可謂係構成要件之著手行為，已屬未遂階段。通說採此立場。

➡依修正後新法§19III，行為人於為犯罪構成要件行為時雖因精神障礙或心智缺陷等狀態而處於不自由，但該不自由之原因係可得預防或加以排除者，此際之行為時意志不自由仍具有可歸責性，不影響其罪責能力。

(4) **生理障礙**

刑法§20：瘖啞人之行為，得減輕其刑。

(二) **罪責型態**

學說上對於是否應在罪責層次探討故意罪責，有所爭論，持古典犯罪理論及新古典犯罪理論之學者認為「不法是客觀的，罪責是主觀的」，認為故意、過失本身即具有罪責，否認構成要件故意之存在，而故意及過失則為兩種不同罪責型態。另有主張「故意之雙重機能」論者，認為故意係分別存在構成要件層次（構成要件故意）及罪責層次（故意罪責），惟若存有構成要件故意時，原則上即表徵故意罪責之存在。

(三) **不法意識／不法認識／違法性認識／違法性意識**

1. **意義**：行為人對於其所為之行為係法所不容許行為之認識。

2. **不法意識之法律地位**

故意理論

此說認為不法意識是故意之要素之一，無區分事實錯誤與法規範錯誤之必要，其效果均為阻卻故意。

罪責理論

通說認為欠缺不法意識僅影響罪責，而非阻卻故意，因不法意識為獨立之罪責要素。

(四) **期待可能性／他為可能性**

1. **意義**：期待可能性係考量行為人是否有能力不為不法行為，而選擇為合法行為。
2. **本質**：

法定阻卻責任事由

認為僅能適用於法有明文規定之情形。如：刑法§23但書「防衛過當」、§24I但書「避難過當」。

超法規阻卻責任事由

認為期待可能性之適用不限於法律已明文規定之情形，在整體法規範評價下亦可作為超法規之阻卻責任事由。

第五節　犯罪行為人之型態

一、概說

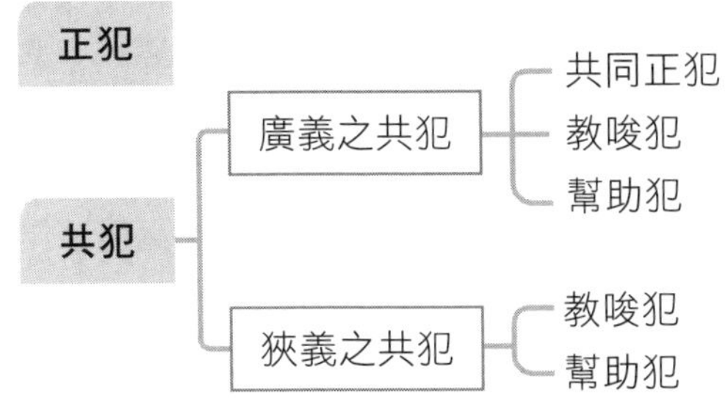

(一) 行為人概念

關於實現犯罪構成要件事實之多數行為人是否應予區分其型態，學說上有下列爭議：

1. **單一行為人概念／單一正犯理論／一體正犯概念**：認為每個對於構成要件之實現有因果關係之行為人，均係正犯，故無區分正犯與參與犯之必要。

   批評 對於行為科以刑罰之理由，即在於行為之法益侵害性，此一概念排除了教唆犯及幫助犯減輕其刑之可能性，亦失去犯罪構成之界限。

2. **區分理論／雙重行為人概念**

   (1) **限制之正犯概念**

   所謂正犯僅指實現法定不法構成要件之人，教唆犯與幫助犯之規定應解為刑罰擴張事由。此為早期通說。

   ➡現今通說承認限制之正犯概念外，同時擴大正犯之範圍，亦即對於構成要件之實現具有犯罪支配力者，均為正犯，其他不具犯罪支配力者，即屬參與犯。

   (2) **擴張之正犯概念**

   以條件理論為基礎，認為正犯係指所有惹起構成要件事實實現之人，認為教唆犯及幫助犯在本質上亦屬正犯，立法者將教唆及幫助行為規範於總則，其目的即在於限制處罰範圍及減輕責任，故該參與犯之規定應解為限制刑罰事由。

(二) 正犯與參與犯之區分

1. **客觀理論**：以「限制之正犯概念」為基礎。

形式客觀理論	單純就構成要件該當行為之形式客觀面加以觀察，區分正犯與參與犯，認為正犯係指自己實行一部或全部構成要件行為之人，參與犯則係透過準備、支持或唆使行為，進而參與他人實現構成要件之人。此說最能解釋直接正犯。 **批評** 無法解釋間接正犯及部分之共同正犯。最高法院20年上字第1829號判例：「僅係事前知情事後分贓，並未參預實施行為，雖在刑法上應負相當之罪責，要未可論為實施強盜之共犯。」經最高法院94年度第11次刑事庭會議決議不再援用，其理由為該判例不合時宜，故不再援用。
實質客觀理論	以「行為之危險性」或「因果關係之比重」作為區分正犯與參與犯之標準。 **批評** 行為之危險性未必可僅由外在客觀層面予以觀察。

2. **主觀理論**

故意理論／極端之主觀理論	正犯係以正犯之意思為犯罪，且係將該犯罪當作自己之犯罪；參與犯則係以參與犯之意思為之，且將犯罪當作他人之犯罪。 **批評** 此說忽略犯罪行為之客觀層面。
利益理論	正犯係指對於犯罪結果具有直接利益之人，參與犯則係指對於犯罪無利益之人。 **批評** 刑法係以處罰侵害法益行為為目的，應由被害人角度出發，而非關注行為人是否因此獲利。

3. **犯罪支配理論**

(1) **意義**：以限制之正犯概念為基礎，認為行為人若在犯罪過程中居於犯罪支配地位，則屬正犯；若否，即為參與犯。

(2) 類型

行為支配／行動支配	行為人完全透過自己之行為單獨實現該不法構成要件。 ➡單獨正犯、直接正犯、同時犯。
意思支配／優越之行為支配	行為人位居幕後之優勢支配地位，操縱支配被利用者之意思決定與意思活動自由，達到與親自實行犯罪構成要件相同價值之犯罪支配情況。 ➡間接正犯。
功能之犯罪支配／機能之行為支配	由犯罪目的及角色分配之觀點切入，多數人協力共同參與構成要件之事實，且就整體犯罪計畫之實施均係不可或缺之角色。 ➡共同正犯、幫助犯、教唆犯。

(3) **適用除外**：下列犯罪類型不適用犯罪支配理論

過失犯	依通說見解，參與犯及教唆犯限於故意犯類型，過失犯採取單一正犯概念，不適用犯罪支配理論。
義務犯	義務犯僅限於違背不法構成要件所明定之特定義務始能成立，應以該特定義務為主要考量點。
己手犯	己手犯係指須行為人親自實行構成要件該當行為始能成立之犯罪，如：刑法§168偽證罪；若非親自實行構成要件該當行為之人，縱具有犯罪支配能力，亦僅能成立參與犯。

二、間接正犯

(一) 意義

我國刑法上對於「間接正犯」未設明文，學說上認為凡行為人係單方面利用他人為犯罪之行為工具，以實現犯罪構成要件者，即屬之。

(二) 審查順序

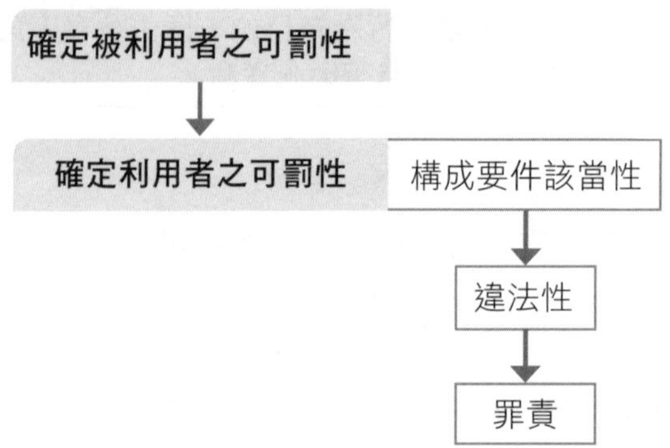

(三) 類型

1. **利用他人非刑法上之行為**：如單純之事實行為。
2. **利用他人欠缺構成要件該當性之行為**：如欠缺構成要件故意或欠缺意圖之行為。
3. **利用他人阻卻違法性之行為**：如他人因正當防衛而阻卻違法之行為。
4. **利用他人阻卻罪責之行為。**
5. **正犯後之正犯**
   (1) **意義**：在典型之間接正犯概念上，間接正犯所利用之行為工具原則上不具備刑罰可罰性，然在特殊情形，被利用者之行為可能已符合犯罪構成要件，此時利用者固成立間接正犯，同時亦無礙被利用者成立可罰之正犯。
   (2) **類型**：
      A. 利用他人等價客體錯誤。
         如 甲事前知悉乙欲殺害自己，利用計謀使丙於約定時地到達，乙誤認丙為甲而予以殺害。
      B. 利用他人漸次之構成要件錯誤。
      C. 利用組織支配之犯罪行為。
      D. 利用他人之加重構成要件錯誤。

如 甲明知丙所有之A屋乃現供人使居住之住宅，竟對乙佯稱A屋係空屋，誘使乙燒燬之，則甲應論以刑法§173I之間接正犯。

(四) 著手時點之認定

利用人為利用行為之時點（通說）	被利用者之行為僅係利用者行為與犯罪結果間之階段行為，間接正犯之著手時點應以利用人本身為利用行為時為基準，於行為人開始對行為工具發生影響力時，即屬間接正犯之著手時點。
被利用人開始實行之時點	此說認為應將利用人與被利用人之行為結合為一整體犯罪行為觀察，被利用者之行為視同利用者之行為，應以被利用者之行為著手時為間接正犯之著手時點。 **批評** 此說忽略間接正犯係利用他人為工具之本質。
區分說	1. 若被利用者為善意不知情者，則以利用人對於行為工具產生支配影響力時為著手時點。 2. 若被利用者係惡意（即知悉利用人之犯罪計畫），則以行為工具（即被利用者）開始實行犯罪行為時為著手時點。
主客觀混合說	以行為人之犯罪計畫為基礎，判斷利用人之利用行為於何時對於法益造成直接之危險，或對於構成要件實現產生密切關連性，該時點即屬間接正犯之著手時點。

(五) 間接正犯之錯誤／支配錯誤

1. 被利用人之行為逾越利用人之犯罪計畫

間接正犯係就其利用支配範圍負刑事責任，在被利用人實施間接正犯利用範圍外之不法行為時，間接正犯就其逾越部分既欠缺犯罪故意，即無支配可能性，不成立該部分之罪責。

如 甲利用無責任能力之精神病患乙燒燬丙之機車，乙於縱火時為路人丁所發現，乙欲逃離現場時復持棍棒毆傷丁之頭部；此時甲僅負毀損罪或放火罪之間接正犯責任，不成立傷害罪之間接正犯。

2. 利用人主觀上誤認發生支配效力

(1) 間接正犯說。

(2) 教唆犯說（通說）：依所知所犯不相符之法理，應論以教唆犯，因間接正犯之故意中本即包含教唆故意在內。

3. **利用人主觀上誤認並不會發生支配效力**（如以教唆犯之意思，實現間接正犯之事實）
   (1)教唆犯說（通說）：因間接正犯概念中之客觀事實本即包括教唆犯之客觀事實在內。
   (2)間接正犯說：此乃客觀說之立場。
   (3)不罰說：基於共犯絕對從屬於正犯之立法原則，否認其可罰性。
4. **被利用人於中途產生其他犯意**
   (1)間接正犯說。
   (2)教唆犯說。
   (3)間接正犯之未遂：客觀上利用人已欠缺對被利用人之支配力，主觀上亦未認識被利用人已產生犯罪故意，欠缺教唆故意，應僅論以間接正犯之未遂。
5. **被利用人發生客體錯誤**
   (1)**區分說：**
      A.被利用人係故意行為：客體錯誤。
      B.被利用人非故意行為：打擊錯誤。
   (2)**打擊錯誤說（通說）**：被利用人既係犯罪工具，本無辨識行為客體之問題，行為工具之客體錯誤應論以打擊錯誤即可，不必區分是否為故意行為，故對目的客體成立未遂犯罪，對於失誤客體成立過失犯罪，兩罪間論以想像競合。

三、共同正犯

刑法§28：二人以上共同實行犯罪之行為者，皆為正犯。

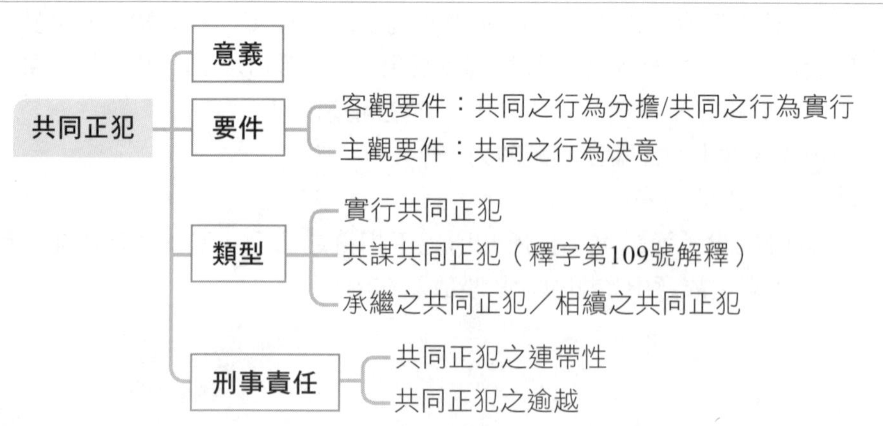

(一) 意義

所謂「共同正犯」係指兩個以上之行為人，基於共同之行為決意，各自分擔實施犯罪構成要件行為之一部，而共同實現構成要件之共犯型態，乃相對於「單獨正犯」之概念。

在犯罪支配上，共同正犯之各個行為人對於犯罪過程均居於支配性角色，此即「共同之犯罪支配」，而在主觀上則形成一個共同行為決意，此與教唆犯或幫助犯必須附麗於正犯之從屬性不同。

在法律效果上，共同正犯之刑事責任為「一部行為負擔全部責任」，此乃因各該行為人之部分行為對於最後之犯罪結果均具有實質之因果關係。

(二) 要件

1. **客觀要件**：共同之行為分擔／共同之行為實行。

   (1) **意涵**：共同正犯之各個參與者係基於共同之行為決意而為犯罪行為之分擔，以自己之行為實行犯罪構成要件行為或其他行為〔註6〕，包括不作為在內。

   (2)「實行」與「實施」：舊法關於共同正犯之規定，條文文字為「二人以上共同實施犯罪之行為者，皆為正犯。」學說上存有「實施」是否等同於「實行」之爭論；實務上多引用31年院字第2404號解釋〔註7〕，認為「實施」之概念包括陰謀、預備、著手及實行在內，然此一立場恐有導致肯認「陰謀共同正犯」與「預備共同正犯」之結果，新法修正後僅限於實行階段始有共同正犯之適用〔註8〕。

2. **主觀要件**：共同之行為決意。

   所謂「共同之行為決意」，係指兩個以上之行為人出於違反特定犯罪之故意，彼此聯絡、謀議、計畫，而在相互認識作用下，成立共同一致之犯意，學說上有將之稱為「共同實施犯罪意思」或「共同加工意思」。

最高法院

44年台上字第242號判例

刑法§28之共同正犯，以二人以上實施犯罪行為，有共同故意為要件，若二人以上同有過失行為，縱於其行為皆應負責，亦無適用該條之餘地。

73年台上字第1886號判例

共同正犯之意思聯絡，不限於事前有所協議，其於行為當時，基於相互之認識，以共同犯罪之意思參與者，亦無礙於共同正犯之成立。上訴人○○徒以其係後來始到現場，即辯謂不應成立共犯云云，自無足採。

73年台上字第2364號判例

意思之聯絡並不限於事前有所謀議，即僅於行為當時有共同犯意之聯絡者，亦屬之，且其表示之方法，亦不以明示通謀為必要，即相互間有默示之合致，亦無不可。上訴人○○○以本件係突發事件，事前未有謀議，即辯謂其不應負共犯之責，自非可取。

77年台上字第2135號判例

共同正犯之意思聯絡，原不以數人間直接發生者為限，即有間接之聯絡者，亦包括在內。如甲分別邀約乙、丙犯罪，雖乙、丙間彼此並無直接之聯絡，亦無礙於其為共同正犯之成立。

(三)**類型**

1. **實行共同正犯**

   所謂「實行共同正犯」，係指行為人基於共同之行為決意，參與犯罪構成要件行為或構成要件以外行為之共同正犯。

2. **共謀共同正犯**

   (1)**意義**：所謂「共謀共同正犯」，係指二個以上行為人以共同犯罪之意思進行事前謀議，推由參與謀議之部分人著手於犯罪行為之實行，則該僅參與謀議卻未實際參與行為分擔之人，亦透過他人之實行行為成立共同正犯。

《釋字第109號解釋》共同正犯，係共同實施犯罪行為之人，在共同意思範圍內，各自分擔犯罪行為之一部，相互利用他人之行為，以達其犯罪之目的，其成立不以全體均行參與實施犯罪構成要件之行為為要件；**參與犯罪構成要件之行為者，固為共同正犯；以自己共同犯罪之意思，參與犯罪構成要件以外之行為，或以自己共同犯罪之意思，事前同謀，而由其中一部分人實行犯罪之行為者，亦均應認為共同正犯**，使之對於全部行為所發生之結果，負其責任。

(2)**理論基礎**

共同意思主體說(通說)	二個以上行為人藉由共同謀議形成共同意思主體，各該行為人均可評價為共同正犯。
間接正犯類似說	二個以上行為人以共同犯罪之意思進行事前謀議，推由參與謀議之部分人著手於犯罪行為之實行，則未著手實行之行為人可評價為係利用著手實行之行為人實現犯罪構成要件。
犯罪支配理論	應以共謀行為是否在犯罪過程中具有重要支配性角色，判斷參與謀議之共謀行為人是否屬共同正犯。

3. **承繼之共同正犯／相續之共同正犯**

(1)**意義**：於他人已實行一部犯行後，使形成共同之行為決意之共同正犯。

(2)**要件**

A. 後行為人須在前行為人著手後、犯罪行為尚未既遂或終了前介入。

(A)狀態犯：須在前行為人犯罪既遂前介入。

(B)繼續犯：須在前行為人犯罪終了前介入。

B. 後行為人於介入後，須與前行為人共同實行犯罪行為。

C. 主觀要件：後行為人須與前行為人形成共同之行為決意，且形成時點係在前行為人已為犯罪行為之一部分以後始發生。

(四)**刑事責任**

1. **共同正犯之連帶性**

(1)共同正犯中有一人達到著手實行階段，視為全體行為人均已達著手於犯罪行為之實行。

(2)共同正犯中之一人所實行之行為已既遂，視為各該共同正犯均已達既遂階段。

(3)共同正犯行為人雖僅為一部行為，但對於整體犯罪事實之實現具有功能性犯罪支配力，故應負擔全部責任，此即「一部行為，全部責任」。

2. **共同正犯之逾越**

(1)**意義**：共同正犯中部分行為人所實行之行為係本於其個人之犯意所為，而非基於共同行為決意為之者，即屬超越原犯罪計畫之情形，稱之為「共同正犯之逾越行為」。

(2)法律效果：共同正犯行為人僅須就其所認識之程度擔負刑事責任，亦即所謂「一部行為，全部責任」之全部責任係以共同行為決意之計畫為其界限。

四、參與犯

(一) **概說**

1. **參與犯之意義**：所謂「參與犯」係指教唆犯與幫助犯，學說上稱為狹義之共犯；詳言之，教唆犯係指引起正犯行為人為犯罪行為決意之人，幫助犯則係指對於正犯之故意不法行為提供物質或精神上助力之人。

2. **參與犯之處罰基礎**

責任參與理論、責任共犯理論、腐化理論、墮落說	此說認為參與犯之處罰基於在於參與犯使正犯行為人陷入腐敗之犯罪深淵，使正犯行為人受到國家刑罰權之追訴，故參與犯亦需擔負刑事責任。
純粹惹起理論、單純致因理論	此說認為參與犯之處罰依據在於參與犯之不法性，亦即參與犯之行為惹起法益之侵害，故應予以處罰。
從屬性之純粹惹起理論、助益理論	此說認為參與犯透過正犯之不法行為惹起法益侵害之結果，且該法益侵害結果係國家刑罰權所欲保護之對象。

(二) **理論基礎**

1. **參與犯獨立性理論／共犯獨立性理論**

採取此立場之學者認為，教唆犯與幫助犯本身即具有可罰性，與其所教唆或幫助之正犯是否完成不法行為或是否具有刑罰無涉。

2. **參與犯從屬理論／共犯從屬理論**

參與犯之可罰性需與正犯間存有依存關係，其依存程度則有下列爭議：

誇張從屬性、最極端從屬性	此說認為參與犯之成立，不僅正犯須具備構成要件該當性、違法性及罪責等犯罪成立要件，尚須正犯具有刑罰，始足當之。

嚴格從屬性、極端從屬性	正犯之行為若具有構成要件該當性、違法性與罪責等犯罪成立要件，始可成立參與犯。
限制從屬性	正犯之行為須具有構成要件該當性及違法性，縱缺少罪責要素，亦無礙於參與犯之成立，故參與犯係從屬於正犯之不法行為。
最小限制從屬性	正犯之行為若具有構成要件該當性，參與犯即可成立。

(三) 犯罪審查結構

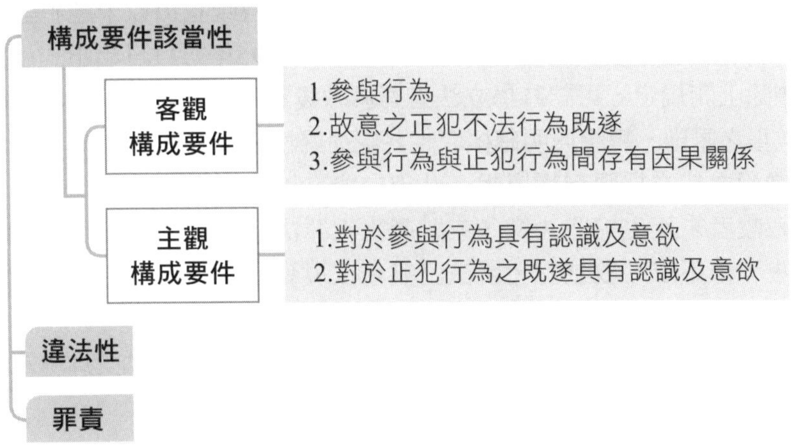

(四) 教唆犯

- **刑法§29I**：教唆他人使之實行犯罪行為者，為教唆犯。
- **刑法§29II**：教唆犯之處罰，依其所教唆之罪處罰之。

1. 成立要件

(1) 客觀要件

A.教唆行為須足以喚起他人之行為決意。

B.教唆行為需喚起他人為特定不法行為實施之決意。

C.教唆行為須導致他人犯罪。

(2)**主觀要件**：教唆之雙重故意

教唆故意	**教唆直接故意**	教唆者明知並有意引起他人決意為一定犯行。
	教唆間接故意	教唆者雖非確知他人是否將因其教唆引發決意，惟若他人產生決意亦不違反其本意。
教唆既遂意思	行為人除須使被教唆者產生實行犯罪決意之意思外，尚須具有促使其實現犯罪構成要件之意思，至於被教唆者實際上是否已達既遂程度，則非所問。	

2. **舊刑法§29III原規定**：「被教唆人雖未至犯罪，教唆犯仍以未遂犯論。但以所教唆之罪有處罰未遂犯之規定者，為限。」95年7月1日起正式施行之新法刪除上開規定，可認為係立法者對於教唆犯之立法原則，係由主觀與客觀並重之原則，轉趨於明確採取「共犯從屬性說」之客觀主義立場：
(1)**教唆犯之成立採限制從屬說**：共犯之成立以正犯行為存在為前提，若被教唆者未產生犯罪決意，或雖產生犯罪決意但未實行犯罪行為時，教唆者仍不成立教唆犯，新法已無舊法規範之無效未遂及失敗未遂之處罰規定。
(2)教唆犯之處罰採罪名從屬性：教唆犯之處罰效果依其所教唆之罪處罰之。

(五)**幫助犯**

- **刑法§30I**：幫助他人實行犯罪行為者，為幫助犯。雖他人不知幫助之情者，亦同。
- **刑法§30II**：幫助犯之處罰，得按正犯之刑減輕之。

➡幫助行為人與被幫助者對於犯罪行為無共同之行為決意，亦不具有功能性之犯罪支配，不構成共同正犯。

最高法院

27年上字第1333號判例

刑法上之幫助犯，固以幫助他人犯罪之意思而參與犯罪構成要件以外之行為而成立，惟所謂以幫助他人犯罪之意思而參與者，指其參與之原因，僅在助成他人犯罪之實現者而言，倘以合同之意思而參加犯罪，即係以自己犯罪之意思而參與，縱其所參與者為犯罪構成要件以外之行為，仍屬共同正犯，又**所謂參與犯罪構成**

要件以外之行為者，指其所參與者非直接構成某種犯罪事實之內容，而僅係助成其犯罪事實實現之行為而言，苟已參與構成某種犯罪事實之一部，即屬分擔實施犯罪之行為，雖僅以幫助他人犯罪之意思而參與，亦仍屬共同正犯。

1. **成立要件**

(1) **客觀要件：**

A. **幫助行為**：係指對於正犯之犯罪行為予以物質或精神上之支持，使正犯得以或易於實現犯罪構成要件，或使正犯之行為造成更大之法益侵害結果。其次，幫助行為須在正犯行為既遂或犯罪行為終了前為之，始能成立幫助犯。

有形幫助	指提供物質上之助力
無形幫助	指給予精神上之心理幫助

B. 須正犯之故意不法犯罪行為既遂。

C. 須幫助行為與正犯既遂行為間具有因果關係。

(2) **主觀要件**：雙重之幫助故意

幫助故意	幫助行為人須有對於正犯行為人為不法行為提供助力之決意。
幫助既遂故意	幫助行為人須有促使正犯行為人實現不法構成要件既遂之決意。

精選案例

「虛偽幫助」是否應予處罰？

答 所謂「虛偽幫助」又稱為「假裝幫助」，係指以使正犯之行為止於未遂之意思而實施幫助行為而言。如：甲欲殺害乙，要求丙提供毒藥，丙交付毒藥後，事先告知乙。關於虛偽幫助是否具有可罰性，學說上分為下列兩派：

(一) 虛偽幫助欠缺幫助故意：通說認為幫助者主觀上須認知被幫助者所實施之犯罪有既遂可能，虛偽幫助欠缺幫助故意，不成立幫助犯。

(二) 虛偽幫助具備幫助故意：認為依據共犯從屬性理論，共犯僅須具有共犯故意即可，無須具備構成要件故意，故虛偽幫助仍可成立幫助犯。

(六) **刑法§31之適用**

- **刑法§31I**：因身分或其他特定關係成立之罪，其共同實行、教唆或幫助者，雖無特定關係，仍以正犯或共犯論。但得減輕其刑。
- **刑法§31II**：因身分或其他特定關係致刑有重輕或免除者，其無特定關係之人，科以通常之刑。

刑法§31之功能：擬制共犯

I：構成身分之犯罪（純正身分犯）

II：加減身分之犯罪（不純正身分犯）

批評 不具備特別犯之行為主體資格者，對於具有行為主體資格者之教唆或幫助行為，理論上即可因其參與行為而成立該罪之共犯，無待法律予以明文規範。

最高法院

28年上字第2536號判例

刑法§336II之罪，以侵占業務上所持有之物為其構成要件，即係因其業務上持有之身分關係而成立之罪，與僅因身分關係或其他特定關係而致刑有重輕之情形有別。因而**無業務關係之人，與有業務關係者共同侵占，依同法§31I規定，仍應以業務上侵占之共犯論。**

28年上字第4179號判例

上訴人對於公務員侵占公款，為之浮開發票，係**無身分之人幫助有身分之人犯罪，依刑法§31I，應以幫助侵占公務上持有物罪論處**。

70年台上第2481判例

共犯中之○○○乃味全公司倉庫之庫務人員，該被盜之醬油，乃其所經管之物品，亦即基於業務上關係所持有之物，竟串通上訴人等乘載運醬油及味精之機會，予以竊取，**此項監守自盜之行為實應構成業務上侵占之罪，雖此罪係以身分關係而成立，但其共同實施者，雖無此特定關係，依刑法§31I規定，仍應以共犯論。**

《司法院31年院字第2353號解釋》

侵占罪之持有關係為特定關係之一種，如持有人與非持有人共同實施侵占持有他人之物，依刑法§31I、§28均應論以同法§335之罪。至**無業務上持有關係之人，對於他人之業務上持有物根本上既未持有，即無由觸犯同法§335之罪，若與該他人共同實施或教唆幫助侵占者，依同法§31I規定，應成立§336II之共犯。**

第六節　中止未遂犯／未遂之中止

一、概說

- **刑法§27I**：已著手於犯罪行為之實行，而因己意中止或防止其結果之發生者，減輕或免除其刑。結果之不發生，非防止行為所致，而行為人已盡力為防止行為者，亦同。
- **刑法§27II**：前項規定，於正犯或共犯中之一人或數人，因己意防止犯罪結果之發生，或結果之不發生，非防止行為所致，而行為人已盡力為防止行為者，亦適用之。

(一) **意義**：所謂「中止犯」係指行為人於著手實行犯罪行為後，以己意中止或防止犯罪結果之發生，故在適用上以具備未遂犯之成立要件為前提。

95年7月1日起正式生效之刑法新增§27I後段「結果之不發生，非防止行為所致，而行為人已盡力為防止行為者，亦同。」此即學說上關於「準中止犯」之明文化，此乃因行為人已著手於犯罪行為之實行終了後，於結果發生前已盡防止結果發生之誠摯努力，惟其結果之不發生事實上係肇因於其他原因時，該防止行為與結果不發生之間雖欠缺因果關係，但基於鼓勵中止行為人之刑事政策，放寬中止犯之成立要件〔註9〕。此外，該次修正亦新增§27II，認為於正犯或共犯中之一人或數人，因己意防止犯罪結果之發生，或結果之不發生，非防止行為所致，而行為人已盡力為防止行為者，亦適用中止犯之規範，換言之，共犯或從犯任意中止犯罪，尚未發生中止之利益，須因該中止行為有效防止犯罪行為結果發生始足當之。

(二) 中止犯減免刑罰之理論基礎

刑事政策理論／黃金橋理論	認為刑法經由對於中止犯罪之行為人減免刑責之承諾，鼓勵行為人放棄繼續實行犯罪行為。
獎賞理論／行賞理論（多數說）	行為人由犯罪計畫之實行中自願中止，使其犯罪行為結果未發生，或因其真摯之努力阻止犯罪結果之發生，刑法基於獎勵行為人之立場，不科以刑事制裁。 ➡中止未遂之法律性質乃行為人之解除刑罰事由。
刑罰目的理論	因行為人中止犯行，可知其犯意非強烈，不須以刑罰作為處罰手段。

二、「既了未遂」與「未了未遂」之區分

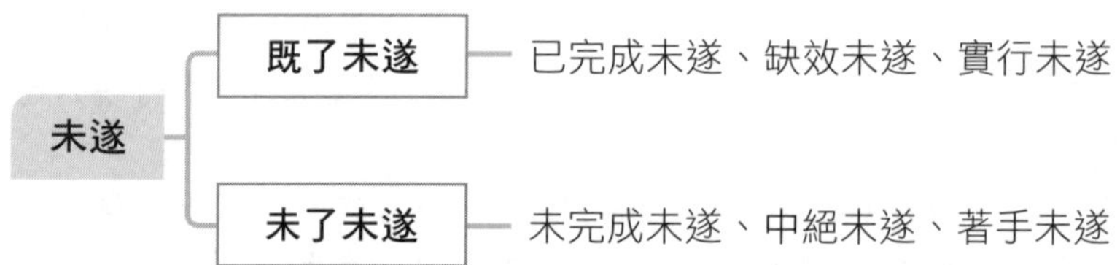

(一) **意義**：就行為人之實行行為是否業已完成，可將未遂區分為「既了未遂」與「未了未遂」。

(二) **區分理論**

1. **客觀理論**：以行為人在客觀上是否已為足以導致結果發生之行為為基準。
   (1)行為人已為足以導致結果發生之行為：既了未遂。
   (2)行為人尚未為足以導致結果發生之行為：未了未遂。
2. **主觀理論（通說）**：以行為人主觀上對於行為事實之認識為背景，判斷行為是否業已完成；若行為人主觀上認為已無須再為其他步驟，犯罪行為結果已可發生，即屬既了未遂；反之，則屬未了未遂。

計畫觀測理論	行為人若有具體犯罪計畫，則以該計畫中特定行為方式或行為手段可引起犯罪結果之行為時為區分時點。
中止臨界理論（通說）	不論行為人於著手時是否具備明確犯罪實施計畫，完全以行為人最後行為時之認識為基準，若行為人主觀上認為最後行為之實行將導致結果發生，且其主觀上具有該危險性認識，行為即屬終結。

三、未遂中止之成立要件

(一)須具備未遂犯之成立要件

依刑法§27，限於未遂犯始有中止犯之適用，故行為人在主觀上須具備特定犯罪之故意，客觀上須已著手為犯罪行為之實行，但尚未完全實現客觀構成要件，始有中止犯之成立可能性。

(二)須有中止意思及中止行為

1. **主觀要件**：中止意思

- 既了未遂：防止結果發生之意思
- 未了未遂：放棄犯罪意思之決意

2. **客觀要件**：中止行為

- 既了未遂：行為人須為有效防止結果發生之行為
- 未了未遂：行為人須放棄犯行之繼續實行

(三)須具備中止意思之任意性（己意中止）

關於判斷行為人之中止意思是否出於己意，學說上有下列爭議：

主觀說	以行為人主觀上之認知判斷外部障礙是否存在。
限定主觀說	行為人須基於自身內部障礙為中止意思，始足當之。
客觀說	以一般經驗為客觀評價，若未遂之原因通常對於犯罪既遂不具有妨害性質者，為中止未遂，若否，則為障礙未遂。

《最高法院73年第5次刑庭會議決議》殺害（或傷害）特定人之殺人（或傷害）罪行，已著手於殺人（或傷害）行為之實行，於未達可生結果之程度時，因發見對象之人有所錯誤而停止者，其停止之行為，經驗上乃可預期之結果，為通常之現象，就主觀之行為人立場論，仍屬意外之障礙，非中止未遂。

(四) **中止行為與行為未遂間須具備因果關係**

行為人之中止行為與犯罪行為未達既遂間須有因果關係存在，學說上關於因果關係之認定有不同見解，有認為只要行為人所採取之行為與構成要件結果之不發生間有單純因果關係即可，或認為除有因果關係外，尚須構成要件結果之不發生係因行為人採取具有支配力之行為。

精選案例

與他人共同實行一部犯行後，心生悔意，雖已實行阻止之中止行為，但犯罪結果仍發生，是否可主張中止犯之成立而減輕或免除其刑？

答 依刑法第27條規定，中止犯之成立之要件限為未遂犯始有適用，犯罪結果發生，已完全實現客觀構成要件，故不可主張中止犯而減輕或免除其刑。

四、準中止犯

刑法§27I後段：結果之不發生，非防止行為所致，而行為人已盡力為防止行為者，亦同。

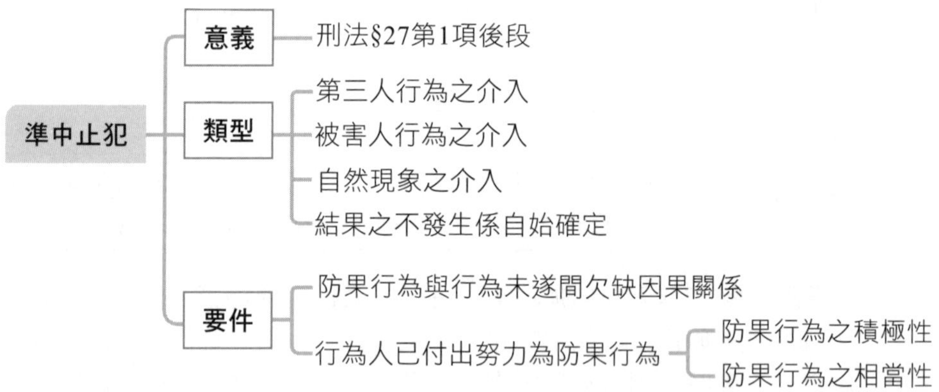

(一) **意義**

所謂「準中止犯」，係指行為人已著手於犯罪行為之實行後，於結果發生前已盡防止結果發生之真摯努力，惟其結果之不發生事實上係因其他原因所導致，其防免結果發生之行為與結果不發生間欠缺因果關係。

(二)**類型**

第三人行為之介入	行為人於實行行為終了後，雖積極實行防果行為，嗣後確係因第三人行為之介入，導致結果不發生。 **如** 行為人放火後立即撥打119，然在消防車到達前，火勢已被眾人撲滅。
被害人行為之介入	行為人於實行行為終了後，雖積極實行防果行為，嗣後確係因被害人行為之介入，導致結果不發生。 **如** 行為人放火後立即撥打119，然在消防車到達前，火勢已為被害人自行撲滅。
自然現象之介入	行為人於實行行為終了後，雖積極實行防果行為，嗣後確係因自然現象、自然事實之介入，導致結果不發生。 **如** 行為人放火後立即撥打119，然在消防車到達前，火勢已因突發大雨而澆熄。

結果之不發生係自始確定。

(三)**要件**

1. **防果行為與行為未遂間欠缺因果關係。**
2. **行為人已付出努力為防果行為**
   (1)防果行為之積極性。
   (2)防果行為之相當性。

五、多數行為人之中止

刑法§27II：前項規定，於正犯或共犯中之一人或數人，因己意防止犯罪結果之發生，或結果之不發生，非防止行為所致，而行為人已盡力為防止行為者，亦適用之。

間接正犯之中止	1. 被利用人已著手實行犯罪構成要件行為。 2. 間接正犯係出於己意為中止行為或防果行為。 3. 須防止結果之發生或結果之不發生雖非防止行為所致，但行為人已盡力為防止行為。 4. 犯罪行為須未達既遂狀態。

<table>
<tr><td>共同正犯之中止</td><td colspan="2">1. 共同正犯中之一人或數人已著手實行犯罪構成要件行為。
2. 共同正犯中之一人或數人出於己意為中止行為或防果行為。
3. 須防止結果之發生或結果之不發生雖非防止行為所致，但行為人已盡力為防止行為。
4. 犯罪行為須未達既遂狀態。</td></tr>
<tr><td rowspan="2">參與犯之中止</td><td>教唆犯之中止</td><td>(1)被教唆人須已著手實行犯罪行為。
(2)教唆犯係因己意放棄教唆他人犯罪之故意。
(3)須防止被教唆人繼續實行犯罪，或防止犯罪結果發生，或其結果之不發生非因防止行為所致，但行為人已盡力為防止行為。
(4)犯罪行為須未達既遂狀態。</td></tr>
<tr><td>幫助犯之中止</td><td>(1)被幫助人（即正犯）須已著手實行犯罪行為。
(2)幫助犯係因己意中止幫助他人犯罪之故意。
(3)須防止被幫助人（即正犯）繼續實行犯罪，或防止犯罪結果發生，或其結果之不發生非因防止行為所致，但行為人已盡力為防止行為。
(4)犯罪行為須未達既遂狀態。</td></tr>
</table>

註解

〔**註1**〕修正理由謂：「對於違法性之錯誤，如行為人不具認識之可能性時，依當前刑法理論，應阻卻其罪責，惟依現行規定，至多僅得免除其刑，且限於行為人積極誤信自己行為為法律所許之情形，而不包含消極不知自己行為為法律所不許之情形，過於嚴苛，故有修正必要……如行為人具有上揭違法性錯誤之情形，進而影響法律效力，宜就違法性錯誤之情節，區分不同法律效果。其中(一)行為人對於違法性錯誤有正當理由而屬無法避免者，應免除其刑事責任，而阻卻其犯罪之成立。(二)如行為人對於違法性錯誤，非屬無法避免，而不能阻卻犯罪之成立，然得視具體情節，減輕其刑……」

〔**註2**〕最高法院20年非字第94號判例：「被告因聽聞村犬亂吠，疑有匪警，並於隱約中見有三人，遂取手槍開放，意圖禦匪，以致某甲中槍殞命，是該被告雖原無殺死某甲之認識，但當時既誤認為匪，開槍射擊，其足以發生死亡之結果，究為本人所預見，而此種結果之發生，亦與其開槍之本意初無違背，按照上開規定，即仍不得謂非故意殺人。」（本則判例無裁判全文可資參考，依據民國108年1月4日修正，108年7月4日施行之法院組織法第57條之1第1項規定，應停止適用。）

〔註3〕最高法院29年上字第509號判例：「防衛是否過當，應以防衛權存在為前提，若其行為與正當防衛之要件不合，僅係錯覺防衛，當然不生是否過當之問題。被告充當聯保處壯丁，奉命緝捕盜匪，正向被人誣指為匪之某甲盤問，因見其伸手撈衣，疑為取搶抗拒，遂向之開槍射擊，當時某甲既未對被告加以如何不法之侵害，則被告之防衛權，根本無從成立，自無防衛行為過當之可言。至被告因見某甲伸手撈衣，疑其取槍抗拒，誤為具有正當防衛權，向其槍擊，固係出於錯覺防衛，而難認為有犯罪之故意，惟被告目睹某甲伸手撈衣，究竟是否取槍抗拒，自應加以注意，又非不能注意之事，乃竟貿然開槍，致某甲受傷身死，核其所為，仍與過失致人於死之情形相當，原審竟認為防衛過當之傷人致死，於法殊有違誤。」；又如37年院解字第3819號：「自衛隊丁某乙守衛隊部，望見鄉丁某甲背槍行近隊部門前，誤認為匪開槍將其擊斃，尚非有犯罪之故意，惟某乙對於某甲之是否盜匪原應注意辨認，如當時情形能注意而不注意，則某乙應負過失致人於死之責。」

〔註4〕94年修正前刑法§19原規定：「I心神喪失人之行為，不罰。II精神耗弱人之行為，得減輕其刑。」然所謂「心神喪失」及「精神耗弱」非醫學上用語，其判斷標準模糊，修正理由即指出：「至責任能力有無之判斷標準，多認以生理學及心理學之混合立法例為優……在生理原因部分，以有無精神障礙或其他心智缺陷為準；在心理結果部分，則以行為人之辨識其行為違法，或依其辨識而行為之能力，是否屬不能、欠缺或顯著減低為斷。行為人不能辨識其行為違法之能力或辨識之能力顯著減低之情形，例如，重度智障者，對於殺人行為完全無法明瞭或難以明瞭其係法所禁止；行為人依其辨識違法而行為之能力欠缺或顯著減低之情形，例如，患有被害妄想症之行為人，雖知殺人為法所不許，但因被害妄想，而無法控制或難以控制而殺害被害人……」

〔註5〕修正理由謂：「行為人之主觀性格，如原與常人無殊，而因故意或過失自陷精神障礙，則不問原來是否藉此精神狀態而犯罪，皆已充分顯示其反社會性格，而具有可罰性。若法律允許自陷於無責任能力或限制行為能力者，任其主張不罰或減輕，將無以維持社會秩序，在刑事政策上自非所宜。爰參酌暫行新刑律及舊刑法之立法精神與奧地利、瑞士立法例，增設因故意或過失自陷精神障礙等狀態時所實施之犯罪行為，不適用§19I不罰或II得減輕其刑之規定，以貫徹刑法保護機能，而維護社會之安全。」

〔註6〕最高法院66台上字第2527號判例即謂：「以自己犯罪之意思而參與，其所參與者雖非犯罪構成要件之行為，仍無解於共同正犯之罪責，本件被告某甲、某乙與已判決確定之某丙，於見被害人深夜獨行，即共萌邪念，相互謀議將被害人強拉上車，使之不能抗拒而為猥褻之行為，雖被告某甲實際上僅負責開車，尚未實施猥褻被害人，但既謀議在先，開車疾駛於後，則對於被告某乙之沿途強制猥褻行為，依照前述說明，仍應負共同正犯之罪責。」

〔**註7**〕刑法§28所謂實施，係指犯罪事實之結果直接由其所發生，別乎教唆或幫助者而言，即未著手實行前犯陰謀預備等罪，如有共同實施情形，亦應適用該條處斷。至實行在現行刑法上乃專就犯罪行為之階段立言，用以別乎陰謀預備著手各階段之術語。

〔**註8**〕參見該條修正理由：「……預備犯、陰謀犯因欠缺行為之定型性，參之現行法對於犯罪行為之處罰，係以處罰既遂犯為原則，處罰未遂犯為例外，處罰預備、陰謀更為例外中之例外，學說對於預備共同正犯多持反對之立場，尤其對於陰謀共同正犯處罰，更有淪於為處罰意思、思想之虞……就陰謀犯而言，行為人客觀上僅有互為謀議之行為，主觀上具有一定犯罪之意思，即得成立。倘承認預備、陰謀共同正犯之概念，則數人雖於陰謀階段互有謀議之行為，惟其中一人或數人於預備或著手階段前，即已脫離，並對於犯罪之結果未提供助力者，即便只有陰謀行為，即須對於最終之犯罪行為負共同正犯之責，如又無中止未遂之適用，實有悖於平等原則……」

〔**註9**〕參見該條項之修正理由。

第3章　競合理論

本章依據出題頻率區分，屬：**A 頻率高**

第一節　導論

一、體系概說

行為若僅實現單一構成要件，則無競合問題；而在同樣犯罪事實中，同時實現數個犯罪構成要件時，即須以競合理論解決其論罪科刑之標準。

德國學界以「行為單數」及「行為複數」為區別基準，並以「雙重評價禁止原則」及「充分評價原則」加以探究。

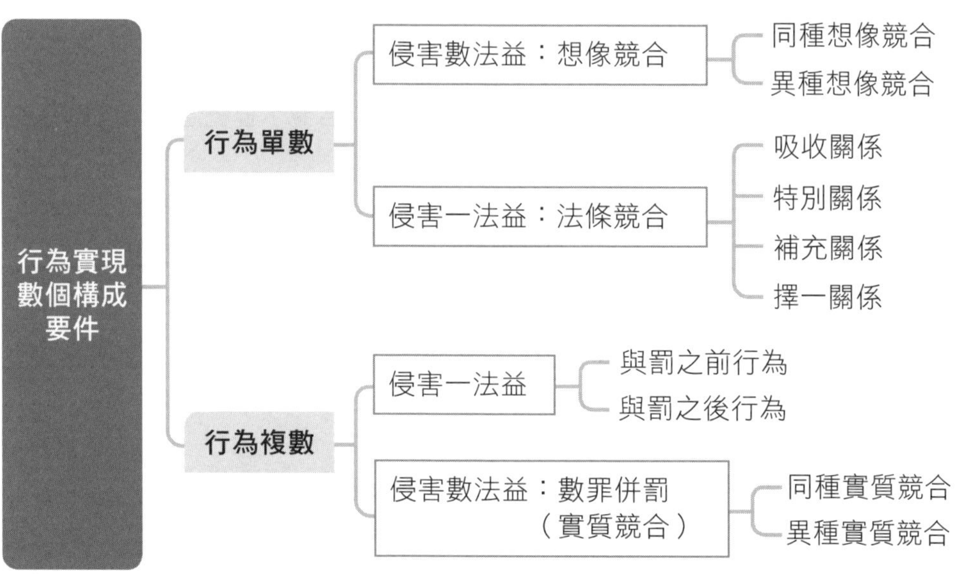

二、行為單數與行為複數

(一) 概念

自然意義之一行為	行為人出於一個行為決意，而顯現一個意思活動。
自然意義之行為單數	由自然生活角度觀之，得論以單一整體行為。
法律上之行為單數	由法律觀點出發，將數個自然之意思活動結合為法律概念上之一行為，亦即「構成要件之行為單數」。
結合犯	結合數個可以獨立構成犯罪之行為而成之特別、單一犯罪類型。
複行為犯	在一獨立構成要件中兼含有數個行為之犯罪類型，亦即在同一犯罪構成要件中規定數個行為，彼此間具有方法結果關係或原因結果關係，行為人依序實行且侵害同一法益，在刑法評價上將該數個行為包括為一罪。 ➡複行為犯之犯罪類型雖多為結合犯，但概念上兩者仍有差異，如：妨害性自主罪。
繼續犯	行為人能夠繼續以其意思支配其行為所造成之違法狀態之久暫之犯罪類型，且在該期間內係繼續不斷地實現犯罪構成要件。

(二) 包括一罪

1. **意義**：行為人基於一個意思決定，實施該當於同一構成要件且具有密接性之數個行為，而侵害同一法益者，即為包括一罪。
2. **判斷基準**
   (1) **犯意之單一性**：行為人須出於單一決意及實行數行為之意思。
   (2) 構成要件之同一性：數行為均該當同一構成要件。
   (3) 行為之密接性：指該數行為在時間、空間具有密接關連性。
   (4) 法益之同一性：數行為須係侵害同一法益。
3. **型態**

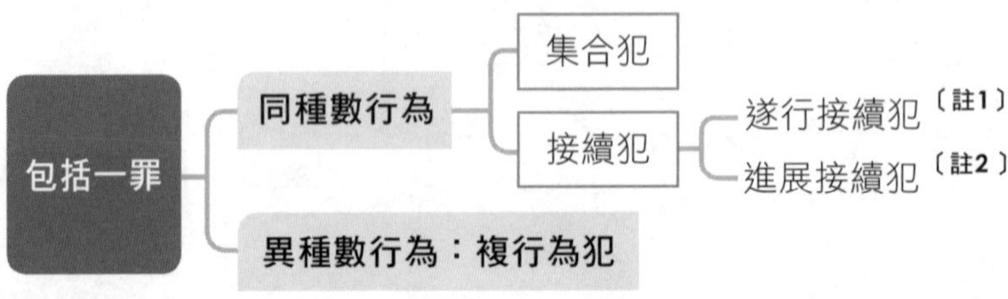

第二節　法條競合

一、概說

所謂「法條競合」又稱為「法律競合」、「法規競合」或「法律單數」，係指對於同一構成犯罪事實之行為，同時存有數個該當之構成要件可供適用，且僅適用其一即可符合充分評價原則，簡言之，法條競合即係「行為人一行為觸犯數罪名，但僅侵害一法益」。

二、類型

(一) **特別關係**：即構成要件之間具有包含關係。

變體（加重或減輕）構成要件、基本構成要件	如 義憤殺人罪與普通殺人罪。
個別構成要件、概括構成要件	如 強盜罪與竊盜罪。
加重結果構成要件、過失構成要件	如 傷害致人於死罪與過失致死罪。
結合構成要件、單一構成要件	如 強盜殺人罪與強盜罪、殺人罪。

(二) **吸收關係／評價關係**

學說上關於吸收關係之概念有不同見解，有認為吸收關係僅存在於主要構成要件與典型之伴隨構成要件之間，亦有認為除典型伴隨關係外，與罰之後行為亦屬吸收關係之一種；實務上則認為刑法上之吸收關係係指某一犯罪行為之性質或結果當然含有他罪之成分，自然應予吸收之謂。如：行使偽造文書罪吸收偽造文書罪，偽造有價證券罪吸收行使偽造有價證券罪。

最高法院

42年台上字第410號判例

刑法上所謂犯罪行為之吸收關係，係指其低度行為為高度行為所吸收（例如由收受偽造紙幣器械原料而偽造紙幣，其收受偽造紙幣器械原料之低度行為，為偽造紙幣之高度行為所吸收），**或某種犯罪行為之性質或結果當然含有他罪之成分，**

自亦當然吸收者而言（例如行使偽造之紙幣購買物品，既曰行使，當然冒充真幣，則性質上含有詐欺之成分，已為行使偽造紙幣所吸收）。被告等共同自外國輸入海洛因而販賣之，其輸入與販賣之各犯罪行為，彼此程度不相關連，本難謂有低度行為與高度行為之關係，而海洛因自外國輸入，按其性質或結果，又非當然含有販賣之成分，故兩者之間祇能謂有刑法§55之牽連犯關係，乃第一審判決誤解其販賣行為為輸入行為所吸收，僅適用刑法§257III處斷，原判決仍予維持，於法殊難謂合。（本則判例於民國95年1月17日經最高法院95年度第1次刑事庭會議決議判例加註「應注意刑法已修正，刪除牽連犯之規定」。）

(三)**補充關係**

1. **明示補充關係／形式補充關係**：指法條有明文規定該法條係於其他法條不適用時，始有適用餘地。如：刑法§134但書〔註3〕。
2. **默示補充關係／實質補充關係**：透過刑法解釋，可知不同之法條規定係針對同一法益予以不同程度之保護階段。

不同侵害階段之補充關係	如 既遂、未遂等。
過程犯之補充關係	如 殺人罪與傷害罪。
危險犯構成要件與實害犯構成要件之補充關係	如 遺棄罪與殺人罪。
不同參與型態之補充關係	如 教唆犯為教唆行為後，再給予物質上之助力。

(四)**擇一關係**

學說上對於法條競合類型中是否包括擇一關係，存有不同見解，有認為擇一關係非法條競合，因數條文間有互相排斥之要素，不可能同時被實現，亦有認為在特別關係、補充關係或吸收關係無法解釋法條競合情形時，應肯認擇一關係之存在；亦有認為擇一關係乃「平行式的保護法益同一性」情形〔註4〕。

三、法律效果

法條競合之效果，即係適用一個條文作為論罪科刑之依據，此即所謂「雙重評價禁止原則」。

精選案例

擄人勒贖而殺害被害人，應如何適用法律？

答 **《最高法院79年第一次刑事庭會議決議》**

擄人勒贖而故意殺被害人罪，係將擄人勒贖與殺人兩個獨立之罪名相結合成一新罪名，並科以較重之刑。此在舊刑法§327I及現行刑法§348I均有處罪之規定，自較單一擄人勒贖之犯罪情節為重。而懲治盜匪條暫行條例及現行懲治盜匪條例對此項結合犯均未特設明文，僅就擄人勒贖罪加以處罰（懲治盜匪暫行條例§1①及懲治盜匪條例§2I⑨），按上開普通刑法上之擄人勒贖而故意殺被害人與特別刑法上之擄人勒贖罪，兩者法定刑度雖相同，但罪名各別，如謂可將結合罪仍分割為二罪，一則適用特別法，一則適用普通法，顯違法定結合犯立法之意旨，故實難謂上開普通法上擄人勒贖而故意殺被害人之結合犯法條，已因特別刑法懲治盜匪暫行條例之施行而停止適用。本院23年非字第45號判例〔註5〕應予變更不再援用。

第三節 不罰之前行為、不罰之後行為

一、不罰之前行為／與罰之前行為

(一)意義

客觀上雖存有先後二行為，但前行為僅係後行為之前階段行為，僅須處罰主要之後行為即包含次要之前行為在內。

(二)要件

1. **前行為須能獨立成罪**：前行為須具備獨立之犯罪構成要件。
2. 行為主體須具有同一性：前後行為須為同一行為主體所為。
3. 法益須具有同一性：通說認為前後行為須係侵害同一法益。

二、不罰之後行為／與罰之後行為

(一)意義

同一行為人先後為二行為，而在後之行為仍係針對同一法益之侵害，且未擴張或改變先前行為所造成之法益侵害狀態，處罰前行為即可充分評價在後之行為。

(二)要件

1. **行為主體須具有同一性**：前後行為須為同一行為主體所為。
2. 法益須具有同一性：通說認為前後行為須係侵害同一法益，亦即後行為未侵害新法益，且未對前行為所侵害之法益造成更大之損害。
3. 行為客體須具有同一性。
4. 後行為須能構成獨立犯罪。

最高法院

28年上字第2708號判例

竊盜罪之成立，原以不法取得他人之財物為其要件，教唆行竊而收受所竊之贓，其受贓行為當然包括於教唆竊盜行為之中，不另成收受贓物罪名。

精選案例

製造電腦病毒夾帶於電子郵件寄至別人信箱，造成受害人電腦癱瘓，是否應處罰製造病毒程式之行為？

答 製造病毒程式並寄送病毒程式癱瘓他人電腦之行為，先後構成製作電腦程式罪及干擾電腦罪，但因製造病毒程式屬於預備行為，故依不罰前行為之法理，以干擾電腦罪論。

第四節　想像競合

刑法§55：一行為而觸犯數罪名者，從一重處斷。但不得科以較輕罪名所定最輕本刑以下之刑。

一、概說

(一) **意義**：通說認為想像競合係指行為人之同一行為實現數個犯罪構成要件，且侵害數個不同的法益，在犯罪宣告上為數罪，在量刑上從一重罪處斷。

(二) 類型

1. **同種想像競合**：指行為人之同一行為實現數個同種罪名之構成要件。如：甲開一槍，同時擊斃乙、丙二人。
2. 異種想像競合：指行為人之同一行為實現數個不同罪名之構成要件。如：甲開一槍，子彈擊斃乙後，穿過丙之衣服。

二、要件

(一) **一行為**：學說上對於「一行為」之界定有不同說法，有認為應限於自然意義之一行為，有認為應指行為單數之概念，有認為僅須有「行為部分合致」即屬之；比較法上，德國通說及實務採取較為寬鬆之立場，認為一行為不以實施行為完全相符為必要，只要實施犯罪的行為部分等同即可。

(二) 觸犯數罪名

1. 一行為須同時實現數個不同的構成要件（異種想像競合），或數次實現相同之構成要件（同種想像競合）。
2. 所稱之構成要件包括故意犯及過失犯之情形在內。

(三) **侵害數法益**：此乃想像競合與法條競合之區別實益。關於侵害法益個數之判斷，分敘如下：

1. **個人法益**
   (1) **人格法益**：具有一身專屬性之人格法益應以法益持有者之個數為判斷標準。如：生命、身體、自由、名譽。
   (2) 財產法益：通說認為應以財產持有者之個數為判斷標準；亦有學者認為判斷基準在於財產監督權之個數。
2. **整體法益**：對於國家及社會法益侵害個數之認定，應依具體保護法益之個數加以認定。

第五節　實質競合／狹義之數罪併罰

刑法§50：裁判確定前犯數罪者，併合處罰之。

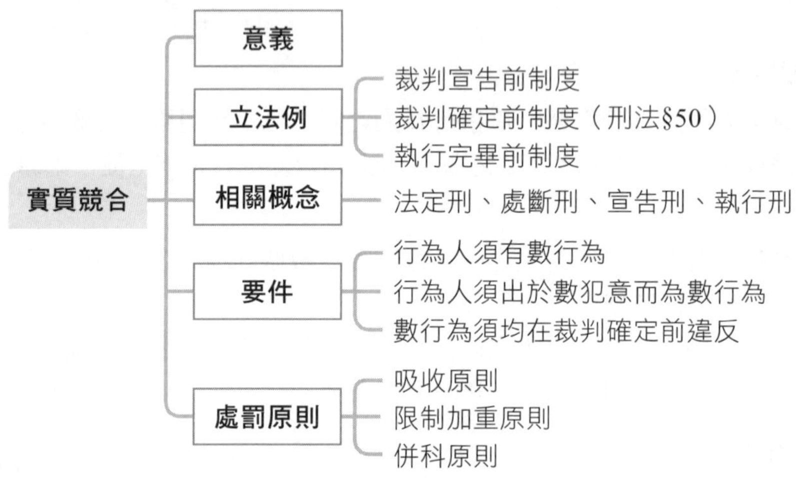

刑法§50

民國102年1月23日修正刑法法第50條，規定：「裁判確定前犯數罪者，併合處罰之。但有下列情形之一者，不在此限：一、得易科罰金之罪與不得易科罰金之罪。二、得易科罰金之罪與不得易服社會勞動之罪。三、得易服社會勞動之罪與不得易科罰金之罪。四、得易服社會勞動之罪與不得易服社會勞動之罪。前項但書情形，受刑人請求檢察官聲請定應執行刑者，依第51條規定定之。」在修正理由提及：「一、現行數罪併罰規定未設限制，造成併罰範圍於事後不斷擴大有違法安定性，為明確數罪併罰適用範圍，爰增訂但書規定。二、因不得易科罰金之罪與得易科罰金之罪合併，造成得易科罰金之罪無法單獨易科罰金，故宜將兩者分開條列。故於第1項將易科罰金與易服社會勞動之罪，分別列舉得易科、不得易科、得易服與不得易服等不同情形之合併，以作為數罪併合處罰之依據。三、增列第2項，規範第1項但書情形，受刑人請求檢察官聲請定應執行刑者，依第51條有關數罪併罰之方法所規定之情形，以作為定執行刑之準則。」

案例研析

甲於新法修正後犯竊盜、偽證罪，經法院分別判處有期徒刑4月、5月，法院於判決時應否定其應執行刑？
→實務採否定說：修正後刑法第50條增訂第1項但書規定，考其立法目的，係基於保障人民自由權之考量，經宣告得易科罰金之刑，原則上不因複數犯罪併合處罰，而失其得易科罰金之利益。按竊盜罪係得易科罰金之罪，而偽證罪係不得易科罰金之罪，依修正後刑法第50條第1項第1款規定，法院不得諭知應執行刑。【臺灣高等法院102年第一次刑事庭庭長、法官會議】

法律問題

數罪併罰分別犯得易科罰金或得易服社會勞動與死刑或無期徒刑之罪，是否有修正後刑法第50條第1項但書之適用？
→實務認為，修正後刑法第50條第1項前段規定，裁判確定前犯數罪者，併合處罰之。同法第51條規定數罪併罰之方法，該條第2、4款規定，宣告之最重刑為死刑或無期徒刑者，不執行他刑。宣判死刑或無期徒刑，係屬不得易科罰金與不得易服社會勞動之罪，依修正後刑法第50條第1項但書之規定即不得併合處罰。【臺灣高等法院102年第一次刑事庭庭長、法官會議】

一、概說

所謂「實質競合」係指同一行為人出於數個犯意而為數個行為，實現數個犯罪構成要件，且構成數罪，該數罪均能在同一刑事訴訟程序接受裁判之犯罪競合型態。

在立法例上，關於一人觸犯數罪併合處罰之制度包括：(一)裁判宣告前制度；(二)裁判確定前制度；(三)執行完畢前制度；我國修正前刑法§50規定：「裁判確定前犯數罪者，併合處罰之。」即係採取裁判確定前制度。

在進入實質競合的要件說明前，必須先區分下述概念：

1 法定刑

指立法者針對特定犯罪行為預先抽象規定於刑法分則構成要件中之刑罰。

2 處斷刑

對於特定犯罪本應按其法定刑處斷，但法律有特別規定加重或減免之原因時，原法定刑經調整後即成為「處斷刑」。

3 宣告刑

對於特定犯罪行為科處一定之刑罰，亦即法院考量行為人之自身因素、犯罪情狀、所生危害等一切情狀後，在法定刑或處斷刑範圍內量定對外宣判之刑度。

4 執行刑

指針對實質競合之數罪，就各罪所分別宣告之刑度，依併合處罰規定所決定之應執行之刑。

二、要件

(一) 行為人須有數行為

須同一行為人違反兩個以上的獨立犯罪，且所犯之數罪名間不具有與罰之前後行為等其他競合關係。

(二) 行為人須出於數犯意而為數行為

亦即行為人所為之數個行為須係行為複數關係，始有構成實質競合之可能。

(三) 數行為須均在裁判確定前違反

指行為人所觸犯之數罪必須能夠在同一個訴訟程序上併案接受裁判，亦即須具有「共同裁判可能性」。換言之，行為人所犯之數罪均須在裁判確定前完成，該數罪間始能成立實質競合。

三、實質競合之處罰原則

(一) 吸收原則

指就數罪之宣告刑，選擇最重之刑罰執行，其他較輕之刑罰則被吸收於該最重之刑罰內，不再予以執行。

刑法§51I①～④及⑧即採此原則，規定「數罪併罰，分別宣告其罪之刑，依下列各款定其應執行者：

1. 宣告多數死刑者，執行其一。
2. 宣告之最重刑為死刑者，不執行他刑。但罰金及從刑不在此限。
3. 宣告多數無期徒刑者，執行其一。
4. 宣告之最重刑為無期徒刑者，不執行他刑。但罰金及從刑不在此限。
8. 宣告多數褫奪公權者，僅就其中最長期間執行之。」

(二) **限制加重原則**

指就各罪之宣告刑，以最重之刑度為最低度，而以各該合併之刑度為最高度，在此限度內定其應執行之刑。刑法§51I⑤「宣告多數有期徒刑者，於各刑中之最長期以上，各刑合併之刑期以下，定其刑期。但不得逾三十年。」、⑥「宣告多數拘役者，比照前款定其刑期。但不得逾一百二十日。」及⑦「宣告多數罰金者，於各刑中之最多額以上，各刑合併之金額以下，定其金額。」均係採此立法例。

(三) **併科原則**

指將所有的宣告刑全部合併執行。刑法§51I⑨「宣告多數沒收者，併執行之。」及⑩「依第5款至第9款所定之刑，併執行之。但應執行者為三年以上有期徒刑與拘役時，不執行拘役。」即採此原則。

四、兩裁判以上之實質競合問題

> **刑法**§52：「數罪併罰，於裁判確定後，發覺未經裁判之餘罪者，就餘罪處斷。」

在數罪併罰之情形，行為人所觸犯之數罪可能因發覺之先後時點有異或因管轄權不同而造成兩個以上判決存在之情形，在先後發覺之情形，依刑法§52規定，應就餘罪加以論罪科刑，再依刑法§53〔註6〕重新定應執行之刑。惟若當已裁判確定之罪係數罪且已定執行刑時，通說認為執行刑之決定係以宣告刑為基礎，已判決確定之數罪縱已定執行刑，然因發覺餘罪而須改定，即應以先前數罪之數個宣告刑與餘罪之宣告刑更定應執行之刑，方為妥適。

此外，刑法§54亦規定，數罪併罰，已經處斷，如各罪中有受赦免者，餘罪仍依§51之規定，定其應執行之刑，僅餘一罪者，依其宣告之刑執行。

《釋字第98號解釋》

數罪併罰依刑法§50之規定，應以裁判確定前犯數罪者為限，倘為裁判確定後所犯，則與數罪併罰規定無涉，其所科之刑僅得與前科合併執行，其於緩刑期內更故意犯罪受有期徒刑以上刑之諭知者，應於撤銷前罪緩刑之宣告後合併執行其刑，無庸依刑法§53、刑事訴訟法§481〔註7〕定其應執行之刑。

《釋字第202號解釋》

裁判確定後另犯他罪，不在數罪併罰規定之列，業經本院釋字第98號解釋闡釋在案，故**裁判確定後，復受有期徒刑之宣告者，前後之有期徒刑，應予合併執行，不受刑法§51⑤但書關於有期徒刑不得逾20年之限制。至刑法§33③但書乃係就實質上或處斷上一罪之法定刑加重所為不得逾20年之規定，與裁判確定後另犯他罪應合併執行之刑期無關**，本院院字第626號解釋有關第五部分，已無從適用。（理由書）按刑法§51⑤規定：「宣告多數有期徒刑者，於各刑中之最長期以上，各刑合併之刑期以下，定其刑期，但不得逾20年。」此乃指數罪併罰，定其應執行之刑，必以合於同法§50之規定為前提，亦即須以一人所犯數罪均在裁判確定前者為條件。關於數罪併合處罰之範圍，有以裁判宣告前所犯之罪為限者，有以裁判確定前所犯之罪為限者，有以執行未完畢前所犯之罪為限者等立法例。民國17年舊刑法§69係採第一例，現行刑法§50改採第二例，既已擯棄第三例不予採用，自不能資為解釋法律之依據。裁判確定後另犯他罪，不在數罪併罰之列，業經本院釋字第98號解釋闡釋在案，若於裁判確定後，復因犯罪受有期徒刑之宣告者，既與前述定執行刑之規定不合，即應與前一確定裁判之刑，合併執行，自不受首開不得逾20年之限制。否則，凡經裁判確定應執行徒刑20年者，即令一再觸犯法定本刑為有期徒刑之罪，而猶得享無庸執行之寬典，有違一罪一刑之原則，對於公私法益之保障及社會秩序之維護，顯有未週，且與公平正義之旨相違背，殊非妥適。至刑法§33③規定有期徒刑為「2月以上，15年以下。但遇有加減時，得減至2月未滿，或加至20年。」乃係對於實質上或處斷上一罪之法定刑加重所為不得逾20年之限制，與裁判確定後另犯他罪應合併執行之刑期無關。綜上所述，本院院字第626號解釋有關第五部分，已無從適用。惟有期徒刑，本較無期徒刑為輕，受有期徒刑之合併執行而有悛悔實據者，為貫徹教育刑之目的，其假釋條件，自不應較無期徒刑為嚴，宜以法律明定之。

五、廢除連續犯、牽連犯

94年刑法修正之重點之一，即在於廢除刑法§55後段〔註8〕之牽連犯與刑法§56〔註9〕之連續犯，此一修正對學說及司法實務運作產生重大深遠之影響，茲分就連續犯與牽連犯之廢除對實務所生作用分敘如下。

(一)**連續犯之廢除**

1. **廢除連續犯之理由**：關於連續犯之廢除，修正理由指出，連續犯本質上究為一罪或數罪，學說上迭有爭議，一般均認為連續犯在本質上應屬數罪，僅係基於訴訟經濟或責任吸收原則之考量，而論以一罪，然實務上對於該條文所稱「同一罪名」之認定過寬〔註10〕，所謂「概括犯意」常可連綿數年之久，且在採證上多趨於寬鬆，每每在起訴之後，最後事實審判決前，對繼續犯同一罪名之罪者，均適用連續犯之規定論處，不無鼓勵犯罪之嫌，亦使國家刑罰權之行使發生不合理之現象，基於連續犯原為數罪之本質及刑罰公平原則之考量，並參考外國立法例〔註11〕，有將連續犯規定予以刪除之必要。

   此外，學說上對於連續犯制度早已存有諸多批評，如：造成刑罰評價之不公平、擴張審判範圍及造成審判範圍之不確定、影響被告在訴訟上之防禦權利、造成既判力範圍之擴張（甚而導致無法追訴重罪）、降低刑罰之嚇阻力量等。

2. **連續犯廢除後之法律適用**：連續犯廢除後，在刑事訴訟程序上即無所謂起訴不可分或審判不可分之問題，在實體法上則影響犯罪行為人之論罪科刑；依修正理由之說明，連續犯之規定廢除後，對於部分習慣犯，例如竊盜、吸毒等犯罪，是否會因適用數罪併罰而使刑罰過重，產生不合理現象一節，在實務運用上應可參考德、日等國之經驗，委由學界及實務以補充解釋之方式，發展接續犯之概念，對於合乎「接續犯」或「包括一罪」之情形，認為構成單一之犯罪，以限縮數罪併罰之問題。

   茲就連續犯廢除後，實務上針對特殊犯罪類型之見解整理如下：

   (1)**販賣毒品罪**

   《最高法院96年度台上字第1168號判決》95年7月1日起施行之修正刑法，基於一罪一罰，以實現刑罰公平原則之考量，將包含多數侵害法益行為，但科刑上僅論以一罪之連續犯及僅成立實質一罪之常業犯規定刪除。為避免流於嚴苛，原可單獨成罪之多數行為，苟依社會通念，認在刑罰上予以單純一罪評價，始符合刑罰公平原則者，自應僅總括地論以一罪，然其範圍之認定，須與修法之意旨相契合。又**集合犯係指犯罪構成要件之行為，依其本質、犯罪目的或社會常態觀之，常具有反覆、繼續為之之特性，此等反覆實行之行為，於自然意義上雖係數行為，但依社會通念，法律上應僅為一總括之評價，法律乃將之規定為一獨立之犯罪類型，而為包括一罪。故犯罪是否包括一罪之集合犯，客觀上，應斟酌其法律規定文字之本來意涵、實現該犯罪目的之必要手段、社會生活經驗中該犯罪實行常態及社會通念等；主觀上，則視其是否出於行為人之一次決意，並秉持刑罰公平原則，加以判斷。**上訴人意圖營利而販賣毒品之行為，為實現牟利之犯罪目的，依吾人之生活經驗，其犯罪之實行，固以反覆、繼續為常態，然其販賣之時間，自94年3月間起，迄同年5月14日止，長達近3個月；販賣地點除上訴人住處後方外，並遍及不知名之廢棄車廠、高速公路下、某巨蛋超商等；販賣之對象則包括○○○等4人，此類綿延數月，異時、異地且異其對象之販賣毒品行為，依社會通念，殊難認以評價為一罪為適當，自不得認僅成立包括一罪。

《臺灣高等法院暨所屬法院97年法律座談會》

法律問題

甲於民國95年8月1日、95年9月1日、95年10月1日、95年11月1日，依序在A、B、C、D四個不同地點，販賣第一級毒品海洛因予乙、丙、丁、戊各新台幣1000元。則甲上開販賣第一級毒品犯行，係一罪或數罪？

討論意見

甲說：一罪

(一) 按刑事法若干犯罪行為態樣，本質上原具有反覆、延續實行之特徵，立法時既予特別歸類，定為犯罪構成要件之行為要素，則行為人基於概括之犯意，在密切接近之一定時、地持續實行之複次行為，倘依社會通念，於客觀上認為符合一個反覆、延續性之行為觀念者，於刑法評價上，即應僅成立一罪。學理上所稱「集合犯」之職業性、營業性或收集性等具有重複特質之犯罪均屬之，例如經營、從事業務、收集、販賣、製造、散布等行為概念者是。

(二) 在立法上，以營利為構成要件之犯罪，通常具有反覆、延續實施同一犯罪行為之特性，因其本質乃多數行為之集合或一定行為之反覆實施，故立法上予以擬制，定為一罪。本案被告甲前開販賣第一級毒品海洛因之行為，具有反覆、延續實行之特徵，從而在行為概念上，縱有多次販賣之舉措，仍應評價認係包括一罪之集合犯。

乙說：數罪（採此說）

(一) 95年7月1日起施行之修正刑法，基於一罪一罰，以實現刑罰公平原則之考量，將包含多數侵害法益行為，但科刑上僅論以一罪之連續犯及僅成立實質一罪之常業犯規定刪除。為避免流於嚴苛，原可單獨成罪之多數行為，苟依社會通念，認在刑罰上予以單純一罪評價，始符合刑罰公平原則者，自應僅總括地論以一罪，然其範圍之認定，須與修法之意旨相契合。又集合犯係指犯罪構成要件之行為，依其本質、犯罪目的或社會常態觀之，常具有反覆、繼續為之之特性，此等反覆實行之行為，於自然意義上雖係數行為，但依社會通念，法律上應僅為一總括之評價，法律乃將之規定為一獨立之犯罪類型，而為包括一罪。故犯罪是否包括一罪之集合犯，客觀上，應斟酌其法律規定文字之本來意涵、實現該犯罪目的之必要手段、社會生活經驗中該犯罪實行常態及社會通念等；主觀上，則視其是否出於行為人之一次決意，並秉持刑罰公平原則，加以判斷。

(二) 販毒者意圖營利而販賣毒品之行為，為實現牟利之犯罪目的，依吾人之生活經驗，其犯罪之實行，固以反覆、繼續為常態。然此類綿延數月，異時、異地且異其對象之販賣毒品行為，依社會通念，殊難認以評價為一罪為適當，自不得認僅成立包括一罪。

研討結果

採乙說，應數罪併罰。且本題某甲不僅其先後4次販毒時間綿延數月，而其販毒之地點及販毒之對象亦先後不同，更不得僅成立包括一罪。

《最高法院99年台上字第1854號判決》所謂「集合犯」，係指立法者所制定之犯罪構成要件中，本即預定有數個同種類行為而反覆實行之犯罪而言。故是否集合犯之判斷，客觀上應斟酌法律規範之本來意涵、實現該犯罪目的之必要手段、社會生活經驗中該犯罪必然反覆實行之常態及社會通念等；主觀上則視其反覆實行之行為是否出於行為人之單一犯意，並秉持刑罰公平原則，綜合判斷之。稽以行為人販賣毒品之原因，不一而足，其多次販賣毒品之行為，未必皆出於行為人之一個犯意決定；且觀諸毒品危害防制條例§4I～IV所規定販賣毒品罪之構成要件文義，實無從憑以認定立法者本即預定該犯罪之本質，必有數個同種類行為而反覆實行之集合犯行，故販賣毒品罪，難認係集合犯。又刑法於94年2月2日修正公布，刪除§56所定之連續犯之規定，自95年7月1日施行。依該§56修正理由……即係將本應各自獨立評價之數罪，回歸本來就應賦予複數法律效果之原貌。就刑法修正施行後多次販賣毒品之犯行，採一罪一罰，始符合立法本旨。因此，刑法修正施行後多次販賣毒品之犯行，除符合接續犯之要件外，則應一罪一罰，合併定其應執行之刑。

《臺灣高等法院暨所屬法院97年法律座談會》

法律問題

某甲意圖營利，基於販賣第一級毒品海洛因之犯意：(一)自95年9月間起至同年12月間止，在A地附近，販賣價格1千元之第一級毒品海洛因10次、價格2千元之第一級毒品海洛因5次予某乙；(二)自95年11月間某日起至96年1月間某日止，在A地附近，販賣價格1千元之海洛因10次予某丙（上開各次交易確切日期甲、乙、丙均供證稱不復記憶）。則某甲多次販賣第一級毒品海洛因之犯行，是否合於因基於反覆實行之犯意，在密切接近之一定時、地，持續實行複次販賣毒品行為，而應成立集合犯論以一罪？

討論意見

甲說：肯定說

按刑事法若干犯罪行為態樣，本質上原具有反覆、延續實行之特徵，立法時既予特別歸類，定為犯罪構成要件之行為要素，則行為人基於概括之犯意，在密切接近之一定時、地持續實行之複次行為，倘依社會通念，於客觀上認為符合一個反覆、延續性之行為觀念者，於刑法評價上，即應僅成立一罪。學理上所稱「集合犯」之職業性、營業性或收集性等具有重複特質之犯罪均屬之，例如經營、從事業務、收集、販賣、製造、散布等行為概念者是（最高法院95年度台上字第1079號判決意旨參照）。亦即立法者針對特定刑罰規範之構成要件，已預設其本身係持續實行之複次行為，具備反覆、延續之行為特徵，故將之總括或擬制成一個構成要件之「集合犯」行為，因刑法評價上為構成要件之行為單數，應僅成立一罪。而毒品危害防制條例第4條之販賣毒品罪，均以行為人具營利之意圖而有毒品販入或賣出之行為始能成立，所謂基於營利之販入或賣出行為，如為多次交易，應採併合結算之觀念，始符合社會對於販賣交易之通念，故凡出於營利之販賣行為本質上即具有反覆、延續性之行為概念，若對其行為分別割裂評價為數罪，在被告否認犯罪之情況下，將造成就個別行為難以處斷之問題，而對於坦白承認之被告，反有重複評價、刑度超過可罰罪責之失衡狀況，是以日本刑事司法學理及實務均將具有「販賣」構成要件要素之犯罪定性為「集合犯」，始符法理之平。如題旨所示，甲於密切接近之一定時、地，持續實行複次販賣第一級毒品海洛因行為，依上開說明，應成立集合犯一罪。

乙說：否定說（採此說）

刑法於94年2月2日修正公布，刪除§56所定連續犯之規定，自95年7月1日施行。而基於概括之犯意，連續數販賣毒品之行為，於刑法修正刪除連續犯規定之前，均依連續犯論以一罪。此次刑法§56修正理由之說明，謂：「對繼續犯同一罪名之罪者，均適用連續犯之規定論處，不無鼓勵犯罪之嫌，亦使國家刑罰權之行使發生不合理之現象。」、「基於連續犯原為數罪之本質及刑罰公平原則之考量，爰刪除有關連續犯之規定」等語，即係將本應各自獨立評價之數罪，回歸本來就應賦予複數法律效果之原貌。而所謂集合犯是指立法者所制定之犯罪構成要件中，本就預定有數個同種類之行為將反覆實行之犯罪而言，將各自實現犯罪構成要件之反覆多數行為，解釋為集合犯，而論以一罪。是以對於集合犯，必須從嚴解釋，以符合立法本旨。觀諸毒品危害防制條例所定之販賣毒品罪之構成要件文義，實無從認定立法者本即預定該犯罪之本質，必有數個同種類行為而反覆實行之集合犯行，故販賣毒品罪，難認係集合犯。因此，就刑法修正施行後多次販賣毒品之犯行，採一罪一罰，始符合立法本旨。如題旨所示，甲多次販賣第一級毒品海洛因行為，依上開說明，應成立數罪。

審查意見

採乙說，應數罪併罰。補充理由如下：

(一) **集合犯係指犯罪構成要件之行為，依其本質、犯罪目的或社會常態觀之，常具有反覆、繼續為之之特性，此等反覆實行之行為，於自然意義上雖係數行為，但依社會通念，法律上應僅為一總括之評價，法律乃將之規定為一獨立之犯罪類型，而為包括一罪。故犯罪是否包括一罪之集合犯，客觀上，應斟酌其法律規定文字之本來意涵、實現該犯罪目的之必要手段、社會生活經驗**

中該犯罪實行常態及社會通念等；主觀上，則視其是否出於行為人之一次決意，並秉持刑罰公平原則，加以判斷。

(二) **以構成要件而言，觀諸毒品危害防制條例所定之販賣毒品罪之文義，實無從認定立法者本即預定該犯罪之本質，必有數個同種類行為而反覆實行之集合犯行。**本題某甲意圖營利而販賣毒品，其販毒時間先後綿延數月，並非短期間內密接為之，雖其販毒對象僅乙、丙2人，且犯罪地均在A地附近，但其每次販毒結果均可獨立完成某甲意圖營利之目的，其先後各行為間，並無必然的反覆或結合的關係，依社會通念，殊難將某甲先後多次販毒行為，認以評價為一罪為適當，再參照刑法修正理由，認刪除連續犯規定之用意，在避免連續犯以一罪論有鼓勵犯罪之嫌，則某甲多次販毒行為，自應予以分論併罰。

(2) **公職人員選舉罷免法案件**

- **《最高法院99年台上字第5132號判決》**所謂「集合犯」，係指立法者所制定之犯罪構成要件中，本即預定有數個同種類行為而反覆實行之犯罪而言，因之被稱為「法定接續犯」。故是否集合犯之判斷，客觀上應斟酌法律規範之本來意涵、實現該犯罪目的之必要手段、社會生活經驗中該犯罪必然反覆實行之常態及社會通念等；主觀上則視其反覆實行之行為是否出於行為人之單一犯意，並秉持刑罰公平原則，加以判斷。**公職人員選舉罷免法§99I投票行賄罪之犯罪主體，並不以候選人為限；其犯罪態樣亦不祇一端，由該罪構成要件之文義衡之，實無從憑以認定立法者本即預定該犯罪之本質，必有數個同種類行為，而反覆實行之集合犯行，故上開投票賄選罪，尚非集合犯之罪。在刑法刪除連續犯規定之前，通說係論以連續犯。**又刑法於94年2月2日修正公布（95年7月1日施行）刪除連續犯規定之同時，對於合乎接續犯或包括的一罪之情形，為避免刑罰之過度評價，已於立法理由說明委由實務以補充解釋之方式，發展接續犯之概念，以限縮數罪併罰之範圍。**鑑於公職人員選舉，其前、後屆及不同公職之間，均相區隔，選舉區亦已特定，以候選人實行賄選為例，通常係以該次選舉當選為目的。是於刪除連續犯規定後，苟行為人主觀上基於單一之犯意，以數個舉動接續進行，而侵害同一法益，在時間、空間上有密切**

關係，依一般社會健全觀念，難以強行分開，在刑法評價上，以視為數個舉動之接續實行，合為包括之一行為予以評價，較為合理，於此情形，即得依接續犯論以包括之一罪。否則，如係分別起意，則仍依數罪併合處罰，方符立法本旨。

《最高法院98年台上字第3093號判決》刑法學理上所稱之「集合犯」，係指立法者所制定之犯罪構成要件中，本質上即預定有數個同種類行為而反覆實行之犯罪者而言。申言之，「集合犯」係一種犯罪構成要件類型，立法者針對特定刑罰規範之構成要件，已預設該項犯罪本身係持續實行之複次行為，具備反覆、延續之行為特徵，而其個別行為具有獨立性而能單獨成罪，乃將之總括或擬制成一個犯罪構成要件之「集合犯」行為；此種犯罪以反覆實行為典型、常態之行為方式，具侵害法益之同一性（即侵害單一之法益），在刑法評價上為單數之構成要件行為，且行為人主觀上係出於單一或概括之犯意，因而僅包括的成立一罪（有學者論為「**法定的接續犯**」）。其與一般所謂「接續犯」之區別，在於接續犯所適用之構成要件行為，並不具反覆實行之特質，非屬立法規範所定之構成要件類型，但因個案情節具有時間及空間之緊密關聯特性，故亦包括的論以一罪（學者論為「**自然的接續犯**」）。故是否集合犯之判斷，在主觀上應視其反覆實行之行為是否出於行為人之一個單一或概括之決意而為，在客觀上則應斟酌法律規範之本來意涵、實現該犯罪目的之必要手段、社會生活經驗中該犯罪必然反覆實行之常態等事項，並秉持刑罰公平原則，加以判斷，俾與立法意旨相契合。**公職人員選舉罷免法§99I對於有投票權之人交付賄賂罪，就該罪規定之本來意涵而論，係在藉以防制賄選，以維護純淨之選風，而保障選舉之公正、公平與正確。從其犯罪構成要件觀察，係以對於有投票權之人交付賄賂（即所謂「買票」），而約其不行使投票權或為一定之行使為其內涵。而賄選買票，依通常社會經驗，恆需分別對多數有投票權人同時或先後進行多次同種類之賄選買票行為，始有可能獲得足以影響投票結果之票數。**否則若僅對單一有投票權之人實行一次賄選行為，顯然無從達到其犯罪之目的，故**該罪在客觀上自以反覆或延續實行犯罪構成要件之行為為常態，而依此項犯**

罪特質，應足資判定立法者於制定該罪之構成要件中，原即預定有數個同種類之賄選行為將反覆實行，其中每一次個別之賄選行為均能單獨成罪，但該罪反覆實行之複次賄選行為，僅侵害單一之選舉法益，在刑法評價上應為單數之構成要件行為。而就行為人犯該罪之目的而言，係就某次特定選舉，預期以賄選之方式影響該次選舉之結果，使特定之（一位或多位）候選人當選或不當選，而為達此犯罪之目的，既需分別對多數有投票權人同時或先後進行多次賄選買票行為，故其主觀上顯係以單一或概括之決意，而反覆實行其賄選之行為，顯已具備學理上「集合犯」之各項特質。況該罪之法定本刑為三年以上十年以下有期徒刑，得併科一百萬元以上一千萬元以下罰金，其處罰極重；若於刑法刪除連續犯之後，對於為達同一目的而反覆實行之多次賄選買票行為，不依「集合犯」論以一罪，而論以複數之犯罪（即一罪一罰），並依上述法定刑範圍，就其每一次賄選買票行為予分論併罰，顯屬過苛，而有違刑罰公平原則。故綜合該罪規定之本來意涵、構成要件特質、侵害法益之單複、行為人犯罪之決意、目的及刑罰之公平原則以觀，就特定選舉而言，行為人為達其影響選舉結果之同一目的所為先後或反覆多次之賄選行為，於刑法評價上自應論以「集合犯」一罪，始為適當。至不同選舉之賄選行為，應屬各別犯意，自非同一「集合犯」之範疇。

● 《臺灣高等法院暨所屬法院97年法律座談會》

法律問題

被告先後向多數有投票權之人，行求、期約或交付賄賂或其他不正利益，而約其不行使投票權或為一定之行使者，而犯公職人員選舉罷免法§99之投票行賄罪，應論以數罪併罰或集合犯？

討論意見

甲說：應論以數罪併罰

刑法上所謂集合犯是指立法者所制定之犯罪構成要件中，本就預定有數個同種類之行為將反覆實行之犯罪而言，是將各自實現犯罪構成要件之多數行為，解釋為集合犯，而論以一罪。是否集合犯之判斷，客觀上應斟酌法律規範之本來意涵、實現該犯罪目的之必要手段、社會經驗中該犯罪必然反覆實行之常態、及社會通念等，主觀上則視其反覆實施之行為是否出於行為人之一個犯罪決意，並秉持刑法公平原則，加以判斷。公職人員選舉罷免法第99條第1項對於有投票權之人，行求期約或交付賄賂或其他不正利益，而約其投票權為一定之行使罪，依其構成要件文義衡之，實無從認定立法者本即預定該犯罪之本質，必有數個同種類行為而反覆實行之集合犯行，如向多人賄選，各次行為依一般社會健全觀念，在時間差距上，可以分開，在刑法評價上，各具獨立性，每次行為皆可獨立成罪，自非集合犯。

乙說：應論以集合犯（採此說）

公職人員選舉罷免法§99I所定之對有投票權人交付賄賂或不正利益罪之賄選行為，乃行為人基於足以讓候選人當選票數之賄選目的，反覆向多數人交付賄賂或其他不正利益，約定不行使投票權或為一定行使；是對有投票權人交付賄賂或其他不正利益之犯行，於構成要件類型上，本質上已具備反覆、延續之行為特徵，其持續多次對有投票權人交付賄賂或其他不正利益即為此類犯罪之典型或常態，於刑法評價上自應僅成立集合犯一罪。

《最高法院97年度台上字第227號判決》刑法上所謂集合犯是指立法者所制定之犯罪構成要件中，本就預定有數個同種類之行為將反覆實行之犯罪而言，是將各自實現犯罪構成要件之多數行為，解釋為集合犯，而論以一罪。是否集合犯之判斷，客觀上應斟酌法律規範之本來意涵、實現該犯罪目的之必要手段、社會經驗中該犯罪必然反覆實行之常態、及社會通念等，主觀上則視其反覆實施之行為是否出於行為人之一個犯罪決意，並秉持刑法公平原則，加以判斷。94年11月30日修正公布之公職人員選舉罷免法§90-1I對於有投票權之人，行求期約或交付賄賂或其他不正利益，而約其投票權為一定之行使罪，依其構成要件文義衡之，實無從認定立法者本即預定該犯罪之本質，必有數個同種類行為而反覆實行之集合犯行，如向多人賄選，各次行為依一般社會健全觀念，在時間差距上，可以分開，在刑法評價上，各具獨立性，每次行為皆可獨立成罪，自非集合犯。原判決謂上訴人多次行求、期約、交付賄賂之行為，應僅論以集合犯一罪，所持之法律見解，亦有可議。

《最高法院96年度台上字第4036號判決》原判決雖以「投票行賄罪，原則上行為人本須反覆為多次之買票行為，始可達其目的，在構成要件上，立法者本即預定其為複數之同種行為反覆實施犯罪，是於刑法修正後應認為係屬集合犯之性質。參以被告李○○等（5人）本件投票行賄犯行，均係在94年11月10日當天密接完成，更應認係屬集合犯論以一罪。此種理論在刑法連續犯未修正廢止前即已存在，因連續犯規定仍為有效規範之前，以有從一罪論處並加重其刑之便宜情事，集合犯理論較不彰顯，於刑法修正廢除連續犯後，就投票行賄罪論以集合犯之一罪，乃為實務上之通說，但不生依刑法第2條第1項新舊法比較適用之問題」，而認上訴人等先後共同對於有投票權之人交付賄賂，而約其投票權為一定之行使，係屬（刑法修正前）集合犯而應論以一罪……所謂在構成要件上，立法者本即預定其為複數之同種行為反覆實行犯罪之情形，如收集犯（如「收集」偽、變造貨幣、有價證券，「收集」國防秘密等罪）、職業犯（如未經取得合法醫師資格，擅自執行醫療「業務」罪）、常業犯等，由法定犯罪構成要件即可明確知悉其犯罪本質必然反覆實行同種類行為；而公職人員選舉罷免法§90-1I投票行賄罪，自其犯罪構成要件觀察，似無從認定立法者本即預定該犯罪之本質，必有數個同種類行為而反覆實行之集合犯，且在刑法修正實施前，實務亦似無此見解。原判決謂投票行賄罪在構成要件上，立法者本即預定其為複數之同種行為反覆實行犯罪，及投票行賄罪論以集合犯一罪，為實務上之通說云云，然未進一步闡述論析其為此論述之依據及理由，即遽論上訴人等以投票行賄罪之集合犯一罪，同有判決理由不備之違誤，應認原判決關於上訴人等部分有發回更審之原因。

《最高法院96年度台上字第3064號》學理上所稱之集合犯，係一種構成要件類型，亦即立法者針對特定刑罰規範之構成要件，已預設其本身係持續實行之複次行為，具備反覆、延續之行為特徵，將之總括或擬制成一個構成要件之「集合犯」行為；此種犯罪，以反覆實行為典型、常態之行為方式，具侵害法益之同一性，因刑法評價上為構成要件之行為單數，因而僅包括的成立一罪。其與接續犯之不同，在於接續犯所適用之構成要件行為文義本身並不具反覆實行之特質，非屬立法規範所定之構成要件類型，於時間及空間之緊密關聯性上，亦較之集合犯為嚴格。是除集合犯外，每一種構成要件行為皆得以接續犯方式為之，因此集合犯亦有喻之為「法定接續犯」者。此與修正前連續犯係指行為人在主觀上基於一個概括之犯意，而反覆實行客觀上可以獨立成罪之同一罪名之行為者，均尚屬有間。公職人員選舉罷免法§90-1I所定之對有投票權人交付賄賂或不正利益罪之賄選行為，乃行為人基於足以讓候選人當選票數之賄選目的，反覆向多數人交付賄賂或其他不正利益，約定不行使投票權或為一定行使；是對有投票權人交付賄賂或其他不正利益之犯行，於構成要件類型上，本質上已具備反覆、延續之行為特徵，其持續多次對有投票權人交付賄賂或其他不正利益即為此類犯罪之典型或常態，於刑法評價上自應僅成立集合犯一罪。依原判決上開事實之認定，上訴人等與陳○昌於事實欄所載之時、地交付賄賂予有投票權之黃○○等多人，自屬基於足以讓候選人當選票數之賄選目的，反覆向多數人交付賄賂，約定投票支持陳○宏，於刑法評價上應僅成立集合犯一罪，原判決以連續犯論擬，自有適用法則不當之違誤。

- **《最高法院96年度台上字第2448號判決》**公職人員選舉罷免法§91-1I所定之對有投票權人交付賄賂或不正利益罪之賄選行為，乃行為人基於足以讓候選人當選票數之賄選之單一目的，反覆向多數人交付賄賂或其他不正利益，約定不行使投票權或為一定行使，是對有投票權人交付賄賂或其他不正利益之犯行，於構成要件類型上，本質上已具備反覆、延續之行為特徵，其持續多次對有投票權人交付賄賂或其他不正利益即為此類犯罪之典型或常態，於刑法評價上是否應成立集合犯或其他包括一罪，非無探討之餘地。原判決以連續犯論擬，自有未合。

- **《最高法院96年度台上字第2136號判決》**公職人員選舉罷免法§90-1I所定之對有投票權人交付賄賂或不正利益罪之賄選行為，乃行為人基於足以讓候選人當選票數之賄選目的，反覆向多數人交付賄賂或其他不正利益，約定不行使投票權或為一定行使；是對有投票權人交付賄賂或其他不正利益之犯行，於構成要件類型上，本質上具備反覆、延續之行為特徵，於刑法評價上應僅成立集合犯一罪。

(3)**投票行賄罪**

《最高法院99年台上字第6596號判決》數行為於同時同地或密切接近之時、地實行，侵害同一之法益，各行為之獨立性極為薄弱，依一般社會健全觀念，在時間差距上，難以強行分開，在刑法評價上，以視為數個舉動之接續實行，合為包括之一行為予以評價，較為合理者，屬接續犯。又刑法於94年2月2日修正公布（95年7月1日施行）刪除連續犯規定之同時，對於合乎接續犯或包括的一罪之情形，為避免刑罰之過度評價，已於立法理由說明委由實務以補充解釋之方式，發展接續犯之概念，以限縮數罪併罰之範圍。鑑於公職人員選舉，其前、後屆及不同公職之間，均相區隔，選舉區亦已特定，以候選人實行賄選為例，通常係以該次選舉當選為目的。是於刪除連續犯規定後，苟行為人主觀上基於單一之犯意，以數個舉動接續進行，而侵害同一法益，在時間、空間上有密切關係，依一般社會健全觀念，難以強行分開，在刑法評價上，以視為數個舉動之接續實行，合為包括之一行為予以評價，較為合理，於此情形，即得依接續犯論以包括之一罪。否則，如係分別起意，則仍依數罪併合處罰，方符立法本旨（本院99年度第5次刑事庭會議決議意旨參照）。而對接續犯所謂「數行為在密切接近之時、地」之認定，需依所犯之罪質，受侵害之法益，行為之態樣，及一般社會健全之觀念，予以盱衡斷定，並無必須在同一時間、同一地點所為為限……。

《臺灣高等法院暨所屬法院因應新修正刑法施行座談會》

法律問題

連續向多數有投票權之人，行求、期約或交付賄賂或其他不正利益，而約其不行使投票權或為一定之行使者，依新修正之刑法應論數罪併罰或以一罪論？

討論意見

甲說：應成立接續犯

刑法§144之罪，係侵害社會法益之犯罪，故雖同時向多數人交付不正利益，約定不行使投票權或為一定之行使，所侵害的仍僅為一個社會法益，並不成立想像競合犯，因為僅侵害一個社會法益，為單純一罪之接續犯。

乙說

(一) **現行刑法：應成立連續犯。**
侵害國家法益之犯罪，若基於概括犯意而連續犯同一罪名者，亦有連續犯之適用，此觀貪污治罪條例所定之罪雖屬侵害國家法益之罪，倘若基於概括犯意而連續犯同一之罪名者，仍得成立連續犯自明。而投票行賄罪祇要向有投票權之人，行求期約或交付賄賂或其他不正利益，而約其不行使投票權或為一定之行使，犯罪即告成立；如基於概括之犯意，連續向多數有投票權之人為上述投票行賄行為者，自仍得成立連續犯。

(二) **新修正刑法：**應成立數罪併罰。行為人連續買票之數行為，多次侵害國家法益，為數罪。又本法已刪除連續犯之規定，故應成立刑法§50之數罪併罰。

丙說：應成立集合犯（採此說）

(一) 國家法益雖不可分，但可個別、單獨的被侵害多次，故亦能發生侵害數法益之效果，因此，連續向多數有投票權之人買票，係多次侵害國家法益，與接續犯僅侵害一個國家法益之概念不合。又接續犯的成立必須在數行為間有其時空的密接性，換言之，是最嚴格的時空限制，連續賄選的行為，要符合此一要求，亦屬勉強。

(二) 投票行賄罪，行為人本須反覆不斷的為買票行為，始可達到其目的。論以刑法§50之數罪併罰，實有過苛之嫌。

(三) 實則，**投票行賄罪，在構成要件上，立法者本即預定其為複數之同種行為反覆實施之犯罪，與偽造貨幣、收集偽造貨幣之行為相同，故應成立集合犯。**

討研結果

採丙說。

《最高法院99年度第5次刑事庭會議》刑法於民國94年2月2日修正公布（95年7月1日施行）刪除連續犯規定之同時，對於合乎接續犯或包括的一罪之情形，為避免刑罰之過度評價，已於立法理由說明委由實務以補充解釋之方式，發展接續犯之概念，以限縮數罪併罰之範圍。而多次投票行賄行為，在刑法刪除連續犯規定之前，通說係論以連續犯。鑑於公職人員選舉，其前、後屆及不同公職之間，均相區隔，選舉區亦已特定，以候選人實行賄選為例，通常係以該次選舉當選為目的。是於刪除連續犯規定後，苟行為人主觀上基於單一之犯意，以數個舉動接續進行，而侵害同一法益，在時間、空間上有密切關係，依一般社會健全觀念，難以強行分開，在刑法評價上，以視為數個舉動之接續實行，合為包括之一行為予以評價，較為合理，於此情形，即得依接續犯論以包括之一罪。否則，如係分別起意，則仍依數罪併合處罰，方符立法本旨。

(4) **妨害風化罪**

《最高法院99年台上字第4395號判決》所謂集合犯，乃其犯罪構成要件中，本就預定有多數同種類之行為將反覆實行，立法者以此種本質上具有複數行為，反覆實行之犯罪，認為有包括一罪之性質，因而將此種犯罪歸類為集合犯，特別規定為一個獨立之犯罪類型，例如營業犯、收集犯、常業犯……是。從而**集合犯之成立，除須符合上開客觀條件及行為人主觀上須出於一個決意外，該自然意義之複數行為，在時、空上並應有反覆實行之密切關係，依社會通念，客觀上認為以包括之一罪評價較為合理者，始與立法之意旨相符**。原刑法§231II意圖營利而媒介性交為常業之規定，業於94年2月2日修正刪除，95年7月1日生效施行，該修正係配合刑法修正廢除連續犯、牽連犯之規定，將該罪有關集合犯型態之常業犯予以刪除，乃因**常業犯本含有連續犯之性質，為變相之連續犯，其嚴重性較諸連續犯更大，在連續犯之規定刪除後，將刑法分則關於常業犯之規定亦全數刪除，以免產生常業犯之處罰輕於數罪併罰之不公平情形。**則該法§231之**意圖營利媒介性交罪，自無解為集合犯而論以一罪之餘地，乃屬當然。**

《臺灣高等法院暨所屬法院97年法律座談會》

法律問題

甲男於民國96年4月初起，經營護膚店，招攬不特定男客至店內消費，其竟基於容留、媒介女子與不特定男客為性交行為以營利之犯意，分別於同年月16日、26日媒介、容留A女與乙男客於店內為性交行為，適於27日為警查獲，則某甲應如何論罪？

討論意見

甲說：集合犯說（採此說）

按刑事法若干犯罪行為態樣，本質上原具有反覆、延續實行之特徵，立法時既予特別歸類，定為犯罪構成要件之行為要素，則行為人基於概括之犯意，在密切接近之一定時、地持續實行之複次行為，倘依社會通念，於客觀上認為符合一個反覆、延續性之行為觀念者，於刑法評價上，即應僅成立一罪；學理上所稱「集合犯」之職業性、營業性或收集性等具有重複特質之犯罪均屬之，例如經營、從事業務、收集、販賣、製造、散布等行為概念者是（最高法院95年度台上字第1079號判決意旨參照）。而**刑法§231I之意圖使女子與他人為性交之行為，而媒介以營利罪之成立，本質上即具有反覆性，倘行為人基於概括之犯意，在密切接近之一定時間及空間內反覆從事，無非其營利行為所當然，於行為概念上，應認為包括的一罪，僅接受一次刑法之評價為已足。且如將各次媒介、容留行為在刑法上逐一評價並分別論處罪刑，將產生刑罰過重之不合理現象**。本件被告以所營店，持續進行媒介性交易之營業行為顯具有反覆、延續實行之特徵，從而在行為概念上，應評價認係包括一罪之集合犯。

乙說：數罪併罰說

刑法§56修正理由之說明，謂「對繼續犯同一罪名之罪者，均適用連續犯之規定論處，不無鼓勵犯罪之嫌，亦使國家刑罰權之行使發生不合理之現象」、「基於連續犯原為數罪之本質及刑罰公平原則之考量，爰刪除有關連續犯之規定」等語，而刑法§231II常業犯刪除理由亦係配合前揭連續犯之刪除，且最高法院就如施用毒品等立法修正理由所提及可發展包括一罪之犯罪型態，亦採嚴格數罪併罰之解釋（最高法院96年度第9次刑事庭會議決議參照），是就刑法§231I之圖利使人為性交或猥褻罪之犯罪類型，自亦應將本應各自獨立評價之數罪，回歸本來就應賦予複數法律效果之原貌。學理上所稱之「集合犯」，係指行為人基於概括之犯意，在密切接近之一定時地反覆或持續實行之複次行為，依社會通念，在客觀上足以認為符合一個反覆、延續性之行為概念者，始足當之。查刑法§231I之圖利使人為性交或猥褻罪，係以意圖使男女與他人為性交或猥褻之行為，而引誘、容留或媒介以營利者為構成要素，並無預定行為人須反覆或持續實施數個同種類行為始能成立該罪，且本案被告犯前後二罪犯罪之原因，俱係因乙男任意擇一時間而前往消費，其前後消費亦無時間上之密接，即無從認該項犯罪行為本質上即具有反覆或持續實施之特性存在，自無從認其係屬集合犯。刑法§51⑤規定數罪併罰，定其刑期時，除應就各別刑罰規範之目的、輕重罪間體系之平衡、整體犯罪非難評價、各行為彼此間之偶發性、與被告前科之關聯性、各行為所侵害法益之專屬性或同一性、數罪對法益侵害之加重效應、罪數所反映之被告人格特性與犯罪傾向、社會對特定犯罪行為處罰之期待等，為綜合判斷，並應參酌實現刑罰公平性，以杜絕僥倖、減少犯罪之立法意旨，為妥適之裁量（最高法院96年度台上字第7583號判決要旨參照），是就本案所涉犯罪類型採集合犯之看法而著眼於如將各次媒介、容留行為在刑法上逐一評價並分別論處罪刑，將產生刑罰過重之不合理現象一節，亦非的論。綜上所述，被告所犯前揭二罪，應予分論併罰。

《最高法院95年度台上字第1079號判決》刑事法若干犯罪行為態樣，本質上原具有反覆、延續實行之特徵，立法時既予特別歸類，定為犯罪構成要件之行為要素，則行為人基於概括之犯意，在密切接近之一定時、地持續實行之複次行為，倘依社會通念，於客觀上認為符合一個反覆、延續性之行為觀念者，於刑法評價上，即應僅成立一罪。學理上所稱「集合犯」之職業性、營業性或收集性等具有重複特質之犯罪均屬之，例如經營、從事業務、收集、販賣、製造、散布等行為概念者是。

《最高法院96年度台上字第7583號判決》法律上屬於自由裁量之事項，並非概無法律性之拘束。法院就自由裁量權之行使，除不得逾越法律所規定範圍之外部性界限外，尚應受比例原則、公平正義原則之規範，謹守法律秩序之理念，體察法律之規範目的，使其結果實質正當，合於裁量之內部性界限，俾與立法本旨相契合。刑法§51⑤規定數罪併罰，宣告多數有期徒刑者，應於各刑中之最長期以上，各刑合併之刑期以下，定其應執行之刑期，但不得逾30年，其就數罪併罰，固非採併科主義，而係採限制加重主義，就俱發各罪中，以最重之宣告刑為基礎，由法院參酌他罪之宣告刑，裁量加重定之，且不得逾法定之30年最高限制，此即外部性界限。然上揭定其應執行刑，既屬刑法賦予法院自由裁量之事項，其應受內部性界限之拘束，要屬當然。而刑法修正將連續犯、常業犯規定悉予刪除，考其立法目的，係基於刑罰公平原則考量，杜絕僥倖犯罪心理，並避免鼓勵犯罪之誤解，乃改採一行為一罪一罰。是定其刑期時，除仍應就各別刑罰規範之目的、輕重罪間體系之平衡、整體犯罪非難評價、各行為彼此間之偶發性、與被告前科之關聯性、各行為所侵害法益之專屬性或同一性、數罪對法益侵害之加重效應、罪數所反映之被告人格特性與犯罪傾向、社會對特定犯罪例如一再殺人或販毒行為處罰之期待等，為綜合判斷外，尤須參酌上開實現刑罰公平性，以杜絕僥倖、減少犯罪之立法意旨，為妥適之裁量，倘違背此內部性界限，即屬權利濫用之違法。

《最高法院98年台上字第7513號判決》刑法上所稱之「集合犯」，係指立法者於所制定之犯罪構成要件中，本即預定有數個同種類行為反覆實行之犯罪而言。客觀上應斟酌法律規範之本來意涵、實現該犯罪目的之必要手段、社會生活經驗中該犯罪必然反覆實行之常態及社會通念等；主觀上則視該反覆實行之行為是否出於行為人之一個犯意，並秉持刑罰公平原則，加以判斷是否為「集合犯」。而**刑法上所謂之「接續犯」，則係指行為人以單一之決意，於同時、同地或密切接近之時、地接續實施侵害同一法益之數行為，而各行為之獨立性極為薄弱，依一般社會健全觀念，在時間差距上，難以強行分開，在刑法評價上，以視為數個舉動之接續施行，合為包括之一行為予以評價，較為合理者而言。**又刑法於94年2月2日修正公布，刪除§56所定連續犯之規定，自95年7月1日施行。基於概括犯意連續多次販賣毒品之行為，於刑法修正刪除連續犯規定之前，均依連續犯論以一罪。而此次刑法§56修正理由之說明謂：「對繼續犯同一罪名之罪者，均適用連續犯之規定論處，不無鼓勵犯罪之嫌，亦使國家刑罰權之行使發生不合理之現象」、「基於連續犯原為數罪之本質及刑罰公平原則之考量，爰刪除有關連續犯之規定」、「至連續犯之規定廢除後，對於部分習慣犯，例如竊盜、吸毒等犯罪，是否會因適用數罪併罰而使刑罰過重產生不合理之現象一節，在實務運用上應可參考德、日等國之經驗，委由學界及實務以補充解釋之方式，發展接續犯之概念，對於合乎『接續犯』或『包括的一罪』之情形，認為構成單一之犯罪，以限縮數罪併罰之範圍，用以解決上述問題」，即意在將原應各自獨立評價之數罪，回歸本來就應賦予複數法律效果之原貌；對於部分習慣犯，則補充「接續犯」或「包括上一罪」之概念，限縮數罪併罰規定之適用，以維持刑罰公平原則，使罰當其罪。

(5)施用毒品罪

《最高法院96年度第9次刑事庭會議》

法律問題

行為人於一段時日內反覆多次施用第一級毒品海洛因或第二級毒品安非他命之行為，在民國95年7月1日前之刑法尚未刪除§56連續犯之規定前，司法實務上大抵視為連續犯而依連續犯之規定論處。刑法修正公布刪除§56連續犯之規定，於95年7月1日施行後，原依連續犯論以一罪者，究採一罪一罰，予以分論併罰？抑依接續犯、集合犯而論以一罪？設某甲基於施用毒品之犯意，於一段時日內反覆多次施用第一級毒品海洛因或第二級毒品安非他命，其施用行為跨越95年7月1日修正刑法施行之前及後，究應如何論罪？

討論意見

有甲、乙、丙、丁四說。

甲說

刑法及刑法施行法部分條文修正，於94年2月2日公布，95年7月1日施行。本次刑法修正，刪除§56連續犯之規定，依修正理由之説明，謂：「基於連續犯原為數罪之本質及刑罰公平原則之考量，爰刪除有關連續犯之規定。至連續犯之規定廢除後，對於部分習慣犯是否會因適用數罪併罰而使刑罰過重產生不合理之現象，則委由學界及實務界以補充解釋之方式，發展接續犯之概念，對於合乎接續犯或包括的一罪之情形，認為構成單一之犯罪，以限縮數罪併罰之範圍。」本院95年5月23日95年度第8次刑事庭會議所為「中華民國刑法94年修正施行後之法律比較適用決議案」，其五之(四)之１謂：「連續數行為而犯同一之罪名，均在新法施行前者，新法施行後，應依新法§2I之規定，適用最有利於行為人之法律。部分之數行為，發生在新法施行前者，新法施行後，該部分適用最有利於行為人之法律。若其中部分之一行為或數行為，發生在新法施行後者，該部分不能論以連續犯。」是於95年7月1日修正刑法施行後，如行為人於一段時日內反覆多次施用第一級毒品海洛因或第二級毒品安非他命，已無連續犯之適用。而施用毒品之行為態樣，個案情節不同，雖部分或具有反覆、延續實行之特徵而具成癮性，因之，此類情形，如行為人基於概括之犯意，在密切接近之一定時、地持續實行之多次施用第一級毒品或第二級毒品行為，倘依社會通念，在客觀上認為符合一個反覆、延續性之行為概念，認應僅成立一罪，較合於刑法之評價，得認屬學理上所稱之「集合犯」而論以包括的一罪。倘行為人多次施用毒品行為，係自始基於一個決意所為，在時空上有密接性，依社會通念認以評價為一罪較適當者，為免過度評價，造成刑罰過重之不合理現象，得依接續犯論以一罪。然對依集合犯或接續犯而論以包括的一罪之判斷，殊不能無限擴張，其一罪範圍之認定，必須與上揭連續犯刪除之立法旨趣相契合。苟行為人主觀上，非出於一個決意，客觀上各行為間，又無密切接近關係，依一般社會通念，認不應評價為一罪方合於刑罰公平原則時，自不能悉數率皆論以一罪。是除合乎集合犯或接續犯之概念而得論以包括的一罪之情形者外，當依一罪一罰，分論併罰之。某甲部分施用第一級或第二級毒品之行為，既係於刑法連續犯規定經廢除後所為，與其於95年7月1日修正刑法施行前之施用犯行，已無連續犯之適用。而其先後施用毒品之時間，雖跨越95年7月1日新法施行之前及後，其於95年7月1日新法施行前之施用犯行，原屬連續犯之數個行為，應依新法§2I之規定，適用最有利於行為人之法律，依修正施行前刑法§56連續犯之規定論以一罪；其於95年7月1日新法施行後之施用犯行，應另行依法論罪（其於95年7月1日新法施行後之施用犯行，如有反覆多次，究採一罪一罰？抑依集合犯、接續犯而論以一罪？則依上述說明處理），再併合處罰。

乙說

刑事法若干犯罪行為態樣，本質上具有反覆、延續實行之特徵，立法時已予特別歸類，定為犯罪構成要件之行為要素者，如行為人基於概括之犯意，在密切接近之一定時、地持續實行之多次行為，倘依社會通念，在客觀上認為符合一個反覆、延續性之行為概念者，於刑法評價上，即應僅成立一罪，學理上所稱之集合犯即屬之。毒品危害防制條例§10I之施用第一級毒品或同條第2項之施用第二級毒品罪，觀諸同條例§2I所稱之「成癮性、濫用性」及§20所揭示之觀察、勒戒先行主義，可知該條例所稱之施用毒品，在本質上含有反覆成習之意涵，顯然具有反覆性及延續性之特徵，已施用成癮，而對毒品有相當之依賴性者，若將其施用行為分別割裂評價為數罪，將導致重複評價、刑度超過罪責之危險，是以反覆成習之施用毒品行為，在概念上，應整個的評價為包括的一罪之集合犯，始符合立法意旨及刑法學理。而施用毒品行為既屬集合犯之習慣犯的性質，不論於刑法修正前後均是如此，縱行為人於刑法修正前、後各有多次施用毒品行為，倘各次施用毒品行為間，具有因成癮而反覆、延續施用之關係，均僅應論以集合犯之包括的一罪，以求理論之一致。依上所述，某甲雖於不同時、地先後多次施用第一級或第二級毒品，而其施用行為跨越95年7月1日新法施行之前及後，僅應論以集合犯之包括的一罪。

丙說

施用毒品易致成癮，行為人可能反覆為之，且其數次施用毒品行為，係侵害同一社會法益，可非難程度與一般複數犯罪有異。在刑法修正廢除連續犯後，倘全部改依數罪併罰處理，唯恐過度評價，違背罪責原則及比例原則。從比較法上觀察，德、日、韓均無連續犯之規定，但學說及實務上均認數行為只要具備一定要件，仍祇論以一罪。立法說明亦指出：對於吸毒等部分犯罪，是否會因適用數罪併罰而使刑罰過重，產生不合理之現象，可參考德、日等國之經驗，以補充解釋之方式，發展接續犯之概念，認為構成單一之犯罪，以限縮數罪併罰之範圍。而接續犯本係因有連續犯存在，為示區別，始將其概念侷限於一行為，茲連續犯既經廢除，為求刑罰之合理適用，自得將接續犯之適用範圍，適度放寬至具備一定要件之數行為，以確保個案裁判之妥適性。是行為人多次施用毒品，倘係自始基於一個決意所為，在時空上有密接性，依社會通念認以評價為一罪較適當者，為免過度評價，造成刑罰過重之不合理現象，自得依接續犯論以一罪。否則，仍應予數罪併罰。某甲多次施用毒品行為，跨越95年7月1日新法施行之前及後，其於新法施行前連續施用部分，依本院95年度第八次刑事庭會議之決議意旨，應依新法§2I規定，適用最有利於行為人之法律；新法施行後之多次施用部分，則依上述說明先予論罪，再與新法施行前連續施用部分所論之一罪，予以併合處罰。

丁說：（一罪一罰說）（採此說）

依刑法§56修正理由之說明，謂「對繼續犯同一罪名之罪者，均適用連續犯之規定論處，不無鼓勵犯罪之嫌，亦使國家刑罰權之行使發生不合理之現象。」「基於連續犯原為數罪之本質及刑罰公平原則之考量，爰刪除有關連續犯之規定」等語，即係將本應各自獨立評價之數罪，回歸本來就應賦予複數法律效果之原貌。因此，就刑法修正施行後多次施用毒品之犯行，採一罪一罰，始符合立法本旨。本則法律問題，某甲於刑法修正施行前連續施用毒品部分，應依刑法§2I之規定，適用修正前連續犯之規定論以一罪；刑法修正施行後之多次施用犯行，除符合傳統典型接續犯之要件外，則應一罪一罰，再就刑法修正施行後之數罪，與修正前依連續犯規定所論之一罪，數罪併罰，合併定其應執行之刑。又事實審法院於定應執行之刑時，應視各案情節之輕重「合併減輕」而為妥適之裁量，不致發生刑罰過重之不合理現象。至於題示事實，有謂應屬集合犯或接續犯而論以一罪云云。但集合犯係指立法者所制定之犯罪構成要件中，本即預定有數個同種類行為而反覆實行之犯罪而言。故是否集合犯之判斷，客觀上，自應斟酌法律規範之本來意涵、實現該犯罪目的之必要手段、社會生活經驗中該犯罪必然反覆實行之常態及社會通念等；主觀上，則視其反覆實施之行為是否出於行為人之一個犯意，並秉持刑罰公平原則，加以判斷之。稽以行為人施用毒品之原因，不一而足，其多次施用毒品之行為，未必皆出於行為人之一個犯意決定；**且觀諸毒品危害防制條例§10I、II施用毒品罪之構成要件文義衡之，實無從認定立法者本即預定該犯罪之本質，必有數個同種類行為而反覆實行之集合犯行，故上開施用毒品罪，應非集合犯之罪。又行為人各次施用毒品之行為，均係為滿足各該次之毒癮，於滿足毒癮後，該次行為即已完成；是各次均為各自獨立之行為，各具獨立性，其前後次施用毒品行為間，自無密切不可分之關係，各自獨立構成同一施用毒品罪責，顯然不合接續犯之構成要件。**

決議

採丁說。

依刑法§56修正理由之說明，謂「對繼續犯同一罪名之罪者，均適用連續犯之規定論處，不無鼓勵犯罪之嫌，亦使國家刑罰權之行使發生不合理之現象。」「基於連續犯原為數罪之本質及刑罰公平原則之考量，爰刪除有關連續犯之規定」等語，即係將本應各自獨立評價之數罪，回歸本來就應賦予複數法律效果之原貌。因此，就刑法修正施行後多次施用毒品之犯行，採一罪一罰，始符合立法本旨。本則法律問題，某甲於刑法修正施行前連續施用毒品部分，應依刑法§2I之規定，適用修正前連續犯之規定論以一罪；刑法修正施行後之多次施用犯行，除符合接續犯之要件外，則應一罪一罰，再就刑法修正施行後之數罪，與修正前依連續犯規定所論之一罪，數罪併罰，合併定其應執行之刑。

(6)**偽造文書罪**

《最高法院98年台上字第5716號判決》刑法修正廢止連續犯之規定後，除具有複次行為外觀之接續犯、集合犯仍為一罪評價外，各複次行為當本於一行為一罪一罰之原則予以論處。**而行使偽造私文書、行使變造公文書、行使變造國民身分證等罪，本質上並非必然具有複次性，立法者亦無兼包含攝、聚多成一之擬制意思，社會通念尤難容忍一再違犯**，本件上訴人之上開犯行，雖有部分案件係於同日實行之情形，惟除其中原判決附表貳編號十至十二之被害人乃係於同一時、地為之，應認係上訴人一行為同時所犯外，其餘在時間差距上，既仍可以分開，且在刑法評價上，各具獨立性，原判決認上訴人前開多次犯行，均不符接續犯、集合犯之要件，而予分論併罰，揆之上開說明，並無違誤。

(7) **走私行為**

《最高法院99年台上字第4808號判決》數行為於同時、同地或密切接近之時、地實行，侵害同一之法益，各行為之獨立性極為薄弱，依一般社會健全觀念，在時間差距上，難以強行分開，在刑法評價上，以視為數個舉動之接續實行，合為包括之一行為予以評價，較為合理者，始屬接續犯。上訴人等四人所為……多次走**私行為，時間上有明顯之區隔，行為各自獨立，且每次成員並非完全相同，與同次互毆、同次拆除一屋之接續行為，並不相當。本院向來見解，亦不認各次走私行為係接續犯。**

(8) **智慧財產權案件**

《司法院98年智慧財產法律座談會》

法律問題

95年7月1施行之修正後刑法刪除連續犯後，行為人基於同一營利意圖，多次販賣而散布侵害著作權重製物之行為應如何論處？

討論意見

甲說：論以集合犯之單純一罪（採此說）

理由：按刑事法若干犯罪行為態樣，本質上原具有反覆、延續實行之特徵，立法時既予特別歸類，定為犯罪構成要件之行為要素，則行為人基於概括之犯意，在密切接近之一定時、地，持續實行之複次行為，倘依社會通念，於客觀上認為符合一個反覆、延續性之行為觀念者，於刑法評價上，即應僅成立一罪，俾免有重複評價、刑度超過罪責與不法內涵之疑慮；學理上所稱「集合犯」之職業性、營業性或收集性等具有重複特質之犯罪均屬之，例如經營、從事業務、收集、販賣、製造、散布等行為概念者是（最高法院95年度台上字第1079號判決參照）。**倘行為人係本於持續經營販賣盜版光碟為業務之犯意，在密切接近之時、地，密集以相同方式反覆進行販賣散布侵害著作權重製物犯行，未曾間斷，則此散布犯行，實係以販賣圖利為目的之營業性行為，即具有反覆、延續實行之特徵，從而在行為概念上，縱有多次散布之舉措，仍應評價認係包括一罪之集合而論以一罪。**

乙說：就各次販賣（散布）行為予以分論併罰

理由(一)：修正後刑法刪除連續犯之規定，修正理由之說明謂：「對繼續犯同一罪名之罪者，均適用連續犯之規定論處，不無鼓勵犯罪之嫌，亦使國家刑罰權之行使發生不合理之現象。」「基於連續犯原為數罪之本質及刑罰公平原則之考量，爰刪除有關連續犯之規定」等語即係將本應各自獨立評價之數罪，回歸本來就應賦予複數法律效果之原貌。而所謂「集合犯」是指立法者所制定之犯罪構成要件中，本就預定有數個同種類之行為將反覆實行之犯罪而言，將各自實現犯罪構成要件之多數行為，解釋為集合犯，而論以一罪。是以對於集合犯，必須從嚴解釋，以符合立法者之意向。（最高法院97年度台上字第465號判決、96年度台上字第6048號判決參照）。

理由(二)：觀諸著作權就販賣侵害著作權重製物之行為，並未設有販賣罪，實務上針對該等行為，均以第91-1條之散布罪論處，而販賣行為本不以同種類行為反覆實施為必要，準此，著作權法所定之散布侵害著作權重製物之構成要件文義，實無從認定立法者本即預定該犯罪之本質，必有數個同種類行為而反覆實行之集合犯行，故散布（販賣）侵害著作權重製物罪，難認係集合犯。因此，就刑法修正施行後多次散布（販賣）之犯行，採一罪一罰，始符合立本旨。

研討結果

採甲說。

(9) **廢棄物清理法案件**

《最高法院99年台上字第3687號判決》所謂集合犯，乃其犯罪構成要件中，本就預定有多數同種類之行為將反覆實行，立法者以此種本質上具有複數行為，反覆實行之犯罪，認為有包括一罪之性質，因而將此種犯罪歸類為集合犯，特別規定為一個獨立之犯罪類型，例如收集犯、常業犯……是。從而集合犯之成立，除須符合上開客觀條件及行為人主觀上須出於一個決意外，該自然意義之複數行為，在時、空上並應有反覆實行之密切關係，依社會通念，客觀上認為以包括之一罪評價較為合理者，始與立法之意旨相符。刑法刪除連續犯規定之前，關於犯廢棄物清理法§46I④之罪，倘係基於概括之犯意，連續數行為而犯同一之罪名者，實務上向採連續犯說；倘有常業犯之情形，則依同條第2項之常業犯規定加以處罰。又廢棄物清理法§46已於95年5月30日修正，刪除該條第2項關於「無許可文件，以經營廢棄物清除、處理為常業者，處三年以上十年以下有期徒刑，得併科新台幣九百萬元以下罰金」之常業犯處罰規定，同年7月1日生效施行。係配合刑法修正廢除連續犯、牽連犯之規定，將該罪有關集合犯型態之常業犯予以刪除，乃因**常業犯本含有連續犯之性質，為變相之連續犯，其嚴重性較諸連續犯更大，在連續犯之規定刪除後，將刑法分則及特別法有關常業犯之規定全數刪除，以免產生常業犯之處罰輕於數罪併罰之不公平情形**。再參酌刑法§56修正理由之說明，謂：「對繼續犯同一罪名之罪者，均適用連續犯之規定論處，不無鼓勵犯罪之嫌，亦使國家刑罰權之行使發生不合理之現象」，因此「基於連續犯原為數罪之本質及刑罰公平原則之考量，爰刪除有關連續犯之規定」。即係將本應各自獨立評價之數罪，回歸本來就應賦予複數法律效果之原貌；經刪除常業犯之相關罪名，其法律之適用，應採同一解釋，乃所當然。

- **《最高法院99年台上字第2122號判決》**學理上所稱之集合犯、接續犯，與修正前刑法§56所定連續犯之區別，在於集合犯係一種構成要件類型，亦即立法者針對特定刑罰規範之構成要件，已預設其本身係持續實行之複次行為，本質上具有反覆、延續實行之行為特徵，立法時已予特別歸類，將之總括或擬制成一個構成要件之「集合犯」行為；此種犯罪，行為人基於概括之犯意，在密切接近之一定時、地，以反覆實行為典型、常態之行為方式，依社會通念，在客觀上認為符合一個反覆、延續性之行為概念，具侵害法益之同一性，因刑法評價上為「構成要件」之行為單數，僅包括的成立一罪。其與接續犯之不同，在於接續犯係指行為人之數行為於同時同地或密切接近之時地實施，侵害同一之法益，各行為之獨立性極為薄弱，依一般社會健全觀念，在時間差距上，難以強行分開，在刑法評價上，以視為數個舉動之接續施行，合為包括之一行為予以評價，較為合理，始足當之，是其所適用之構成要件行為，非屬立法規範所定之構成要件類型，但個案情節另具時間及空間之緊密關聯之特性。**是除集合犯外，每一種構成要件行為皆得以接續犯方式為之，因此集合犯亦有喻之為「法定接續犯」者。此與刑法修正前所規定之連續犯係指客觀上有先後數行為，行為人在主觀上基於一個概括之犯意，逐次實施而具連續性，其每一前行為與次行為，依一般社會健全觀念，在時間差距上，可以分開，在刑法評價上，各具獨立性，每次行為皆可獨立成罪，構成同一之罪名者，均尚屬有間。**

(二) 牽連犯之廢除

新法刪除舊刑法§55後段關於牽連犯之規定，依其修正理由說明，在外國立法例上，德國現行法並無牽連犯之規定，日本昭和15年之改正刑法草案、昭和刑法準備草案、以及昭和49年之改正刑法草案均將牽連犯之規定予以刪除，改正刑法草案說明書之要旨，認為「在構成牽連犯之數罪中，作為手段之行為與結果間，具有相當時間之間隔，倘將其中一方之既判力及於他者，並不適當。而判例通常係以數罪間具有手段、結果之關係作為牽連犯之成立要件，惟在具體適用上，亦不盡一貫，在現行法下，許多應適用牽連犯之場合，判例將其論以想像競合犯。因此，將牽連犯之規定予以刪除，並不會造成被告之不利益。」實則，牽連犯之實質根據既難有合理之說明，且其存在亦不無擴大既判力之範圍，而有鼓勵犯罪之嫌，實應予以刪除，廢除牽連犯後，在實務上則得視具體情形，分別論以想像競合犯或數罪併罰；關於牽連犯之廢除多獲得學界之肯定，此乃由於傳統學說或判例認為牽連犯有兩個獨立之行為，導致過度限縮想像競合犯所稱「一行為」之概念，在新法下，應依具體情狀，分別適用想像競合犯、法律單數、不罰之前行為或後行為、實質競合等，即可妥適予以論罪科刑。

● 《台灣高等法院暨所屬法院法律座談會》

法律問題

被告持偽造他人存款人名義之取款憑條，向存款銀行詐領該他人存款之行為，在刑法廢除牽連犯規定後，實務上應如何處斷？

決議

最高法院49年台上字第1409號判例認為「銀行為便利存款人取款而印好任人索取填寫之取款憑條，非可流通市面得以自由轉讓，祇屬私文書之一種，不能認為有價證券，其偽造而行使以達詐欺取款之目的者，應從一重論以行使偽造私文書之罪。」題示以行使偽造文書之方法而犯其他罪名，過去實務上多論以牽連犯，即認其為兩個以上之行為犯數罪，牽連犯刪除後似應依數罪併罰予以處斷；惟就行為人而言，被告行使偽造私文書（即取款憑條）向銀行詐領他人存款，其行使偽造私文書即屬詐欺罪所規定之施用詐術行為，因此此種犯罪行為應僅有此行使偽造私文書施用詐術之一個犯罪行為（偽造文書及署押部分為行使吸收，不另論罪），而依一行為犯數罪名之想像競合犯之規定處斷，較合於事實。

《台灣高等法院暨所屬法院法律座談會》

法律問題

某甲基於製造販賣第二級毒品安非他命之意思，於95年10月1日，在其住宅製造完成第二級毒品安非他命10公斤，隨即於同年10月2日販賣予某乙，試問某甲應如何處斷？

討論意見

甲說

製造、販賣第二級毒品，分屬不同之行為，二者難認有低度行為與高度行為之吸收關係，而刑法於94年2月2日修正，業已刪除牽連犯之規定，並自95年7月1日起施行，則某甲之行為應依毒品危害防制條例§4II之規定，分別論處製造及販賣第二級毒品2罪，併合處罰。

乙說

按所謂「一行為」係指實施犯罪行為之全部動作而言。某甲製造第二級毒品完成後販賣給某乙，乃某甲實施其犯罪行為之全部動作，應認為係屬「一行為」，且對某甲而言，其主觀之意思自始即係基於製造第二級毒品後再販賣給某乙之單一犯罪；則某甲之行為應屬想像競合犯，應以情節較重之販賣第二級毒品罪論處。

丙說

某甲製造第二級毒品安非他命達10公斤，顯係基於販賣之意思而製造；因製造毒品與販賣毒品的法定刑均相同，依後階段行為吸收前階段行為理論，其製造毒品之前階段應為後階段之販賣行為所吸收，僅論以販賣第二級毒品一罪。（採此說）

第六節　結合犯

一、概說

所謂「結合犯」係指綜合兩個以上獨立之犯罪行為，構成一個犯罪之特殊犯罪型態，可謂係前述實質競合（即數罪併罰）之特別規定，基本犯罪與相結合之他罪在現行法上均係故意犯罪型態。

關於結合犯之立法理由，通說認為係因行為人惡性重大，且其犯行所生危害甚鉅，基於刑罰之衡平性，應予以加重處罰。

二、類型

(一) 形式結合犯／明示結合犯

指由法條所規定之結構或文字內容，即可知悉該條文規定係將兩個獨立犯罪相結合。

如：刑法§249〔註12〕發掘墳墓結合犯、刑法§332〔註13〕強盜結合犯、刑法§334〔註14〕海盜結合犯、刑法§348〔註15〕擄人勒贖結合犯。

(二) 實質結合犯／默示結合犯

指法條文字規定形式或用語均與一般單一犯罪構成要件相同，但經過解釋可知該罪在本質上仍係包含數個獨立之犯罪，乃實質上結合犯類型。

如：刑法§328〔註16〕之強盜罪乃強制罪與竊盜罪之結合犯類型。

三、結合犯之故意時點

關於結合犯之故意時點之認定，學說及實務上有不同見解：

甲說：結合犯之行為人就兩個單一犯罪行為間必須具有犯意聯絡此說認為行為人於行為時對於兩個單一犯罪事實必須具有全面性認識，若行為人係在完成第一個犯罪行為後，才另行起意為第二個犯罪行為，即非結合犯，而應依數罪併罰論處。

乙說：行為人僅須成立結合犯之個別犯罪構成要件，不問是否為臨時起意或具有包括性認識。實務採此見解。

●《最高法院85年度第2次刑事庭會議》

強盜殺人罪，並不以出於預定之計畫為必要，祇須行為人以殺人為實施強盜之方法，或在行劫之際故意殺人，亦即凡係利用實施強盜之時機，而故意殺人，兩者有所關聯者，即應依本罪處罰。至於兩者之間是否有犯意聯絡關係，並非所問。本院30年上字第2559判例應予變更。

理由

(一) 刑法§332規定，犯強盜罪而有故意殺人之行為者，處死刑或無期徒刑。懲治盜罪條例§2I⑧亦規定強劫而故意殺人者，處死刑。立法原意，顯係認為行為人利用強劫之犯罪時機，而故意殺人者，因該兩個行為互有關連，對社會之危害極大，故將該兩個犯罪行為，結合成為一個獨立之強盜故意殺人罪，處以重刑。至於行為人於實施人兩個行為時，其前後行為之間是否有犯意聯絡關係，法律條文既未有所規定，自難認係該罪之構成要件。

(二) 本院30年上字第2559號判例，認強盜殺人罪，須以強盜與殺人兩者之間有犯意聯絡關係為其成立要件，既與法律條文之規定不合，又缺乏學理上之依據，無採用之價值。

(三) 被殺之人已死，在死無對證之情況下，行為人為規避其強盜殺人之重刑，對其殺人之動機，必提出種種飾卸之詞，法院欲證明行為人於實施強盜及殺人行為時，其兩者之間有犯意聯絡關係，至為困難。採用上述判例，將使甚多強盜殺人之結合犯無法成立，致使上述法律條文之規定，難以發揮防衛社會之功能。

(四) 本院27年上字第2480號判例明示：「**強盜殺人罪，祇須行為人一面強盜，一面復故意殺人，即行構成，至其殺人之動機是否為便利行劫，抑係恐其他日報復，原非所問。**」符合法文原意，向為實務上所採取。30年上字第2559號判例與上述判要旨相反，徒生適用上之困難，宜予變更。

四、結合犯之既遂標準

通說認為，除非有特別規定（如刑法§348I規定「故意殺人」），原則上不論基本犯罪係既遂或未遂，只要相結合之他罪既遂，即屬既遂之結合犯；若相結合之他罪屬未遂階段，則應回歸刑法總則中數罪併罰之規定加以論處。

學者有批評〔註17〕上述通說之見解忽略結合犯所包括之兩個單一犯罪，原本之既遂狀態即係將兩個犯罪構成要件完全實現，立法者雖透過結合犯之形式將兩個單一犯罪結合為一罪，但由法益保護觀點出發，結合犯所欲保護之法益與兩個單一犯罪所保護之法益應相同，結合犯並未創設新法益，基於罪罰相當原則，應以基本犯罪與相結合之他罪均既遂，始可認定結合犯既遂。

註解

〔註1〕學說上所謂「遂行接續犯」，係指行為人所實施之數個行為均已充足犯罪構成要件，但因行為人係以單一犯意接續進行，在時間、空間上極為密接，且其主觀上認知該數行為僅係單一犯罪行為之數個動作。

〔註2〕學說上所謂「進展接續犯」，係指行為人所實施之數個行為均係為完成特定犯罪而接續進行，但僅有最後階段之行為始能滿足犯罪構成要件，其他先行行為僅係預備或未遂階段行為。

〔註3〕刑法§134：「公務員假借職務上之權力、機會或方法，以故意犯本章以外各罪者，加重其刑至二分之一。但因公務員之身分已特別規定其刑者，不在此限。」

〔註4〕所謂「平行式保護法益同一性」，係指兩個條文之間雖然經過解釋後，仍具備保護法益同一性，但是兩個犯罪構成要件係對於同一法益侵害之不同行為類型，而不是對於同一法益侵害的不同階段關係。例如：詐欺與背信之間的關係，或刑法§268所同時規定之供給賭博場所以及聚眾賭博之間的關係即是。這種平行式的保護法益同一性，它不屬於特別關係，不屬於明示或默示之補充關係，也不屬於所謂吸收關係，但無論如何，它是法條競合，必須擇一適用。參見黃榮堅，刑法問題與利益思考，第372頁以下。

〔註5〕擄人勒贖故意殺被害人，在刑法§372I固有處罰規定，惟上述法條，已因懲治盜匪暫行條例施行而停止適用。該條例對於此項結合犯既未特設明文，則於擄人勒贖中另行起意殺被害人者，自應於擄人勒贖罪外更論以殺人罪，方為合法。據原判決認定事實，被告將人擄出後，於勒贖中，因被擄人與之相識，恐贖回後指名具告，遂起意將其勒斃，其擄人勒贖，與殺被害人，既無牽連犯關係，自應將其擄人勒贖與殺人併合論罪。

〔註6〕刑法§53：「數罪併罰，有二裁判以上者，依§51之規定，定其應執行之刑。」

〔註7〕刑事訴訟法§481：「依刑法§86III、§87III、§88II、§89II、§90II或§98I前段免其處分之執行，§90III許可延長處分，§93II之付保護管束，或§98I後段、II免其刑之執行，及§99許可處分之執行，由檢察官聲請該案犯罪事實最後裁判之法院裁定之。§91-1I之施以強制治療及同條II之停止強制治療，亦同。檢察官依刑法§18I或§19I而為不起訴之處分者，如認有宣告保安處分之必要，得聲請法院裁定之。法院裁判時未併宣告保安處分，而檢察官認為有宣告之必要者，得於裁判後三個月內，聲請法院裁定之。」

〔註8〕舊刑法§55後段：「犯一罪而其方法或結果之行為犯他罪名者，從一重處斷。」

〔註9〕舊刑法§56：「連續數行為而犯同一之罪名者，以一罪論。但得加重其刑至二分之一。」

〔註10〕 關於「同一罪名」之認定標準，早期實務有認為係指「侵害同一性質之法益」（如18年上字第807號判例），或認為係指「罪質相同之罪」（最高法院22年上字第2389號判例），司法院大法官釋字第152號則認為所謂「同一罪名」係指基於概括之犯意，連續數行為，觸犯犯罪構成要件相同之罪名。

〔註11〕 連續犯係大陸法系之產物，英美法系並不承認連續犯之概念，德國刑法自1871年以後、日本自昭和22年（即民國36年）以後均將連續犯之規定予以刪除，其餘大陸法系國家如瑞士、奧地利、法國等均無連續犯之明文，惟在實務上則視具體情形，或認係一罪，或認係數罪併罰。參見修正理由說明。

〔註12〕 刑法§249：「發掘墳墓而損壞、遺棄、污辱或盜取屍體者，處三年以上十年以下有期徒刑。發掘墳墓而損壞、遺棄或盜取遺骨、遺髮、殮物或火葬之遺灰者，處一年以上七年以下有期徒刑。」

〔註13〕 刑法§332：「犯強盜罪而故意殺人者，處死刑或無期徒刑。犯強盜罪而有下列行為之一者，處死刑、無期徒刑或十年以上有期徒刑：一、放火者。二、強制性交者。三、擄人勒贖者。四、使人受重傷者。」

〔註14〕 刑法§334：「犯海盜罪而故意殺人者，處死刑或無期徒刑。犯海盜罪而有下列行為之一，處死刑、無期徒刑或十二年以上有期徒刑：一、放火者。二、強制性交者。三、擄人勒贖者。四、使人受重傷者。」

〔註15〕 刑法§348：「犯前條第一項之罪而故意殺人者，處死刑或無期徒刑。犯前條第一項之罪而有下列行為之一者，處死刑、無期徒刑或十二年以上有期徒刑：一、強制性交者。二、使人受重傷者。」

〔註16〕 刑法§328：「I意圖為自己或第三人不法之所有，以強暴、脅迫、藥劑、催眠術或他法，至使不能抗拒，而取他人之物或使其交付者，為強盜罪，處五年以上有期徒刑。II以前項方法得財產上不法之利益或使第三人得之者，亦同。III犯強盜罪因而致人於死者，處死刑、無期徒刑或十年以上有期徒刑；致重傷者，處無期徒刑或七年以上有期徒刑。IV第一項及第二項之未遂犯罰之。V預備犯強盜罪者，處一年以下有期徒刑、拘役或九千元以下罰金。」

〔註17〕 見黃榮堅，前揭〈刑法問題與利益思考〉，頁424至425。

第4章　刑罰理論

本章依據出題頻率區分，屬：**B** 頻率中

第一節　刑罰理論與裁量

一、刑罰理論

刑罰乃國家刑罰權對於犯罪行為人施加之制裁，在刑罰的本質上，論者有持絕對理論（報應思想）及相對理論（預防思想），茲分敘如下：

(一) **絕對理論／應報理論／正義理論**

指以報應思想作為基礎，強調「以牙還牙、以眼還眼」，認為應以刑罰的痛苦來消弭犯罪所造成的惡害結果，且主張刑罰乃唯一解除罪責之方式，科刑之原因在於犯罪本身，無刑罰目的可言，刑罰即係針對犯罪所生惡害所為之公正報應，藉此得實現公平正義理念。

➡持此理論之論者亦有認為犯罪行為人可透過刑罰回復其犯行所生惡害、重建社會秩序，可稱之為「贖罪理論」。

(二) **相對理論／預防理論／目的理論**

此說學者認為刑罰不僅在於實現正義理念或應報，而應係具有預防犯罪之目的，刑罰本身並非目的，僅係為達到預防犯罪之手段，又可區分為：

1. **一般預防理論**：以「心理強制論」為基礎，認為刑罰之目的在於威嚇社會上一般人，產生嚇阻犯罪之一般預防功能。
2. **特別預防理論／個別預防理論**：認為刑罰之意義與目的在於教育、矯治犯罪行為人，使其再社會化，主張刑罰為教育犯罪行為人重回社會之手段，故除傳統刑罰外，亦應設有教育刑及保安刑。

(三) **綜合理論**

此說認為刑罰之意義與目的除在於公正地報應犯罪所生危害外，尚在於對一般人產生威嚇作用，同時亦在教化犯罪行為人；詳言之，刑罰之主要目

的在於公正地報應行為人之罪責，藉此威嚇或教育社會大眾，產生一般預防功能，並透過刑罰執行機會，期使受刑人得以再社會化，以收個別預防之效。

二、刑罰裁量

法官於個案審理時，依據刑法規定，審酌與犯罪行為人、犯罪行為、被害人及其他有關一切情狀，公正客觀地量定並宣判與犯罪行為最適當之刑度，即屬刑罰裁量。

依刑法§57，科刑時應以行為人之責任為基礎，並審酌一切情狀，尤應注意下列事項，為科刑輕重之標準：(一)犯罪之動機、目的；(二)犯罪時所受之刺激；(三)犯罪之手段；(四)犯罪行為人之生活狀況；(五)犯罪行為人之品行；(六)犯罪行為人之智識程度；(七)犯罪行為人與被害人之關係；(八)犯罪行為人違反義務之程度；(九)犯罪所生之危險或損害；(十)犯罪後之態度。另刑法§58則規定，科罰金時，除依刑法§57前條規定外，並應審酌犯罪行為人之資力及犯罪所得之利益。如所得之利益超過罰金最多額時，得於所得利益之範圍內酌量加重。

第二節　刑罰之種類

一、主刑（刑法§33）

- 死刑
- 無期徒刑
- 有期徒刑－二月以上十五年以下。但遇有加減時，得減至二月未滿，或加至二十年。

拘役——一日以上，六十日未滿。但遇有加重時，得加至一百二十日。

罰金——新臺幣一千元以上，以百元計算之〔註1〕。

- 專科罰金：以罰金為唯一之法定刑〔註2〕。
- 選科罰金：以罰金與其他法定刑併科，由法官於個案中裁量。
- 併科罰金：除科處其他法定刑外，法官於個案中可裁量併科處罰金〔註3〕。

二、從刑（刑法§36）

褫奪公權

(一) 意義

依刑法§36，所謂「褫奪公權」，係指褫奪下列資格〔註4〕：

1. 為公務員之資格。
2. 為公職候選人之資格。

(二) 種類

1. **終身褫奪與有期褫奪**

依褫奪公權之期間為區分標準

- **刑法**§37I：宣告死刑或無期徒刑者，宣告褫奪公權終身。
- **刑法**§37II：宣告一年以上有期徒刑，依犯罪之性質認為有褫奪公權之必要者，宣告一年以上十年以下褫奪公權。

2. **法定褫奪與裁量褫奪**

依是否強制規定應褫奪公權為區分標準，上開刑法§36II即規定裁量褫奪之情形。

(三) 褫奪公權之宣告及起算時點

- **刑法**§37III：褫奪公權，於裁判時併宣告之。
- **刑法**§37IV：褫奪公權之宣告，自裁判確定時發生效力。
- **刑法**§37V：依第2項宣告褫奪公權者，其期間自主刑執行完畢或赦免之日起算。但同時宣告緩刑者，其期間自裁判確定時起算之。

三、沒收（刑法第五章之一，§38～§40-2）

為解決在舊制之下，因法規範之不足，重大經濟、貪瀆或社會矚目案件之犯罪所得或不法利益無法由國家追回，不法行為人得以實質控制該有形或無形的財產上利益，造成國家刑罰主權無法徹底執行之困境，104年12月30日修正公布、105年7月1日施行的沒收新制，將「沒收」定為獨立於主從刑之外的法律效果，並有下列的制度特色：

(一) 沒收之客體：

1. **違禁物**：指依法令禁止私人製造、販賣、持有或轉讓之物品。〔註5〕

最高法院

29年上字第1527號判例

違禁物固不問屬於犯人與否均應沒收，而該物苟係屬於第三人所有，則其是否違禁，即應視該第三人有無違禁情形為斷，故犯人雖係違禁持有，而所有之第三人如係經合法允許持有者，仍不在應行沒收之列。上訴人某甲所持有之軍用槍彈，既係向某乙等託詞借得，縱令該上訴人用以犯罪，而原主某乙等是否具有違禁情形，尚屬不明，即難遽予沒收。

71年台上字第754號判例

違禁物固不問屬於犯人與否，均應沒收，但該物苟係屬於第三人所有，則其是否違禁，即應視該第三人有無違禁情形為斷。故犯人雖係違禁持有，而所有之第三人如係經合法允許持有者，仍不在應行沒收之列（參照本院廿九年上字第一五二七號判例），本件上訴人所竊得之上述雷管雖屬違禁物，但業據所有人李詩安供明係經允准持有供其所經營之富森木材行砍伐林班之用，並非未受允准亦無正當理由持有，依照上開說明，自不在沒收之列，原判決遽行諭知沒收，顯屬於法有違。

2. **供犯罪所用、犯罪預備之物或犯罪所生之物**：供犯罪所用、犯罪預備之物係指與犯罪有直接相關之物，犯罪所生之物係指犯罪結果所產生之物，例如偽造文書所產生之假文書。

最高法院

51年台非13號判例

刑法§38I②所定得沒收之供犯罪所用或供犯罪預備之物，必於犯罪有直接關係者，始屬相當。

- **《37年院解字第4045號解釋》**賭博場所不能視為供犯罪所用之物予以沒收。
- 《30年院字2259號》因賭贏得之現金。與賭贏後由輸者立給之票據。如為賭犯所持有。得依刑法§38I③沒收。其已費失之現金。與該票據票面所載之金額。法律上既無追徵或追繳之特別規定。即不得予以如何之處分。

3. **犯罪所得**：犯罪行為人實施不法行為而取得，或犯罪行為人以外之自然人、法人或非法人團體，明知他人違法而取得、因他人違法而無償或以顯不相當之代價而取得，或行為人為他人實施不法行為，他人因此而取得之有形或無形之財產上利益均屬之。〔註6〕

(二) 沒收之主體

1. 犯罪行為人。
2. 犯罪行為人以外之自然人、法人或非法人團體。

沒收主體 沒收客體	屬犯罪行為人所有	屬犯罪行為人以外之自然人、法人或非法人團體所有
違禁物	○	○
供犯罪所用、犯罪預備之物或犯罪所生之物	○	○ 在其無正當理由提供或取得的情況下，得沒收之。
犯罪所得	○	○ 明知他人違法行為而取得、因他人違法行為而無償或以顯不相當之對價取得、犯罪行為人為他人實行違法行為，他人因而取得者，得沒收之。

(三)沒收之宣告

- **刑法**§40I：沒收，除有特別規定者外，於裁判時併宣告之。
- **刑法**§40II：違禁物或專科沒收之物得單獨宣告沒收。
- **刑法**§40III：第38條第2項、第3項之物（供犯罪所用、犯罪預備之物或犯罪所生之物）、第38-1條第1項、第2項之犯罪所得，因事實上或法律上原因未能追訴犯罪行為人之犯罪或判決有罪者，得單獨宣告沒收。

(四)沒收之執行

- **刑法**§40-2I：宣告多數沒收者，併執行之。
- **刑法**§40-2II：沒收，除違禁物及有特別規定者外，逾第八十條規定之時效期間，不得為之。
- **刑法**§40-2III：沒收標的在中華民國領域外，而逾前項之時效完成後五年者，亦同。
- **刑法**§40-2IV：沒收之宣告，自裁判確定之日起，逾十年未開始或繼續執行者，不得執行。

第三節　刑罰之適用

一、刑罰之加重

(一)刑罰加重事由

- **累犯**（刑法§47～§49）
- **罰金之加重**（刑法§58後段）
- **因身分之加重**
  - 公務員身分：§134〔註7〕、§231II〔註8〕、§264〔註9〕、§270〔註10〕
  - 尊親屬身分：§170〔註11〕、§250〔註12〕、§280〔註13〕、§295〔註14〕、§303〔註15〕
  - 友邦元首、外國代表身分：§116〔註16〕

(二) 刑罰加重之限制

1. 不得加重之情形

依刑法§64I、§65I，死刑及無期徒刑均不得加重。

2. 加重有上限之情形

依刑法§33③但書，有期徒刑最高加至20年；另依同條第四款但書，拘役最高加至120日。

3. 加重刑罰不得變更主刑之種類

(1) 罰金不得加重至拘役或徒刑。

(2) 拘役不得加重至徒刑。

(3) 有期徒刑不得加重至無期徒刑。

(三) 加重之標準

1. 拘役加減者，僅加減其最高度。（刑法§68）
2. 有期徒刑或罰金加減者，其最高度及最低度同加減之。（刑法§67）
3. 有二種以上之主刑者，加減時併加減之。（刑法§69）
4. 有二種以上刑之加重或減輕者，遞加或遞減之。（刑法§70）
5. 因刑之加重、減輕，而有不滿一日之時間或不滿一元之額數者，不算。（刑法§72）

(四) 累犯

- **刑法**§47I：受徒刑之執行完畢，或一部之執行而赦免後，五年以內故意再犯有期徒刑以上之罪者，為累犯，加重本刑至二分之一。
- **刑法**§47II：§98II關於因強制工作而免其刑之執行者，於受強制工作處分之執行完畢或一部之執行而免除後，五年以內故意再犯有期徒刑以上之罪者，以累犯論。

1. **意義**：所謂「累犯」係指曾受刑罰執行之行為人，於執行完畢釋放後一定時間內再度故意犯罪，顯見刑罰之執行未收其效，應予以加重處罰之謂。

2. 要件

(1) **行為人須曾受徒刑之執行完畢或赦免**：不包括行為人曾受拘役、罰金或保安處分之執行等情形，惟若行為人係受有期徒刑之宣告，執行結果為易科罰金執行完畢，性質上仍屬有期徒刑之執行完畢，亦可能成立累犯。

其次，依刑法§79I，行為人在無期徒刑假釋後滿二十年或在有期徒刑所餘刑期內未經撤銷假釋者，其未執行之刑，以已執行論，故此種行為人亦可構成累犯。

最高法院

75年台上字第635號判例

緩刑期滿而緩刑之宣告未經撤銷者，其刑之宣告，失其效力，與以已執行論之效果，並不相同，嗣後縱然再犯，不發生累犯之問題。

54年台上字第2859號判例

竊盜犯於受強制工作處分完畢後，五年以內再犯有期徒刑以上之罪，雖應以累犯論，但以依法免其刑之執行之人犯為限。

37年非字第40號判例

大赦有消滅罪刑之效力，故犯罪經大赦後，不但赦免其刑，並應視與未犯罪同，被告某甲前雖曾因竊盜案被判罪刑，但既邀赦免而歸於消滅，則其以後之犯罪，自不發生累犯問題。

18年上字第633號判例

查刑法關於累犯之構成，以已受徒刑之執行完畢，或一部執行而免除後，於一定期限內再犯有期徒刑以上之罪為要件，上訴人前科之有期徒刑，既尚在執行中，旋被提釋出獄，又非依法免除，則此次犯罪，按之現行刑法規定，尚不能認為累犯。

(2) **犯罪必須發生於徒刑執行完畢或赦免後5年內**：此5年期間之計算係以執行完畢或赦免後之翌日起算，迄犯罪行為發生之日為止。

(3) 行為人須係故意再犯有期徒刑以上之罪：所稱「有期徒刑以上之罪」係指再犯之罪之「法定刑」包括有期徒刑以上之刑度，縱法官就再犯之罪判處拘役刑或罰金刑，亦無礙於累犯之成立，且依修正後之新法規定，再犯之罪限於故意犯罪型態。

最高法院

46年台上字第490號判例

刑法上累犯罪之成立，以再犯有期徒刑以上之罪為要件，被告於前犯詐欺罪，判處徒刑執行完畢後，五年以內犯刑法§337所定專科罰金之罪，自不生累犯之問題。原判決竟再依累犯之例加重其刑處斷，顯有違誤。

(4) **刑法§47II強制工作之情形**：依竊盜犯贓物犯保安處分條例§7，依本條例免其刑之執行者，於受強制工作之執行完畢或一部之執行而免予繼續執行後，五年以內故意再犯有期徒刑以上之罪者，以累犯論。

3. **法律效果**：構成累犯之法律效果為加重本刑至二分之一，實務認為法院在最高刑度與法定刑二分之一限度內有自由裁量權，但必須為加重刑度，否則該判決即屬違法〔註17〕。

4. **裁判確定後發覺累犯之處罰：刑法§48：裁判確定後，發覺為累犯者，依前條之規定更定其刑。但刑之執行完畢或赦免後發覺者，不在此限。**

5. **除外規定**：刑法§49：累犯之規定，於前所犯罪在外國法院受裁判者，不適用之。

二、刑罰之減免

(一) 減免事由

1. **酌免**：所謂「酌免」係指刑法§61所規定，犯下列各罪之一，情節輕微，顯可憫恕，認為依§59規定減輕其刑仍嫌過重者，得免除其刑：

(1) 最重本刑為三年以下有期徒刑、拘役或專科罰金之罪。但§132I、§143、§145、§186及對於直系血親尊親屬犯§271III之罪，不在此限。（108.05.29修）

(2) §320、§321之竊盜罪。

(3) §335、§336II之侵占罪。

(4) §339、§341之詐欺罪。

(5) §342之背信罪。

(6) §346之恐嚇罪。

(7) §349II之贓物罪。

2. **得免**

即條文規定「得免除其刑」之情形。如：刑法§275III〔註18〕、刑法§324I〔註19〕、§338〔註20〕、§343〔註21〕、§351〔註22〕等。

3. **得減或得免**

即條文規定「得減輕或免除其刑」。如：刑法§23但書「但防衛行為過當者，得減輕或免除其刑。」刑法§24I但書「但避難行為過當者，得減輕或免除其刑。」

4. **必減或必免**

條文規定為「減輕或免除其刑」，如刑法§27關於中止未遂之規定，或分則中如刑法§167〔註23〕等規定。

5. **必免**

如刑法§288III：「因疾病或其他防止生命上危險之必要，而犯前二項之罪者，免除其刑。」

6. **必減**

如刑法§63：「未滿十八歲人或滿八十歲人犯罪者，不得處死刑或無期徒刑，本刑為死刑或無期徒刑者，減輕其刑。」

7. **得減**

條文規定為「得減輕其刑」，如：刑法§16但書、§18IIIII、§19II、§20、§30II、§62等。

8. **酌減**

- **刑法**§59：「犯罪之情狀顯可憫恕，認科以最低度刑仍嫌過重者，得酌量減輕其刑。」
- **刑法**§60：「依法律加重或減輕者，仍得依前條之規定酌量減輕其刑。」

(二)**減免標準**

1. 死刑減輕者，為無期徒刑（刑法§64II）。
2. 無期徒刑減輕者，為二十年以下十五年以上有期徒刑（刑法§65II）。
3. 有期徒刑、拘役、罰金減輕者，減輕其刑至二分之一。但同時有免除其刑之規定者，其減輕得減至三分之二（刑法§66）。有期徒刑或罰金加減者，其最高度及最低度同加減之（刑法§67）。
4. 拘役加減者，僅加減其最高度（刑法§68）。
5. 有二種以上之主刑者，加減時併加減之（刑法§69）。
6. 有二種以上刑之加重或減輕者，遞加或遞減之（刑法§70）。
7. 刑有加重及減輕者，先加後減。

   有二種以上之減輕者，先依較少之數減輕之（刑法§71）。
8. 因刑之加重、減輕，而有不滿一日之時間或不滿一元之額數者，不算（刑法§72）。
9. 酌量減輕其刑者，準用減輕其刑之規定（刑法§73）。

(三) 自首

刑法§62：對於未發覺之罪自首而受裁判者，得減輕其刑。但有特別規定者，依其規定。

1. **意義**：自首指行為人自行申告自己尚未被國家機關發覺之犯罪行為，且表明願接受法院制裁之謂；94年修正前之刑法§62規定自首之法律效果為「應」減輕其刑，修法後改為「得」減輕其刑，此乃在鼓勵自首以發現犯罪及避免犯罪人藉自首圖減刑責而助長暴戾之氣兩種觀點間尋求權衡。

2. **要件**

(1) **行為人申告之內容須為自己之犯罪事實**：行為人所申告者須為自己之犯罪事實，不包括告發或告訴他人之犯罪，且不問其申告之動機或方式為何，僅須表明自己之犯罪行為而足使刑事追訴機關調查犯罪事實即可。

(2) **申告時須刑事追訴機關尚未發覺犯罪**：行為人所申告之犯罪行為若已為刑事追訴機關所知悉，則行為人之自動到案稱為「投案」；實務上認為所謂「未發覺」包括犯罪事實尚未被發覺，或已知悉犯罪事實但不知犯罪行為人係何人等情形，而所稱「知悉」僅須有確切之根據得為合理之可疑者，即屬之，不以確知某人為犯罪行為人為必要，但若僅為單純主觀上懷疑或推測，則非知悉〔註24〕。

《最高法院96年台上字第2137號判決》刑法§62所規定之自首，以對於未發覺之罪，向有偵查權之機關或公務員自承犯罪，進而接受裁判為要件。是**具有裁判上一罪關係之犯罪，倘其中一部分犯罪已先被有偵查權之機關或公務員發覺，行為人方就其餘未被發覺之部分，自動供認其犯行時，即與上開自首之要件不符**，自不得適用自首之規定減輕其刑。

《最高法院97年台上字第5969號判決》刑法§62所定自首減刑，係以對於未發覺之犯罪，在有偵查犯罪職權之公務員知悉犯罪事實及犯人之前，向職司犯罪偵查之公務員坦承犯行，並接受法院之裁判而言。苟**職司犯罪偵查之公務員已知悉犯罪事實及犯罪嫌疑人後，犯罪嫌疑人始向之坦承犯行者，為自白，而非自首。而所謂發覺，不以有偵查犯罪之機關或人員確知其人犯罪無誤為必要，僅須有確切之根據得為合理之可疑者，亦屬發覺。**

(3) **行為人須於申告後自動接受裁判**：行為人不須親至刑事追訴機關接受調查，但須有相當足以表示其自願接受裁判之行動。

《最高法院70年台上字第6819號判決》刑法§62所謂自首，祇以犯人在犯罪未發覺之前，向該管公務員申告犯罪事實，而受裁判為已足，並不以使用自首字樣為必要。又刑事訴訟採職權主義，不能期待被告自己證明其自己犯罪，因之，**自首者於自首後，縱又為與自首時不相一致之陳述甚至否認犯罪，仍不能動搖其自首效力。自首者但須接受裁判，至於如何裁判，則本與自首無關。**

《最高法院98年台上字第2371號判決》刑法自首，乃為使犯罪事實易於發覺並節省訴訟資源，**如犯罪之人在犯罪未發覺前，向該管公務員表明其犯罪事實，而接受裁判時，即構成得減輕其刑條件，至於自首之犯人是否真心悔悟，與自首減刑條件之構成無關**，何況犯罪之人往往自忖法網難逃，自首以邀減刑者，比比皆是，縱成立自首而獲減刑，並不能直認犯罪後具有悔意。至於犯罪後有無悔意，乃犯罪情節之一，純屬事實認定之問題，為事實審審認權責範圍，如不違背經驗法則及論理法則，即不能任指為違法。

3. **效力**：承前所述，修正後之新法將自首之效力改為「得減輕其刑」，其修正理由略為：自首之動機不一而足，有出於內心悔悟者，有由於情勢所迫者，亦有基於預期邀獲必減之寬典者。對於自首者，一律必減其刑，不僅難以獲致公平，且使犯人恃以犯罪之虞；在過失犯罪，行為人為獲減刑判決，急於自首，而坐令損害擴展之情形，亦偶有所見，必減主義在實務上難以因應各種不動機之自首案例，故將其法律效果修正為得減輕其刑。

《最高法院96年台上字第57號判決》刑法部分條文業於94年2月2日修正公布，自95年7月1日施行（下稱新刑法；至於修正前之刑法，下稱舊刑法），其中§62**關於自首減刑之規定，由「減輕其刑」之「必減」，修正為「得減輕其刑」之「得減」**。倘犯罪及自首均在新刑法施行前者，新刑法施行後，應依新刑法§2I之規定，適用最有利於行為人之舊刑法§62，必減其刑。

第四節　刑罰之執行

一、易刑處分

所謂「易刑處分」並非獨立之刑罰名稱，而係替代原宣告刑之執行方式。依現行法，易刑處分之類型包括易科罰金、易服勞役、易以勸誡及易服社會勞動等。

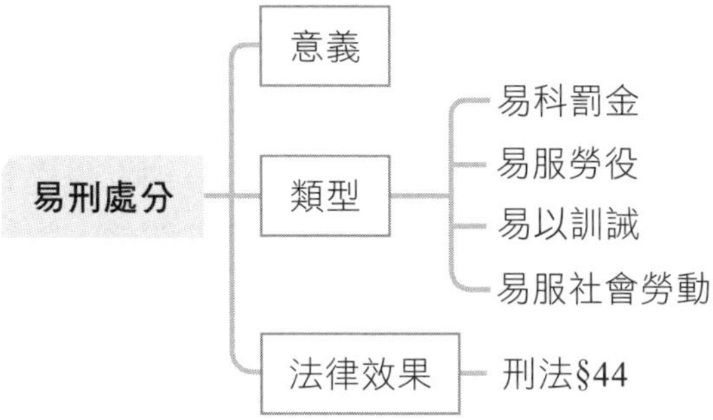

(一) 易科罰金

- **刑法§41I**：犯最重本刑為五年以下有期徒刑以下之刑之罪，而受六月以下有期徒刑或拘役之宣告者，得以新臺幣一千元、二千元或三千元折算一日，易科罰金。但易科罰金，難收矯正之效或難以維持法秩序者，不在此限。
- **刑法§41Ⅷ**：第1項……規定於數罪併罰之數罪均得易科罰金……，其應執行之刑六月者，亦適用之。

1. **立法目的**：易科罰金制度旨在救短期自由刑之弊。
2. **要件**

(1) **行為人所犯之罪為最重本刑為五年以下有期徒刑以下之刑之罪**

所謂「最重本刑」係以法定本刑為基準，若有刑罰加減事由，則取決於該事由為刑法總則或分則之加減事由而異其效力；若係總則之加減事由，則法定刑不受影響，若係分則之加減事由，性質上即屬法定刑之延長，應以加減後之刑度為準〔註25〕。

《釋字第144號解釋》數罪併罰中之一罪，依刑法規定得易科罰金，若因與不得易科之他罪併合處罰結果而不得易科罰金時，原可易科部分所處之刑，自亦無庸為易科折算標準之記載。

(2) **行為人須受六月以下有期徒刑或拘役之宣告者**

在數罪併罰之情形，若數罪之法定刑均為最重本刑為五年以下有期徒刑以下之刑之罪，且均分別宣告六月以下之宣告刑，若應執行之刑超過六月時，可否易科罰金？早期實務見解曾採否定說，司法院大法官則於釋字第366號解釋採取肯定說立場。

《釋字第366號解釋》刑法§50基於刑事政策之理由，就裁判確定前犯數罪者，設併合處罰之規定，並於其§51明定，分別宣告其罪之刑，而另定其應執行者。其分別宣告之各刑均為有期徒刑時，則於各刑中之最長期以上，各刑合併之刑期以下定其刑期，足見原無使受刑之宣告者，處於更不利之地位之意。如所犯數罪，其最重本刑均為三年以下有期徒刑之刑之罪，而分別宣告之有期徒刑亦均未逾六個月，因身體、教育、職業或家庭之關係，執行顯有困難者，依同法§41規定，本均得易科罰金，而有以罰金代替自由刑之機會。惟由於併合處罰之結果，如就各該宣告刑所定之執行刑逾六個月者，不得易科罰金，致受該項刑之宣告者，原有得易科罰金之機會，得而復失，非受自由刑之執行不可，乃屬對於人民之自由權利所為之不必要限制，與憲法§23之意旨，未盡相符。上開刑法規定，應連同相關問題，如數宣告刑中之一部已執行完畢，如何抵算等，一併檢討修正之。對於前述因併合處罰所定執行刑逾六個月之情形，刑法§41關於易科罰金以六個月以下有期徒刑為限之規定部分，應自本解釋公布之日起，至遲於屆滿一年時失其效力。

94年修正前之舊刑法原規定「併合處罰之數罪，均有前項情形，其應執行之刑逾六月者，亦同」，該項規定乃刑法於90年1月10日公布修正，係為配合上開釋字第366號解釋而增訂，94年修正為「前項規定於數罪併罰，其應執行之刑未逾六月者，亦適用之。」〔註26〕此一規定變更上開釋字第366號解釋見解，學者間關於該規定迭有違憲批評，司法院大法官並於98年6月19日公布之釋字第662號解釋中直指該項規定違憲〔註27〕，嗣於98年修法時則又修正為「第1項之規定於數罪併罰之數罪均得易科罰金……，其應執行之刑逾六月者，亦適用之。」

3. **新法放寬得易科罰金之要件**

94年修正前之舊刑法§41I原規定「……因身體、教育、職業、家庭之關係或其他正當事由，執行顯有困難者」，以此被告之特定情狀作為得易科罰金之要件之一，修法後刪除該等限制，亦即放寬短期自由刑得易科罰金之要件。

4. **易科罰金之執行**

刑法§42I：罰金應於裁判確定後二個月內完納。期滿而不完納者，強制執行。其無力完納者，易服勞役。但依其經濟或信用狀況，不能於二個月內完納者，得許期滿後一年內分期繳納。遲延一期不繳或未繳足者，其餘未完納之罰金，強制執行或易服勞役。

【司法院大法官會議釋字第662號解釋】

爭點

刑法第41條第2項得易科罰金之數罪，定執行刑逾六月不得易科之規定違憲？

解釋文

中華民國94年2月2日修正公布之現行刑法第41條第2項，關於數罪併罰，數宣告刑均得易科罰金，而定應執行之刑逾六個月者，排除適用同條第1項得易科罰金之規定部分，與憲法第23條規定有違，並與本院釋字第366號解釋意旨不符，應自本解釋公布之日起失其效力。

本件二聲請人就刑法第41條第2項所為暫時處分之聲請部分，因本案業經作成解釋，已無審酌必要；又其中一聲請人關於刑法第53條之釋憲聲請部分，既應不受理，則該部分暫時處分之聲請亦失所附麗，均應予駁回。

解釋理由書：司法院解釋憲法，並有統一解釋法律及命令之權，憲法第78條定有明文。法律與憲法牴觸者無效，法律與憲法有無牴觸發生疑義時，由司法院解釋之，憲法第171條規定甚明。是司法院大法官就憲法所為之解釋，不問其係闡明憲法之真義、解決適用憲法之爭議、抑或審查法律是否違憲，均有拘束全國各機關及人民之效力，業經本院釋字第185號解釋在案。立法院基於民主正當性之立法責任，為符合變遷中社會實際需求，得制定或修正法律，乃立法形成之範圍及其固有權限。立法院行使立法權時，雖有相當廣泛之自由形成空間，惟基於權力分立與立法權受憲法拘束之原理，自不得逾越憲法規定及司法院所為之憲法解釋。

24年1月1日制定公布，同年7月1日施行之刑法第41條：「犯最重本刑為三年以下有期徒刑以下之刑之罪，而受六月以下有期徒刑或拘役之宣告，因身體、教育、職業或家庭之關係，執行顯有困難者，得以一元以上三元以下折算一日，易科罰金」之規定，對於裁判確定前犯數罪，分別宣告之有期徒刑均未逾六個月，依該條之規定各得易科罰金者，因依同法第51條併合處罰定其應執行之刑逾六個月，致其原宣告刑不得易科罰金時，將造成對人民自由權利之不必要限制。對於前述因併合處罰所定執行刑逾六個月之情形，上開刑法第41條關於易科罰金以六個月以下有期徒刑為限之規定部分，與憲法第23條規定未盡相符，業經本院釋字第366號解釋在案。嗣於90年1月10日修正公布之刑法第41條第1項規定：「犯最重本刑為五年以下有期徒刑以下之刑之罪，而受六個月以下有期徒刑或拘役之宣告，因身體、教育、職業、家庭之關係或其他正當事由，執行顯有困難者，得以一元以上三元以下折算一日，易科罰金。但確因不執行所宣告之刑，難收矯正之效，或難以維持法秩序者，不在此限」。另增訂第2項：「併合處罰之數罪，均有前項情形，其應執行之刑逾六月者，亦同」之規定，即已符合本院釋字第366號解釋之意旨。然又於94年2月2日公布，95年7月1日施行之刑法第41條第2項修正為：「前項規定於數罪併罰，其應執之刑未逾六月者，亦適用之。」（98年1月21日公布，定於同年9月1日施行之刑法修正為第41條第八項）致使各得易科罰金之數罪，因併合處罰定其應執行之刑逾有期徒刑六個月時，不得再依同條第1項之規定易科罰金，而應受自由刑之執行。

按人民身體之自由應予保障，為憲法第八條所明定，以徒刑拘束人民身體之自由，乃遏止不法行為之不得已手段，對於不法行為之遏止，如以較輕之處罰手段即可達成效果，則國家即無須動用較為嚴厲之處罰手段，此為憲法第23條規定之本旨。易科罰金制度將原屬自由刑之刑期，在符合法定要件下，更易為罰金刑之執行，旨在防止短期自由刑之流弊，並藉以緩和自由刑之嚴厲性。刑法第51條第五款數罪併罰之規定，目的在於將各罪及其宣告刑合併斟酌，予以適度評價，而決定所犯數罪最終具體實現之刑罰，以符罪責相當之要求。依該款規定，分別宣告之各刑均為有期徒刑時，於各刑中之最長期以上，各刑合併之刑期以下，定其刑期，原無使受刑之宣告者，處於更不利之地位之意。惟對各得易科罰金之數罪，由於併合處罰定其應執行刑之結果逾六個月，而不得易科罰金時，將使原有得易科罰金之機會喪失，非受自由刑之執行不可，無異係對已定罪之行為，更為不利之評價，已逾越數罪併罰制度之本意，業經本院釋字第366號解釋予以闡明。

現行刑法第41條第2項之立法理由，認數宣告刑均得易科罰金，而定應執行之刑逾有期徒刑六個月時，如仍准易科罰金，恐有鼓勵犯罪之嫌，目的固屬正當。惟若法官認為犯罪者，不論所犯為一罪或數罪，確有受自由刑執行之必要，自可依法宣告逾六個月之有期徒刑而不得易科罰金；另檢察官如認定確因不執行所宣告之刑，難收矯正之效，或難以維持法秩序，而不宜易科罰金時，依刑法第41條第1項但書之規定，亦可不准易科罰金。是數罪併罰定應執行刑逾有期徒刑六個月，縱使准予易科罰金，並不當然導致鼓勵犯罪之結果，如一律不許易科罰金，實屬對人民身體自由之過度限制。是現行刑法第41條第2項，關於數罪併罰，數宣告刑均得易科罰金，而定應執行之刑逾六個月者，排除適用同條第1項得易科罰金之規定部分，與憲法第23條規定有違，並與本院釋字第366號解釋意旨不符，應自本解釋公布之日起失其效力。

另查聲請人之一認刑法第53條合併定應執行刑之規定，違反一事不二罰原則，聲請解釋憲法部分，乃以個人主觀見解爭執法院認事用法之當否，並未具體指摘該條規定客觀上究有何牴觸憲法之處；又該聲請人就刑法第54條聲請解釋憲法部分，查其所據以聲請解釋之確定終局裁定，並未適用該條規定，均核與司法院大法官審理案件法第5條第1項第二款規定不合，依同條第3項規定，應不受理。

本件二聲請人就刑法第41條第2項所為暫時處分之聲請部分，因本案業經作成解釋，已無審酌必要；又其中一聲請人關於刑法第53條之釋憲聲請部分，既應不受理，則該部分暫時處分之聲請亦失所附麗，均應予駁回。

(二) **易服勞役**：限於罰金型始有易服勞役之適用，且僅限於自然人之犯罪，始得易服勞役。

- **刑法§42Ⅰ**：罰金應於裁判確定後二個月內完納。期滿而不完納者，強制執行。其無力完納者，易服勞役。但依其經濟或信用狀況，不能於二個月內完納者，得許期滿後一年內分期繳納。遲延一期不繳或未繳足者，其餘未完納之罰金，強制執行或易服勞役。
- **刑法§42Ⅱ**：依前項規定應強制執行者，如已查明確無財產可供執行時，得逕予易服勞役。
- **刑法§42Ⅲ**：易服勞役以新臺幣一千元、二千元或三千元折算一日。但勞役期限不得逾一年。
- **刑法§42Ⅳ**：依第51條第7款所定之金額，其易服勞役之折算標準不同者，從勞役期限較長者定之。
- **刑法§42Ⅴ**：罰金總額折算逾一年之日數者，以罰金總額與一年之日數比例折算。依前項所定之期限，亦同。
- **刑法§42Ⅵ**：科罰金之裁判，應依前三項之規定，載明折算一日之額數。
- **刑法§42Ⅶ**：易服勞役不滿一日之零數，不算。
- **刑法§42Ⅷ**：易服勞役期內納罰金者，以所納之數，依裁判所定之標準折算，扣除勞役之日期。

(三) **易以訓誡**

刑法§43：受拘役或罰金之宣告，而犯罪動機在公益或道義上顯可宥恕者，得易以訓誡。

(四)易服社會勞動

98年刑法修正增訂「易服社會勞動」制度

- **刑法**§41 II：依前項規定得易科罰金而未聲請易科罰金者，得以提供社會勞動六小時折算一日，易服社會勞動。
- **刑法**§41 III：受六月以下有期徒刑或拘役之宣告，不符 I 易科罰金之規定者，得依前項折算規定，易服社會勞動。
- **刑法**§41 IV：前2項之規定，因身心健康之關係，執行顯有困難者，或易服社會勞動，難收矯正之效或難以維持法秩序者，不適用之。
- **刑法**§41 V：II 及 III 之易服社會勞動履行期間，不得逾一年。
- **刑法**§41 VI：無正當理由不履行社會勞動，情節重大，或履行期間屆滿仍未履行完畢者，於 II 之情形應執行原宣告刑或易科罰金；於 III 之情形應執行原宣告刑。
- **刑法**§41 VII：已繳納之罰金或已履行之社會勞動時數依所定之標準折算日數，未滿一日者，以一日論。
- **刑法**§41 VIII：I 至 IV 及 VII 之規定，於數罪併罰之數罪均得易科罰金或易服社會勞動，其應執行之刑逾六月者，亦適用之。
- **刑法**§41 IX：數罪併罰應執行之刑易服社會勞動者，其履行期間不得逾三年。但其應執行之刑未逾六月者，履行期間不得逾一年。
- **刑法**§41 X：數罪併罰應執行之刑易服社會勞動有 VI 之情形者，應執行所定之執行刑，於數罪均得易科罰金者，另得易科罰金。
- **刑法**§42-1 I：罰金易服勞役，除有下列情形之一者外，得以提供社會勞動六小時折算一日，易服社會勞動：
  1. 易服勞役期間逾一年。
  2. 入監執行逾六月有期徒刑併科或併執行之罰金。
  3. 因身心健康之關係，執行社會勞動顯有困難。
- **刑法**§42-1 II：前項社會勞動之履行期間不得逾二年。
- **刑法**§42-1 III：無正當理由不履行社會勞動，情節重大，或履行期間屆滿仍未履行完畢者，執行勞役。
- **刑法**§42-1 IV：社會勞動已履行之時數折算勞役日數，未滿一日者，以一日論。
- **刑法**§42-1 V：社會勞動履行期間內繳納罰金者，以所納之數，依裁判所定罰金易服勞役之標準折算，扣除社會勞動之日數。
- **刑法**§42-1 VI：依 III 執行勞役，於勞役期內納罰金者，以所納之數，依裁判所定罰金易服勞役之標準折算，扣除社會勞動與勞役之日數。

修正理由指出，易服社會勞動制度旨在替代短期自由刑之執行，避免短期自由刑之流弊，則適宜易服社會勞動之數罪併罰應執行之刑不宜過長，並審酌易服社會勞動履行期間之長短，攸關刑執行完畢之時間，影響累犯之認定等事由，明定數罪併罰應執行之刑易服社會勞動者，其履行期間不得逾三年。另於但書明定數罪併罰應執行之刑未逾六月者，其易服社會勞動之履行期間，不得逾一年，以與單罪易服社會勞動之履行期間一致。

數罪併罰應執行之刑易服社會勞動，於有無正當理由不履行社會勞動，情節重大，或履行期間屆滿仍未履行完畢之情形，數罪均得易科罰金者，應執行所定之執行刑或易科罰金。數罪均得易服社會勞動，惟非均得易科罰金者，因應執行之刑本不得易科罰金，則應執行所定之執行刑。

再者，罰金為一種財產刑，以能執行受刑人之財產為原則。至如無財產可繳納或供強制執行，原條文雖定有易服勞役制度，惟須入監執行，屬於機構內處遇方式。經參考德國立法例及刑法§41增訂徒刑、拘役得易服社會勞動之立法意旨，於§42-1I規定得以提供社會勞動來替代罰金所易服之勞役，將社會勞動作為罰金易服勞役後之再易刑處分，使無法繳納罰金者，得以提供社會勞動方式，免於入監執行罰金所易服之勞役。

對於應執行逾六月有期徒刑併科之罰金，包括數罪併罰之案件，由於所應執行者已非六月以下之短期刑，且須入監執行，犯罪情節較為嚴重，多屬槍砲或毒品案件，且其執行，除完納罰金之外，多以易服勞役接續徒刑之執行。考量社會接受度及社會勞動執行之困難度，亦不宜易服社會勞動。

社會勞動必須親自提供勞動或服務，與易服勞役入監執行不同，必須考量勞動者之身心健康因素是否足堪勝任，故於第三款規定因身心健康之關係，執行社會勞動顯有困難者，由執行檢察官於個案認定是否適合准予易服社會勞動。

又罰金刑為財產刑，於履行社會勞動期間內，若有錢繳納罰金者，自應准許。由於本條之易服社會勞動為罰金易服勞役後之再易刑處分，裁判主文亦僅諭知罰金易服勞役之折算標準。故裁判所定罰金易服勞役之折算標準，即係罰金易服社會勞動之折算標準。履行社會勞動期間內，若有錢繳納罰金者，以本應繳納之罰金數，依裁判所定罰金易服勞役之標準，折算已履行之社會勞動日數等同多少額度之罰金，將之扣除後，方係賸餘應繳納之罰金數。

履行部分社會勞動後因有III之情事而執行罰金所易服之勞役者，於勞役期內，若有錢繳納罰金者，自應准許。以本應繳納之罰金數，依裁判所定罰金易服勞役之標準，折算已履行之社會勞動日數及勞役日數等同多少額度之罰金，將之扣除後，方係賸餘應繳納之罰金數。

(五) **易刑處分之法律效果**

刑法§44：易科罰金、易服社會勞動、易服勞役或易以訓誡執行完畢者，其所受宣告之刑，以已執行論。

二、緩刑

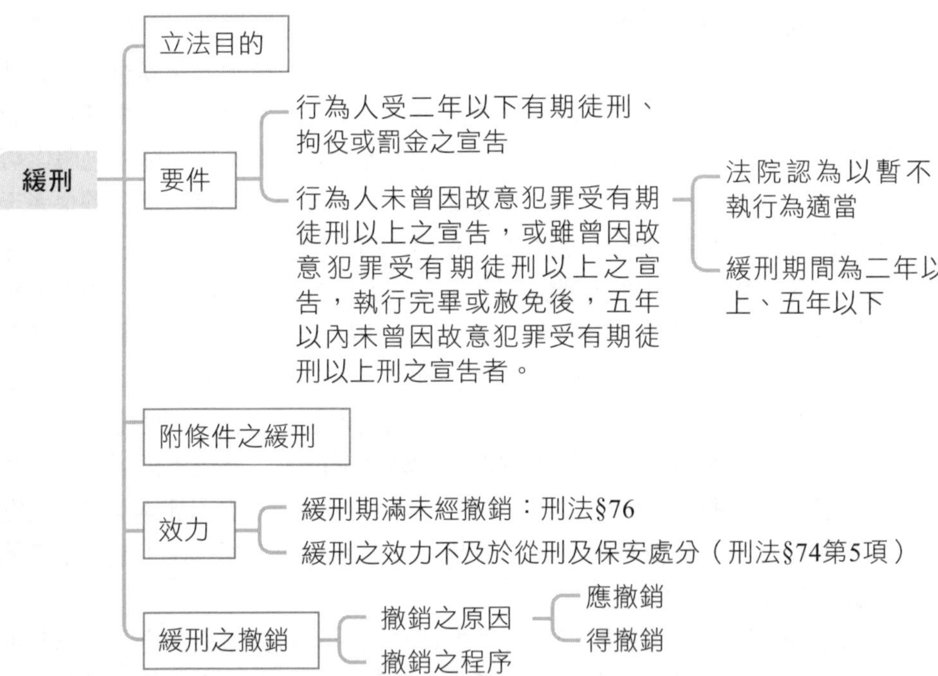

(一) **立法目的**

緩刑制度之立法目的在於對初犯輕微犯罪者，暫緩其宣告刑之執行，若行為人於法院宣告之緩刑期間內未觸法網，即不再執行已宣告之刑，並使該刑之宣告失其效力，旨在改善短期自由刑之弊。

(二)緩刑之要件

> **刑法**§74I：受二年以下有期徒刑、拘役或罰金之宣告，而有下列情形之一，認以暫不執行為適當者，得宣告二年以上五年以下之緩刑，其期間自裁判確定之日起算：
> 1.未曾因故意犯罪受有期徒刑以上刑之宣告者。
> 2.前因故意犯罪受有期徒刑以上刑之宣告，執行完畢或赦免〔註28〕後，五年以內未曾因故意犯罪受有期徒刑以上刑之宣告者。

1. 行為人須受二年以下有期徒刑、拘役或罰金之宣告。
2. 行為人須未曾因故意犯罪受有期徒刑以上刑之宣告者，或雖曾因故意犯罪受有期徒刑以上刑之宣告，執行完畢或赦免後，五年以內未曾因故意犯罪受有期徒刑以上刑之宣告者。
3. 法院認為以暫不執行為適當。
4 緩刑期間為二年以上、五年以下。

(三)附條件之緩刑

94年刑法修正時參考刑事訴訟法§253-2〔註29〕緩起訴處分之規定，增訂法院於為緩刑宣告時得命為附條件之緩刑，期以符合「轉向」之刑事政策思想。

刑法§74II：緩刑宣告，得斟酌情形，命犯罪行為人為下列各款事項：

1. 向被害人道歉。
2. 立悔過書。
3. 向被害人支付相當數額之財產或非財產上之損害賠償。
4. 向公庫支付一定之金額。
5. 向指定之政府機關、政府機構、行政法人、社區或其他符合公益目的之機構或團體，提供四十小時以上二百四十小時以下之義務勞務。
6. 完成戒癮治療、精神治療、心理輔導或其他適當之處遇措施。
7. 保護被害人安全之必要命令。
8. 預防再犯所為之必要命令。

刑法§74III：前項情形，應附記於判決書內。

刑法§74IV：II③、④得為民事強制執行名義。

(四)緩刑之效力

1.緩刑期滿未經撤銷

刑法§76：緩刑期滿，而緩刑之宣告未經撤銷者，其刑之宣告失其效力。但依§75II、§75之1II撤銷緩刑宣告者，不在此限〔註30〕。

《37年院解字第3930號》刑法§76所謂刑之宣告失其效力，包括主刑從刑在內，曾受徒刑及褫奪公權之宣告者，於緩刑期滿而緩刑之宣告未經撤銷時依該條規定褫奪公權之宣告亦失其效力。

2. **緩刑之效力不及於從刑及保安處分**

§74V：緩刑之效力不及於從刑與保安處分及沒收之宣告。

(五) **緩刑之撤銷**

1. **撤銷之原因**

(1) **應撤銷之事由：**

刑法§75I：受緩刑之宣告，而有下列情形之一者，撤銷其宣告：

A. 緩刑期內因故意犯他罪，而在緩刑期內受逾六月有期徒刑之宣告確定者。

B. 緩刑前因故意犯他罪，而在緩刑期內受逾六月有期徒刑之宣告確定者。

刑法§75II：前項撤銷之聲請，於判決確定後六月以內為之。

(2) **得撤銷之事由：**

刑法§75-1I：受緩刑之宣告而有下列情形之一，足認原宣告之緩刑難收其預期效果，而有執行刑罰之必要者，得撤銷其宣告：

A. 緩刑前因故意犯他罪，而在緩刑期內受六月以下有期徒刑、拘役或罰金之宣告確定者。

B. 緩刑期內因故意犯他罪，而在緩刑期內受六月以下有期徒刑、拘役或罰金之宣告確定者。

C. 緩刑期內因過失更犯罪，而在緩刑期內受有期徒刑之宣告確定者。

D. 違反§74II①至⑧所定負擔情節重大〔註31〕者。

刑法§75-1II：前條第2項之規定，於前項第1款至第3款情形亦適用之。

94年修法新增訂本條關於裁量撤銷緩刑之規定，其理由略為：……現行（即舊法）關於緩刑前或緩刑期間內故意犯他罪，而在緩刑期間內受得易科罰金之有期徒刑之宣告者，列為應撤銷緩刑之事由，過於嚴苛……若有該事由，法院判決宣告拘役、罰金時，可見行為人仍未見悔悟，故列為得撤銷緩刑之事由，以資彈性運用……緩刑期間內，因過失犯罪其情節較重，受有期徒刑之宣告確定者，乃係未能澈底悔悟自新之表徵，足見其人一再危害社會，均有由法院斟酌決定撤銷緩刑之必要……修正後之新法採取「裁量撤銷主義」，賦與法院決定撤銷與否之權限，其實質要件則明定為「足認原宣告之緩刑難收其預期效果，而有執行刑罰之必要」，且為貫徹緩刑期間內未能悔過自新之犯罪者不宜繼續給予緩刑寬典之精神，關於此項緩刑撤銷之聲請，亦應於判決確定後六月以內為之。

2. **撤銷之程序**

刑事訴訟法§476：緩刑之宣告應撤銷者，由受刑人所在地或其最後住所地之地方法院檢察官聲請該法院裁定之。

三、假釋

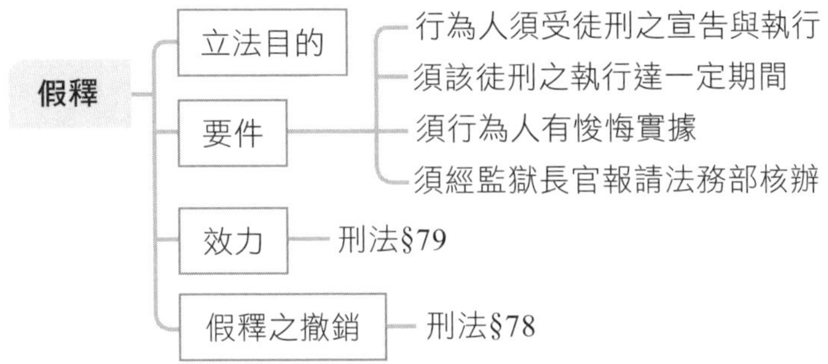

(一) **立法目的**

假釋制度係針對受徒刑之執行已達特定時期之受刑人，因客觀上有足夠事實足資認定受刑人業已改過遷善，乃附條件暫時予以釋放，若該受刑人在所餘刑期或特定期間內未經撤銷假釋，則其尚未執行之刑期即視同業已執行，其目的在於鼓勵受刑人，儘早使受刑人得以接受非機構性之處遇，提高再社會化之可能性。

(二) **假釋之要件及程序**

- **刑法**§77I：受徒刑之執行而有悛悔實據者，無期徒刑逾二十五年，有期徒刑逾二分之一、累犯逾三分之二，由監獄報請法務部，得許假釋出獄。
- **刑法**§77II：前項關於有期徒刑假釋之規定，於下列情形，不適用之：
  1. 有期徒刑執行未滿六個月者。
  2. 犯最輕本刑五年以上有期徒刑之罪之累犯，於假釋期間，受徒刑之執行完畢，或一部之執行而赦免後，五年以內故意再犯最輕本刑為五年以上有期徒刑之罪者。
  3. 犯§91-1所列之罪，於徒刑執行期間接受輔導或治療後，經鑑定、評估其再犯危險未顯著降低者。
- **刑法**§77III：無期徒刑裁判確定前逾一年部分之羈押日數算入第一項已執行之期間內。

1. 行為人須受徒刑之宣告與執行。
2. 須該徒刑之執行達一定期間：關於期間之計算，刑法§79-1定有明文。

- **刑法**§79-1I：二以上徒刑併執行者，§77所定最低應執行之期間，合併計算之。
- **刑法**§79-1II：前項情形，併執行無期徒刑者，適用無期徒刑假釋之規定；二以上有期徒刑合併刑期逾四十年，而接續執行逾二十年者，亦得許假釋。但有§77II②之情形者，不在此限。
- **刑法**§79-1III：依I規定合併計算執行期間而假釋者，前條I規定之期間，亦合併計算之。
- **刑法**§79-1IV：前項合併計算後之期間逾二十年者，準用前條I無期徒刑假釋之規定。
- **刑法**§79-1V：經撤銷假釋執行殘餘刑期者，無期徒刑於執行滿二十五年，有期徒刑於全部執行完畢後，再接續執行他刑，I有關合併計算執行期間之規定不適用之。

3. 須行為人有悛悔實據。
4. 須經監獄長官報請法務部核辦。

(三) **假釋之效力**

- **刑法**§79I：在無期徒刑假釋後滿二十年或在有期徒刑所餘刑期內未經撤銷假釋者，其未執行之刑，以已執行論。但依§78I撤銷其假釋者，不在此限。
- **刑法**§79II：假釋中另受刑之執行、羈押或其他依法拘束人身自由之期間，不算入假釋期內。但不起訴處分或無罪判決確定前曾受之羈押或其他依法拘束人身自由之期間，不在此限。

所謂「以已執行論」係指在刑法上視為執行完畢，故有構成累犯之可能。又依§93II，假釋出獄者，在假釋中付保護管束。

(四) **假釋之撤銷**

- **刑法**§78I：假釋中因故意更犯罪，受有期徒刑以上刑之宣告者，於判決確定後六月以內，撤銷其假釋。但假釋期滿逾三年者，不在此限。
- **刑法**§78II：假釋撤銷後，其出獄日數不算入刑期內。

緩刑與假釋之比較

	緩刑	假釋
制度目的	救濟短期自由刑之弊	救濟長期自由刑之弊
是否須經法院裁判	屬法院裁判時應審酌之事項，須以裁判於主文宣告之	性質上為司法行政處分，不須法院以裁判為之
是否須經刑之執行	暫緩刑之執行	以經刑之執行為要件
適用範圍	受二年以下有期徒刑、拘役或罰金之宣告	至少須執行有期徒刑六月以上
是否交付保護管束	緩刑期間內以交付保護管束為原則（刑法§93I）	假釋期間交付保護管束（刑法§93II）
法律效果	緩刑期間屆滿後，原宣告之刑失其效力，與自始未受罪刑之宣告相同，無成立累犯之可能。	假釋期間屆滿後，原宣告之刑以已執行論，故若嗣後再犯，有成立累犯之可能。

第五節　刑罰之障礙

一、赦免

依赦免法§1，所稱赦免者，謂大赦、特赦、減刑及復權。而在法律效果方面，因有罪判決確定所生之既成效果，不因大赦、特赦、減刑或復權而受影響。但因罪刑之宣告而喪失之公職，經大赦或依第三條後段特赦後，有向將來回復之可能者，得由當事人申請該管主管機關回復。其經准許者，溯自申請之日起生效〔註32〕。在赦免之程序方面，赦免法§6規定總統得命令行政院轉令主管部為大赦、特赦、減刑、復權之研議。另全國性之減刑，得依大赦程序辦理。

(一) 大赦

1. **意義：**大赦指國家刑罰權對於特定犯罪或一般犯罪普遍性地捨棄刑事追訴與處罰。

2. **效力**（赦免法§2）：

(1)已受罪刑之宣告者，其宣告為無效。

(2)未受罪刑之宣告者，其追訴權消滅。

(二) **特赦**

依赦免法§3，受罪刑宣告之人經特赦者，免除其刑之執行；其情節特殊者，得以其罪刑之宣告為無效。

(三) **減刑**

依赦免法§4，受罪刑宣告之人經減刑者，減輕其所宣告之刑。

(四) **復權**

依赦免法§5，受褫奪公權宣告之人經復權者，回復其所褫奪之公權。

二、時效制度

(一) **追訴權時效**

1. **立法目的**

追訴權時效制度之立法目的在於刑罰之一般預防與特別預防功能會隨時間之經過而減低其效用，且事實之認定常因時日久遠而增益其複雜性與困難度，為避免誤判可能，設有追訴權時效制度。

2. **追訴權時效之期間**

刑法§80I：追訴權，因下列期間內未起訴而消滅：
1.犯最重本刑為死刑、無期徒刑或十年以上有期徒刑之罪者，三十年。但發生死亡結果者，不在此限。（108.05.29修）
2.犯最重本刑為三年以上十年未滿有期徒刑之罪者，二十年。
3.犯最重本刑為一年以上三年未滿有期徒刑之罪者，十年。
4.犯最重本刑為一年未滿有期徒刑、拘役或罰金之罪者，五年。

3. **追訴權時效之起算時點**

- **刑法**§80II：前項期間自犯罪成立之日起算。但犯罪行為有繼續之狀態者，自行為終了之日起算。
- **刑法**§82：本刑應加重或減輕者，追訴權之時效期間，仍依本刑計算。

4. **追訴權時效之停止進行**

- **刑法**§83I：追訴權之時效，因起訴而停止進行。依法應停止偵查或因犯罪行為人逃匿而通緝者，亦同。
- **刑法**§83II：前項時效之停止進行，有下列情形之一者，其停止原因視為消滅：
  1. 諭知公訴不受理判決確定，或因程序上理由終結自訴確定者。
  2. 審判程序依法律之規定或因被告逃匿而通緝，不能開始或繼續，而其期間已達§80I各款所定期間三分之一者。
  3. 依第一項後段規定停止偵查或通緝，而其期間已達§80I各款所定期間四分之一者。

《27年院字第1795號》告訴乃論之罪。因告訴權人不為告訴。或無告訴權人之告訴。致偵查起訴諸程序不能開始時。自可停止追訴權時效期間之進行。

《29年院字第1963號》於偵查或審判中通緝被告。其追訴權之時效。均應停止進行。但須注意刑法§83III之規定。

《37年院解字第3889號》重婚非告訴乃論之罪，來文所述甲內重婚後已逾刑法§80I②之期間，如另無因戰事致偵查或起訴之程序不能開始或繼續情事，則追訴權消滅。

《釋字第138號解釋》案經提起公訴或自訴，且在審判進行中，此時追訴權既無不行使之情形，自不發生時效進行之問題。（理由書）按刑法時效章內關於追訴權時效之規定，首於§80I明定：追訴權，因左列期間內不行使而消滅。可見追訴權時效之進行，係以不行使為法定之原因，行使則無時效進行之可言，至為明顯。刑事訴訟程序中之提起公訴或自訴，以及於審判進行中之實行公訴或由自訴人所為追訴之行為，無不屬於追訴權之行使。詳核來文，所謂已提起公訴或自訴，且事實上在進行審判中者，亦即意指追訴權原未消滅，而現尚在依法行使中者而言。依照前開說明，此時既無不行使之情形，自不發生時效進行之問題。至於追訴權於不行使時，本應有時效之進行。惟如遇有法律上之原因而係不能行使時，刑法則於§83另設停止進行之規定。本院院字第1936號I即係本於該條之規定而為解釋，釋字第123號解釋前段則重申前開解釋，並未有所變更。其於追訴權行使時，有無時效進行之問題，並不屬於各該號解釋之範圍，合併說明。

5. **追訴權時效之續行**

刑法§83III：前2項之時效，自停止原因消滅之日起，與停止前已經過之期間，一併計算。

6. **追訴權時效完成後之效力**

偵查中：檢察官應為不起訴處分（絕對不起訴）〔註33〕
審理中：法院應為免訴判決〔註34〕

(二) **行刑權時效**

1. **行刑權時效之期間及起算時點**

- **刑法**§84I：行刑權因下列期間內未執行而消滅：
  1. 宣告死刑、無期徒刑或十年以上有期徒刑者，四十年。
  2. 宣告三年以上十年未滿有期徒刑者，三十年。
  3. 宣告一年以上三年未滿有期徒刑者，十五年。
  4. 宣告一年未滿有期徒刑、拘役、罰金或專科沒收者，七年。
- **刑法**§84II：前項期間，自裁判確定之日起算。但因保安處分先於刑罰執行者，自保安處分執行完畢之日起算。

2. **行刑權時效之停止進行**

- **刑法**§85I：行刑權之時效，因刑之執行而停止進行。有下列情形之一而不能開始或繼續執行時，亦同：
  1. 依法應停止執行者。
  2. 因受刑人逃匿而通緝或執行期間脫逃未能繼續執行者。
  3. 受刑人依法另受拘束自由者。
- **刑法**§85II：停止原因繼續存在之期間，如達於§84I各款所定期間三分之一者，其停止原因視為消滅。

(1) **法律上原因**

- **刑事訴訟法**§465：「I受死刑之諭知者，如在心神喪失中，由司法行政最高機關命令停止執行。II受死刑諭知之婦女懷胎者，於其生產前，由司法行政最高機關命令停止執行。III依前2項規定停止執行者，於其痊癒或生產後，非有司法行政最高機關命令，不得執行。」

- **刑事訴訟法**§467：「受徒刑或拘役之諭知而有左列情形之一者，依檢察官之指揮，於其痊癒或該事故消滅前，停止執行：一、心神喪失者。二、懷胎五月以上者。三、生產未滿二月者。四、現罹疾病，恐因執行而不能保其生命者。」
- **刑事訴訟法**§430：「聲請再審，無停止刑罰執行之效力。但管轄法院之檢察官於再審之裁定前，得命停止。」

(2) **事實上之原因**

如：執行中經通緝者

精選案例

執行中受刑人經通緝，不能開始或繼續執行，行刑權時效應停止？

答 《釋字第123號》審判中之被告經依法通緝者，其追訴權之時效，固應停止進行，本院院字第1963號解釋並未有所變更。至於**執行中之受刑人經依法通緝，不能開始或繼續執行時，其行刑權之時效亦應停止進行**，但仍須注意刑法§85III之規定。（理由書）按審判期日，除有特別規定外，被告不到庭者，不得審判。被告逃亡或藏匿者，得通緝之。此為刑事訴訟法§281（舊法§260）及§84所明定。審判中之被告因有到庭受審判之必要而逃亡或藏匿，經依法通緝者，審判之程序因而不能開始或繼續，則其追訴權之時效，自應停止進行，但須注意刑法§83III之規定。本院院字第1963號I就此部分所為之解釋，迄今並未有所變更。又按刑之執行，為強制受刑人到場，得依法通緝之。此徵諸刑事訴訟法§469〔註35〕（舊法§473）及§480（舊法§484）以及其他有關執行各條之規定，至為明顯。受刑人因有到場受執行之必要而逃亡或藏匿，經依法通緝，不能開始或繼續執行時，依刑法§85I之規定，行刑權之時效，自亦應停止其進行。惟關於停止原因繼續存在之期間，仍須注意有同條III之適用。如達於§84I項各款所定期間四分之一者，其停止原因視為消滅。此時如仍未行使而另無停止之原因，即應恢復時效之進行。

3. **行刑權時效停止後之續行時效**

刑法§85III：第一項之時效，自停止原因消滅之日起，與停止前已經過之期間，一併計算。

4. **行刑權時效完成之效力**

確定判決所宣告之刑若已逾行刑權時效，即不得執行。

《最高法院73年第8次刑事庭會議決議》數罪併罰，有二裁判以上，經裁定合併定其應執行之刑後，行刑權時效期間，仍應依各宣告刑分別自各該宣告刑原裁判確定之日起算，執行時各宣告刑中有罹於行刑權時效者，應由檢察官聲請法院為更定其執行刑之裁定。又行刑權時效之進行，係以刑罰權不行使為前提，故在刑罰執行中，即不復發生行刑權因時效而消滅之問題。

追訴權時效與行刑權時效之比較

	追訴權時效	行刑權時效
死刑、無期徒刑或十年以上有期徒刑	30年	40年
三年以上十年未滿有期徒刑	20年	30年
一年以上三年未滿有期徒刑	10年	15年
一年未滿有期徒刑、拘役、罰金或專科沒收	5年	7年
起算時間	犯罪成立之日。 但犯罪行為有繼續之狀態者，自行為終了之日起算	裁判確定之日
計算標準	最重本刑	宣告刑
時效完成之效力	不得再行追訴	不得再執行

註解

〔**註1**〕94年修正前刑法上罰金係以銀元為單位，且以一元以上計算之，常遭質疑與目前之經濟狀況不符，為一體適用於所有有刑罰規定之法律，乃將罰金單位由「銀元」改為「新臺幣」，並將其額度提高為新臺幣一千元以上，以符合現行幣制及目前社會之經濟水平。

〔**註2**〕如刑法§266I：「在公共場所或公眾得出入之場所賭博財物者，處三萬元以下罰金。但以供人暫時娛樂之物為賭者，不在此限。」

〔註3〕如刑法§268：「意圖營利，供給賭博場所或聚眾賭博者，處三年以下有期徒刑，得併科九萬元以下罰金。」

〔註4〕94年修正前之舊刑法§36③規定「行使選舉、罷免、創制、複決四權之資格」，修正理由認為此一規定與受刑人再社會化之目的有悖，故限縮對人民基本權利限制之範圍，刪除本款規定，期以與憲法§23以法律限制基本權利行使之必要性、比例原則相契合。

〔註5〕94年修正前刑法§38I③係規定「因犯罪所得之物」，修正理由指出所謂「因犯罪所得之物」係指因犯罪結果取得之物（如竊盜罪中之財物），至因犯罪之結果所產生之物（如偽造文書罪中之假文書），如何沒收，並無明文規定，應予以明確規範。

〔註6〕94年修正前之用語為「犯人」，修正理由謂：現行實務依司法院院字第2024號解釋認為「共犯（包括教唆犯、正犯、從犯）對於贓款之全部，均負連帶返還責任，其有未經獲案者，得由到案之其他共犯負擔」，換言之，數人加工於同一犯罪事實，僅其中一人或數人受審判，而得沒收之物，屬於其餘未歸案之共同加工人者，亦得予以沒收；而解釋文所稱之共犯、教唆犯、正犯、從犯係指犯罪行為人而言，為使適用更期明確，爰將II、III現行規定「屬於犯人」修改為「屬於犯罪行為人」，使其普遍適用於一般沒收。

〔註7〕刑法§134：「公務員假借職務上之權力、機會或方法，以故意犯本章以外各罪者，加重其刑至二分之一。但因公務員之身分已特別規定其刑者，不在此限。」

〔註8〕刑法§231II：「公務員包庇他人犯前項之罪者，依前項之規定加重其刑至二分之一。」

〔註9〕刑法§264：「公務員包庇他人犯本章各條之罪者，依各該條之規定，加重其刑至二分之一。」

〔註10〕刑法§270：「公務員包庇他人犯本章各條之罪者，依各該條之規定，加重其刑至二分之一。」

〔註11〕刑法§170：「意圖陷害直系血親尊親屬，而犯前條之罪者，加重其刑至二分之一。」

〔註12〕刑法§250：「對於直系血親尊親屬犯§247至§249之罪者，加重其刑至二分之一。」

〔註13〕刑法§280：「對於直系血親尊親屬，犯§277或§278之罪者，加重其刑至二分之一。」

〔註14〕刑法§295：「對於直系血親尊親屬犯§294之罪者，加重其刑至二分之一。」

〔註15〕刑法§303：「對於直系血親尊親屬犯前條I或II之罪者，加重其刑至二分之一。」

〔註16〕刑法§116：「對於友邦元首或派至中華民國之外國代表，犯故意傷害罪、妨害自由罪或妨害名譽罪者，得加重其刑至三分之一。」

〔註17〕 最高法院47年台上字第1499號判例即謂：「刑法§346I之恐嚇罪，其最輕本刑為六月以上，原判決既認上訴人為累犯，適用刑法§47論處，而未遂部分，又未依同法§26前段減刑，其主文諭知處有期徒刑六月，顯未依累犯之例加重其刑，不無違誤。」

〔註18〕 刑法§275III：「謀為同死而犯第一項之罪者，得免除其刑。」

〔註19〕 刑法§324I：「於直系血親、配偶或同財共居親屬之間，犯本章之罪者，得免除其刑。」

〔註20〕 刑法§338：「§323及§324之規定，於本章之罪準用之。」

〔註21〕 刑法§343：「§323及§324之規定，於前6條之罪準用之。」

〔註22〕 刑法§351：「於直系血親、配偶或同財共居親屬之間，犯本章之罪者，得免除其刑。」

〔註23〕 刑法§167：「配偶、五親等內之血親或三親等內之姻親圖利犯人或依法逮捕拘禁之脫逃人，而犯§164或§165之罪者，減輕或免除其刑。」

〔註24〕 最高法院26年渝上字第1839號判例：「刑法§62所謂未發覺之罪，凡有搜查權之官吏，不知有犯罪之事實，或雖知有犯罪事實，而不知犯罪人為何人者，均屬之，上訴人向第一審檢察官投首之際，雖在告訴人告訴某乙之後，但當時告訴人既未對之一併指訴，而第一審檢察官亦未知上訴人是否參加犯罪，假使上訴人確曾參加械鬥，因迫於族議自行投首，以免株連無辜，自係合於自首之條件，依法應予減刑（新法改為得減輕其刑）。」72台上字第641號判例：「刑法§62所謂發覺，固非以有偵查犯罪權之機關或人員確知其人犯罪無誤為必要，而於對其發生嫌疑時，即得謂為已發覺；但此項對犯人之嫌疑，仍須有確切之根據得為合理之可疑者，始足當之，若單純主觀上之懷疑，要不得謂已發生嫌疑。」75台上字第1634號判例：「刑法§62之所謂發覺，係指有偵查犯罪職權之公務員已知悉犯罪事實與犯罪之人而言，而所謂知悉，固不以確知其為犯罪之人為必要，但必其犯罪事實，確實存在，且為該管公務員所確知，始屬相當。如犯罪事實並不存在而懷疑其已發生，或雖已發生，而為該管公務員所不知，僅係推測其已發生而與事實巧合，均與已發覺之情形有別。」

〔註25〕 36年院解字第3755號：「(一)刑法§40所稱犯最重本刑為三年以下有期徒刑之刑者，係指法定最重本刑而言，並不包括依總則加重或減輕情形在內。」

〔註26〕 該項修正理由為：「……按學理上雖有『法定刑』、『處斷刑』、『宣告刑』、『執行刑』等區別，惟第一項所謂受六個月以下有期徒刑或拘役之『宣告』，基於易科罰金應否採行，專屬刑罰之執行技術問題，應指最終應執行之刑之宣告而言，而非指學理所謂『宣告刑』。數罪併罰之各罪，雖均得合於I之要件，惟因其最終應執行之刑之宣告，已逾六個月者，其所應執行之自由刑，既非短期自由刑，自無採用易科罰金之轉向處分之理由。」

〔註27〕 釋字第662號解釋：「中華民國94年2月2日修正公布之現行刑法§41II，關於數罪併罰，數宣告刑均得易科罰金，而定應執行之刑逾六個月者，排除適用同條第1項得易科罰金之規定部分，與憲法§23規定有違，並與本院釋字第366號解釋意旨不符，應自本解釋公布之日起失其效力……」解釋理由書：「司法院解釋憲法，並有統一解釋法律及命令之權，憲法§78定有明文。法律與憲法牴觸者無效，法律與憲法有無牴觸發生疑義時，由司法院解釋之，憲法§171規定甚明。是司法院大法官就憲法所為之解釋，不問其係闡明憲法之真義、解決適用憲法之爭議、抑或審查法律是否違憲，均有拘束全國各機關及人民之效力，業經本院釋字第185號解釋在案。立法院基於民主正當性之立法責任，為符合變遷中社會實際需求，得制定或修正法律，乃立法形成之範圍及其固有權限。立法院行使立法權時，雖有相當廣泛之自由形成空間，惟基於權力分立與立法權受憲法拘束之原理，自不得逾越憲法規定及司法院所為之憲法解釋。24年1月1日制定公布，同年7月1日施行之刑法§41：「犯最重本刑為三年以下有期徒刑以下之刑之罪，而受六月以下有期徒刑或拘役之宣告，因身體、教育、職業或家庭之關係，執行顯有困難者，得以一元以上三元以下折算一日，易科罰金」之規定，對於裁判確定前犯數罪，分別宣告之有期徒刑均未逾六個月，依該條之規定各得易科罰金者，因依同法§51併合處罰定其應執行之刑逾六個月，致其原宣告刑不得易科罰金時，將造成對人民自由權利之不必要限制。對於前述因併合處罰所定執行刑逾6個月之情形，上開刑法§41關於易科罰金以6個月以下有期徒刑為限之規定部分，與憲法§23規定未盡相符，業經本院釋字第366號解釋在案。嗣於90年1月10日修正公布之刑法§41I規定：「犯最重本刑為五年以下有期徒刑以下之刑之罪，而受六個月以下有期徒刑或拘役之宣告，因身體、教育、職業、家庭之關係或其他正當事由，執行顯有困難者，得以一元以上三元以下折算一日，易科罰金。但確因不執行所宣告之刑，難收矯正之效，或難以維持法秩序者，不在此限」。另增訂II：「併合處罰之數罪，均有前項情形，其應執行之刑逾六月者，亦同」之規定，即已符合本院釋字第366號解釋之意旨。然又於94年2月2日公布，95年7月1日施行之刑法§41II修正為：「前項規定於數罪併罰，其應執行之刑未逾六月者，亦適用之。」（98年1月21日公布，定於同年9月1日施行之刑法修正為§41Ⅷ）致使各得易科罰金之數罪，因併合處罰定其應執行之刑逾有期徒刑六個月時，不得再依同條I之規定易科罰金，而應受自由刑之執行。按人民身體之自由應予保障，為憲法§8所明定，以徒刑拘束人民身體之自由，乃遏止不法行為之不得已手段，對於不法行為之遏止，如以較輕之處罰手段即可達成效果，則國家即無須動用較為嚴厲之處罰手段，此為憲法§23規定之本旨。易科罰金制度將原屬自由刑之刑期，在符合法定要件下，更易為罰金刑之執行，旨在防止短期自由刑之流弊，並藉以緩和自由刑之嚴厲性。刑法§51⑤數罪併罰之規定，目的在於將各罪及其宣告刑合併斟酌，予以適度評價，而決定所犯數罪最終具體實現之刑罰，以符罪責相當之要求。依該款規定，分別宣告之各刑均為有期徒刑時，於各刑中之最長期以上，各刑合併之刑期以下，定其刑期，原無使受刑之宣告者，處於更不利之地位之意。惟對各得易科罰金之數

罪，由於併合處罰定其應執行刑之結果逾六個月，而不得易科罰金時，將使原有得易科罰金之機會喪失，非受自由刑之執行不可，無異係對已定罪之行為，更為不利之評價，已逾越數罪併罰制度之本意，業經本院釋字第366號解釋予以闡明。現行刑法§41II之立法理由，認數宣告刑均得易科罰金，而定應執行之刑逾有期徒刑6個月時，如仍准易科罰金，恐有鼓勵犯罪之嫌，目的固屬正當。惟若法官認為犯罪者，不論所犯為一罪或數罪，確有受自由刑執行之必要，自可依法宣告逾6個月之有期徒刑而不得易科罰金；另檢察官如認定確因不執行所宣告之刑，難收矯正之效，或難以維持法秩序，而不宜易科罰金時，依刑法§41I但書之規定，亦可不准易科罰金。是數罪併罰定應執行刑逾有期徒刑6個月，縱使准予易科罰金，並不當然導致鼓勵犯罪之結果，如一律不許易科罰金，實屬對人民身體自由之過度限制。是現行刑法§41II，關於數罪併罰，數宣告刑均得易科罰金，而定應執行之刑逾六個月者，排除適用同條I得易科罰金之規定部分，與憲法§23規定有違，並與本院釋字第366號解釋意旨不符，應自本解釋公布之日起失其效力……」

〔**註28**〕 實務上認為包括大赦在內。

〔**註29**〕 刑事訴訟法§253-2：「I檢察官為緩起訴處分者，得命被告於一定期間內遵守或履行下列各款事項：一、向被害人道歉。二、立悔過書。三、向被害人支付相當數額之財產或非財產上之損害賠償。四、向公庫或該管檢察署指定之公益團體、地方自治團體支付一定之金額。五、向該管檢察署指定之政府機關、政府機構、行政法人、社區或其他符合公益目的之機構或團體提供四十小時以上二百四十小時以下之義務勞務。六、完成戒癮治療、精神治療、心理輔導或其他適當之處遇措施。七、保護被害人安全之必要命令。八、預防再犯所為之必要命令。II檢察官命被告遵守或履行前項③至⑥之事項，應得被告之同意；③、④並得為民事強制執行名義。III第1項情形，應附記於緩起訴處分書內。IV第1項之期間，不得逾緩起訴期間。」

〔**註30**〕 修正理由謂：「本法對於緩刑制度採罪刑附條件宣告主義，認緩刑期滿未經撤銷者，有消滅罪刑之效力，現行§76規定謂『緩刑期滿，而緩刑宣告未經撤銷者，其刑之宣告失其效力。』對於緩刑期內更犯罪或緩刑前犯他罪，縱於緩刑期間內開始刑事追訴或為有罪判決之宣告，如其判決確定於緩刑期滿後，不得撤銷其緩刑。又為督促主管機關注意即時行使撤銷緩刑之責……增設但書規定，凡依§75II、§75之1II之規定聲請撤銷者，即便撤銷緩刑之裁定在緩刑期滿後，其刑之宣告，並不失其效力。」

〔**註31**〕 如受判決人顯有履行負擔之可能，而隱匿或處分其財產、故意不履行、無正當事由拒絕履行或顯有逃匿之虞等，參見修正理由說明。

〔**註32**〕 赦免法§5之1。

〔**註33**〕 刑事訴訟法§252②。

〔**註34**〕 刑事訴訟法§302②。

〔**註35**〕 刑事訴訟法§469：「I 受死刑、徒刑或拘役之諭知，而未經羈押者，檢察官於執行時，應傳喚之；傳喚不到者，應行拘提。II 前項受刑人，得依§76①及②之規定，逕行拘提，及依§84之規定通緝之。」

第5章　保安處分

本章依據出題頻率區分，屬：**C 頻率低**

第一節　基礎理論

一、保安處分與刑罰之關係

保安處分係刑法制度中，在刑罰手段外之另一種法律效果；詳言之，刑罰乃基於行為人之行為罪責，對犯罪行為人施以制裁，保安處分則係出於預防社會危險之目的所採取之安全措施，前者具有懲罰性與社會倫理非難性，後者則係具有防衛性色彩之司法處分；刑罰與保安處分形成「雙軌制體系」，早期採取「附加處分制度」，亦即刑罰優先於保安處分之執行〔註1〕，現行法則採「替代交換制度」，賦予法官得在個案中自由裁量其執行之順序，並可折抵刑罰。

94年修法時，在刑法§1後段增列「拘束人身自由之保安處分，亦同。」〔註2〕，明白揭示帶有自由型色彩之保安處分亦有罪刑法定原則及法律不溯及既往原則之適用。

二、保安處分之對象

保安處分既係著眼於行為人之社會危險性，性質上為防止危險之社會安全措施，其施行之對象即以具有社會危險性之行為人為限，此等行為人或欠缺刑罰之矯治可能性，或缺乏刑罰之適應性，或因個人傾向或特殊情狀而具有特定社會危險性，故須透過保安處分之處遇，確保社會安全，諸如：施用毒品者、酗酒犯等（詳見後述「保安處分之種類」之說明）。

三、保安處分之限制原則

(一) **必要原則**

行為人之社會危險性必須係以保安處分足以排除者，始符合必要性原則。

(二) **倫理之容許原則**

保安處分係建立在保護社會公共秩序與安全之有效性上，然亦具備刑法上所要求之倫理性目的，故不容許與社會倫理相悖之保安處分。

(三) **相當原則**

保安處分不得與其所欲防衛或預期防衛之危險或目的不成比例，此乃憲法§23比例原則在刑法實體法上之具體化。

第二節 現行規範狀態

一、保安處分之類型

(一)感化教育

- **刑法**§86I：因未滿十四歲而不罰者，得令入感化教育處所，施以感化教育。
- **刑法**§86II：因未滿十八歲而減輕其刑者，得於刑之執行完畢或赦免後，令入感化教育處所，施以感化教育。但宣告三年以下有期徒刑、拘役或罰金者，得於執行前為之。
- **刑法**§86III：感化教育之期間為三年以下。但執行已逾六月，認無繼續執行之必要者，法院得免其處分之執行。

感化教育係透過特殊之教育，矯正犯罪行為人之行為，使其隱惡揚善；對於是否應宣告感化教育，係由法官於個案中審酌案情予以自由裁量，其執行可能於刑之執行完畢後或執刑前。

(二)監護處分

- **刑法**§87I：因§19I項之原因而不罰者，其情狀足認有再犯或有危害公共安全之虞時，令入相當處所，施以監護。
- **刑法**§87II：有§19II及§20條之原因，其情狀足認有再犯或有危害公共安全之虞時，於刑之執行完畢或赦免後，令入相當處所，施以監護。但必要時，得於刑之執行前為之。
- **刑法**§87III：前二項之期間為五年以下。但執行中認無繼續執行之必要者，法院得免其處分之執行。

監護處分係指透過治療、監視方式防止行為人再為犯罪行為，94年修法前係由法官於個案中職權裁量，新法則改採義務宣告制，亦即行為人因§19I項之原因而不罰，或有§19II及§20條之原因者，且其情狀足認有再犯或有危害公共安全之虞時，即應令入相當處所，施以監護。

(三)禁戒(毒品及因酗酒而犯罪者)

- **刑法**§88I:施用毒品成癮者,於刑之執行前令入相當處所,施以禁戒。
- **刑法**§88II:前項禁戒期間為一年以下。但執行中認無繼續執行之必要者,法院得免其處分之執行。
- **刑法**§89I:因酗酒而犯罪,足認其已酗酒成癮並有再犯之虞者,於刑之執行前,令入相當處所,施以禁戒。
- **刑法**§89II:前項禁戒期間為一年以下。但執行中認無繼續執行之必要者,法院得免其處分之執行。

禁戒處分之目的在於根絕行為人之不良嗜好,由源頭拔除犯罪原因,期以達到保護社會之目的。94年修法前採「裁量宣告制」,修法後改採「義務宣告制」。

(四)強制工作

- **刑法**§90I:有犯罪之習慣或因遊蕩或懶惰成習而犯罪者,於刑之執行前,令入勞動場所,強制工作。
- **刑法**§90II:前項之處分期間為三年。但執行滿一年六月後,認無繼續執行之必要者,法院得免其處分之執行。
- **刑法**§90III:執行期間屆滿前,認為有延長之必要者,法院得許可延長之,其延長之期間不得逾一年六月,並以一次為限。

強制工作旨在使犯罪行為人養成勤勞之習慣,培養勞動性格,藉以改善行為人好逸惡勞、不勞而獲之陋習,其宣告係由法官依職權於個案中裁量定之,而其執行則係於刑之執行前為之〔註3〕。

(五)強制治療

- **刑法**§91-1I:犯§221至§227、§228、§229、§230、§234、§332II②、§334②、§348II①及其特別法之罪,而有下列情形之一者,得令入相當處所,施以強制治療:
  1. 徒刑執行期滿前,於接受輔導或治療後,經鑑定、評估,認有再犯之危險者。
  2. 依其他法律規定,於接受身心治療或輔導教育後,經鑑定、評估,認有再犯之危險者。
- **刑法**§91-1II:前項處分期間至其再犯危險顯著降低為止,執行期間應每年鑑定、評估有無停止治療之必要。

強制治療係以治療傳染病或性犯罪相關疾病為目的,亦採取「得宣告制度」,由法官於個案中裁量是否宣告強制治療。

94年修法修正§91-1I，將「刑前治療原則」改為「刑後治療」，亦即犯罪行為人在徒刑執行期間曾接受以防治再犯性侵害犯罪為目的之輔導治療，或曾接受身心治療或輔導教育，經鑑定、評估認為有施以治療之必要者，得令入相當處所施以強制治療，其期間原規定以三年為上限，修法後改為以「再犯危險顯著降低」為標準，以達實際預防再犯之目的〔註4〕。

(六) **保護管束**

- **刑法**§92I：§86至§90之處分，按其情形得以保護管束代之。
- **刑法**§92II：前項保護管束期間為三年以下。其不能收效者，得隨時撤銷之，仍執行原處分。
- **刑法**§93I：受緩刑之宣告者，除有下列情形之一，應於緩刑期間付保護管束外，得於緩刑期間付保護管束：
  1. 犯§91之1所列之罪者。
  2. 執行§74II⑤至⑧所定之事項者。
- **刑法**§93II：假釋出獄者，在假釋中付保護管束。

保護管束係透過觀護規勸方式，使行為人逐漸回歸社會生活，其宣告原則上係由法官於個案中裁量，但若係犯§91-1所列之罪、執行§74II⑤至⑧所定之事項者，以及假釋出獄之行為人，則一律應宣告付保護管束。

(七) **驅逐出境**

刑法§95：外國人受有期徒刑以上刑之宣告者，得於刑之執行完畢或赦免後，驅逐出境。

驅逐出境乃為預防外國人在我國境內犯罪，故對於受有期徒刑以上刑之宣告之外國人，於刑罰執行完畢後，由法官於個案中裁量是否宣告予以驅逐出境。

二、保安處分之宣告與執行

(一) 保安處分之宣告

刑法§96：保安處分於裁判時併宣告之。但本法或其他法律另有規定者，不在此限。

(二) 保安處分之執行

1. 保安處分之免執行

- **刑法**§98I：依§86II、§87II規定宣告之保安處分，其先執行徒刑者，於刑之執行完畢或赦免後，認為無執行之必要者，法院得免其處分之執行；其先執行保安處分者，於處分執行完畢或一部執行而免除後，認為無執行刑之必要者，法院得免其刑之全部或一部執行。（108.5.29修）

- **刑法**§98II：依§88I、§89I、§90I規定宣告之保安處分，於處分執行完畢或一部執行而免除後，認為無執行刑之必要者，法院得免其刑之全部或一部執行。
- **刑法**§98III：前2項免其刑之執行，以有期徒刑或拘役為限。

2. **保安處分之執行時效**

刑法§99：保安處分自應執行之日起逾三年未開始或繼續執行者，非經法院認為原宣告保安處分之原因仍繼續存在時，不得許可執行；逾七年未開始或繼續執行者，不得執行。

條文所稱「應執行之日」可分為兩種情形：

(1)於刑之執行前為之者：指裁判確定之日。

(2)於刑之執行完畢或赦免後為之者：指刑罰執行完畢或赦免之日。

註解

〔**註1**〕論者有謂此種制度不啻為對一行為之雙重處罰。

〔**註2**〕修正理由謂：「拘束人身自由之保安處分（如強制工作），係以剝奪受處分人之人身自由為其內容，在性質上，帶有濃厚自由刑之色彩，亦應有罪刑法定主義衍生之不溯及既往原則之適用，爰於後段增列拘束人身自由之保安處分，亦以行為時之法律有明文規定者為限，以求允當。」

〔**註3**〕竊盜犯贓物犯保安處分條例§3I即規定：「十八歲以上之竊盜犯、贓物犯，有犯罪之習慣者，得於刑之執行前，令入勞動場所強制工作。」

〔**註4**〕修正理由謂：「現行法就強制治療之認定為『於裁判前應經鑑定有無施以治療之必要』，在實務上常引起鑑定人質疑行為人有無犯罪不明下，無以憑作鑑定之質疑，亦或有判決與鑑定意見相左之情形，而認有修正裁判前應經鑑定之必要。其次，多數學者及精神醫學專家咸認此類行為人於出獄前一年至二年之治療最具成效，爰修正現行法刑前治療之規定。」

第二部分　最新實務見解

一、罪刑法定主義

《最高法院101年度台抗字第739號判決》

……**法律不溯及既往及罪刑法定為刑法時之效力之兩大原則，行為應否處罰，以行為時之法律有無明文規定為斷，苟行為時之法律，並無處罰明文，依刑法第1條前段，自不得因其後施行之法律有處罰規定而予處罰。**又拘束人身自由之保安處分，係以剝奪受處分人之人身自由為內容，性質上具有濃厚自由刑之色彩，亦應有上揭原則之適用，故**刑法第1條後段明定拘束人身自由之保安處分，以行為時之法律有明文規定者為限**，即本斯旨為規範。而在法規競合之情形，因其犯罪行為，同時有符合該犯罪構成要件之數個法規，始擇一適用，倘於行為時無法規競合之情形，迨於行為後始制定較普通法處罰為重之特別法或補充法，基於罪刑法定原則，自無適用行為後始制定之特別法或補充法之餘地，此在拘束人身自由之保安處分同有其適用。性侵害犯罪防治法係於100年11月9日增訂第22-1條，依立法理由說明「為解決95年6月30日以前犯性侵害犯罪之加害人，於接受獄中治療或社區身心治療或輔導教育後，經鑑定、評估，認有再犯之危險者，因不適用95年7月1日修正施行後之刑法第91-1條有關刑後強制治療規定而產生防治工作上之漏洞，導致具高再犯危險之性侵害加害人於出獄後不久即再犯性侵害犯罪，衍生法律空窗之爭議，爰為增列」，顯係針對無刑法第91-1條適用而在執行中之加害人而為規範，對於刑後強制治療規定而言，雖屬法律適用之補充規定，然對於行為在性侵害犯罪防治法該條增訂施行前之性侵害犯罪加害人，倘確定判決裁判時係適用舊法刑前強制治療規定認無強制治療必要而為判決，則被告於行為時，性侵害犯罪防治法第22-1條既尚未制定，應有法律不溯及既往及罪刑法定原則之適用……。

二、法律變更

《最高法院100年度台上字第5119號判決》

……犯罪之行為，有一經著手，即已完成者，例如學理上所稱之即成犯；亦有著手之後，尚待發生結果，為不同之評價者，例如加重結果犯、結果犯；而犯罪之實行，學理上有接續犯、繼續犯、集合犯、吸收犯、結合犯、連續犯、牽連犯、想像競合犯等分類，前五種為實質上一罪，後三者屬裁判上一罪，因均僅給予一罪之刑罰評價，故其行為之時間認定，當自著手之初，持續至行為終了，並延伸至結果發生為止，倘上揭犯罪時間適逢法律修正，跨越新、舊法，而其中部分作為，或結果發生，已在新法施行之後，應即適用新規定，不生依刑法第2條比較新、舊法而為有利適用之問題。

《最高法院100年度台上字第6976號判決》

……行為後法律有變更者，適用行為時之法律。但行為後之法律有利於行為人者，適用最有利於行為人之法律，刑法第2條第1項定有明文。此一規定係規範行為後法律變更所生新舊法律比較適用之準據法。而比較時應就罪刑有關之事項，如共犯、未遂犯、想像競合犯、牽連犯、連續犯、結合犯，以及累犯加重、自首減輕及其他法定加減原因（如身分加減）與加減例等一切情形，綜合全部罪刑之結果而為比較，予以整體適用（95年5月23日，本院95年度第八次刑事庭會議決議一、(一)、(四)參照）。乃因各該規定皆涉及犯罪之態様、階段、罪數、法定刑得或應否加、減暨加減之幅度，影響及法定刑或處斷刑之範圍，各該罪刑規定須經綜合考量整體適用後，方能據以限定法定刑或處斷刑之範圍，於該範圍內為一定刑之宣告。是**宣告刑雖屬單一之結論，實係經綜合考量整體適用各相關罪刑規定之所得。宣告刑所據以決定之各相關罪刑規定，具有適用上之「依附及相互關聯」之特性，自須同其新舊法之適用**……。

《最高法院101年度台抗字第74號判決》

按保安處分係針對受處分人將來之危險性所為之處置，以達教化、治療之目的，為刑罰之補充制度。**我國法制採刑罰與保安處分雙軌制，既仍維持行為責任之刑罰原則，並期協助行為人再社會化功能，及改善行為人潛在之危險性格，俾能達成根治犯罪原因、預防犯罪之特別目的**。其中之強制工作，旨在對嚴重職業性犯罪及欠缺正確工作觀念或無正常工作而犯罪之人，強制其從事勞動，學習一技之長與正確之謀生觀念，使其日後重返社會，能夠適應社會生活。又行為後法律有變更者，依刑法第2條第1項規定，係採從舊從輕之適用原則，而**強制工作性質上屬拘束人身自由之處分**，應依此原則處理；刑法第90條、第98條之舊規定係採刑後強制工作制，期間為三年以下，且於主刑執行完畢或赦免後，認無執行必要者，得免其處分之執行；新規定則採刑前強制工作制，期間一律三年，但例外時得於執行一年六月後，免予繼續執行，然亦可在三年期間滿後延長一年以下；是比較結果，以舊法有利受處分人。至上揭免除處分之執行，依刑事訴訟法第481條第1項前段規定，應由檢察官聲請該案犯罪事實最後裁判之法院裁定之；倘檢察官未為聲請，而逕行指揮加以執行者，依同法第484條、第486條規定，該受刑人或其法定代理人、配偶，得以檢察官執行之指揮不當為由，向諭知該裁判之法院聲明異議，由法院公正裁定。

《最高法院101年度台上字第5380號判決》

……**刑法第2條第1項之規定，係規範行為後「法律變更」所生新舊法律比較適用之準據法，故如新舊法處罰之輕重相同，即無比較適用之問題，非此條所指之法律有變更，即無本條之適用，應依一般法律適用原則，適用裁判時法。**懲治走私條例第2條第1項之走私罪，立法目的在以刑罰手段處罰走私行為，阻絕管制物品之進口或出口。惟走私行為層出不窮，而何種物品或其數額須加管制，並以刑罰手段處罰其走私行為，每視變化萬端之國內外情況而定，或因應國際情勢變化或國際貿易之需要，或基於國內社會經濟狀況或保護國內產業等政策上需要，不一而足，尤其於貿易自由化、全球化與科技日新月異之現代，國際情勢瞬息萬變，不免有須隨時因應管制某種物品進出口之可能。有關管制物品之項目與數額之決定，既具有國際性、政策性及機動性之考量，並非立法者所能事先掌握，實有必要授權由行政機關因應變化而為決定。是以本罪犯罪構成要件之管制物品究何所指，法未明白規定，有待行政命令之補充，為空白刑法之一種。而**行政院依本條第3項就第1項管制物品及其數額之公告，其內容之變更，屬行政上適應當時情形所為事實上之變更，並非刑罰法律有所變更**……。

三、公務員之定義

《最高法院101年度台上字第3043號判決》

……刑法於民國94年2月2日修正公布、95年7月1日施行，修正後同法第10條第2項規定：「稱公務員者，謂下列人員：(1)依法令服務於國家、地方自治團體所屬機關而具有法定職務權限，以及其他依法令從事於公共事務，而具有法定職務權限者。(2)受國家、地方自治團體所屬機關依法委託，從事與委託機關權限有關之公共事務者」。上開第1款後段所指「其他依法令從事於公共事務，而具有法定職務權限者」，乃學理所稱**「授權公務員」，指非服務於國家或地方自治團體所屬機關之人員，因從事法定之公共事務，被視為刑法上之公務員**，依其立法理由之說明「如非服務於國家或地方自治團體所屬機關，而具有依『其他依法令從事於公共事務而具有法定權限者』，因其從事法定之公共事項，應視為刑法上的公務員，故於第1款後段併規定之。此類之公務員，例如依水利法及農田水利會組織通則相關規定而設置之農田水利會會長及其專任職員屬之。其他尚有依政府採購法規定之各公立學校、公營事業之承辦、監辦採購等人員，均屬本款後段之其他依法令從事於公共事務而具有法定職務權限之人員」。故**就「授權公務員」而言，如具有法定職務權限，在其所從事公共事務範圍內之事項均屬之，亦不以涉及公權力為必要，即私經濟行為而與公共事務有關者，亦包括在內。**至**「法定職務權限」之「法定」，係指法律、法規命令等規定而言，包括各機關組織法或條例、中央及地方各級政府機關本於授權訂定之組織規程等在內。**依政府採購法規定之各公立學校、公營事業之承辦、監辦採購等人員，均屬修正後刑法第10條第2項第1款後段所定「其他依法令從事於公共事務，而具有法定職務權限」之人員，已如前述，而上揭承辦、監辦採購等人員，應不以實際承辦、監辦採購之基層人員為限，其依規定層層審核、核定各項採購程序之辦理採購人員包括各級主管，甚至機關首長及其授權人員，倘實質上具有參與決定、辦理採購程序之權限，足以影響採購結果，應均屬之，始符立法本旨。故政府採購法第15條第1項機關承辦採購人員，所稱「承辦」，指辦理機關採購業務並擔負其責任者而言；亦即從採購之簽辦逐層審核至機關首長核定該採購業務等流程之相關人員均屬之；倘其採購依法令應經上級機關核定，則該上級機關含機關首長在內之相關人員，亦屬該條規定之承辦採購人員。又前開條項所稱之機關，參諸同法第12條之規定，所謂監辦人員並非僅限於主辦採購機關之人員，尤其上下級機關間基於權責劃分，上級機關相關人員，對該採購案之參與之程度及影響力甚至高於主辦採購之機關，故本條項所稱之「機關」，應係包含實際上有權介入該採購相關事務之機關。查依卷附之台灣電力股份有限公司（下稱台電公司）輸變電工程處組織規程第3條規定，該工程處之任務中即包含「一關於新建或擴充超高壓、一、二次輸電線路之勘測、設計、施工及檢查試驗項目。二關於超高壓及一、二次變電所變電設備之新建、擴充、遷移、改善之設計、施工及檢查試驗事項。三變電所監視、控制自動化設備之新建、擴充、改善之設計及施工事項。四關於工程設備、器材之請購、運輸、驗收及保管事項。五關於工程土地之購置、徵收、租賃及工程地上物損害之補償事項。」等項目，而輸變電工程處處長之工作項目，依台電公司之職位說明書所載，包含「一輸變電計畫及用戶線新設工程執行計畫之核定與管考。」「三器材設備規範、採購、驗收之核定，及工程用地購置之核定、核轉。」在內。又電業法第1條、第3條、第34條明定「為開發國家電能動力，調節電力供應，發展電業經營，維持合理電價，增進公共福利，特制定本法。」「本法所稱電業權，謂經中央主管機關核准，在一定區域內之電業專營權。」「電業設備，應力求標準化，其方式、規範及裝置之規則，由中央主管機關定之。」揭示電力之開發、供應及電業之經營，均係攸關公共福祉之事務，故有關電力開發、供應及輸變電設備之工程，自均屬依法令而為之公共事務……。

《最高法院101年度台上字第5303號判決》

……原不具刑法上公務員身分之人，依法令而從事公共事務時，因常肩負達成一定行政目的之任務，自應嚴予規範其職權之行使，俾其恪遵依法行政原則，悉以法律與相關法規為準則，並負擔特別保護與服從之義務，刑法第10條第2項第1款後段規定其就該公共事務之行為，亦屬刑法上公務員，即本此旨趣。國家營繕工程與財物購置等採購行為，雖非國家本其統治權主體之地位，基於國家高權作用，課予人民義務、負擔之行使公權力行為，然其涉及國家經濟利益資源之運用與分配，攸關憲法所揭櫫人民平等權之保障等公共利益之考量，尤應遵守依法行政，以實現平等原則，核與得由權責機關及其承辦人員，純依私法上契約自由原則，選擇締約相對人、議訂契約方式、內容等私經濟行為顯然有別，其本具有公共事務之性質甚明，要非因「政府採購法」或其前身即「各機關營繕工程及購置定製變賣財物稽察條例」之規定使然，但由於此等法律規定益彰顯其公共事務之本質，殆無疑義。是公立學校校長依法令而經辦該校工程營繕與財物購置等事務，就該事務之執行，自屬上開規定所指依法令而從事公共事務之公務員……。

四、性交之定義

《最高法院100年度台上字第2518號判決》

……刑法第10條第5項明文規定：稱性交者，謂非基於正當目的所為之下列性侵入行為：一、以性器進入他人之性器、肛門或口腔，或使之接合之行為。二、以性器以外之其他身體部位或器物進入他人之性器、肛門，或使之接合之行為。依該條文於民國94年二月二日修正（95年7月1日施行）之立法理由說明：為避免基於醫療或其他正當目的所為之進入性器行為，被解為係本法之

「性交」行為，爰於序文增列「非基於正當目的所為之」文字，以避免適用上之疑義。另為顧及女對男之「性交」及其他難以涵括於「性侵入」之概念，併修正第5項第1款、第2款，增訂「或使之接合」之行為，以資涵括。條文規定性交之性侵入行為態樣為「進入」或「使之接合」，係為涵蓋女對男之性交及其他難以涵括於「性侵入」之概念，僅擴大性交涵蓋範圍，包括進入之對立面「使之接合」，增加處罰妨害性自主罪之性交行為態樣，以加強保護性自主權，對性交係侵入他人性器、肛門或口腔之本質並無變更。而**所謂兩性生殖器接合構成姦淫既遂一節，係以兩性生殖器官已否接合為準，不以滿足性慾為必要。申言之，即男性陰莖一部已插入女陰，縱未全部插入，或未射精，亦應成立姦淫既遂。否則，雙方生殖器官僅接觸而未插入，即未達於接合程度，應為未遂犯**（本院62年度台上字第2090號判例參照）。反之，**女性以其性器使之與男性陰莖接合者，自亦應為相同之解釋，以男性陰莖之一部是否已進入女陰為既遂與否之標準。至男女之性器僅發生接觸而未插入者，即未達於接合程度，應為未遂犯。**

《最高法院101年度台上字第2887號判決》

……依刑法第10條第5項規定，稱性交者，謂非基於正當目的所為之下列性侵入行為：一、以性器進入他人之性器、肛門或口腔，或使之接合之行為。二、以性器以外之其他身體部位或器物進入他人之性器、肛門，或使之接合之行為。則**關於強制性交罪既遂與未遂之區分，係以性器已否進入他人之性器、肛門、口腔，或使之接合；或性器以外之其他身體部位或器物已否進入他人之性器、肛門，或使之接合為準……**。

五、故意之認定

《最高法院100年度台上字第915號判決》

……刑法關於犯罪之故意，係採希望主義，其直接故意，係指行為人對於構成犯罪之事實明知並有意使其發生（即刑法第13條第1項），至於間接故意，則指行為人對於構成犯罪之事實預見其發生，且其發生不違背行為人之本意而言（即刑法第13條第2項）。前者學理上謂為意欲主義，後者謂為容認主義，但不論其為「明知」或「預見」，皆為故意犯主觀上之認識，只是程度強弱有別，行為人有此認識進而有「使其發生」或「任其發生」之意，則其形成犯意，前者為直接故意或確定故意，後者為間接故意或不確定故意。且不確定故意，係以已有構成犯罪事實之發生為前提，始足據以判斷行為人對於該發生之構成犯罪事實，如何係預見其發生，及不違背其本意（此參諸本院45年台上字第852號判例要旨：「刑法第13條第2項之故意，與第14條第2項之過失，均以行為人對於構成犯罪之事實，預見其發生為要件，惟一則發生並不違背其本意，一則確信其不發生，二者均『以有構成犯罪事實之發生為前提』，然後方能本此事實以判斷行為人究為故意抑為過失。本件被害人並未發生死亡之事實，原判決即謂上訴人有致人於死之預見，又未說明其所預見之結果係不違背其本意，抑係確信其不發生，遽以殺人未遂論擬，殊屬違法。」亦至為明瞭）……。

《最高法院100年度台上字第1110號判決》

……認識為犯意之基礎，無認識即無犯意可言，此所以刑法第13條規定，行為人對於構成犯罪之事實，明知並有意使其發生者為故意（第1項，又稱直接或確定故意）；行為人對於犯罪之事實，預見其發生，而其發生並不違背其本意者，以故意論（第2項，又稱間接或不確定故意）。故**不論行為人為「明知」或「預見」，皆為故意犯主觀上之認識，所異者僅係前者須對構成要件結果實現可能性有「相當把握」之預測；而後者則對構成要件結果出現之估算，祇要有一般普遍之「可能性」為已足，其涵攝範圍較前者為廣，認識之程度則較前者薄弱，然究不得謂不確定故意之「預見」非故意犯主觀上之認識**。又我國暫行新刑律第13條第3項原規定：「犯罪之事實與犯人所知有異者，依下列處斷：所犯重於犯人所知或相等者，從其所知；所犯輕於犯人所知者，從其所犯」，嗣後制定現行刑法時，以此為法理所當然，乃未予明定。從而客觀之犯罪事實必須與行為人主觀上所認識者有異，始有「所犯重於所知，從其所知」之適用；倘與行為人主觀上所認識者無異，即無適用之可能。易言之，客觀之犯罪事實與不確定故意之「預見」無異時，即不符「所犯重於所知，從其所知」之法理，自無該法則適用之餘地。本件原判決既認定上訴人等主觀上應得預見該託運之毒品係海洛因，且其等運輸該海洛因亦不違背其等本意，而本案查獲之犯罪事實亦係運輸海洛因，則查獲之犯罪事實與上訴人等主觀上之認識即無差異，自無「**所犯重於所知，從其所知**」之適用……。

《最高法院101年度台上字第156號判決》

……**刑法第13條第1項及第2項所規範之犯意，學理上稱前者為確定故意或直接故意，後者係不確定故意或間接故意，二者之區隔在於前者乃行為者明知並有意使其發生，故對於行為之客體及結果之發生，皆有確定之認識，並促使其發生，後者為行為者對於行為之客體或結果之發生，並無確定之認識，但若其發生，亦與其本意不相違背。**是確定故意（直接故意）與不確定故意（間接故意）之態樣不盡相同，而共同正犯間既有犯意聯絡，則其故意之態樣應屬相同，無從分別基於確定故意（直接故意）與不確定故意（間接故意）為之……。

《最高法院101年度台上字第282號判決》

……行為始於著手，著手之際，有如何之犯意，即應負如何之故意責任。犯意變更與另行起意本質不同；**犯意變更，係犯意之轉化（昇高或降低），指行為人在著手實行犯罪行為之前或行為繼續中，就同一被害客體，改變原來之犯意，在另一犯意支配下實行犯罪行為，導致此罪與彼罪之轉化，因此仍然被評價為一罪。**犯意如何，既以著手之際為準，則著手實行階段之犯意若有變更，當視究屬犯意昇高或降低定其故意責任；犯意昇高者，從新犯意；犯意降低者，從舊犯意，並有中止未遂之適用。另行起意，則指原有犯意之構成要件行為已經完成，或因某種原因出現，停止原來之犯罪行為，而增加一個新的犯意產生，實行另一犯罪行為之謂，至於被害客體是否同一則不問；惟因其係在前一犯罪行為停止後（即前一犯罪行為既遂、未遂或中止等），又另起犯意實行其他犯罪行為，故為數罪。行為人以傷害之犯意打人，毆打時又欲置之於死地，乃犯意昇高，應從變更後之殺人犯意，殺人行為之傷害事實，當然吸收於殺人行為之內。倘若初以傷害之犯意打人已成傷之後，復因某種原因再予以殺害，則屬另行起意，應分論併罰，成立傷害與殺人二罪……。

《最高法院101年度台上字第1084號判決》

……**刑法上之故意，分為直接故意（或稱積極故意、確定故意）與間接故意（或稱消極故意、不確定故意）二種。前者（直接故意）係指行為人主觀上明知其行為將發生某種犯罪事實，卻有使該犯罪事實發生之積極意圖而言。而後者（即間接故意），則指行為人並無使某種犯罪事實發生之積極意圖，但其主觀上已預見因其行為有可能發生該犯罪事實，惟縱使發生該犯罪事實，亦不違**

背其本意而容許其發生之謂。又刑法上之教唆犯，係指行為人並無自己犯罪之意圖，卻基於使他人犯罪為目的，對於本無犯罪意思之人，以挑唆或勸誘之方式使他人萌生犯罪決意進而實行犯罪之行為者而言。故教唆犯雖無自己犯罪之意思，但卻有使他人萌生犯罪意思之積極意圖，則其主觀上當然具有教唆他人犯罪之「直接故意」，而無所謂基於「間接故意」而教唆他人實行犯罪行為之餘地……。

《最高法院刑事判決107年度台上字第745號》

……傷害致人於死罪，係對於犯普通傷害罪致發生死亡結果所規定之加重結果犯，以行為人能預見其死亡結果之發生而不預見為要件。被害人後仰倒地頭部撞到地面發生死亡之結果，係肇因於行為人徒手毆打、推撞被害人身體之故意傷害行為，二者間具有因果關係，而被害人案發時處於酒醉狀態，如以徒手毆打及推撞被害人，可能致其重心不穩後仰倒地，頭部碰撞地面，因而有致命之虞，客觀上即有預見可能性。行為人行為時主觀上雖未預見，客觀上既有預見可能性，是其故意傷害行為致被害人倒地頭部撞到地面並發生死亡結果，即應構成傷害致人於死罪，而非過失致人於死罪。

六、意圖

《最高法院100年度台上字第831號判決》

……**主觀違法要素之「意圖」，亦即犯罪之目的，為犯罪之特別構成要件，乃違法評價之對象。**而侵害公法益中之目的犯，原則上基於特定目的從事特定之行為者，即可成立特定之罪，並不以其意圖之實現為完成犯罪之必要條件……。

《最高法院100年度台上字第1716號判決》

……刑事法上之財產犯罪，其以「意圖為自己或第三人不法之所有」，作為主觀構成要件者，於複數行為人而（被訴）成立共同正犯之場合，因各行為人間具有共同犯罪之意思聯絡、行為分擔，此一主觀構成要件之充足，應指基於共同意圖為「自己」不法之所有，而不得割裂為其中部分行為人係基於意圖為自己不法之所有，其他之人則基於意圖為「第三人」不法之所有。於幫助犯之場合，亦同……。

七、犯意變更

《最高法院100年度台上字第1926號判決》

……行為始於著手，著手之際，有如何之犯意，即應負如何之故意責任。犯意變更與另行起意本質不同；**犯意變更，係犯意之轉化（昇高或降低），指行為人在著手實行犯罪行為之前或行為繼續中，就同一被害客體，改變原來之犯意，在另一犯意支配下實行犯罪行為，導致此罪與彼罪之轉化，因此仍然被評價為一罪。犯意如何，既以著手之際為準，則著手實行階段之犯意若有變更，當視究屬犯意昇高或降低定其故意責任；犯意昇高者，從新犯意；犯意降低者，從舊犯意，並有中止未遂之適用。**另行起意，則指原有犯意之構成要件行為已經完成，或因某種原因出現，停止原來之犯罪行為，而增加一個新的犯意產生，實行另一犯罪行為之謂，至於被害客體是否同一則不問；惟因其係在前一犯罪行為停止後（即前一犯罪行為既遂、未遂或中止等），又另起犯意實行其他犯罪行為，故為數罪。行為人以傷害之犯意打人，毆打時又欲置之於死地，乃犯意昇高，應從變更後之殺人犯意，殺人行為之傷害事實，當然吸收於殺人行為之內。倘若初以傷害之犯意打人已成傷之後，復因某種原因再予以殺害，則屬另行起意，應分論併罰，成立傷害與殺人二罪……。

《最高法院100年度台上字第4725號判決》

……所謂「犯意變更」，係指行為人在著手實行犯罪行為之前或行為繼續中，就同一被害客體，改變或提昇原來之犯意，在另一新犯意支配下而實行其他犯罪行為，按重行為吸收輕行為之法理，應依其中較重犯意所實行之犯罪行為整體評價為一罪。**而所謂「另行起意」，則指基於原有犯意而實行犯罪構成要件行為已經完成後，或因某種原因出現而停止原來之犯罪行為，並基於另一個新犯意而實行另一犯罪行為之謂；至於被害客體是否同一則非所問。因其係在前一犯罪行為完成或停止後，又另起新犯意而實行其他犯罪行為，故為數罪，應分論併罰……。**

八、預備犯

《最高法院101年度台上字第5377號判決》

……**預備為犯罪階段之一種，係指實行犯罪之準備行為，而尚未達於著手之謂**。預備之階段，介乎犯意與著手之間，雖因其危險性較少，本無處罰之必要，惟刑事法律為預防禍害，以消弭犯罪，**對於若干情節重大之特殊犯罪，乃設有處罰之特別規定，立法者通常以附屬於該罪既遂犯之構成要件形式分別為之規定，學理上稱此為「形式預備犯」**，如刑法第271條第3項預備殺人罪是。至於立法者將某些本來衹是預備之行為，予以入罪，使其分離成為另一種獨立之犯罪類型，例如刑法第199條預備偽造、變造幣券罪、第204條預備偽造、變造有價證券罪等是，學理上謂之為「實質預備犯」。預備行為是否應受處罰，或究應以「形式預備犯」或「實質預備犯」方式表現，以及何種犯罪類型之既遂犯始有以「形式預備犯」設其刑罰之必要，均屬立法權之裁量……。

九、信賴原則

《最高法院101年度台上字第2054號判決》

……汽車行駛時，駕駛人應注意車前狀況，並隨時採取必要之安全措施，道路交通安全規則第94條第3項定有明文。又為提昇交通工具效能以促進交通快捷迅速，並兼顧維護交通秩序以保障公眾行之安全，凡參與交通之車輛駕駛人、行人及其他使用人，均可信賴其餘參與交通或使用道路者，亦能遵守交通規則，並互相採取謹慎注意之安全行為。本此信賴原則，任一參與交通或是使用道路之人，並無必要預見其他參與交通或使用道路者之違規或不安全行為，以防止事故發生注意義務；如信賴他人因遵守交通規則將為一定行為，而採取相對應之適當措置時，即可認已盡其注意義務。然於有充分時間得以迴避事故發生者，既尚能在於己無損之情況下，採取適當舉措以避免損害他人之生命、身體及其他財產利益，基於社會相當性之考量，即有防免事故發生之注意義務……。

十、不作為犯

《最高法院100年度台上字第2800號判決》

……刑法第15條之不純正不作為犯規定，以其不作為對犯罪結果之發生，法律上有防止之義務，能防止而不防止，致犯罪結果發生，其不作為與作為有相等之評價為要件，並於同條第2項規定前行為者之防止義務……。

十一、不知法律

《最高法院100年度台上字第156號判決》

……**刑法第16條所規定之違法性錯誤之情形，採責任理論**，亦即依違法性錯誤之情節，區分為有正當理由而無法避免者，應免除其刑事責任，而阻卻犯罪之成立，至非屬無法避免者，則不能阻卻犯罪成立，僅得按其情節減輕其刑之不同法律效果。然法律頒布，人民即有知法守法義務；是否可以避免，行為人有類如民法上之善良管理人之注意義務，不可擅自判斷，任作主張。而具反社會性之自然犯，其違反性普遍皆知，自非無法避免。行為人主張依本條之規定據以免除其刑事責任，例如在其本國施用大麻合法之外國人第一次攜帶大麻入境之行為，自應就此阻卻責任事由之存在，指出其不知法律有正當理由而無法避免之情形。至於違法性錯誤尚未達於不可避免之程度者，其可非難性係低於通常，則僅係得減輕其刑，並非必減。是否酌減其刑，端視其行為之惡性程度及依一般社會通念是否皆信為正當者為斷……。

十二、因果關係

《最高法院100年度台上字第951號判決》

……刑法上傷害致人於死之罪，祇須傷害行為，與死亡之發生，具有因果聯絡之關係，即屬成立，並非以被害人因傷直接致死為限，即如傷害後，因被追毆情急撞及他物致生死亡之結果，其追毆行為，即實行傷害之一種暴行，被害人之情急撞及他物，既為該項暴行所促成，自不得不認為因果關係之存在……。

《最高法院101年度台上字第865號判決》

……刑法上之加重結果犯，係對實行基本犯罪後，另發生加重結果者，加重其處罰之規定，而行為人之所以須對該項加重結果負其加重處罰責任者，乃因該項加重結果之發生，係行為人所實行之犯罪行為所導致。**雖行為人並未有使此項加重結果發生之犯意，然因行為人所實行之基本犯罪行為在客觀上有發生加重結果之危險性存在，亦即此項加重結果之發生在客觀上係屬可得預見之範圍，行為人於實行基本犯罪行為時本應負防止其發生之義務，乃行為人竟疏未加以注意防範，以致發生加重之結果，與因積極行為發生結果同其評價，因此乃具有其可罰性**。從而，傷害致人於死罪之成立，除須行為人對於加重死亡結果之發生，在客觀上有預見之可能性存在外，並須行為人所實行之傷害行為本身與被害人死亡結果之間具有相當因果關係，始足當之。倘行為人所實行之傷害行為本身與被害人發生死亡結果之間，並無相當因果關係存在，而係中途介入他人臨時起意之殺害行為而導致死亡結果者，實行傷害犯行之行為人對於他人臨時起意之殺害行為，事先既無共同之犯意存在，亦無防止其發生加重結果之義務，自難令行為人對此項加重結果負責。所謂相當因果關係，係以事後之立場，客觀的審察行為當時之具體事實，認某行為確為發生結果之相當條件者，則該行為即有原因力；至若某行為與行為後所生之條件相結合，而始發生結果者，則亦應就行為時所存在之事實，客觀的加以觀察，如認為有結合之必然性者，則行為與行為後所生之條件，已有相當因果聯絡，該行為仍不失為發生結果之原因，反之，如認為行為後所生之條件，在一般情形下，不必皆可與行為相結合者，則僅係偶然之事實，其行為即非發生結果之原因。據此，行為所生之條件，就行為時所存在之事實客觀的觀察，與行為有必然結合而發生結果之可能者，該行為仍為發生結果之相當條件，例如某甲毆乙致重傷，乙因貧困無力醫治，致傷口化膿，不數日而死，此種傷口化膿之條件，依行為當時所存在之事實觀之，與行為有必然之結合關係，故某甲之傷害行為，與某乙之死亡有相當因果關係。惟若行為後所生之有原因力的條件，與行為非必然有結合之可能者，行為與結果即無因果關係，例如某甲毆乙，乙受輕傷，其後乙因受傷住院醫治，適醫院火災，因負傷未能逃出，因而焚斃，某甲之傷害行為，對死亡結果並無原因力，雖與入住醫院及醫院火警，在論理上相因而發生結果，然自行為當時所存在之一切事實觀之，不能認為某甲之傷害行為與火災之條件有必然結合之可能，故其行為非發生死亡結果之原因。簡言之，同一被害人之死亡結果，殊無令殺人行為者負殺人罪責，又使其他傷害行為人，另成立傷害致人於死罪之餘地……。

《最高法院101年度台上字第1999號判決》

……**我國刑事司法實務所謂之相當因果關係，限於結果犯（學理上稱為實質犯；有別於形式犯）之場合**，就行為人符合於犯罪構成要件之行為，及被害人（或法益）受損害（或侵害）之結果，予以綜合作事後之審查，認為倘有此行為，必然或極高度概然（有別於偶然）有彼結果；而有該結果，通常係因是類行為所造成，彼此間構成一個可以推演、逆斷，相互對等之聯結關係者，即認為具有相當因果關係，反之，則否。至於其中之必然或極高度概然或相當性之判斷，須受經驗法則、論理法則之支配，斯不待言……。

《最高法院101年度台上字第5210號判決》

……刑法上之過失，其過失行為與結果間，在客觀上有相當因果關係始得成立。**所謂相當因果關係，係指依經驗法則，綜合行為當時所存在之一切事實，為客觀之事後審查，認為在一般情形下，有此環境、有此行為之同一條件，均可發生同一之結果者，則該條件即為發生結果之相當條件，行為與結果即有相當之因果關係。**反之，若在一般情形下，有此同一條件存在，而依客觀之審查，認為不必皆發生此結果者，則該條件與結果不相當，不過為偶然之事實而已，其行為與結果間即無相當因果關係……。

十三、正當防衛

《最高法院100年度台上字第4939號判決》

……刑法第23條之正當防衛，係以對於現在不法之侵害，而出於防衛自己或他人權利之行為為要件。因之**正當防衛，必對現在之不法侵害，始能成立，所謂現在，乃別於過去與將來而言，此為正當防衛行為之「時間性」要件。過去與現在，以侵害行為已否終了為準，將來與現在，則以侵害行為已否著手為斷，故若侵害已成過去，或預料有侵害而侵害行為尚屬未來，則其加害行為，自無成立正當防衛之可言。**至於防衛過當係指為排除現在不法侵害之全部防衛行為欠缺「必要性」及「相當性」要件而言，必係防衛行為，始生是否過當，倘非防衛行為，當無過當與否之問題……。

《最高法院101年度台上字第3453號判決》

……正當防衛必須對於現在不法之侵害始得為之，侵害業已過去，即無正當防衛可言。故侵害已過去後之報復行為，與無從分別何方為不法侵害之互毆行為，均不得主張防衛權（本院30年上字第1040號判例意旨參照）。又刑法第23條規定之正當防衛要件，以遇有現在不法之侵害，始能成立，如不法侵害已過去，或預料有侵害而不法侵害尚未發生，則其加害行為，自無正當防衛可言。而所謂「現在不法之侵害」，指侵害之現在性、急迫性、迫切性，即法益之侵害已迫在眉睫。從而，**已過去或未來之侵害，自不具有「現在性」，無成立正當防衛之可能。至防衛是否過當，應以防衛權存在為前提，若其行為與正當防衛之要件不合，當然不生防衛是否過當之問題……。**

《最高法院101年度台上字第4762號判決》

……刑法第23條規定之正當防衛，必須行為人對於現在不法之侵害，主觀上出於防衛自己或他人權利之意思，而實行防衛行為，為其成立要件。至於同條但書防衛過當之規定，係指防衛行為超越其防衛所必要之程度而言，而其防衛行為是否超越必要之程度，須就實行之情節而為判斷，即應就不法侵害者之攻擊方法與其緩急情勢，由客觀上審察防衛權利者之反擊行為，是否出於必要以定之……。

十四、加重結果犯

《最高法院100年度台上字第2800號判決》

……刑法之加重結果犯，係指行為人就其故意實行之基本犯罪行為，於一般客觀情況下，可能預見將發生一定之結果，然行為人卻因過失而主觀上未預見該結果之發生；易言之，**就基本行為，具有犯罪之故意，就行為之加重結果，卻未預見而有過失，且此未預見僅係行為人（主觀上）一方之過失，實則客觀上一般人通常能夠預見，始就此結果之發生，予以加重刑責之法律評價**。是關於結果加重犯之事實認定，必須載明行為人主觀上未預見結果發生之過失，及一般客觀上能夠預見其發生之各情，始屬完足……。

《最高法院100年度台上字第3062號判決》

……**刑法第17條之加重結果犯，係故意的基本犯罪與加重結果之結合犯罪**。以傷害致人於死罪為例，非謂有傷害之行為及生死亡結果即能成立，必須傷害之行為隱藏特有之危險，因而產生死亡之結果，兩者間有相當因果關係。且該加重結果客觀上可能預見，行為人主觀上有注意之義務能預見而未預見，亦即就加重結果之發生有過失，方能構成。良以傷害致人於死罪與傷害罪之刑度相差甚大，不能徒以客觀上可能預見，即科以該罪，必也其主觀上有未預見之過失（如主觀上有預見，即構成殺人罪），始克相當，以符合罪刑相當原則。又**共同正犯在犯意聯絡範圍內，就其合同行為，均負全部責任，惟加重結果犯之加重結果，行為人僅有過失，主觀上均未預見，則各共同正犯間就加重結果之發生，無主觀上之犯意，當無犯意聯絡可言，各共同正犯就加重結果應否負責，端視其本身就此加重結果有無過失為斷**。教唆犯或幫助犯（下稱共犯）依從屬性原則，依附於正犯之不法行為而成立犯罪，就加重結果而論，共犯僅就故意之基本犯罪從屬於正犯，對加重結果則無從屬可言（過失犯不能成立共犯），則其是否應對加重結果負責，亦唯共犯本身就加重結果之發生能否預見，有無過失為問，且通常較諸共同正犯不易成立。尤其共犯對犯罪行為之風險製造及因果流程之控制，一般均較共同正犯為少，故對其加重結果之成立與否，論斷應負之注意義務時，允宜較共同正犯為輕……。

《最高法院101年度台上字第1857號判決》

……刑法上之加重結果犯，係指行為人就故意實行之基本犯罪行為，於一般客觀情況下可能預見將發生一定之加重結果，但因行為人之疏虞（即過失）而主觀上未預見，致發生該加重之結果而言。若行為人主觀上對加重結果之發生已有預見，而其發生又不違背其本意者，則屬故意之範疇，而無論以加重結果犯之餘地。故**加重結果犯就基本犯罪而言，為故意犯；對加重結果而言，則具有過失犯之性質**……。

《最高法院101年度台上字第4537號判決》

……加重結果犯，以行為人能預見其結果之發生為要件，所謂能預見乃指客觀情形而言，與主觀上有無預見不同，若主觀上有預見，而結果之發生又不違背其本意時，則屬故意範圍。是以，**加重結果犯對於加重結果之發生，並無主觀上之犯意可言**。而刑法第277條第2項後段傷害致人重傷罪，係因犯傷害罪致發生重傷結果而為加重其刑之規定，依同法第17條之規定，固以行為人能預見其結果發生時，始得適用，但傷害行為足以引起重傷之結果，如在通常觀念上不得謂無預見之可能，則行為人對於被害人之傷害致重傷即不能不負責任……。

十五、精神障礙

《最高法院100年度台上字第2963號判決》

……構成犯罪之主觀要素，除行為人應有責任能力外，尤須有故意或過失之意思決定。前者屬於犯罪能力之適格，與犯罪事實無直接關係，後者則為適格者之意思活動，故為犯罪事實之直接構成要件，必也因為有此項條件之存在，始與行為者之行為，發生法律上之責任。而刑事法上關於責任能力之規定，則不外乎對於行為人期待可能性的要求，**刑法第19條第1項係行為時因精神障礙或**

其他心智缺陷，因而欠缺辨識能力（不能辨識其行為違法）或控制能力（欠缺依其辨識而行為之能力）之期待可能性，乃明文定其為無責任能力之人，既已否決其犯罪能力之適格，自亦無所謂意思活動之可言；至於同條第2項則屬於期待可能性降低之態樣，亦即行為人之辨識能力或控制能力並無不能或欠缺，自仍具犯罪能力之適格，而無礙其意思之決定，但因其辨識能力或控制能力有顯著減低之情形，法律上乃賦予審判者減輕其刑之裁量，以示對一種特殊人格實存之尊重……。

《最高法院101年度台上字第1917號判決》

……**刑法第19條係針對行為時精神狀態異常之行為人，依其行為時欠缺責任能力為理由，給予特別之處遇規定**，而犯罪行為之發生除行為人之外，尚有被害人之存在，為避免實務適用時，將行為人之責任能力與被害人特質之認定採相同標準，而與保護被害人之意旨相悖，刑法第225條乘機性交、猥褻罪之要件，亦配合第19條用語，修正為利用「其精神、身體障礙、心智缺陷或其他相類之情形」，並於立法理由揭明「本條被害人狀態之認定，不以被害人是否領有身心障礙手冊為判斷之依據，而係以被害人身、心之客觀狀態作為認定之標準，以與保護被害人之意旨相呼應。」蓋本罪之性質，在於行為人係趁被害人囿於本身因素所造成無法或難以擷取意願之狀態下而為性交或猥褻行為，被害人此一狀態之形成，包括精神障礙與心智缺陷之精神病，其異於一般疾病者，在於精神病為慢性病，雖可藉由治療藥物之不斷問世，以緩解避免其惡化，但尚無法完全治癒。依行政院衛生署公告之「身心障礙等級表」，慢性精神病患者係指由於罹患精神病，經必要適當治療，未能痊癒且病情已經慢性化，導致職業功能、社交功能與日常生活適應上發生障礙，需要家庭、社會支持及照顧者，其範圍包括精神分裂症、情感性精神病、妄想病、老年期及初老期精神病狀態、其他器質性精神病狀態、其他非器質性精神病狀態、原發於兒童期之精神病。慢性精神疾病患者之病理變化過程通常是一個持續性的過程，因而可經由觀察、追蹤、研判其潛伏期、症狀起伏、治療與否及療效良窳，推斷患者在特定期間內可能之精神狀況。從而，關於被害人精神障礙與心智缺陷之鑑定，必須兼及被害行為前後一段過程之病理資料，在此一時間軸上之精神狀態被判斷具有一體性，方足以推認被害人於被害當時精神、心智之客觀狀態……。

《最高法院刑事判決107年度台上字第3183號》

……行為人於犯罪當時，其辨識行為違法之意識能力，與依其辨識而為行為之控制能力，是否因精神障礙或其他心智缺陷等生理原因而受影響，必要時固得委諸醫學專家鑑定；然該等生理原因之存在，是否致使行為人意識能力與控制能力欠缺或顯著減低之心理結果，係依犯罪行為時狀態定之，自應由法院依調查證據之結果，加以判斷。

十六、未遂犯

《最高法院100年度台上字第2604號判決》

……**所謂不能（未遂）犯，乃指行為人已著手於犯罪之實行，而就其行為觀察，並不能發生結果，且無結果發生之危險或可能者而言；倘其行為後，因有外部障礙事由之阻斷，致未發生原可預期或預見之犯罪結果者，即屬（普通）障礙未遂之範疇，而非不能犯。二者區別，端在於有無發生結果之危險或可能。如有，為（普通障礙）未遂犯；若無，始屬不能（未遂）犯。**又所言中止（未遂）犯，則指已著手於犯罪行為之實行，嗣因己意，消極中止該行為之續行，或改以積極作為防止其結果之發生，並均終致該犯罪之結果未發生之情形而言。其重要特徵之一，厥為行為尚未完全完成，斯有中止可言，若行為既已完成，卻純因外部障礙而未發生原所預期或預見之結果者，要屬障礙未遂問題，並非中止犯。又犯罪之著手，係指行為人為實現犯意而開始實行犯罪構成要件之行為而言。販賣毒品罪之販賣者與購毒者就買賣毒品之重要內容有所表示時，縱使販賣者尚未實際交付毒品，仍可認為已經著手販賣毒品之實施；亦即販賣毒品之犯行，以販賣者與應買者雙方就買賣毒品之重要內容有所意思表示而達成契約之合致時，即已著手於販賣毒品之構成要件行為……。

《最高法院100年度台上字第4615號判決》

……犯罪之未遂，有未了未遂與既了未遂之區分，**未了未遂或稱為未完成的未遂，係指行為人著手於犯罪行為之實行，而未完成實行行為；既了未遂有稱為已完成的未遂，係指行為人著手於犯罪行為之實行之後，雖已完成實行行為，但尚未發生結果的未遂。**兩者於中止犯之適用，在未了未遂的情況，行為人只須消極放棄實行犯罪行為，即可成立中止犯；而在既了未遂的情形，則行為人除中止外，尚須積極的防止結果發生，始能成立中止犯。刑法第27條第1項前段規定：已著手於犯罪行為之實行，而因己意中止或防止其結果之發生者，減輕或免除其刑。其所定「已著手於犯罪行為之實行，而因己意中止者」，為未了未遂之情形；所定「已著手於犯罪行為之實行，而防止其結果之發生者」，則為既了未遂之情形……。

《最高法院101年度台上字第3444號判決》

……刑法上所謂中止未遂，係指已著手於犯罪行為之實行，而因己意中止或防止其結果之發生者，以及結果之不發生，非防止行為所致，而行為人已盡力為防止行為者而言。至於**中止未遂與障礙未遂之區別，在於行為人實行犯罪行為後之中止行為是否出於自由意志，為決定中止未遂與障礙未遂之區分標準**，若行為人非因受外界事務之影響而出於自由意志，自動終止犯罪行為或防止其結果之發生，無論其終止係出於真心悔悟、他人勸說或自己感覺恐被發覺、時機尚未成熟，祇須非因外界事務之障礙而使行為人不得不中止者，均為中止未遂；反之，倘係由於外界之障礙事實，行為人受此心理壓力而不得不中止者，即非出於自由意志而中止，則屬障礙未遂……。

十七、不能犯

《最高法院100年度台上字第2880號判決》

……間接正犯係利用無刑事責任之人實行自己所欲犯之罪而成立，間接正犯以被利用人已著手於犯罪行為之實行為其著手。又刑法第26條規定，行為不能發生犯罪之結果，又無危險者，不罰。故不能未遂，係指已著手於犯罪之實行，但其行為未至侵害法益，且又無危險者而言；其雖與一般障礙未遂同未對法益造成侵害，然須並無侵害法益之危險，始足當之。而有無侵害法益之危險，應綜合行為時客觀上通常一般人所認識及行為人主觀上特別認識之事實為基礎，再本諸客觀上一般人依其知識、經驗及觀念所公認之因果法則而為判斷，既非單純以行為人主觀上所認知或以客觀上真正存在之事實情狀為基礎，更非依循行為人主觀上所想像之因果法則判斷認定之。若有侵害法益之危險，而僅因一時、偶然之原因，致未對法益造成侵害，則為障礙未遂，非不能未遂……。

《最高法院101年度台上字第1248號判決》

……刑法第26條規定：「行為不能發生犯罪之結果，又無危險者，不罰」，即學理上所謂之「不能犯」，乃指行為人已著手於犯罪之實行或已實行完畢，而其行為不可能發生預期結果之謂。**「不能犯」除應具未遂犯之一般要件外，尚須具備「行為不能發生犯罪之結果」及「無危險」二要件；且不能發生結果與未發生結果不同，前者絕無發生之可能，為「不能犯」，後者雖有發生之可能而未發生，為一般未遂犯；至「無危險」則係指行為而言，危險之有無，應以客觀具體事實認定之**……。

《最高法院101年度台上字第1570號判決》

……刑法第26條規定，行為不能發生犯罪之結果，又無危險者，不罰。故**不能未遂，係指已著手於犯罪之實行，但其行為未至侵害法益，且又無危險者而言**；其雖與一般障礙未遂同未對法益造成侵害，然須並無侵害法益之危險，始足當之。而有無侵害法益之危險，應綜合行為時客觀上通常一般人所認識及行為人主觀上特別認識之事實為基礎，再本諸客觀上一般人依其知識、經驗及觀念所公認之因果法則而為判斷，既非單純以行為人主觀上所認知或以客觀上真正存在之事實情狀為基礎，更非依循行為人主觀上所想像之因果法則判斷認定之。**若有侵害法益之危險，而僅因一時、偶然之原因，致未對法益造成侵害，則為障礙未遂，非不能未遂**……。

十八、共同正犯

《最高法院100年度台上字第978號判決》

……所謂教唆犯，係指以使他人犯罪為目的，對於本無犯罪意思之人，以挑唆或勸誘等方式，使其萌生犯罪決意進而實行犯罪之行為者而言。**若係為實現自己犯罪目的而參與犯罪之謀議，或就實行犯罪之方法或程度有所計劃，並推由他人出面實行犯罪之行為，其參與謀議者應成立同謀共同正犯（或共謀共同正犯），而非教唆犯**……。

《最高法院101年度台上字第680號判決》

……94年2月2日修正公布，95年7月1日施行之刑法第28條，排除陰謀犯、預備犯為共同正犯，其修法原理乃數人雖於陰謀、預備之階段有共同參與之行為，惟於著手實行犯罪構成要件行為前，即已脫離者，對犯罪結果如令負共同正犯刑責，實有悖於平等原則，且與一般國民感情有違，故確定在「實行」概念下之共同參與行為，始成立共同正犯。而上開排除之「預備共同正犯」，係指法無處罰預備犯之情形而言，如法律已將預備階段獨立成罪者，其共同參與該犯罪構成要件之行為者，仍應論以該罪之共同正犯。預備犯「對於有投票權之人，行求期約或交付賄賂或其他不正利益，而約其不行使投票權，或為一定之行使」之罪者，公職人員選舉罷免法第99條第2項有處罰之明文規定，則共同實行該犯罪者，自應論以共同正犯……。

《最高法院101年度台上字第282號判決》

……**共同正犯之成立，祇須具有犯意之聯絡、行為之分擔，既不問犯罪動機起於何人，亦不必每一階段犯行均經參與；共同實行犯罪行為之人，在合同意思範圍內，各自分擔犯罪行為之一部，相互利用他人之行為，以達其犯罪之目的者，即應對於全部所發生之結果共同負責**；且共同正犯不限於事前有協議，即僅於行為當時有共同犯意之聯絡者亦屬之，且表示之方法，不以明示通謀為必要，即相互間有默示之合致，亦無不可……。

《最高法院101年度台上字第6068號判決》

……共同實行犯罪行為之人，在合同意思範圍以內，各自分擔犯罪行為之一部，相互利用他人之行為，以達其犯罪之目的者，即應對於全部所發生之結果，共同負責，不問犯罪動機起於何人，亦不必每一階段犯行，均經參與。又**關於犯意聯絡，不限於事前有所協議，其於行為當時，基於相互之認識，以共同犯罪之意思參與者，亦無礙於共同正犯之成立。且數共同正犯之間，原不以直接發生犯意聯絡者為限，即有間接之聯絡者，亦包括在內**。從而除共謀共同正犯，因其並未參與犯罪構成要件之實行而無行為之分擔，僅以其參與犯罪之謀議為其犯罪構成要件之要素，故須以積極之證據證明其參與謀議外，其餘已參與分擔犯罪構成要件行為之共同正犯，既已共同實行犯罪行為，則該行為人，無論係先參與謀議，再共同實行犯罪，或於行為當時，基於相互之認識，以共同犯罪之意思參與，均成立共同正犯。又關於正犯、幫助犯之區別，係以其主觀之犯意及客觀之犯行為標準，凡以自己犯罪之意思而參與犯罪，無論其所參與者是否犯罪構成要件之行為，皆為正犯。以幫助他人犯罪之意思而參與犯罪，其所參與者，苟係犯罪構成要件之行為，亦為正犯，必以幫助他人犯罪之意思而參與犯罪，其所參與者又為犯罪構成要件以外之行為，始為幫助犯。原判決依憑上訴人及其他共同被告之自白及卷附其他證據資料，認定其等均參與犯罪謀議，有犯意之聯絡，並分擔部分之行為，而相互利用他人之行為，以達其犯罪之目的，無論彼等共同謀議之具體態樣為何，均應成立共同正犯……。

《最高法院刑事判決106年度台上字第3462號》

……按刑法第16條規定係依違法性錯誤的情節，區分為有正當理由而無法避免者，阻卻其犯罪的成立，應免除其刑事責任；至於非屬無法避免者，猶然不能阻卻犯罪的成立，僅得視個案的具體犯情，減輕其刑。次按行為人分別基於直接故意與間接故意實行犯罪行為，固可成立共同正犯，然因直接故意與間接故意的性質、態樣，既有差異，自影響於行為人責任及量刑的結果。故有罪判決書對於共同行為人究竟係基於何種故意實行犯罪行為，當應詳為認定。又共同正犯既以犯意聯絡、行為分擔為成立要件，其中何種人的行為得為受非難評價的資格，乃構成犯罪主體要件之一，則行為人是否具備刑事責任，當為其是否應負刑責而成立共同正犯的先決條件。

十九、己手犯

《最高法院100年度台上字第2936號判決》

……偽證罪係屬學說上所謂之「己手犯」，**「己手犯」之特徵在於正犯以外之人，雖可對之加功而成立該罪之幫助犯或教唆犯，但不得為該罪之間接正犯或共同正犯**，亦即該罪之正犯行為，唯有藉由正犯一己親手實行之，他人不可能參與其間，縱有犯意聯絡，仍非可論以共同正犯……。

二十、對向犯

《最高法院10年度台上字第2481號判決》

……犯罪態樣，依其犯罪性質可分為「共同正犯」與「對向犯」，**所謂「對向犯」係指二個或二個以上之行為人彼此相互對立之意思經合致而成立犯罪，其等彼此間無所謂犯意聯絡，因行為者各有其目的，各就其行為負責，並無成立共同正犯之餘地**……。

二一、教唆犯

《最高法院100年度台上字第837號判決》

……**刑法上之教唆犯，係指基於使他人犯罪為目的，對於本無犯罪意思之人，以挑唆或勸誘等方式，使其萌生犯罪之決意進而實行犯罪之行為者而言。**若係基於實現自己犯罪目的而參與犯罪之謀議，或就實行犯罪之方法或程度有所計劃，並推由他人出面實行犯罪之行為，其參與謀議者應成立同謀共同正犯（或共謀共同正犯），而非教唆犯……。

《最高法院100年度台上字第4914號判決》

……現行刑法第29條關於教唆犯之規定，已改採共犯從屬性說之立場，須被教唆者著手實行犯罪行為，且具備違法性後，教唆者始成立教唆犯。對照刑法第29條修正前「被教唆人雖未至犯罪，教唆犯仍以未遂犯論」之規定，係採共犯獨立性說立場，側重於處罰教唆犯之惡性，顯然有別。因此，**倘被教唆者未產生犯罪決意，或雖生決意卻未實行者，皆不成立教唆犯**……。

《最高法院101年度台上字第5009號判決》

……刑法第29條關於教唆犯之規定，係於94年2月2日修正，95年7月1日起施行，將教唆犯原採共犯獨立性說，改**採共犯從屬性說中「限制從屬形式」之立場，須被教唆者著手實行犯罪行為，且具備違法性後，教唆者始成立教唆犯**……。

二二、間接正犯

《最高法院100年度台上字第5427號判決》

……**所謂間接正犯，係指利用他人為工具而實現犯罪構成要件而言**。被利用者純為犯罪之工具，其行為本身不構成犯罪，而被利用之情形，包括非構成要件、無故意、無意圖、無違法性或無責任性等行為均屬之……。

《最高法院101年度台上字第584號判決》

……意欲犯罪之人，不親自實施犯罪行為，而利用不知情之人，以實施其所意欲之犯罪行為者，仍應負正犯之刑事責任，即學理上所稱之間接正犯……。

二三、幫助犯

《最高法院100年度台上字第1449號判決》

……**幫助犯之成立，以客觀上有幫助他人犯罪之行為，主觀上存在幫助他人犯罪之故意，即足當之**，亦即對於他人有犯罪之意思與行為、自己之行為係幫助行為及他人之行為因自己之幫助而易於實行或助成其結果等，均有所認識，而此認識不以明知為必要，行為人雖非明知他人犯罪，但對他人犯罪情事可得預見，而有認識之可能者亦屬之……。

《最高法院101年度台上字第3452號判決》

……幫助犯係從屬於正犯而成立，並無獨立性，且其應負之責任，以對於正犯所實行之犯罪行為有所認識為必要；**若正犯所犯之事實，超過幫助者認識之範圍時，則就該超過部分，其事前既不知情而無犯意，自不負幫助之責**……。

《最高法院101年度台上字第3797號判決》

……刑法上之故意，分直接故意（確定故意）與間接故意（不確定故意），「行為人對於構成犯罪之事實，明知並有意使其發生者」為直接故意，「行為人對於構成犯罪之事實，預見其發生而其發生並不違背其本意者」為間接故意。又**幫助犯之成立，係以幫助之意思，對於正犯資以助力，而未參與實行犯罪構成要件之行為，故行為人主觀上認識被幫助者正欲從事犯罪或係正在從事犯罪，而其行為足以幫助他人實現犯罪構成要件者，即具有幫助故意**……。

《最高法院101年度台上字第6130號判決》

……刑法正犯與幫助犯之區別係以主觀之犯意及客觀之犯行為標準，**凡以自己犯罪之意思而參與犯罪，無論其所參與者是否犯罪構成要件之行為皆為正犯，其以幫助他人犯罪之意思而參與犯罪，所參與者，苟係犯罪構成要件之行為，亦為正犯，必以幫助他人犯罪之意思而參與犯罪，所參與者又為犯罪構成要件以外之行為，始為幫助犯**……。

《臺灣高等法院刑事判決107年度原上易字第27號》

……按幫助犯之成立，主觀上行為人須有幫助故意，客觀上須有幫助行為，意即需對於犯罪與正犯有共同之認識，而以幫助之意思，對於正犯資以助力，而未參與實施犯罪之行為者而言。是行為人明知將其申辦之銀行帳戶存摺影本、金融卡交付予真實姓名、年籍均不詳之人，並告以密碼後，可預見遭不法詐騙份子利用，作為詐欺集團成員詐騙被害人財物之用，仍然為交付行為，顯係基於幫助他人詐取財物之不確定故意所為，而屬刑法詐欺取財罪構成要件以外之行為，則行為人既以幫助他人犯罪之意思而參與犯罪構成要件以外之行為，足認其所為係犯刑法第30條第1項前段、同法第339條第1項之幫助詐欺取財罪。

二四、連續犯

《最高法院101年度台上字第446號判決》

……刑法修正前之連續犯，係指數行為而觸犯同一罪名，卻基於一個概括之犯意者而言；倘係祇有一個行為，雖外觀上有數舉動，但各舉動因於同一或密切接近之時、地為之，獨立性甚薄弱，依社會一般健全觀念，難以強行分割，認為包括為一行為較為合理者，為接續犯，二者尚有不同，不應混淆……。

《最高法院101年度台上字第3379號判決》

……按**接續犯係指數行為於同時同地或密切接近之時地實行，侵害同一之法益，各行為之獨立性極為薄弱，依一般社會健全觀念，在時間差距上，難以強行分開，在刑法評價上，以視為數個舉動之接續施行，合為包括之一行為予以評價者而言**。如主觀上基於一個概括之犯意，客觀上有先後數行為，逐次實行而具連續性，侵害數個同性質之法益，其每一前行為與次行為，依一般社會健全觀念，在時間差距上，可以分開，在刑法評價上，各具獨立性，每次行為皆可獨立成罪，構成同一之罪名，則為刑法修正前所規定之連續犯，為裁判上一罪，於連續犯刪除後，則應就每一行為分別論罪，而併合處罰。又**集合犯，乃指本質上具有反覆、延續實行之特徵，立法時予以特別歸類，定為犯罪構成要件之行為要素，亦即就某些在密切接近之一定時、地，所持續實行之同種類複次行為，依照社會通念，將之歸為一個行為，成為包括之一罪。刑法行使偽造文書罪，於立法上，並非屬集合犯之類型**，原判決就上訴人所犯行使偽造公文書之行為，以其犯罪時間在刑法連續犯刪除前之部分，依連續犯論以一罪；就其犯罪行為在刑法連續犯刪除之後部分，予以分論併罰……。

《最高法院101年度台上字第5681號判決》

……行為人如客觀上有先後數行為，主觀上基於一個概括之犯意，逐次實行而具連續性，其每一前行為與次行為，依一般社會健全觀念，在時間差距上，可以分開，在刑法評價上，各具獨立性，每次行為皆可獨立成罪，構成同一之罪名者，即屬修正前刑法所規定之連續犯；於刑法刪除連續犯之規定後，則應就各次行為所犯之罪名，予以分論併罰。**必以數行為於同時同地或密切接近之時地實行，侵害同一之法益，各行為之獨立性極為薄弱，依一般社會健全觀念，在時間差距上，難以強行分開，在刑法評價上，以視為數個舉動之接續施行，合為包括之一行為予以評價，較為合理者，始為接續犯，僅成立一個罪名**……。

二五、牽連犯

《最高法院101年度台上字第244號判決》

……**刑法上之想像競合犯與牽連犯固同屬學說上之裁判上一罪；然其就實施犯罪之態樣以言，前者僅有一個實施犯罪之客觀行為，而後者則必須有二個或二個以上原可獨立成罪之客觀犯罪行為存在，並非僅實施一個犯罪行為，此為其主要區別所在**。又殺人罪係侵害個人生命法益之犯罪，其罪數計算，以被害生命之多寡，決定其犯罪之罪數，亦與放火罪之侵害社會法益，因應以行為人所侵害之社會全體利益為準據，認定係成立一個犯罪行為，有所不同。是以倘若行為人基於殺人與放火之犯罪決意，實施一個放火燒燬現供人使用，或現有人所在之住宅或建築物，而殺害（燒死）數人者，因行為人僅實施一個犯罪（放火）行為，縱同時殺害（燒死）數人，侵害數生命法益及一個社會法益，亦應就生命法益（殺人部分），按被害之生命法益個數及一個社會法益併計其犯罪罪數，而依想像競合犯之例從一重處斷……。

《最高法院101年度台上字第5307號判決》

……刑法部分條文於94年2月2日修正公布，95年7月1日施行。其第55條規定之牽連犯廢除後，對於目前實務上以牽連犯予以處理之案例，依立法理由之說明，在適用上，得視其具體情形，分別論以想像競合犯或數罪併罰，予以處斷。是原經評價為牽連犯之案件，如其二行為間具有行為局部之同一性，或其行為著手實行階段可認為同一者，得認與一行為觸犯數罪名之要件相侔，而改評價為想像競合犯，以避免對於同一不法要素予以過度評價。刑法上一行為而觸犯數罪名之想像競合犯存在之目的，既在於避免對於同一不法要素予以過度評價，則其所謂「同一行為」，應兼指所實行者為完全或局部同一之行為而言。因此**刑法修正刪除牽連犯之規定後，於修正前原認屬於方法目的或原因結果之不同犯罪，其間果有實行之行為完全或局部同一之情形，應得依想像競合犯論擬**……。

二六、集合犯

《最高法院100年度台上字第1317號判決》

……**所謂「集合犯」，係指立法者所制定之犯罪構成要件中，本即預定有數個同種類行為而反覆實行之犯罪而言。客觀上應斟酌法律規範之本來意涵、實現**

該犯罪目的之必要手段、社會生活經驗中該犯罪必然反覆實行之常態及社會通念等；主觀上則視其反覆實行之行為是否出於行為人之一個犯意，並秉持刑罰公平原則，加以判斷是否為「集合犯」。又民國94年2月2日修正公布而於95年7月1日施行之刑法，基於刑罰公平原則之考量，杜絕僥倖之犯罪心理，並避免易致鼓勵犯罪之誤解，已刪除第56條連續犯之規定。行為人反覆實行之犯罪行為苟係在刑法修正施行後者，因法律之修正已生阻斷連續犯之法律效果，除認應合於接續犯、繼續犯、集合犯等實質上一罪關係而以一罪論處外，基於一罪一罰之刑罰公平性，自應併合處罰。是對於行為人反覆實行之犯罪行為，是否為「集合犯」而論以單純一罪，無論係在刑法修正前後，均應依首開說明，就行為人所犯之罪詳為審酌判斷，以求妥適，否則將有失刪除連續犯之修法本旨，亦有違刑罰公平之原則……。

《最高法院101年度台上字第2494號判決》

……刑事法學理上所謂「集合犯」，係指立法者所制定之犯罪構成要件中，本即預定有數個同種類行為而反覆實行之犯罪而言。故是否集合犯之判斷，客觀上應斟酌法律規範之本來意涵、實現該犯罪目的之必要手段、社會生活經驗中該犯罪必然反覆實行之常態及社會通念等；主觀上則視其反覆實行之行為是否出於行為人之單一犯意，並秉持刑罰公平原則，加以判斷。而**刑法第216條、第210條之行使偽造私文書罪，依吾人一般生活經驗及社會通念，並無必須多次偽造私文書後持以行使，始得成立，亦無從憑以認定立法者本即預定該犯罪之本質，必有數個同種類行為，而反覆實行**……。

二七、正犯或共犯身分

《最高法院101年度台上字第584號判決》

……刑法第213條之公務員登載不實事項於公文書罪，係指公務員於其職務上所掌之公文書，故意為不實之登載而言，其犯罪主體為職掌製作公文書之公務員本人，無公務員身分者，必須有刑法第31條第1項規定之情形，始有其適用。**若該職掌製作公文書之公務員本人不成立犯罪，無公務員身分者即無由成立該罪之餘地**……。

二八、想像競合犯

《最高法院100年度台上字第2476號判決》

……刑法上一行為而觸犯數罪名之想像競合犯存在之目的，在於避免對於同一不法要素予以過度評價，其所謂「同一行為」係指所實行者為完全或局部同一之行為而言。因此刑法修正刪除牽連犯之規定後，於修正前原認屬於方法目的或原因結果之不同犯罪，其間果有實行之行為完全或局部同一之情形，應得依想像競合犯論擬……。

《最高法院101年度台上字第988號判決》

……刑法第55條前段規定：一行為觸犯數罪名者，從一重處斷，此即學理上所稱之想像競合犯。於牽連犯未廢除前，傳統之定義，謂其一行為，與所犯數罪名須完全合致，例如一個駕車過失行為，致一人死亡，一人受傷，其疏未注意之一過失行為，與過失致死、過失傷害二罪名須完全合致，始足語焉。惟刑法牽連犯廢除後，依學理見解，應適度擴張一行為概念，以資因應。亦即，想像競合犯之一行為，與所犯數罪名間，僅須有一部行為重疊或合致，即可構成想像競合犯，俾契合現實狀況與人民對法律之期待。因此，在牽連犯廢除後，對於先前實務上以牽連犯予以處理之案例，在適用上，得視其具體情形，分別論以想像競合犯或數罪併罰，予以處斷。例如行為人為犯特定之罪而持有槍、彈，於持有行為繼續中實行該特定犯罪，其持有槍、彈與所犯該特定之罪間，或行為人意圖營利販入毒品，運輸他地交付買受人，以完成賣出行為，其運輸與販賣毒品間，行為局部同一，得論以想像競合犯，至於台灣地區與大陸地區人民關係條例第80條第1項之未經許可航行至大陸地區罪，於船舶、航空器或其他運輸工具一經航行至大陸地區，犯罪即已成立，行為亦告終了，則行為人所犯船舶未經許可進入大陸地區罪，與其一行為自大陸地區運輸（私運）管制之毒品入境二罪名所從重處斷之運輸毒品罪間，雖具有方法、目的之牽連關係，但依一般社會通念，並無行為之一部重疊或合致，應不成立想像競合犯……。

《最高法院101年度台上字第5587號判決》

……**想像競合與法規競合（法條競合），固同屬一行為而該當於數個構成要件，惟二者本質上及其所衍生之法律效果仍有不同。前者係因侵害數法益，為充分保護被害者之法益，避免評價不足，乃就其行為所該當之數個構成要件分別加以評價，而論以數罪。但因行為人祇有單一行為，較諸數個犯罪行為之侵**

害性為輕，揆諸「一行為不二罰」之原則，法律乃規定從一重處斷即為已足，為科刑上或裁判上一罪；後者則因僅侵害一法益，為避免牴觸「雙重評價禁止原則」，祇須適用最適切之構成要件予以論罪科刑，即足以包括整個犯罪行為之不法內涵。故其他構成要件之罰責均排斥不用，實質上僅成立單一罪名，屬單純一罪。至於如何適用其中之最適切之構成要件，依通說不外乎先判斷各構成要件間究為「特別關係」、「補充關係」或「吸收關係」，再分別依「特別法優於普通法」、「基本法優於補充法」或「吸收條款優於被吸收條款」等原則，選擇其中最適切之規定予以適用。以行為人基於製造第二級毒品甲基安非他命之犯意，著手以紅磷法製造甲基安非他命為例，倘行為人於製造之過程中，已至提煉出甲基安非他命之先驅原料即第四級毒品（假）麻黃鹼之階段，但在依「鹵化」、「氫化」、「純化」三階段完成甲基安非他命之製造前、或完成製造後即被查獲時，行為人固係以一個毒品製造之行為同時該當於毒品危害防制條例之「製造第四級毒品既遂」、「製造第二級毒品既（未）遂」二罪之構成要件。然因上開各罪所保護者，均為國民健康及社會安全之同一社會法益，且以紅磷法製造甲基安非他命，既會伴隨實現製造（假）麻黃鹼之構成要件，則上開二個競合之處罰條文即處於全部法排除部分法之關係，於構成要件之評價上，僅論以罪責較重之製造第二級毒品甲基安非他命既（未）遂罪，即足以完全評價該行為之不法內涵，至於罪責較輕之「製造第四級毒品（假）麻黃鹼罪」之構成要件，即當然被吸收而不再論罪……。

二九、結合犯

《最高法院101年度台上字第6566號判決》

……結合犯係立法者將兩個獨立之故意犯罪，合成一罪，加重其處罰之犯罪類型。乃以其間出現機率頗大，危害至鉅、惡性更深，依國民法感，特予結合。而刑法第332條第1項所定之強盜而故意殺人罪，自屬強盜罪與殺人罪之結合犯，係將強盜及殺人之獨立犯罪行為，依法律規定結合成一罪，其強盜行為為基本犯罪，只須行為人利用強盜之犯罪時機，而故意殺害被害人，其強盜與故意殺人間互有關聯，即得成立。至殺人之意思，不論為預定之計畫或具有概括之犯意，抑或於實行基本行為之際新生之犯意，亦不問其動機如何，祇須二者在時間上有銜接性，地點上有關聯性，均可成立結合犯。初不論其數行為間實質上為數罪併罰或想像競合……。

三十、數罪併罰

《最高法院101年度台上字第871號判決》

……行為人於實行犯罪之初，主觀上縱有概括之犯意，但於被查獲後是否遭法院羈押而得否依其原有犯意賡續實行犯罪，因已失其自主性而無從預知，是其主觀上之犯意及客觀上之犯罪行為，應因遭查獲而中斷，縱依事後之客觀情況，行為人仍得再度實行犯罪，亦難謂與查獲前之犯罪行為係出於同一犯意；且犯行既遭查獲，依社會通念，亦期其因此自我檢束不再犯罪，若仍重蹈前非，自應認係另行起意……。

三一、犯罪行為吸收關係

《最高法院100年度台上字第1317號判決》

……**刑法上所謂犯罪行為之吸收關係，係指其低度行為為高度行為所吸收，或某種犯罪行為之性質或結果當然含有他罪之成分，自亦當然吸收者而言。**上訴人製造偽藥而販賣，其製造與販賣之各犯罪行為彼此程度不相關連，本難謂有低度行為與高度行為之關係，而製造偽藥，按其性質或結果，又非當然含有販賣之成分，故兩者之間，能否謂有吸收關係，尚非無探究之餘地……。

三二、累犯

《最高法院101年度台上字第3516號判決》

……刑法累犯之成立要件，依刑法第47條第1項之規定，必須曾受有期徒刑之執行完畢，或一部之執行而赦免後，五年以內故意再犯有期徒刑以上之罪者，始足當之；**所稱執行完畢，除執行刑期期滿者外，如有期徒刑經假釋出獄者，在所餘刑期內，未經撤銷假釋者，其未執行之刑，始得以已執行論。**如其為二以上徒刑併執行者，假釋所定最低應執行之
期間，合併計算之，其所餘刑期（即殘刑）亦應合併計算，必於該合併計算之期間內未經撤銷假釋，其未執行之刑，始得以已執行論……。

三三、定應執行刑

《最高法院101年度台抗字第114號判決》

……修正前刑法第51條規定，宣告多數有期徒刑者，於各刑中之最長期以上，各刑合併刑期以下，定其刑期。但不得逾二十年。該條文修正後，除但書部分

提高為「不得逾三十年」外，其餘內容仍同前。又法律上屬於自由裁量之事項，有其外部性界限及內部性界限，並非概無拘束。法院應在法律所定範圍內選擇為適當之裁判者，為自由裁量之外部性界限；法院裁量時，應符合其所適用之法律之目的及法秩序理念者，為自由裁量之內部性界限。數罪併罰而有二裁判以上，法院定其應執行之刑，固有自由裁量之職權，但仍應受法律內部性界限及外部性界限之拘束，且外部性界限既為法所明定，自優先於內部性界限。換言之，以符合法規範限制之外部性界限後，始有就法目的、理念之內部性界限考量之餘地，自不待言……。

三四、緩刑

《最高法院101年度台上字第5586號判決》

……緩刑係附隨於有罪判決的非機構式之刑事處遇，其主要目的在達成受有罪判決之人，在社會中重新社會化之人格重建功能。此所以緩刑宣告必須附帶宣告緩刑期間之意義所在。再者，**緩刑制度首重再犯罪的預防**，唯有對受判決人本身有充分瞭解，例如依其過去生涯，可知犯罪行為人所曾接受的教育，從犯罪的狀態瞭解行為人的行為動機、目的，從犯罪後態度推知行為人對其行為的看法，從生活狀況與環境推測其將來的發展等；才能判斷其在緩刑期間，與之後的生活中是否會再犯罪。亦即藉由前述各種因素對犯罪行為人為整體評價，作為法院判斷該行為人是否適宜被宣告緩刑，以及進一步依據個案情況決定緩刑期間，及所應採取的積極協助措施，並將之作為緩刑宣告的負擔或條件。綜上，是否宣告緩刑、緩刑期間長短、及所附加之負擔或條件，均屬法院裁量之範圍……。

《臺灣高等法院刑事判決107年度上易字第773號》

……按緩刑宣告與否及緩刑宣告所附條件為何，均屬法院依職權得自由裁量之事項，且不完全以刑事被告已否與被害人成立和解賠償損失或經被害人同意為必要。是判決雖未令行為人賠償各被害人全數遭詐欺金額，然此緩刑宣告所附條件之目的實為求兼顧保護被害人權益而為，使各該被害人得自被告處取得相當之損害賠償，對各該被害人並無不利益。況此僅為諭知行為人緩刑所附條件而已，各該被害人若認此損害賠償金額猶屬不足，均仍得依循相關民事救濟途徑請求賠償，並不因原審諭知此等條件而受影響；且此諭知客觀上亦無明顯濫權或失當者，自難認有何違法。

三五、追訴權時效

《最高法院101年度台上字第398號判決》

……所謂追訴權，係對行刑權而言，應指形式的刑罰權，包括偵查、起訴及審判權在內，若已實施偵查，此時追訴權既無不行使之情形，自不生時效進行之問題。修正前刑法第83條第1項原規定：追訴權之時效，如依法律之規定，偵查、起訴或審判之程序不能開始或繼續時，停止其進行。即本斯旨。嗣上開二條文雖於94年2月2日修正，於95年7月1日施行；其第80條修正為：追訴權，因一定期間內為起訴而消滅。第83條修正為：追訴權之時效，因起訴而停止進行；依法應停止偵查或因犯罪行為人逃匿而通緝者，亦同。依修正後之規定，追訴權之時效，因起訴而停止進行，然不影響於依修正前之規定，已實施偵查即不生時效進行之問題。又刑法第80條第1項第2款原規定，三年以上十年未滿有期徒刑之罪者，其追訴權因十年不行使而消滅。該條款亦同時修正為犯最重本刑為三年以上十年未滿有期徒刑之罪者，其追訴權因二十年內未起訴而消滅……。

《最高法院101年度台上字第3239號判決》

……修正前刑法第80條第1項規定，追訴權因一定期間不行使而消滅，係指追訴機關於法定期間內，怠於行使追訴權，即生時效完成而消滅追訴權之效果。故追訴權消滅時效之發生，應以不行使追訴權為其前提要件。又所謂追訴權，係對行刑權而言，應指形式的刑罰權，包括偵查、起訴及審判權在內，若已實施偵查，此時追訴權既無不行使之情形，自不生時效進行之問題。修正前刑法第83條第1項原規定：追訴權之時效，如依法律之規定，偵查、起訴或審判之程序不能開始或繼續時，停止其進行。即本斯旨。嗣上開二條文雖於94年2月2日修正，於95年7月1日施行；其第80條修正為：追訴權，因一定期間內未起訴而消滅。第83條修正為：追訴權之時效，因起訴而停止進行；依法應停止偵查或因犯罪行為人逃匿而通緝者，亦同。依修正後之規定，追訴權之時效，因起訴而停止進行，然不影響於依修正前之規定，已實施偵查即不生時效進行之問題。又刑法第80條第1項第2款原規定，三年以上十年未滿有期徒刑之罪者，其追訴權因十年不行使而消滅。該條款亦同時修正為犯最重本刑為三年以上十年未滿有期徒刑之罪者，其追訴權因二十年內未起訴而消滅。本件上訴人連續犯行使偽造私文書之犯罪日期為86年12月26日、27日，所犯係屬最重法定本刑有期徒刑五年之罪，依修正前刑法第80條第1項第2款規定，其追訴權時效為十年。

三六、保安處分

《最高法院100年度台上字第2002號判決》

……拘束人身自由之保安處分，係對受處分人將來之危險性所為拘束其身體、自由之處置，以達教化與治療之目的，為刑罰之補充制度。**我國現行刑法採刑罰與保安處分之雙軌制，旨在於維持行為責任之刑罰原則前提下，加強協助行為人再社會化之功能，並改善行為人潛在之危險性格，期達成根治犯罪原因、預防犯罪之特別目的**。此類保安處分內容因亦含社會隔離、拘束身體自由之措施，其限制人民之權利，與刑罰同，為保障人權，固亦應受比例原則之規範，然其是否合於比例原則，除行為人所為行為之嚴重性外，尤著重行為人所表現之危險性及對於行為人未來行為之期待性等行為人反社會危險性之考量，以實現保安處分針對行為人個人反社會性格之特別預防功能，至具體個案中行為人犯罪之罪質與犯罪後是否坦承等態度，僅於影響上開考量因素時，始予斟酌……。

三七、驅逐出境處分

《最高法院101年度台非字第85號判決》

……刑法第95條規定外國人受有期徒刑以上刑之宣告者，得於刑之執行完畢或赦免後，驅逐出境者，應僅限於外國人始有該條之適用，**倘具有中華民國國籍者，縱其同時具有外國國籍，即俗稱擁有雙重國籍之人，若未依國籍法第11條之規定，經內政部許可喪失中華民國國籍時，則其仍不失為本國人民，與一般所謂「外國人」之含義不符，自無刑法第95條規定之適用**……。

三八、強制工作

《最高法院101年度台上字第4388號判決》

……按保安處分係針對受處分人將來之危險性所為之處置，以達教化、治療之目的。我國現行刑法採刑罰與保安處分雙軌制，係在維持行為責任之刑罰原則下，為協助行為人再社會化之功能，以及改善行為人潛在之危險性格，期能達成根治犯罪原因、預防犯罪之特別目的。是**保安處分中之強制工作，旨在對嚴重習慣性犯罪及欠缺正確工作觀念或無正常工作因而犯罪者，強制其從事勞動，學習一技之長及正確之謀生觀念，使其日後重返社會，能適應社會生活。**竊盜犯贓物犯保安處分條例第3條第1項規定：「十八歲以上之竊盜犯、贓物犯，有犯罪之習慣者，得於刑之執行前，令入勞動場所強制工作。」即係本於保安處分應受比例原則之規範，使保安處分之宣告，與行為人所為行為之嚴重性、行為人所表現之危險性，及對於行為人未來行為之期待性相當之意旨而制定，而由法院視行為人之危險性格，決定應否令入勞動處所強制工作，以達預防之目的，此為事實審法院依職權得審酌之事項……。

三九、強制治療

《最高法院101年度台抗字第739號判決》

……95年7月1日施行之第91-1條關於強制治療之規定，已從刑前強制治療改為「徒刑執行期滿前，於接受輔導或治療後，經鑑定、評估，認有再犯之危險者」，始得令入相當處所，施以強制治療，比較新舊法結果，修正後刑法較有利於行為人，依刑法第2條第1項但書規定，適用修正後新法，自毋庸於判決主文內併為強制治療之諭知等情，因認新法較有利於受刑人而適用新法為裁判，未於主文諭知刑前強制治療，該判決僅比較中間時法及裁判時法，並未比較行為時法，縱有適用法則不當之違誤，但在未經撤銷前，執行機關仍受其拘束。故本件檢察官依確定判決意旨，於受刑人徒刑執行期滿前，就執行中接受輔導或治療後，經鑑定、評估，認有再犯之危險者，依據監獄行刑法第82-1條向本案犯罪事實最後裁判之原審法院聲請裁定許可令受刑人入相當處所施以強制治療之保安處分，原審予以准許，尚無違誤。次查法律不溯及既往及罪刑法定為刑法時之效力之兩大原則，行為應否處罰，以行為時之法律有無明文規定為斷，苟行為時之法律，並無處罰明文，依刑法第1條前段，自不得因其後施行之法律有處罰規定而予處罰。又**拘束人身自由之保安處分，係以剝奪受處分人之人身自由為內容，性質上具有濃厚自由刑之色彩，亦應有上揭原則之適用，故刑法第1條後段明定拘束人身自由之保安處分，以行為時之法律有明文規定者為限，即本斯旨為規範**。而在法規競合之情形，因其犯罪行為，同時有符合該犯罪構成要件之數個法規，始擇一適用，倘於行為時無法規競合之情形，迨於行為後始制定較普通法處罰為重之特別法或補充法，基於罪刑法定原則，自無適用行為後始制定之特別法或補充法之餘地，此在拘束人身自由之保安處分同有其適用……。

第三部分　相關法規

中華民國刑法（僅收錄總則部分）

重要沿革

1. 中華民國94年2月2日總統華總一義字第09400014901號令修正公布第1～3、5、10、11、15、16、19、25～27、第四章章名、28～31、33～38、40～42、46、47、49、51、55、57～59、61～65、67、68、74～80、83～90、91-1、93、96、98、99條條文；增訂第40-1、75-1條條文；刪除第56、81、94、97條條文；並自95年7月1日施行。
2. 中華民國98年1月21日總統華總一義字第09800015611號令修正公布第41條條文；並自98年9月1日施行。
3. 中華民國98年6月10日總統華總一義字第09800141551號令修正公布第42、44、74～75-1條條文；增訂第42-1條條文；其中第42條條文自公布日施行；第42-1、44、74～75-1條條文自98年9月1日施行。
4. 中華民國98年12月30日總統華總一義字第09800325491號令修正公布第41、42-1條條文；並自公布日施行。
5. 中華民國102年1月23日總統華總一義字第1020001245號令修正公布第50條條文；並自公布日施行。
6. 中華民國104年12月30日總統華總一義字第10400153651號令修正公布第2、11、36、38、40、51、74、84條條文；增訂第37-1、37-2、38-1～38-3、40-2條條文及第五章之一章名、第五章之二章名；刪除第34、39、40-1、45、46條條文；並自105年7月1日施行。
7. 中華民國105年6月22日總統華總一義字第10500063131號令修正公布第38-3條條文；並自105年7月1日施行。
8. 中華民國105年11月30日總統華總一義字第10500146931號令修正公布第5條條文。
9. 中華民國108年5月29日總統華總一義字第 10800053451號令修正公布第10、61、80、98條條文；刪除第91條條文。
10. 中華民國108年12月31日總統華總一義字第10800142761號令修正公布第83、85條條文。

第一章　法例

第1條　（罪刑法定原則）

行為之處罰，以行為時之法律有明文規定者為限。拘束人身自由之保安處分，亦同。

第2條　（從舊從輕原則）

行為後法律有變更者，適用行為時之法律。但行為後之法律有利於行為人者，適用最有利於行為人之法律。

沒收、非拘束人身自由之保安處分適用裁判時之法律。

處罰或保安處分之裁判確定後，未執行或執行未完畢，而法律有變更，不處罰其行為或不施以保安處分者，免其刑或保安處分之執行。

第3條　（屬地原則）

本法於在中華民國領域內犯罪者，適用之。在中華民國領域外之中華民國船艦或航空器內犯罪者，以在中華民國領域內犯罪論。

第4條　（隔地犯）

犯罪之行為或結果，有一在中華民國領域內者，為在中華民國領域內犯罪。

第5條　（保護原則、世界原則）

本法於凡在中華民國領域外犯下列各罪者，適用之：

一、內亂罪。

二、外患罪。

三、第135條、第136條及第138條之妨害公務罪。

四、第185-1條及第185-2條之公共危險罪。

五、偽造貨幣罪。

六、第201條至第202條之偽造有價證券罪。

七、第211條、第214條、第218條及第216條行使第211條、第213條、第214條文書之偽造文書罪。

八、毒品罪。但施用毒品及持有毒品、種子、施用毒品器具罪，不在此限。

九、第296條及第296-1條之妨害自由罪。

十、第333條及第334條之海盜罪。

十一、第339-4條之加重詐欺罪。

第6條　（公務員之屬人原則）

本法於中華民國公務員在中華民國領域外犯左列各罪者，適用之：

一、第121條至第123條、第125條、第126條、第129條、第131條、第132條及第134條之瀆職罪。

二、第163條之脫逃罪。

三、第213條之偽造文書罪。

四、第336條第1項之侵占罪。

第7條　（一般國民之屬人原則）

本法於中華民國人民在中華民國領域外犯前二條以外之罪，而其最輕本刑為三年以上有期徒刑者，適用之。但依犯罪地之法律不罰者，不在此限。

第8條 （保護原則）

前條之規定，於在中華民國領域外對於中華民國人民犯罪之外國人，準用之。

第9條 （外國裁判之效力）

同一行為雖經外國確定裁判，仍得依本法處斷。但在外國已受刑之全部或一部執行者，得免其刑之全部或一部之執行。

第10條 （定義規定）

稱以上、以下、以內者，俱連本數或本刑計算。

稱公務員者，謂下列人員：

一、依法令服務於國家、地方自治團體所屬機關而具有法定職務權限，以及其他依法令從事於公共事務，而具有法定職務權限者。

二、受國家、地方自治團體所屬機關依法委託，從事與委託機關權限有關之公共事務者。

稱公文書者，謂公務員職務上製作之文書。

稱重傷者，謂下列傷害：

一、毀敗或嚴重減損一目或二目之視能。

二、毀敗或嚴重減損一耳或二耳之聽能。

三、毀敗或嚴重減損語能、味能或嗅能。

四、毀敗或嚴重減損一肢以上之機能。

五、毀敗或嚴重減損生殖之機能。

六、其他於身體或健康，有重大不治或難治之傷害。

稱性交者，謂非基於正當目的所為之下列性侵入行為：

一、以性器進入他人之性器、肛門或口腔，或使之接合之行為。

二、以性器以外之其他身體部位或器物進入他人之性器、肛門，或使之接合之行為。

稱電磁紀錄者，謂以電子、磁性、光學或其他相類之方式所製成，而供電腦處理之紀錄。

稱凌虐者，謂以強暴、脅迫或其他違反人道之方法，對他人施以凌辱虐待行為。

第11條 （刑法總則之適用範圍）

本法總則於其他法律有刑罰、保安處分或沒收之規定者，亦適用之。但其他法律有特別規定者，不在此限。

第二章 刑事責任

第12條 （罪責原則）

行為非出於故意或過失者，不罰。

過失行為之處罰，以有特別規定者，為限。

第13條 （直接故意、間接故意）

行為人對於構成犯罪之事實，明知並有意使其發生者，為故意。

行為人對於構成犯罪之事實，預見其發生而其發生並不違背其本意者，以故意論。

第14條 （無認識過失、有認識過失）

行為人雖非故意，但按其情節應注意，並能注意，而不注意者，為過失。

行為人對於構成犯罪之事實，雖預見其能發生而確信其不發生者，以過失論。

第15條 （不作為犯）

對於犯罪結果之發生，法律上有防止之義務，能防止而不防止者，與因積極行為發生結果者同。

因自己行為致有發生犯罪結果之危險者，負防止其發生之義務。

第16條 （法律錯誤）

除有正當理由而無法避免者外，不得因不知法律而免除刑事責任。但按其情節，得減輕其刑。

第17條 （結果加重犯）

因犯罪致發生一定之結果，而有加重其刑之規定者，如行為人不能預見其發生時，不適用之。

第18條 （責任能力之年齡限制）

未滿十四歲人之行為，不罰。

十四歲以上未滿十八歲人之行為，得減輕其刑。

滿八十歲人之行為，得減輕其刑。

第19條 （責任能力之精神狀態、原因自由行為）

行為時因精神障礙或其他心智缺陷，致不能辨識其行為違法或欠缺依其辨識而行為之能力者，不罰。

行為時因前項之原因，致其辨識行為違法或依其辨識而行為之能力，顯著減低者，得減輕其刑。

前二項規定，於因故意或過失自行招致者，不適用之。

第20條 （責任能力之智能限制）

瘖啞人之行為，得減輕其刑。

第21條 （阻卻違法事由：依法令及命令之行為）

依法令之行為，不罰。

依所屬上級公務員命令之職務上行為，不罰。但明知命令違法者，不在此限。

第22條 （阻卻違法事由：業務上之正當行為）

業務上之正當行為，不罰。

第23條 （阻卻違法事由：正當防衛）

對於現在不法之侵害，而出於防衛自己或他人權利之行為，不罰。但防衛行為過當者，得減輕或免除其刑。

第24條 （阻卻違法事由：緊急避難）

因避免自己或他人生命、身體、自由、財產之緊急危難而出於不得已之行為，不罰。但避難行為過當者，得減輕或免除其刑。

前項關於避免自己危難之規定，於公務上或業務上有特別義務者，不適用之。

第三章　未遂犯

第25條　（未遂犯）

已著手於犯罪行為之實行而不遂者，為未遂犯。

未遂犯之處罰，以有特別規定者為限，並得按既遂犯之刑減輕之。

第26條　（不能未遂）

行為不能發生犯罪之結果，又無危險者，不罰。

第27條　（中止犯）

已著手於犯罪行為之實行，而因己意中止或防止其結果之發生者，減輕或免除其刑。結果之不發生，非防止行為所致，而行為人已盡力為防止行為者，亦同。

前項規定，於正犯或共犯中之一人或數人，因己意防止犯罪結果之發生，或結果之不發生，非防止行為所致，而行為人已盡力為防止行為者，亦適用之。

第四章　正犯與共犯

第28條　（共同正犯）

二人以上共同實行犯罪之行為者，皆為正犯。

第29條　（教唆犯之意義及處罰）

教唆他人使之實行犯罪行為者，為教唆犯。

教唆犯之處罰，依其所教唆之罪處罰之。

第30條　（幫助犯之意義及處罰）

幫助他人實行犯罪行為者，為幫助犯。雖他人不知幫助之情者，亦同。幫助犯之處罰，得按正犯之刑減輕之。

第31條　（共犯之身分關係）

因身分或其他特定關係成立之罪，其共同實行、教唆或幫助者，雖無特定關係，仍以正犯或共犯論。但得減輕其刑。

因身分或其他特定關係致刑有重輕或免除者，其無特定關係之人，科以通常之刑。

第五章　刑

第32條　（刑罰之種類）

刑分為主刑及從刑。

第33條　（主刑之種類）

主刑之種類如下：

一、死刑。

二、無期徒刑。

三、有期徒刑：二月以上十五年以下。但遇有加減時，得減至二月未滿，或加至二十年。

四、拘役：一日以上，六十日未滿。但遇有加重時，得加至一百二十日。

五、罰金：新臺幣一千元以上，以百元計算之。

第34條 （刪除）

第35條 （主刑之重輕標準）

主刑之重輕，依第33條規定之次序定之。

同種之刑，以最高度之較長或較多者為重。最高度相等者，以最低度之較長或較多者為重。

刑之重輕，以最重主刑為準，依前二項標準定之。最重主刑相同者，參酌下列各款標準定其輕重：

一、有選科主刑者與無選科主刑者，以無選科主刑者為重。

二、有併科主刑者與無併科主刑者，以有併科主刑者為重。

三、次重主刑同為選科刑或併科刑者，以次重主刑為準，依前二項標準定之。

第36條 （褫奪公權之意義）

從刑為褫奪公權。

褫奪公權者，褫奪下列資格：

一、為公務員之資格。

二、為公職候選人之資格。

第37條 （褫奪公權之宣告）

宣告死刑或無期徒刑者，宣告褫奪公權終身。

宣告一年以上有期徒刑，依犯罪之性質認為有褫奪公權之必要者，宣告一年以上十年以下褫奪公權。

褫奪公權，於裁判時併宣告之。

褫奪公權之宣告，自裁判確定時發生效力。

依第2項宣告褫奪公權者，其期間自主刑執行完畢或赦免之日起算。但同時宣告緩刑者，其期間自裁判確定時起算之。

第37-1條 （刑期起算日）

刑期自裁判確定之日起算。

裁判雖經確定，其尚未受拘禁之日數，不算入刑期內。

第37-2條 （羈押之日數）

裁判確定前羈押之日數，以一日抵有期徒刑或拘役一日，或第四十二條第六項裁判所定之罰金額數。

羈押之日數，無前項刑罰可抵，如經宣告拘束人身自由之保安處分者，得以一日抵保安處分一日。

第五章之一 沒收

第38條 （沒收物）

違禁物，不問屬於犯罪行為人與否，沒收之。

供犯罪所用、犯罪預備之物或犯罪所生之物，屬於犯罪行為人者，得沒收之。但有特別規定者，依其規定。

前項之物屬於犯罪行為人以外之自然人、法人或非法人團體，而無正當理由提供或取得者，得沒收之。但有特別規定者，依其規定。

前二項之沒收，於全部或一部不能沒收或不宜執行沒收時，追徵其價額。

第38-1條 （沒收犯罪所得）

犯罪所得，屬於犯罪行為人者，沒收之。但有特別規定者，依其規定。

犯罪行為人以外之自然人、法人或非法人團體，因下列情形之一取得犯罪所得者，亦同：

一、明知他人違法行為而取得。

二、因他人違法行為而無償或以顯不相當之對價取得。

三、犯罪行為人為他人實行違法行為，他人因而取得。

前二項之沒收，於全部或一部不能沒收或不宜執行沒收時，追徵其價額。

第1項及第2項之犯罪所得，包括違法行為所得、其變得之物或財產上利益及其孳息。

犯罪所得已實際合法發還被害人者，不予宣告沒收或追徵。

第38-2條 （犯罪所得及追徵之範圍與價額以估算認定）

前條犯罪所得及追徵之範圍與價額，認定顯有困難時，得以估算認定之。第38條之追徵，亦同。

宣告前二條之沒收或追徵，有過苛之虞、欠缺刑法上之重要性、犯罪所得價值低微，或為維持受宣告人生活條件之必要者，得不宣告或酌減之。

第38-3條 （沒收裁判確定時移轉為國家所有）

第38條之物及第38-1條之犯罪所得之所有權或其他權利，於沒收裁判確定時移轉為國家所有。

前項情形，第三人對沒收標的之權利不受影響。

第一項之沒收裁判，於確定前，具有禁止處分之效力。

第39條 （刪除）

第40條 （沒收之宣告）

沒收，除有特別規定者外，於裁判時併宣告之。

違禁物或專科沒收之物得單獨宣告沒收。

第38條第2項、第3項之物、第38-1條第1項、第2項之犯罪所得，因事實上或法律上原因未能追訴犯罪行為人之犯罪或判決有罪者，得單獨宣告沒收。

第40-1條 （刪除）

第40-2條 （宣告多數沒收者一併執行）

宣告多數沒收者，併執行之。

沒收，除違禁物及有特別規定者外，逾第八十條規定之時效期間，不得為之。

沒收標的在中華民國領域外，而逾前項之時效完成後五年者，亦同。

沒收之宣告，自裁判確定之日起，逾十年未開始或繼續執行者，不得執行。

第五章之二 易刑

第41條 （易科罰金制度）

犯最重本刑為五年以下有期徒刑以下之刑之罪，而受六月以下有期徒刑或拘役之宣告者，得以新臺幣一千元、二千元或三千元折算一日，易科罰金。但易科罰金，難收矯正之效或難以維持法秩序者，不在此限。

依前項規定得易科罰金而未聲請易科罰金者，得以提供社會勞動六小時折算一日，易服社會勞動。

受六月以下有期徒刑或拘役之宣告，不符第1項易科罰金之規定者，得依前項折算規定，易服社會勞動。

前二項之規定，因身心健康之關係，執行顯有困難者，或易服社會勞動，難收矯正之效或難以維持法秩序者，不適用之。

第2項及第3項之易服社會勞動履行期間，不得逾一年。

無正當理由不履行社會勞動，情節重大，或履行期間屆滿仍未履行完畢者，於第2項之情形應執行原宣告刑或易科罰金；於第3項之情形應執行原宣告刑。

已繳納之罰金或已履行之社會勞動時數依所定之標準折算日數，未滿一日者，以一日論。

第1項至第4項及第7項之規定，於數罪併罰之數罪均得易科罰金或易服社會勞動，其應執行之刑逾六月者，亦適用之。

數罪併罰應執行之刑易服社會勞動者，其履行期間不得逾三年。但其應執行之刑未逾六月者，履行期間不得逾一年。

數罪併罰應執行之刑易服社會勞動有第6項之情形者，應執行所定之執行刑，於數罪均得易科罰金者，另得易科罰金。

第42條 （易服勞役）

罰金應於裁判確定後二個月內完納。期滿而不完納者，強制執行。其無力完納者，易服勞役。但依其經濟或信用狀況，不能於二個月內完納者，得許期滿後一年內分期繳納。遲延一期不繳或未繳足者，其餘未完納之罰金，強制執行或易服勞役。

依前項規定應強制執行者，如已查明確無財產可供執行時，得逕予易服勞役。

易服勞役以新臺幣一千元、二千元或三千元折算一日。但勞役期限不得逾一年。

依第51條第7款所定之金額，其易服勞役之折算標準不同者，從勞役期限較長者定之。

罰金總額折算逾一年之日數者，以罰金總額與一年之日數比例折算。依前項所定之期限，亦同。

科罰金之裁判，應依前三項之規定，載明折算一日之額數。

易服勞役不滿一日之零數，不算。

易服勞役期內納罰金者，以所納之數，依裁判所定之標準折算，扣除勞役之日期。

第42-1條 （易服社會勞動制度）

罰金易服勞役，除有下列情形之一者外，得以提供社會勞動六小時折算一日，易服社會勞動：

一、易服勞役期間逾一年。

二、入監執行逾六月有期徒刑併科或併執行之罰金。

三、因身心健康之關係，執行社會勞動顯有困難。

前項社會勞動之履行期間不得逾二年。

無正當理由不履行社會勞動，情節重大，或履行期間屆滿仍未履行完畢者，執行勞役。

社會勞動已履行之時數折算勞役日數，未滿一日者，以一日論。

社會勞動履行期間內繳納罰金者，以所納之數，依裁判所定罰金易服勞役之標準折算，扣除社會勞動之日數。

依第3項執行勞役，於勞役期內納罰金者，以所納之數，依裁判所定罰金易服勞役之標準折算，扣除社會勞動與勞役之日數。

第43條 （易以訓誡）

受拘役或罰金之宣告，而犯罪動機在公益或道義上顯可宥恕者，得易以訓誡。

第44條 （易刑處分之效力）

易科罰金、易服社會勞動、易服勞役或易以訓誡執行完畢者，其所受宣告之刑，以已執行論。

第45條 （刪除）

第46條 （刪除）

第六章　累犯

第47條 （累犯之意義）

受徒刑之執行完畢，或一部之執行而赦免後，五年以內故意再犯有期徒刑以上之罪者，為累犯，加重本刑至二分之一。

第98條第2項關於因強制工作而免其刑之執行者，於受強制工作處分之執行完畢或一部之執行而免除後，五年以內故意再犯有期徒刑以上之罪者，以累犯論。

第48條 （裁判確定後發覺累犯之處置）

裁判確定後，發覺為累犯者，依前條之規定更定其刑。但刑之執行完畢或赦免後發覺者，不在此限。

第49條 （累犯適用之除外）

累犯之規定，於前所犯罪在外國法院受裁判者，不適用之。

第七章　數罪併罰

第50條 （數罪併罰與限制）

裁判確定前犯數罪者，併合處罰之。但有下列情形之一者，不在此限：

一、得易科罰金之罪與不得易科罰金之罪。

二、得易科罰金之罪與不得易服社會勞動之罪。
三、得易服社會勞動之罪與不得易科罰金之罪。
四、得易服社會勞動之罪與不得易服社會勞動之罪。

前項但書情形，受刑人請求檢察官聲請定應執行刑者，依第51條規定定之。

【修正理由】

一、現行數罪併罰規定未設限制，造成併罰範圍於事後不斷擴大有違法安定性，為明確數罪併罰適用範圍，爰增訂但書規定。
二、因不得易科罰金之罪與得易科罰金之罪合併，造成得易科罰金之罪無法單獨易科罰金，故宜將兩者分開條列。故於第1項將易科罰金與易服社會勞動之罪，分別列舉得易科、不得易科、得易服與不得易服等不同情形之合併，以作為數罪併合處罰之依據。
三、增列第2項，規範第1項但書情形，受刑人請求檢察官聲請定應執行刑者，依第51條有關數罪併罰之方法所規定之情形，以作為定執行刑之準則。

第51條 （數罪併罰之執行）

數罪併罰，分別宣告其罪之刑，依下列各款定其應執行者：

一、宣告多數死刑者，執行其一。
二、宣告之最重刑為死刑者，不執行他刑。但罰金及從刑不在此限。
三、宣告多數無期徒刑者，執行其一。
四、宣告之最重刑為無期徒刑者，不執行他刑。但罰金及從刑不在此限。
五、宣告多數有期徒刑者，於各刑中之最長期以上，各刑合併之刑期以下，定其刑期。但不得逾三十年。
六、宣告多數拘役者，比照前款定其刑期。但不得逾一百二十日。
七、宣告多數罰金者，於各刑中之最多額以上，各刑合併之金額以下，定其金額。
八、宣告多數褫奪公權者，僅就其中最長期間執行之。
九、依第5款至前款所定之刑，併執行之。但應執行者為三年以上有期徒刑與拘役時，不執行拘役。

第52條 （裁判確定後餘罪之處理）

數罪併罰，於裁判確定後，發覺未經裁判之餘罪者，就餘罪處斷。

第53條 （二裁判以上之執行刑）

數罪併罰，有二裁判以上者，依第51條之規定，定其應執行之刑。

第54條 （各罪中有受赦免時餘罪之執行）

數罪併罰，已經處斷，如各罪中有受赦免者，餘罪仍依第51條之規定，定其應執行之刑，僅餘一罪者，依其宣告之刑執行。

第55條　（想像競合犯）

一行為而觸犯數罪名者，從一重處斷。但不得科以較輕罪名所定最輕本刑以下之刑。

第56條　（刪除）

第八章　刑之酌科及加減

第57條　（刑罰之酌量）

科刑時應以行為人之責任為基礎，並審酌一切情狀，尤應注意下列事項，為科刑輕重之標準：

一、犯罪之動機、目的。
二、犯罪時所受之刺激。
三、犯罪之手段。
四、犯罪行為人之生活狀況。
五、犯罪行為人之品行。
六、犯罪行為人之智識程度。
七、犯罪行為人與被害人之關係。
八、犯罪行為人違反義務之程度。
九、犯罪所生之危險或損害。
十、犯罪後之態度。

第58條　（罰金之酌量）

科罰金時，除依前條規定外，並應審酌犯罪行為人之資力及犯罪所得之利益。如所得之利益超過罰金最多額時，得於所得利益之範圍內酌量加重。

第59條　（酌量減輕1）

犯罪之情狀顯可憫恕，認科以最低度刑仍嫌過重者，得酌量減輕其刑。

第60條　（酌量減輕2）

依法律加重或減輕者，仍得依前條之規定酌量減輕其刑。

第61條　（裁判免除）

犯下列各罪之一，情節輕微，顯可憫恕，認為依第五十九條規定減輕其刑仍嫌過重者，得免除其刑：

一、最重本刑為三年以下有期徒刑、拘役或專科罰金之罪。但第一百三十二條第一項、第一百四十三條、第一百四十五條、第一百八十六條及對於直系血親尊親屬犯第二百七十一條第三項之罪，不在此限。
二、第三百二十條、第三百二十一條之竊盜罪。
三、第三百三十五條、第三百三十六條第二項之侵占罪。
四、第三百三十九條、第三百四十一條之詐欺罪。
五、第三百四十二條之背信罪。
六、第三百四十六條之恐嚇罪。
七、第三百四十九條第二項之贓物罪。

第62條　（自首之意義）

對於未發覺之罪自首而受裁判者，得減輕其刑。但有特別規定者，依其規定。

第63條　（處刑年齡之限制）

未滿十八歲人或滿八十歲人犯罪者，不得處死刑或無期徒刑，本刑為死刑或無期徒刑者，減輕其刑。

第64條 （死刑加重之限制與減輕）
死刑不得加重。
死刑減輕者，為無期徒刑。

第65條 （無期徒刑加重之限制與減輕）
無期徒刑不得加重。
無期徒刑減輕者，為二十年以下十五年以上有期徒刑。

第66條 （有期徒刑、拘役、罰金之加減例）
有期徒刑、拘役、罰金減輕者，減輕其刑至二分之一。但同時有免除其刑之規定者，其減輕得減至三分之二。

第67條 （有期徒刑、罰金之加減例）
有期徒刑或罰金加減者，其最高度及最低度同加減之。

第68條 （拘役之加減例）
拘役加減者，僅加減其最高度。

第69條 （二種主刑以上併加減例）
有二種以上之主刑者，加減時併加減之。

第70條 （遞加遞減例）
有二種以上刑之加重或減輕者，遞加或遞減之。

第71條 （主刑加減之順序）
刑有加重及減輕者，先加後減。
有二種以上之減輕者，先依較少之數減輕之。

第72條 （零數不算）
因刑之加重、減輕，而有不滿一日之時間或不滿一元之額數者，不算。

第73條 （酌量減輕之準用）
酌量減輕其刑者，準用減輕其刑之規定。

第九章 緩刑

第74條 （緩刑要件）
受二年以下有期徒刑、拘役或罰金之宣告，而有下列情形之一，認以暫不執行為適當者，得宣告二年以上五年以下之緩刑，其期間自裁判確定之日起算：
一、未曾因故意犯罪受有期徒刑以上刑之宣告者。
二、前因故意犯罪受有期徒刑以上刑之宣告，執行完畢或赦免後，五年以內未曾因故意犯罪受有期徒刑以上刑之宣告者。
緩刑宣告，得斟酌情形，命犯罪行為人為下列各款事項：
一、向被害人道歉。
二、立悔過書。
三、向被害人支付相當數額之財產或非財產上之損害賠償。
四、向公庫支付一定之金額。

五、向指定之政府機關、政府機構、行政法人、社區或其他符合公益目的之機構或團體，提供四十小時以上二百四十小時以下之義務勞務。
六、完成戒癮治療、精神治療、心理輔導或其他適當之處遇措施。
七、保護被害人安全之必要命令。
八、預防再犯所為之必要命令。前項情形，應附記於判決書內。

第2項第3款、第4款得為民事強制執行名義。

緩刑之效力不及於從刑、保安處分及沒收之宣告。

第75條 （緩刑之撤銷）

受緩刑之宣告，而有下列情形之一者，撤銷其宣告：

一、緩刑期內因故意犯他罪，而在緩刑期內受逾六月有期徒刑之宣告確定者。
二、緩刑前因故意犯他罪，而在緩刑期內受逾六月有期徒刑之宣告確定者。

前項撤銷之聲請，於判決確定後六月以內為之。

第75-1條 （得撤銷緩刑之事由）

受緩刑之宣告而有下列情形之一，足認原宣告之緩刑難收其預期效果，而有執行刑罰之必要者，得撤銷其宣告：

一、緩刑前因故意犯他罪，而在緩刑期內受六月以下有期徒刑、拘役或罰金之宣告確定者。
二、緩刑期內因故意犯他罪，而在緩刑期內受六月以下有期徒刑、拘役或罰金之宣告確定者。
三、緩刑期內因過失更犯罪，而在緩刑期內受有期徒刑之宣告確定者。
四、違反第74條第2項第1款至第8款所定負擔情節重大者。

前條第2項之規定，於前項第1款至第3款情形亦適用之。

第76條 （緩刑之效力）

緩刑期滿，而緩刑之宣告未經撤銷者，其刑之宣告失其效力。但依第75條第2項、第75-1條第2項撤銷緩刑宣告者，不在此限。

第十章　假釋

第77條 （假釋制度）

受徒刑之執行而有悛悔實據者，無期徒刑逾二十五年，有期徒刑逾二分之一、累犯逾三分之二，由監獄報請法務部，得許假釋出獄。

前項關於有期徒刑假釋之規定，於下列情形，不適用之：

一、有期徒刑執行未滿六個月者。
二、犯最輕本刑五年以上有期徒刑之罪之累犯，於假釋期間，受徒刑之執行完畢，或一部之執行而赦免後，五年以內故意再犯最輕本刑為五年以上有期徒刑之罪者。

三、犯第91-1條所列之罪，於徒刑執行期間接受輔導或治療後，經鑑定、評估其再犯危險未顯著降低者。

無期徒刑裁判確定前逾一年部分之羈押日數算入第1項已執行之期間內。

第78條 （假釋之撤銷）

假釋中因故意更犯罪，受有期徒刑以上刑之宣告者，於判決確定後六月以內，撤銷其假釋。但假釋期滿逾三年者，不在此限。

假釋撤銷後，其出獄日數不算入刑期內。

第79條 （假釋之效力）

在無期徒刑假釋後滿二十年或在有期徒刑所餘刑期內未經撤銷假釋者，其未執行之刑，以已執行論。但依第78條第1項撤銷其假釋者，不在此限。

假釋中另受刑之執行、羈押或其他依法拘束人身自由之期間，不算入假釋期內。但不起訴處分或無罪判決確定前曾受之羈押或其他依法拘束人身自由之期間，不在此限。

第79-1條 （合併刑期）

二以上徒刑併執行者，第77條所定最低應執行之期間，合併計算之。

前項情形，併執行無期徒刑者，適用無期徒刑假釋之規定；二以上有期徒刑合併刑期逾四十年，而接續執行逾二十年者，亦得許假釋。但有第77條第2項第2款之情形者，不在此限。

依第1項規定合併計算執行期間而假釋者，前條第2項規定之期間，亦合併計算之。

前項合併計算後之期間逾二十年者，準用前條第1項無期徒刑假釋之規定。

經撤銷假釋執行殘餘刑期者，無期徒刑於執行滿二十五年，有期徒刑於全部執行完畢後，再接續執行他刑，第1項有關合併計算執行期間之規定不適用之。

第十一章 時效

第80條 （追訴權時效）

追訴權，因下列期間內未起訴而消滅：

一、犯最重本刑為死刑、無期徒刑或十年以上有期徒刑之罪者，三十年。但發生死亡結果者，不在此限。

二、犯最重本刑為三年以上十年未滿有期徒刑之罪者，二十年。

三、犯最重本刑為一年以上三年未滿有期徒刑之罪者，十年。

四、犯最重本刑為一年未滿有期徒刑、拘役或罰金之罪者，五年。

前項期間自犯罪成立之日起算。但犯罪行為有繼續之狀態者，自行為終了之日起算。

第81條 （刪除）

第82條 （本刑應加減時追訴權時效期間之計算）

本刑應加重或減輕者，追訴權之時效期間，仍依本刑計算。

第83條 （追訴權時效之停止）

追訴權之時效，因起訴而停止進行。依法應停止偵查或因犯罪行為人逃匿而通緝者，亦同。

前項時效之停止進行，有下列情形之一者，其停止原因視為消滅：

一、諭知公訴不受理判決確定，或因程序上理由終結自訴確定者。

二、審判程序依法律之規定或因被告逃匿而通緝，不能開始或繼續，而其期間已達第80條第1項各款所定期間三分之一者。

三、依第1項後段規定停止偵查或通緝，而其期間已達第80條第1項各款所定期間三分之一者。

前二項之時效，自停止原因消滅之日起，與停止前已經過之期間，一併計算。

第84條 （行刑權時效）

行刑權因下列期間內未執行而消滅：

一、宣告死刑、無期徒刑或十年以上有期徒刑者，四十年。

二、宣告三年以上十年未滿有期徒刑者，三十年。

三、宣告一年以上三年未滿有期徒刑者，十五年。

四、宣告一年未滿有期徒刑、拘役或罰金者，七年。

前項期間，自裁判確定之日起算。但因保安處分先於刑罰執行者，自保安處分執行完畢之日起算。

第85條 （行刑權時效之停止）

行刑權之時效，因刑之執行而停止進行。有下列情形之一而不能開始或繼續執行時，亦同：

一、依法應停止執行者。

二、因受刑人逃匿而通緝或執行期間脫逃未能繼續執行者。

三、受刑人依法另受拘束自由者。

停止原因繼續存在之期間，如達於第84條第1項各款所定期間三分之一者，其停止原因視為消滅。

第1項之時效，自停止原因消滅之日起，與停止前已經過之期間，一併計算。

第十二章 保安處分

第86條 （感化教育處分）

因未滿十四歲而不罰者，得令入感化教育處所，施以感化教育。

因未滿十八歲而減輕其刑者，得於刑之執行完畢或赦免後，令入感化教育處所，施以感化教育。但宣告三年以下有期徒刑、拘役或罰金者，得於執行前為之。

感化教育之期間為三年以下。但執行已逾六月，認無繼續執行之必要者，法院得免其處分之執行。

第87條 （監護處分）

因第19條第1項之原因而不罰者，其情狀足認有再犯或有危害公共安全之虞時，令入相當處所，施以監護。

有第19條第2項及第20條之原因，其情狀足認有再犯或有危害公共安全之虞時，於刑之執行完畢或赦免後，令入相當處所，施以監護。但必要時，得於刑之執行前為之。
前二項之期間為五年以下。但執行中認無繼續執行之必要者，法院得免其處分之執行。

第88條 （禁戒處分）

施用毒品成癮者，於刑之執行前令入相當處所，施以禁戒。
前項禁戒期間為一年以下。但執行中認無繼續執行之必要者，法院得免其處分之執行。

第89條 （禁戒處分）

因酗酒而犯罪，足認其已酗酒成癮並有再犯之虞者，於刑之執行前，令入相當處所，施以禁戒。
前項禁戒期間為一年以下。但執行中認無繼續執行之必要者，法院得免其處分之執行。

第90條 （強制工作處分）

有犯罪之習慣或因遊蕩或懶惰成習而犯罪者，於刑之執行前，令入勞動場所，強制工作。
前項之處分期間為三年。但執行滿一年六月後，認無繼續執行之必要者，法院得免其處分之執行。
執行期間屆滿前，認為有延長之必要者，法院得許可延長之，其延長之期間不得逾一年六月，並以一次為限。

第91條 （刪除）

第91-1條 （強制治療處分：妨害性自主罪及妨害風化罪）

犯第221條至第227條、第228條、第229條、第230條、第234條、第332條第2項第2款、第334條第2款、第348條第2項第1款及其特別法之罪，而有下列情形之一者，得令入相當處所，施以強制治療：
一、徒刑執行期滿前，於接受輔導或治療後，經鑑定、評估，認有再犯之危險者。
二、依其他法律規定，於接受身心治療或輔導教育後，經鑑定、評估，認有再犯之危險者。
前項處分期間至其再犯危險顯著降低為止，執行期間應每年鑑定、評估有無停止治療之必要。

第92條 （保護管束）

第86條至第90條之處分，按其情形得以保護管束代之。
前項保護管束期間為三年以下。其不能收效者，得隨時撤銷之，仍執行原處分。

第93條 （緩刑與假釋之保護管束）

受緩刑之宣告者，除有下列情形之一，應於緩刑期間付保護管束外，得於緩刑期間付保護管束：

一、 犯第91-1條所列之罪者。
二、 執行第74條第2項第5款至第8款所定之事項者。

假釋出獄者，在假釋中付保護管束。

第94條 （刪除）

第95條 （驅逐出境處分）

外國人受有期徒刑以上刑之宣告者，得於刑之執行完畢或赦免後，驅逐出境。

第96條 （保安處分之宣告）

保安處分於裁判時併宣告之。但本法或其他法律另有規定者，不在此限。

第97條 （刪除）

第98條 （保安處分之免除執行）

依第八十六條第二項、第八十七條第二項規定宣告之保安處分，其先執行徒刑者，於刑之執行完畢或赦免後，認為無執行之必要者，法院得免其處分之執行；其先執行保安處分者，於處分執行完畢或一部執行而免除後，認為無執行刑之必要者，法院得免其刑之全部或一部執行。

依第八十八條第一項、第八十九條第一項、第九十條第一項規定宣告之保安處分，於處分執行完畢或一部執行而免除後，認為無執行刑之必要者，法院得免其刑之全部或一部執行。

前二項免其刑之執行，以有期徒刑或拘役為限。

第99條 （保安處分之執行時效）

保安處分自應執行之日起逾三年未開始或繼續執行者，非經法院認為原宣告保安處分之原因仍繼續存在時，不得許可執行；逾七年未開始或繼續執行者，不得執行。

中華民國刑法施行法（刑法總則部分）

重要沿革

1. 中華民國24年4月1日國民政府制定公布全文10條並自中華民國24年7月1日施行。
2. 中華民國86年11月26日總統（86）華總（一）義字第8600251010號令增訂公布第7-1條條文。
3. 中華民國88年4月21日總統（88）華總一義字第8800083980號令修正公布增訂第9-1、9-2條條文。
4. 中華民國90年1月10日總統（90）華總一義字第9000003810號令增訂公布第3-1條條文。
5. 中華民國94年2月2日總統華總一義字第09400014911號令修正公布第3-1條條文；增訂第6-1、7-2、8-1、9-3、10-1條條文；並自95年7月1日施行。
6. 中華民國95年6月十四日總統華總一義字第09500085181號令增訂公布第1-1條條文。
7. 中華民國98年1月21日總統華總一義字第09800015671號令增訂公布第10-2條條文。
8. 中華民國98年6月10日總統華總一義字第09800141561號令修正公布第6-1、10-2條條文；增訂第3-2條條文。
9. 中華民國98年12月30日總統華總一義字第09800325501號令修正公布第10條條文；增訂第3-3條條文；並自公布日施行。
10. 中華民國104年12月30日總統華總一義字第10400153621號令增訂公布第10-3條條文。
11. 中華民國105年6月22日總統華總一義字第10500063121號令修正公布第10-3條條文。
12. 中華民國108年5月29日總統華總一義字第10800053441號令增訂公布第8-2條條文。
13. 中華民國108年12月31日總統華總一義字第10800142771號令修正公布第8-1條條文。

第1條　（舊刑法、刑律、其他法令之定義）

本法稱舊刑法者，謂中華民國17年9月1日施行之刑法。稱刑律者，謂中華民國元年3月10日頒行之暫行新刑律，稱其他法令者，謂刑法施行前與法律有同一效力之刑事法令。

第1-1條　（罰金貨幣單位與罰鍰倍數）

中華民國94年1月7日刑法修正施行後，刑法分則編所定罰金之貨幣單位為新臺幣。

94年1月7日刑法修正時，刑法分則編未修正之條文定有罰金者，自94年1月7日刑法修正施行後，就其所定數額提高為三十倍。但七十二年6月26日至94年1月7日新增或修正之條文，就其所定數額提高為三倍。

第2條　（褫奪公權從新主義）

依刑法第2條第1項但書，適用舊刑法、刑律或其他法令時，其褫奪公權所褫奪之資格，應依刑法第36條之規定。

第3條　（易科監禁之期限與易科罰金折算之抵充）

依舊刑法易科監禁者，其監禁期限，自刑法施行之日起，不得逾六個月。

其在刑法施行後易科監禁期限內納罰金者，以所納之數，仍依裁判所定之標準，扣除監禁日期。

第3-1條　（易科罰金之適用範圍）

刑法第41條之規定，中華民國90年1月4日刑法修正施行前已裁判確定之處罰，未執行或執行未完畢者，亦適用之。

未諭知得易科罰金之處罰者，亦同。

於94年1月7日刑法修正施行前犯併合處罰數罪中之一罪，且該數罪均符合第41條第1項得易科罰金之規定者，適用90年1月4日修正之刑法第41條第2項規定。

第3-2條　（易服社會勞動制度之適用範圍）

刑法第41條及第42-1條之規定，於中華民國98年9月1日刑法修正施行前已裁判確定之處罰，未執行或執行未完畢者，亦適用之。

第3-3條　（易服社會勞動制度之適用範圍）

刑法第41條及第42-1條之規定，於中華民國98年12月15日刑法修正施行前已裁判確定之處罰，未執行或執行未完畢者，亦適用之。

第4條　（累犯加重之限制）

刑法施行前，累犯舊刑法第66條第1項所定不同一之罪或不同款之罪一次者，其加重本刑不得逾三分之一。

依刑法第48條更定其刑者，準用前項之規定。

第5條 （老幼人減刑之方法與例外）

刑法施行前，未滿十八歲或滿八十歲人犯罪，經裁判確定處死刑或無期徒刑者，應報由司法行政最高官署呈請司法院提請國民政府減刑。但有刑法第63條第2項情形者，不在此限。

第6條 （緩刑假釋之保護管束）

刑法施行前，受緩刑之宣告或假釋出獄者，刑法施行後，於其緩刑期內得付保護管束，假釋中，付保護管束。

第7條 （緩刑假釋之撤銷）

刑法施行前，宣告緩刑或准許假釋者，在刑法施行後撤銷時，應依刑法之規定。

第7-1條 （假釋之撤銷規定）

於中華民國86年刑法第77條修正施行前犯罪者，其假釋適用83年1月28日修正公布之刑法第77條規定。但其行為終了或犯罪結果之發生在86年刑法第77條修正施行後者，不在此限。

因撤銷假釋執行殘餘刑期，其撤銷之原因事實發生在86年刑法第79-1條修正施行前者，依修正前之刑法第79-1條規定合併計算其殘餘刑期與他刑應執行之期間。但其原因事實行為終了或犯罪結果之發生在86年刑法第77條修正施行後者，不在此限。

第7-2條 （撤銷假釋之殘餘刑期計算）

於中華民國86年11月26日刑法修正公布後，94年1月7日刑法修正施行前犯罪者，其假釋適用86年11月26日修正公布之刑法第77條規定。但其行為終了或犯罪結果之發生在94年1月7日刑法修正施行後者，其假釋適用94年1月7日修正施行之刑法第77條規定。

因撤銷假釋執行殘餘刑期，其撤銷之原因事實發生在86年11月26日刑法修正公布後，94年1月7日刑法修正施行前者，依86年11月26日修正公布之刑法第79-1條規定合併計算其殘餘刑期與他刑應執行之期間。但其原因事實行為終了或犯罪結果之發生在94年1月7日刑法修正施行後者，依94年1月7日修正施行之刑法第79-1條規定合併計算其殘餘刑期與他刑應執行之期間。

第8條 （行刑權時效停止之計算）

刑法施行前，行刑權之時效停止原因繼續存在者，適用刑法第85條第3項之規定，其期間自刑法施行之日起算。

第8-1條 （刑法修正前追訴權或行刑權時效未完成者適用最有利之規定）

於中華民國94年1月7日刑法修正施行前，其追訴權或行刑權時效已進行而未完成者，比較修正前後之條文，適用最有利於行為人之規定。於108年12月6日刑法修正施行前，其追訴權或行刑權時效已進行而未完成者，亦同。

第8-2條

於中華民國108年5月10日修正之刑法第80條第1項第1款但書施行前，其追訴權時效已進行而未完成者，適用修正後之規定，不適用前條之規定。

第9條～第9-3條（略）

第10條 （施行日）

本法自刑法施行之日施行。
刑法修正條文及本法修正條文，除另定施行日期者外，自公布日施行。

第10-1條 （刑法施行日1）

中華民國94年1月7日修正公布之刑法，自95年7月1日施行。

第10-2條 （刑法施行日2）

中華民國97年12月30日修正之刑法第41條，自98年9月1日施行。
中華民國98年5月19日修正之刑法第42-1條、第44條、第74條、第75條、第75-1條，自98年9月1日施行。

第10-3條 （刑法施行日3）

中華民國104年12月17日及105年5月27日修正之刑法，自105年7月1日施行。
105年7月1日前施行之其他法律關於沒收、追徵、追繳、抵償之規定，不再適用。

第四部分　高分精選題庫

一、何謂加重結果犯？共同正犯中一人有加重結果犯之適用，其餘無加重結果犯適用之共犯是否亦應以加重結果犯論罪？試分述之。【地方特考三等】

答 (一)加重結果犯之意義與要件

刑法第17條規定：「因犯罪致發生一定之結果，而有加重其刑之規定者，如行為人不能預見其發生時，不適用之。」此即所稱「加重結果犯」，指行為人以犯輕罪之意思實施犯罪行為，進而導致重罪之結果，法律對該犯罪類型亦設置特殊犯罪型態，將基本犯罪與加重結果視為獨立之犯罪型態，科以較重之刑，其規範目的在於衡平刑罰與責任。

成立加重結果犯之要件包括：

1. 須因故意基本犯罪導致一定之結果。
2. 加重結果之發生須與基本行為間具有因果關係與客觀可歸責性。
3. 行為人於行為時須能預見結果之發生。實務見解認為，所謂「能預見」乃指客觀情形而言，與主觀上有無預見之情形不同。若行為人主觀上有預見，而結果之發生又不違背其本意時，則屬故意範圍。亦即行為人對於加重結果之發生有無可能預見，應依行為當時之客觀情狀，而非就行為人之主觀認識，以為判斷。故所謂「能預見」，係指「就客觀情形有可能預見」，而與有預見不同。
4. 須法律設有加重其刑之規定：若法律未設有特別加重處罰之規定，則回歸適用刑法競合理論處理論罪科刑問題。
5. 須行為人對於加重結果之發生欠缺故意。

(二)共同正犯中一人有加重結果犯之適用，其餘無加重結果犯適用之共犯是否亦應以加重結果犯論罪？

共同正犯在犯意聯絡範圍內之行為，應同負全部責任。惟加重結果犯，以行為人能預見其結果之發生為要件，所謂能預見乃指客觀情形而言，與主觀上有無預見之情形不同，若主觀上有預見，而結果之發生又不違背其本意時，則屬故意範圍；是以，加重結果犯對於加重結果之發生，並無主觀上之犯意可言。從而共同正犯中之一人所引起之加重結果，其他之人應否同負加重結果之全部刑責，端視其就此加重結果之發生，於客觀情形能否預見；而非以各共同正犯之間，主觀上對於加重結果之發生，有無犯意之聯絡為斷。

二、甲、乙二人因故爭吵，甲遂教唆丙殺害乙，得丙同意後，甲又借手槍一把供丙使用，丙即持該手槍將乙擊斃。試論甲成立何罪？【地方特考四等】

答 刑法上所稱「教唆」係指行為人故意喚起正犯為特定不法行為之決意，因教唆犯係居於幕後但對正犯不具有犯罪支配力，故與間接正犯不同。題示情形，甲因與乙爭吵，遂教唆丙殺害乙，丙因甲之教唆行為而產生殺害乙之犯罪決意，甲就此部分應成立教唆犯無疑；惟甲在得丙同意後，又借手槍一把供丙使用，丙即持該手槍將乙擊斃，甲提供手槍給丙作為犯罪工具之行為，乃提供物質上之助力，就此一部分而言係屬幫助犯之性質，則甲應如何論罪？

刑法第29條規定：「教唆他人使之實行犯罪行為者，為教唆犯。教唆犯之處罰，依其所教唆之罪處罰之。」同法第30條規定：「幫助他人實行犯罪行為者，為幫助犯。雖他人不知幫助之情者，亦同。幫助犯之處罰，得按正犯之刑減輕之。」由此可知，共犯之成立以正犯行為存在為前提，若被教唆者未產生犯罪決意，或雖產生犯罪決意但未實行犯罪行為時，教唆者仍不成立教唆犯，而在教唆犯之處罰上，係採「罪名從屬性」，亦即教唆犯之處罰效果依其所教唆之罪處罰之，本題中丙既因甲之教唆行為產生殺害乙之犯罪決意，並進而實現殺人既遂罪之犯罪構成要件，不論其行為方式為何，甲均已該當殺人既遂罪之教唆犯，應論以刑法第271條第1項、第29條之教唆殺人既遂罪，不須再另論以幫助犯。

三、甲平日以駕駛計程車為業，某日，載女乘客乙上木柵貓空山區，因見乙女頗具姿色，淫念頓起，乃駛至偏僻處，強迫乙女與其性交，乙女謊稱生理期不便，甲遂迫使乙女為其口交得逞，問甲男之刑責應如何論處？【退除役軍人轉任特考三等】

答 依刑法第10第5項規定，所謂「性交」，係指非基於正當目的所為之下列性侵入行為：

(一)以性器進入他人之性器、肛門或口腔，或使之接合之行為。

(二)以性器以外之其他身體部位或器物進入他人之性器、肛門，或使之接合之行為。易言之，口交行為亦屬刑法上之性交概念範疇。

依題意，甲係以駕駛計程車為業，利用搭載乘客乙至山區之機會，將計程車駛至偏僻處，強迫乙女與其性交，乙謊稱生理期不便，甲遂迫使乙女為其口交得逞，則甲即係以強暴、脅迫之違反乙女意願之方法而為性交，且係利用駕駛供公眾或不特定人運輸之交通工具之機會犯之者，故甲應成立刑法第221條第1項、第222條第1項第6款之加重強制性交罪。

四、何謂不能犯？搶匪甲為求脫免逮捕，於逃逸過程中，持槍向在後追捕之警員乙作勢佯裝射擊（未扣板機），並恫嚇：「我還有子彈，要不要試試看？」等語，仍被乙制服。設若該手槍膛室內未擊發之子彈經試射根本無法擊發，試問：甲對乙之行為應如何論處？【地方特考三等】

答 (一)「不能犯」之意義

刑法第26條規定：「行為不能發生犯罪之結果，又無危險者，不罰。」此即學說上所稱之「不能未遂」，對行為人而言，其表現之惡性與普通未遂犯雖無差異，但在客觀上無法造成犯罪結果，即屬「不能犯」，其主要內涵有下列兩種說法：

1. 客觀未遂理論：此說由刑法謙抑原則、法益保護功能及未遂犯之處罰基礎出發，認為行為不能發生犯罪之結果，又無危險者，該行為即欠缺實現構成要件事實之危險，法條所稱「不能發生犯罪之結果」與「無危險」實屬同義詞，故該行為非國家刑罰權所欲處罰之對象。
2. 重大無知理論：所謂「不能未遂」係指行為人主觀之想像與社會通念間存有重大落差，亦即行為人主觀上誤認一個在客觀上不會造成法益侵害結果之事實，條文所稱「行為不能發生犯罪之結果」係針對該行為客觀上不該當犯罪構成要件而言，「又無危險」則係指行為人主觀上具有重大無知之情形，兩者意義不同。

(二)甲持槍向乙佯裝射擊之行為應構成刑法第325條之搶奪既遂罪。

1. 依刑法第329條之規定，犯竊盜或搶奪罪，因防護贓物、脫免逮捕或湮滅罪證，而當場施以強暴、脅迫者，以強盜論，此即所謂「準強盜罪」。依題意，甲係搶匪，則甲已觸犯刑法第325條之搶奪罪，甲為求脫免逮捕，於逃逸過程中，持槍向在後追捕之警員乙作勢佯裝射擊（未扣板機），並恫嚇：「我還有子彈，要不要試試看？」等語，則甲既仍在乙之追躡過程中，其為脫免逮捕而當場施以強暴脅迫，即有構成準強盜既遂罪之可能；然依司法院大法官會議釋字第630號解釋，準強盜罪之成立，須以行為人所施強暴脅迫之手段達到使人難以抗拒之程度為要件，本題中乙並未因甲之恫嚇而達難以抗拒之程度（甲最終仍被乙制服），則甲之行為不該當準強盜既遂罪之客觀不法構成要件。

2. 依題意，若甲所持手槍膛室內未擊發之子彈經試射根本無法擊發，則甲應否論以不能犯？刑法第26條雖規定：「行為不能發生犯罪之結果，又無危險者，不罰。」學說上就「不能犯」之概念認為應以行為人主觀上之認知與社會通念是否發生重大落差為斷，亦即該條所稱「無危險」係指行為人主觀上出現與一般人認知發生重大無知之偏離情形（重大無知理論），或與行為人處於相同條件之一般人，對該危險狀態將為同等判斷之情形（客觀未遂理論）。基此，甲持槍恫嚇乙之行為，難認為係客觀上無法造成法益侵害結果之不能未遂行為，不能論以不能犯。

3. 甲主觀上係出於脫免逮捕之犯意，當場對乙施以強暴、脅迫，其對乙所為之恫嚇行為可認係著手實行於強暴脅迫行為，實務上對於準強盜既未遂之認定，係以前階段行為（即竊盜或搶奪）是否既遂為斷，本題中甲已搶奪既遂，其嗣後之脫免逮捕行為並未達使乙難以抗拒之程度，不構成準強盜罪，僅能論以刑法第325條之搶奪既遂罪。

五、甲是某縣政府的出納科員。甲的父親重病，有生命危險，醫師建議服用無健保給付的藥物，但費用極為昂貴，遠非甲的財力所能承擔。甲於是動用經手的公款兩百萬元，心想事後予以回補，當可天衣無縫。不久，事跡敗露，甲受到檢方起訴。審判中，甲主張緊急避難。問甲成立何罪？所辯是否有理？【地方特考三等】

答 刑法第24條規定：「因避免自己或他人生命、身體、自由、財產之緊急危難而出於不得已之行為，不罰。但避難行為過當者，得減輕或免除其刑。前項關於避免自己危難之規定，於公務上或業務上有特別義務者，不適用之。」此即法規阻卻違法事由之「緊急避難」，其客觀要件包括：

(一)緊急避難情狀：指客觀上存有對法益造成損害或危險之情況，包括人為及自然災害在內，且該危險須具有即時性，不包括事前可預測或可預見之危難在內。

(二)緊急避難行為：行為人之緊急避難行為需符合適當性、必要性及不過當之要件，亦即需符合比例原則之要求。另在主觀要件方面，行為人須有緊急避難意思。

依題意，甲是某縣政府的出納科員，具有公務員之身分，其因父親重病須服用費用極為昂貴之藥物，乃動用經手的公款兩百萬元，甲父罹病乙節是否該當所稱「緊急避難情狀」？若依醫生診斷結果，甲父之病情已甚為嚴重，或可認定已達客觀上存有對生命發生緊急危難之情狀，然行為人所採取之緊急避難行為必須符合比例原則之要求，已如前述，甲動用公款之行為實則得以向他人借款或向金融機構貸款等手段代之，實非條文所稱「不得已之行為」，故甲於審判中主張緊急避難作為阻卻違法事由，並無理由，甲應成立貪污治罪條例第5條第1款之意圖得利，擅提或截留公款罪。

六、何謂誤想防衛？設若甲女下班返家途中，行經暗巷內，正好後面跟著乙男，甲女誤以為乙男要對其侵害，於是先下手為強，以防護噴霧劑向乙男噴灑，致乙男眼睛受傷。試問甲女應負何刑責？【地方特考三等】

答 (一)誤想防衛之意義：所謂「誤想防衛」係指客觀上欠缺防衛情狀，但行為人主觀上誤以為存在防衛情狀，而施以正當防衛行為，此乃行為人發生「容許構成要件錯誤」之情形，通說就此採取「限制法律效果之罪責理論」，認為行為人之行為雖具備違法性，但其主觀之防衛意思得以阻卻罪責。惟若行為人係因過失導致未認知不存在防衛情狀，則可能成立過失犯罪。

(二)甲持噴霧器向乙噴灑，致乙眼睛受傷之行為，構成刑法第277條第1項傷害既遂罪。

1. 乙眼睛受傷之結果係因甲持噴霧器對之噴灑，乙之受傷與甲之行為間具有因果關係，甲於持噴霧器對乙噴灑時，就乙之受傷結果亦具備預見可能性，故甲主觀上具備傷害罪之構成要件故意。

2. 甲係誤以為乙欲對其為侵害，始先下手為強以防護噴霧劑對乙噴灑，甲得否主張正當防衛以阻卻違法？或主張係因「誤想防衛」，依通說見解得以阻卻罪責？按刑法第23條前段規定「對於現在不法之侵害，而出於防衛自己或他人權利之行為，不罰。」行為人主張正當防衛之要件之一，即係須有「現在不法之侵害」之防衛情狀存在，若不法侵害尚未開始，或不法侵害業已結束，均不符合防衛情狀之客觀要件；依題意，甲係誤以為乙將對自己為侵害行為，乃先「下手為強」為對乙噴灑防護噴霧劑之行為，則客觀上並未存有任何不法侵害，甲不得主張其係誤想防衛，而依通說所採之「限制法律效果之罪責理論」而阻卻罪責。

3. 綜上，甲對乙之受傷結果具備構成要件該當性、違法性及有責性，故甲應成立刑法第277條第1項之傷害既遂罪。

七、甲深夜開車進入加油站，準備加油，突有衣衫襤褸且面貌兇惡的男子走近。甲曾與人結仇，並遭到威脅，以為禍事即將發生，驚慌之餘，倒車離去。甲倒車時，知道後方有機車進站，但仍不顧一切加足油門，機車騎士乙受到猛烈撞擊，彈飛跌落，頸椎折斷，一顆腎臟破裂而摘除。事實上，走近甲車之人乃當地街友，試圖向甲乞討。問甲成立何罪？【地方特考三等】

答 題示情形，機車騎士乙因甲加速倒車遭猛烈撞擊後彈飛跌落，受有頸椎折斷，一顆腎臟破裂而摘除等傷害，屬刑法第10條第4項第6款所稱「其他於身體或健康，有重大不治或難治之傷害」之重傷害，且甲於倒車時明知後方有機車進站，仍不顧一切加足油門，可證甲主觀上具有傷害犯意，則在構成要件上，甲應成立刑法第277條後段之傷害致重傷罪。惟甲係因於深夜開車進入加油站，準備加油，突有衣衫襤褸且面貌兇惡的男子走近，因甲曾與人結仇，並遭到威脅，以為禍事即將發生，驚慌之餘，乃倒車離去，事實上，走近甲車之人乃當地街友，試圖向甲乞討，則甲可否主張誤想防衛？

所謂「誤想防衛」係指客觀上欠缺防衛情狀，但行為人主觀上誤以為存在防衛情狀，而施以正當防衛行為，此乃行為人發生「容許構成要件錯誤」之情形，通說就此採取「限制法律效果之罪責理論」，認為行為人之行為雖具備違法性，但其主觀之防衛意思得以阻卻罪責。惟若行為人係因過失導致未認知不存在防衛情狀，則可能成立過失犯罪。題示情形，甲誤以為將遭他人報復，隨即倒車，客觀上並未存有刑法第23條所稱之「現在不法侵害」，對於尚未發生之侵害即無主張正當防衛之可能，亦無從成立誤想防衛。

綜上，甲之行為導致乙之重傷結果，甲應成立刑法第277條後段之傷害致重傷罪。

八、甲在銀行櫃臺填寫提款單，提領一萬元，行員誤讀，交給甲十萬元。甲明知有誤，如數取走。甲將詳情告知女友乙，並分贈兩萬元，乙欣然受領。問甲乙成立何罪？【地方特考三等】

答 題示情形，甲在銀行櫃臺填寫提款單，提領一萬元，行員誤讀，交給甲十萬元，甲因而溢領九萬元，就該溢領部分，甲是否因此具有告知銀行行員之義務？若未告知並返還，是否構成刑責？學說上稱此為「利用既存錯誤」之得利行為，在一般生活上時有所見，就刑法層面而言，可能成立之犯罪類型為詐欺罪與侵占罪。就是否成立詐欺罪而論，實務界對此早已採取肯定見解，如最高法院98年度台上字第7298號刑事判決要旨即謂：「……所謂詐術，固不以欺罔為限，利用被詐欺人之錯誤而使其為財物之交付亦屬之……」等語。惟在行為人利用既存之錯誤故意不為告知而獲取利益之行為，可能成立「不作為詐欺」。惟刑法上之「不作為」，係以「作為義務」之存在為其前提，就「利用既存錯誤」之得利行為觀之，欲成立「不作為」詐欺中的施行詐術行為，其作為義務指通知義務而言。然在現今社會交易中，多找錢或多付錢的風險應由付錢者自行吸收，此乃社會上合理的風險分配原則，不應將溢領金錢時須為告知的通知義務加諸於受領者身上，從而受領者方既無告知義務之作為義務，亦無「不作為義務」之存在。再者，縱認在溢領金錢之情形成立刑法上的「不作為」施詐，但詐欺罪的成立亦須行為人所施用之「不作為詐術」與「陷於錯誤」兩者間有因果關係存在，而依題意，銀行行員多交付金錢之錯誤並非由於甲不為告知之不作為所引起，而係銀行行員自身之計算錯誤或機器故障所致，兩者間無關連，亦即無因果關係之成立。從而，「利用既存錯誤」的得利行為應不成立刑法上的詐欺罪。

次就侵占罪而論，刑法上侵占罪係以信賴關係之違反為前提，故侵占須行為人先對物具有實力支配，亦即具有「持有」的行為，而後違反信賴關係，建立自己對物的完全所有之狀態。依題意，甲利用銀行行員誤交金錢之行為，性質上為直接之所有權移轉，亦即將金錢之所有權完全移轉，而非單純之持有實力支配移轉，甲即無產生所謂「易持有為所有」之侵占行為。綜上，甲利用既存錯誤之得利行為亦無從成立刑法上之侵占罪。

本題中，甲利用既存錯誤之得利行為雖未成立刑法上之詐欺或侵占罪，但甲就所溢領之九萬元乃因銀行行員之計算錯誤所致，在民事關係上屬典型的「無法律上原因而受利益」，受領者在法律上並無保有該溢領金錢的權利，故應依民法不當得利之規定進行利益調整，甲應將溢領的九萬元部分加以返還，縱甲已將其中兩萬元分贈給乙，就該兩萬元部分已非受有利益，但乙仍應依民法第183條規定，於甲因此免返還義務限度內，負擔返還責任。

九、甲、乙二人從事營造業工作，某日二人謀議自建築工地之頂樓共同將建築廢棄物投下地面，惟因未注意樓下是否有人，致將經過該處之路人丙壓死。試論甲、乙成立何罪？【地方特考四等】

答 刑法第28條關於「共同正犯」之規定，係指兩個以上之行為人，基於共同之行為決意，各自分擔實施犯罪構成要件行為之一部，而共同實現構成要件之共犯型態，乃相對於「單獨正犯」之概念。在犯罪支配上，共同正犯之各個行為人對於犯罪過程均居於支配性角色，此即「共同之犯罪支配」，而在主觀上則形成一個共同行為決意，此與教唆犯或幫助犯必須附麗於正犯之從屬性不同。在法律效果上，共同正犯之刑事責任為「一部行為負擔全部責任」，此乃因各該行為人之部分行為對於最後之犯罪結果均具有實質之因果關係。

依題意，甲、乙二人謀議自建築工地之頂樓共同將建築廢棄物投下地面，惟因未注意樓下是否有人，致將經過該處之路人丙壓死，甲乙二人對於將建築廢棄物投下地面可能導致路過之人受傷或死亡之結果應有預見可能性，且甲乙二人係出於共同之行為決意，客觀上對丙之死亡結果有共同之行為分擔，應成立刑法第276條第1項、第28條過失致死罪之共同正犯。

十、甲出示偽造的法務部調查員名片，向涉嫌逃漏稅捐的商家老闆乙聲稱，乙已經遭到調查，恐有牢獄之災。甲更指出，可以設法消除乙的逃漏稅資料，但必須付給甲十萬元。乙於是如數給付。問甲成立何罪？【地方特考三等】

答 甲出示偽造之法務部調查員名片，向乙聲稱已遭稅務調查，可給付十萬元消除乙之逃漏稅資料，甲之行為涉嫌刑法第158條僭行公務員職權罪及刑法第339條詐欺取財罪，且具備犯罪構成要件、違法性及有責性。

十一、甲從友人處得知乙非常富有，某日冒充司法警察至乙宅實施檢查，未料乙宅未有任何值錢之物品，甲隨即離開。試論甲成立何罪？【地方特考四等】

答 依題意，甲冒充司法警察之行為構成刑法第158條之僭行公務員職權罪，且甲係出於財產犯罪之目的進入乙宅，但因未發現值錢物品而離去，應構成未遂犯。

十二、下列何者為公務員，並簡述理由：鄉長。公營銀行行員。代收稅款之超商店員。【身障特考三等】

答 (一)依刑法第10條第2項，公務員之定義包括：

1. 依法令服務於國家、地方自治團體所屬機關而具有法定職務權限，以及其他依法令從事於公共事務，而具有法定職務權限者：

(1)本款前段係指國家或地方自治團體所屬機關中依法令任用之成員，其依法代表、代理國家或地方自治團體處理公共事務者，即應負有特別保護義務及服從義務，至於無法令職掌權限者，縱使服務於國家或地方自治團體之所屬機關，亦不具有公務員身份，如：保全人員或清潔人員等。

(2) 本款後段係指雖非服務於國家或地方自治團體之所屬機關，但因其從事法定公共事務，應視為刑法上之公務員；如：依政府採購法規定之各公營事業之承辦、監辦採購人員即屬之。

2. 受國家、地方自治團體所屬機關依法委託，從事與委託機關權限有關之公共事務者：此即「受託行使公權力」之情形，在其受託範圍內，具有刑法上公務員之身份。

(二) 承前所述，鄉長係地方自治團體所屬機關依法令任用之成員，依法代表地方自治團體處理公共事務，負有特別保護義務，屬刑法第10條第2項第1款所稱之公務員；公營銀行雖屬國家公營事業機構，然其所從事者為營利行為，不涉及公權力行政事項，故公營銀行行員非刑法上公務員；超商受公營事業機構委託處理公營事業機構法定業務範圍內事項，因該等事項多屬涉及營利與醫療等範疇，與公權力行政無關，故代收稅款之超商店員亦非刑法上公務員。

十三、刑法第62條「自首」成立之要件為何？甲所犯較輕之罪行已被警察發覺，於檢察官訊問時，另自首其所犯較重之犯罪事實，是否有刑法第62條自首規定之適用？【身障特考四等】

答 (一) 自首之成立要件

刑法第62條規定：「對於未發覺之罪自首而受裁判者，得減輕其刑。但有特別規定者，依其規定。」此即關於「自首」之規範，亦即行為人自行申告自己尚未被國家機關發覺之犯罪行為，且表明願接受法院制裁之謂，其要件包括：

1. 行為人申告之內容須為自己之犯罪事實：行為人所申告者須為自己之犯罪事實，不包括告發或告訴他人之犯罪，且不問其申告之動機或方式為何，僅須表明自己之犯罪行為而足使刑事追訴機關調查犯罪事實即可。

2. 申告時須刑事追訴機關尚未發覺犯罪：行為人所申告之犯罪行為若已為刑事追訴機關所知悉，則行為人之自動到案稱為「投案」；實務上認為所謂「未發覺」包括犯罪事實尚未被發覺，或已知悉犯罪事實但不知犯罪行為人係何人等情形，而所稱「知悉」僅須有確切之根據得為合理之可疑者，即屬之，不以確知某人為犯罪行為人為必要，但若僅為單純主觀上懷疑或推測，則非知悉。
3. 行為人須於申告後自動接受裁判：行為人不須親至刑事追訴機關接受調查，但須有相當足以表示其自願接受裁判之行動。

(二) 甲所犯較輕之罪行已被警察發覺，於檢察官訊問時，另自首其所犯較重之犯罪事實，是否有刑法第62條自首規定之適用？

依題意，甲所犯之重罪已被警察發覺，甲係於檢察官訊問時，就所犯之重罪予以自首，按刑法第62條所規定之自首，以對於未發覺之罪，向有偵查權之機關或公務員自承犯罪，進而接受裁判為要件。題示情形是否符合自首要件，須視該二罪間之關係為何而定，詳言之，具有裁判上一罪關係之犯罪，倘其中一部分犯罪已先被有偵查權之機關或公務員發覺，行為人方就其餘未被發覺之部分，自動供認其犯行時，即與上開自首之要件不符，自不得適用自首之規定減輕其刑（最高法院96年台上字第2137號判決參照），惟若甲所觸犯之輕罪與重罪間並無裁判上一罪關係，而係應與分論併罰之數罪關係，則甲就較重之犯罪事實部分仍有自首規定之適用。

十四、甲某日持500元鈔至書店購買一本價值200元之書籍，店員乙誤認為1,000元紙鈔，而欲找予800元時，對甲云：「找您800元吧！」甲雖明知乙找錯錢，仍取之而去。試論甲成立何罪？【地方特考四等】

答　題示情形，甲因店員乙誤算而溢領500元，就該溢領部分，甲是否因此具有告知書店店員乙之義務？若未告知並返還，是否構成刑責？學說上稱此為「利用既存錯誤」之得利行為，在一般生活上時有所見，就刑法層面而言，可能成立之犯罪類型為詐欺罪與侵占罪。就是否成立詐欺罪而論，實務界對此早已採取肯定見解，如最高法院98年度台上字第7298

號刑事判決要旨即謂：「……所謂詐術，固不以欺罔為限，利用被詐欺人之錯誤而使其為財物之交付亦屬之……」等語。惟在行為人利用既存之錯誤故意不為告知而獲取利益之行為，可能成立「不作為詐欺」。惟刑法上之「不作為」，係以「作為義務」之存在為其前提，就「利用既存錯誤」之得利行為觀之，欲成立「不作為」詐欺中的施行詐術行為，其作為義務指通知義務而言。然在現今社會交易中，多找錢或多付錢的風險應由付錢者自行吸收，此乃社會上合理的風險分配原則，不應將溢領金錢時須為告知的通知義務加諸於受領者身上，從而受領者方既無告知義務之作為義務，亦無「不作為義務」之存在。再者，縱認在溢領金錢之情形成立刑法上的「不作為」施詐，但詐欺罪的成立亦須行為人所施用之「不作為詐術」與「陷於錯誤」兩者間有因果關係存在，而依題意，店員乙多交付金錢之錯誤並非由於甲不為告知之不作為所引起，而係乙自身之計算錯誤所致，兩者間無關連，亦即無因果關係之成立。從而，「利用既存錯誤」的得利行為應不成立刑法上的詐欺罪。

次就侵占罪而論，刑法上侵占罪係以信賴關係之違反為前提，故侵占須行為人先對物具有實力支配，亦即具有「持有」的行為，而後違反信賴關係，建立自己對物的完全所有之狀態。依題意，甲利用乙誤交金錢之行為，性質上為直接之所有權移轉，亦即將金錢之所有權完全移轉，而非單純之持有實力支配移轉，甲即無產生所謂「易持有為所有」之侵占行為。綜上，甲利用既存錯誤之得利行為亦無從成立刑法上之侵占罪。

本題中，甲利用既存錯誤之得利行為雖未成立刑法上之詐欺或侵占罪，但甲就所溢領之500元乃因店員乙之計算錯誤所致，在民事關係上屬典型的「無法律上原因而受利益」，受領者在法律上並無保有該溢領金錢的權利，故應依民法不當得利之規定進行利益調整，甲應將溢領的500元部分加以返還。

十五、甲見丁身懷數萬現金，遂起意夥同乙搶劫之，丁向其二人苦苦哀求，表示該現金為其幼子的救命錢，乙心生同情，遂道德勸說甲放棄，卻遭甲拒絕，乙無奈只好轉身離去，甲仍續行強盜丁之財物得手。試問：甲、乙之刑責？【身障特考三等】

答 (一)甲乙搶劫丁數萬元現金，應成立共同強盜取財罪：

在主觀構成要件上，甲乙二人具有對丁實行強盜行為之犯意聯絡，客觀上對丁著手強盜行為，縱乙因事後同情未續行犯罪行為之實施，依共同正犯「一部行為，全部責任」之法理，甲既已達強盜既遂階段，在具備違法性及有責性之情形下，甲乙應成立刑法第328條第1項及第28條之共同強盜既遂罪。

(二)乙得否減免刑罰？

依題意，甲乙二人行搶時，丁向其二人苦苦哀求，表示該現金為其幼子的救命錢，乙心生同情，遂道德勸說甲放棄，卻遭甲拒絕，乙無奈只好轉身離去，則乙得否主張共犯之脫離或中止犯之減免刑罰？

1. 共犯之脫離：學說上所謂「共犯脫離」係指共同正犯開始犯罪行為之實行，尚未既遂前，由共同正犯中之一部份人脫離共同正犯關係，就脫離後之犯罪結果不再負責，其要件須行為人係出於真摯之意思放棄犯罪行為之續行，且須積極地切斷其與其他共同正犯間之聯繫；依題意，乙僅對甲為道德勸說，遭甲拒絕後即轉身離去，尚難認為已切斷其與甲間之共同正犯關係，無從論以共犯脫離。

2. 共同正犯之中止：刑法第27條第2項規定中止未遂減免刑罰之規定，於正犯或共犯中之一人或數人，因已意防止犯罪結果之發生，或結果之不發生非防止行為所致，而行為人已盡力為防止行為者，亦適用之。依題意，乙因已意中止後並未有效防免甲之強盜行為既遂，即無適用上開中止未遂規定之餘地。

(三)結論

本題中，甲乙應成立刑法第328條第1項、第28條之共同強盜罪，乙不得主張因共犯脫離或中止犯規定減免其刑，但得依刑法第57條規定為量刑之審酌。

十六、刑法所稱「業務」所指為何？試述下列行為是否為業務行為？各應如何論處？ 甲未取得合法醫師執照，仍私設診所，從事醫療行為，某日因誤診而致病患死亡。丙為貨運公司之貨車司機，負責載運貨物，某日，因貨物數量不多，故丙改以機車載運，途中不慎撞死行人。【身障特考四等】

答 (一)刑法上「業務」之意義：

所謂「業務」係指基於個人社會生活地位，反覆實施同種類之行為。實務上認為，刑法上所謂業務上之行為，指其事實上執行業務之行為而言。如以駕駛小貨車推銷食品為業，則其駕駛行為，應認為包括於推銷之業務行為中，亦即為其推銷業務之一部（最高法院68年第5次刑庭會議決議）；又如汽車駕駛人之駕駛工作，乃隨時可致他人身體生命於危險之行為，並係具有將該行為繼續，反覆行使之地位之人因此應有經常注意俾免他人於危險之特別注意義務（75台上字第1685號判例參照）；亦有認為刑法上所謂業務，係指個人基於其社會地位繼續反覆而執行之事務，其主要部分之業務固不待論，即為完成主要業務所附隨之準備工作與輔助事務，亦應包括在內。如以修理汽車為業之行為人，在修理過程中之駕駛行為要屬修車附隨之事務，如駕車往保養廠途中撞人致死而有過失責任，即應依業務上過失致人於死罪論處。

(二)甲未取得合法醫師執照，仍私設診所，從事醫療行為，則甲就醫療行為之執行仍係基於個人社會生活地位，反覆實施同種類之行為，不因其未取得合法醫師執照而有所不同；依題意，某日甲因誤診而致病患死亡，則甲應論以業務過失致人於死罪。

(三)丙為貨運公司之貨車司機，負責載運貨物，某日，因貨物數量不多，故丙改以機車載運，途中不慎撞死行人。丙既係以駕駛為業，則不論其係駕駛貨車或騎乘機車，均負有較高之注意義務，縱因以機車載運貨物，仍屬業務上之行為，故本題中丙應成立業務過失致人於死罪。

十七、已成年之甲、乙、丙三人共同謀議行竊丁之財物，推由乙、丙負責行竊，甲負責銷贓。某日中午，乙、丙共同攜帶甲提供之大型螺絲起子前往丁宅，由乙在外把風，丙攜帶該起子，見丁宅大門未上鎖乃推門入內行竊得手。嗣經丁報警，請求偵辦闖空門行竊之人。試問：甲、乙、丙之刑責各為何？【身障特考四等】

答 甲乙丙既係出於共同行竊之犯意聯絡，對攜帶兇器行竊、現場把風及銷贓之行為進行分工，則甲乙丙應成立攜帶兇器竊盜罪之共同正犯，請參見本書關於共同正犯之說明，另需留意實務上認為攜帶兇器之加重竊盜罪，不以實際上有使用所攜帶之兇器為必要，僅須於行竊時有攜帶兇器即屬之。

十八、甲欲狙殺乙，埋伏於乙屋外待乙歸來；昏暗中，丙造訪乙，被甲誤為乙，甲開槍射丙，丙中彈，送醫後並無大礙，惟不料當時除射中丙外，由於子彈飛出，竟又射中在二十公尺外之丁，致丁死亡，問本案甲之刑責應如何論處？【退除役軍人轉任特考三等】

答 甲開槍射丙之行為構成等價之客體錯誤，依法定符合說，不阻卻構成要件故意，依題意，丙中彈送醫並無大礙，惟該子彈飛出後射中在二十公尺外之丁，導致丁死亡，則甲對丁之死亡結果應負過失責任，故本案中甲應成立故意殺人未遂罪及過失致人於死罪。

十九、甲在靶場練習步槍射擊，見行人乙在靶旁觀看，預見子彈可能射中乙，但甲自恃其射擊精確，自信絕不會射到乙，仍扣扳機射擊。惟子彈斜向靶旁觀看之乙，將乙擊斃。問甲之刑責應如何論處？【上校轉任特考三等】

答 甲自恃其射擊精確，自信絕不會射到乙，仍扣扳機射擊，然子彈斜向靶旁觀看之乙，將乙擊斃，甲對乙之死亡結果仍具備預見可能性，亦即甲對於構成犯罪之事實（誤擊導致乙死亡之結果）雖已預見其發生之可能性存在，卻相信此一情況必不發生，縱其主觀上自信不會誤擊，仍具備有認識之過失，亦不得主張阻卻違法或阻卻罪責事由，應論以過失致人於死罪。

二十、何謂有認識的過失？何謂未必故意？設甲為卡車司機，某日深夜開車，因長途駕駛而疲憊不堪，以致在途中打盹，卡車因而撞上路邊大樹，甲雖無恙，但其助手乙卻被震落車外而死。試問：甲應如何論處？【退除役軍人轉任特考三等】

答 (一)「有認識的過失」：指行為人雖然認為可能會實現法定構成要件，但卻違反義務相信自己不會實現，亦即行為人對於構成犯罪之事實雖已預見其發生之可能性存在，卻相信此一情況必不發生。

(二)「未必故意」：刑法第13條第2項規定：「行為人對於構成犯罪之事實，預見其發生，且其發生並不違背其本意者，以故意論。」此乃相對於同條第1項直接故意（行為人對於構成犯罪之事實，明知並有意使其發生）之「間接故意」，又稱為「未必故意」，亦即行為人對於構成犯罪事實具有預見可能性，且容任其發生。

(三)題示情形，甲為卡車司機，駕駛車輛為其業務，乃從事業務之人；某日甲於深夜開車，因長途駕駛而疲憊不堪，以致在途中打盹，卡車因而撞上路邊大樹，甲雖無恙，但其助手乙卻被震落車外而死。則甲對於乙之死亡結果雖非「預見其發生，且其發生並不違背其本意」，但甲主觀上應明知開車精神狀況欠佳可能導致行車事故，甲對於構成犯罪之事實雖已預見其發生之可能性存在，卻相信此一情況必不發生，仍具備有認識過失，故甲應成立業務過失致人於死罪。

二一、患有健忘症的甲，容留好友乙居住其家，某日乙晚歸，當乙正在開門時，甲以為強盜入侵，遂以榔頭向乙頭部猛擊，致乙當場死亡。試問：甲之行為是否構成誤想防衛？甲之行為是否構成客體錯誤？甲患有健忘症，其行為是否有刑法第19條之適用？【高考三級】

答 (一)所謂「誤想防衛」係指客觀上欠缺防衛情狀，但行為人主觀上誤以為存在防衛情狀，而施以正當防衛行為，此乃行為人發生「容許構成要件錯誤」之情形，通說就此採取「限制法律效果之罪責理論」，認為行為人之行為雖具備違法性，但其主觀之防衛意思得以阻卻罪責。惟若行為人係因過失導致未認知不存在防衛情狀，則可能成立過失犯罪。

(二)在客體錯誤之情形，若行為人對於行為客體發生誤認，於等價之客體錯誤，通說採法定符合說，認為其法律效果為不阻卻構成要件故意。如：甲誤丙為乙而殺之。

(三)關於刑法第19條之適用，94年修正前刑法第19條原規定：「心神喪失人之行為，不罰。精神耗弱人之行為，得減輕其刑。」然所謂「心神喪失」及「精神耗弱」非醫學上用語，其判斷標準模糊，修正理由即指出：「至責任能力有無之判斷標準，多認以生理學及心理學之混合立法例為優……在生理原因部分，以有無精神障礙或其他心智缺陷為準；在心理結果部分，則以行為人之辨識其行為違法，或依其辨識而行為之能力，是否屬不能、欠缺或顯著減低為斷。行為人不能辨識其行為違法之能力或辨識之能力顯著減低之情形，例如，重度智障者，對於殺人行為完全無法明瞭或難以明瞭其係法所禁止；行為人依其辨識違法而行為之能力欠缺或顯著減低之情形，例如，患有被害妄想症之行為人，雖知殺人為法所不許，但因被害妄想，而無法控制或難以控制而殺害被害人……」題示情形，甲患有健忘症，僅能認其注意力較低，尚難謂屬上開修正理由所稱「不能辨識其行為違法之能力或辨識之能力顯著減低」之情形。

二二、甲在淡水線擁擠的捷運車廂內，見一女子乙身後帶一背包，乃將其背包的拉鍊打開，伸手入內，企圖行竊，惟當場被同車廂內之第三人丙男瞥見，即時暗示乙女，甲終無法得逞；之後，甲心有未甘，乃尾隨丙男出某捷運站外，出手毆傷丙，致丙右眼受傷，送醫後，矯正視力僅剩0.1，問本案甲之行為應如何論罪科刑？【退除役軍人轉任特考三等】

答　依題意，乙女因丙之暗示，使甲無法竊取財物得逞，惟甲主觀上係基於意圖為自己不法所有之竊盜犯意，並著手於竊盜犯罪行為之實行，客觀上因丙之阻止而未能竊得財物，在甲具備違法性及有責性之情形下，甲就此部分行為應構成刑法第321條第1項第6款、第2項之加重竊盜未遂罪。

其次，甲基於傷害他人身體健康之犯意，出手毆傷丙，至丙右眼受傷，送醫後矯正視力僅0.1，丙所受之傷害屬刑法第10條第4項第1款所稱「嚴重減損一目之視能」，就此部分甲應成立刑法第277條第2項後段之傷害致重傷罪。

綜上，甲係分別基於竊盜及傷害之犯意為上開犯行，應分別論以加重竊盜未遂罪及傷害致重傷罪，兩罪間為數罪併罰關係。

二三、A、B、C、D四人共同前往甲家中尋仇，欲教訓甲一番。當到甲住處時，A突然後悔，並極力阻止B、C、D三人對甲之傷害，但甲仍被B、C、D三人毆傷。試問A是否得以適用中止犯之規定？【身障特考三等】

答 所謂「中止犯」係指行為人於著手實行犯罪行為後，以己意中止或防止犯罪結果之發生，故在適用上以具備未遂犯之成立要件為前提。刑法第27條規定：「已著手於犯罪行為之實行，而因己意中止或防止其結果之發生者，減輕或免除其刑。結果之不發生，非防止行為所致，而行為人已盡力為防止行為者，亦同。前項規定，於正犯或共犯中之一人或數人，因己意防止犯罪結果之發生，或結果之不發生，非防止行為所致，而行為人已盡力為防止行為者，亦適用之。」就共同正犯之中止而言，需符合下列要件：

(一) 共同正犯中之一人或數人已著手實行犯罪構成要件行為。

(二) 共同正犯中之一人或數人出於己意為中止行為或防果行為。

(三) 須防止結果之發生或結果之不發生雖非防止行為所致，但行為人已盡力為防止行為。

(四) 犯罪行為須未達既遂狀態。

其次，94年修正前舊刑法關於共同正犯之規定，條文文字為「二人以上共同實施犯罪之行為者，皆為正犯。」學說上存有「實施」是否等同於「實行」之爭論；實務上多引用31年院字第2404號解釋意旨所稱「刑法第28條所謂實施，係指犯罪事實之結果直接由其所發生，別乎教唆或幫助者而言，即未著手實行前犯陰謀預備等罪，如有共同實施情形，亦應適用該條處斷。至實行在現行刑法上乃專就犯罪行為之階段立言，用以別乎陰謀預備著手各階段之術語。」，認為「實施」之概念包括陰謀、預備、著手及實行在內，然此一立場恐有導致肯認「陰謀共同正犯」與「預備共同正犯」之結果，新法修正後僅限於實行階段始有共同正犯之適用。

依題意，A於到達甲住處時突然後悔，極力阻止B、C、D三人對甲之殺人行為，則A實際上並未參與殺人行為之實行，在新法下既已排除預備共同正犯，A即無成立殺人罪之共同正犯之餘地；惟A原本即係出於殺害甲之犯意而前往甲之住處，實務上認為所謂「預備」係指行為人在著手實行犯罪前，為實現某一犯罪行為之決意，而從事之準備行為，用以積極創設犯罪實現之條件，或排除、降低犯罪實現之障礙，其態樣如準備實行之計畫、準備犯罪之器具及前往犯罪地點之途中等均屬之，則A前往甲住處之行為，客觀上尚未著手於犯罪構成要件之實行，可認為仍處預備階段，A仍成立殺人罪之預備犯。

本題中，A可否適用中止犯之規定？實務見解有認為殺人罪之預備犯，其行為階段尚在著手以前，縱因己意中止進行，仍與刑法第27條所定之著手條件不合，仍應論以殺人罪之預備犯，採取否定說立場；惟學說上有從中止犯之立法理由切入，認為行為人在已著手犯罪實行之未遂階段，對法益侵害可能性已較預備階段為大，尚可適用中止犯規定，在預備階段應類推適用中止犯規定，期使刑法預防犯罪之功能得以彰顯，故依學說見解，A仍可類推適用中止犯規定，成立刑法第271條第3項預備殺人罪之中止犯。

二四、何謂共同正犯？何謂幫助犯？設若甲欲行竊A宅，乃夥同好友乙為其把風。試問：乙所為應如何論處？【退除役軍人轉任特考三等】

答 (一)共同正犯之意義

刑法第28條規定：「二人以上共同實行犯罪之行為者，皆為正犯。」此即所謂「共同正犯」，亦即兩個以上之行為人，基於共同之行為決意，各自分擔實施犯罪構成要件行為之一部，而共同實現構成要件之共犯型態，乃相對於「單獨正犯」之概念。在客觀要件上，行為人間具有共同之行為分擔（共同之行為實行），亦即共同正犯之各個參與者係基於共同之行為決意而為犯罪行為之分擔；在主觀要件上，行為人間須具有「共同之行為決意」，亦即係由兩個以上之行為人出於違反特定犯罪之故意，彼此聯絡、謀議、計畫，而在相互認識作用下，成立共同一致之犯意，學說上有將之稱為「共同實施犯罪意思」或「共同加工意思」。

在犯罪支配上，共同正犯之各個行為人對於犯罪過程均居於支配性角色，此即「共同之犯罪支配」，而在主觀上則形成一個共同行為決意，此與教唆犯或幫助犯必須附麗於正犯之從屬性不同。在法律效果上，共同正犯之刑事責任為「一部行為負擔全部責任」，此乃因各該行為人之部分行為對於最後之犯罪結果均具有實質之因果關係。

(二)幫助犯之意義

刑法第30條規定：「幫助他人實行犯罪行為者，為幫助犯。雖他人不知幫助之情者，亦同。幫助犯之處罰，得按正犯之刑減輕之。」此即所謂「幫助犯」，其客觀要件如下：

1. 須有幫助行為，亦即對於正犯之犯罪行為予以物質或精神上之支持，使正犯得以或易於實現犯罪構成要件，或使正犯之行為造成更大之法益侵害結果，且幫助行為須在正犯行為既遂或犯罪行為終了前為之，始能成立幫助犯，包括有形幫助（提供物質上之助力）及無形幫助（給予精神上之心理幫助）在內。
2. 須正犯之故意不法犯罪行為既遂。
3. 須幫助行為與正犯既遂行為間具有因果關係。

其次，在幫助犯之主觀要件上，須具有「雙重之幫助故意」，包括：

幫助故意	幫助行為人須有對於正犯行為人為不法行為提供助力之決意。
幫助既遂故意	幫助行為人須有促使正犯行為人實現不法構成要件既遂之決意。

幫助行為人與被幫助者對於犯罪行為無共同之行為決意，亦不具有功能性之犯罪支配，不構成共同正犯。實務見解亦指出，刑法上之幫助犯，以幫助他人犯罪之意思而參與犯罪構成要件以外之行為而成立，所謂參與犯罪構成要件以外之行為者，指其所參與者非直接構成某種犯罪事實之內容，而僅係助成其犯罪事實實現之行為而言。

(三)題示情形，甲欲行竊A宅，乃夥同好友乙為其把風，則甲乙就行竊A宅之行為具有犯意聯絡，彼此間在客觀上具有共同之行為分擔，符合前述共同正犯之要件，應論以刑法共同竊盜罪。

二五、甲與乙分別開槍射殺丙，二人均命中丙，造成丙死亡，其中一發子彈擊中丙的頭部，另一發擊中丙的心臟，二發子彈個別都足以致命，且無法判斷那一發子彈先擊中。試從因果關係論甲、乙之責任。【身障特考三等】

答 學說上關於因果關係之理論，有「條件理論」、「相當理論」及「重要性理論」，茲分敘如下：

(一) 條件理論：又稱為「等價理論」，認為造成具體結果發生所不可想像其不存在之每個條件，均為刑法上之原因；反之，若可想像其不存在而具體結果仍會發生，則該行為對於結果即非原因；論者認為，所謂「若無前者，即無後者」之條件公式，在實際適用上或有證明困難之問題，或有因科技或醫學發展情形無法證明之困境。學說上就此發展出「合乎法則之條件理論」，認為當結果與行為經過一連串之外在變化仍具有關連性時，該行為即該當結果發生之原因，依此見解，決定因果關係是否成立之關鍵在於該行為是否確實導致具體結果之發生，依題意，丙死亡之具體結果既係緊隨著甲或乙之開槍射擊行為，且甲或乙之行為均足以導致丙之死亡結果，故甲乙之行為對丙之死亡結果均具有因果關係，應論以刑法第271條第1項殺人既遂罪。

(二) 相當理論：此說認為只有在構成要件相當之條件下，始為結果之原因，亦即須依照經驗法則作客觀判斷，若在通常情形下均足以導致該結果，該行為即與結果發生間具有相當性，惟若該條件在通常情況下未必會導致結果發生，且結果之發生可認為係完全違反規則或偏離常規，即屬不相當。依題意，甲乙2人所分別擊發之子彈均足以導致丙之死亡結果，依經驗法則為客觀判斷，可認甲乙之行為對丙之死亡結果具有相當因果關係。

(三) 重要性理論：此說區分結果原因之判斷與結果歸責之判斷，認為結果原因應依條件理論之條件公式判斷，結果歸責則依刑法規範之保護目的與個別構成要件之特性予以判斷何行為具有構成要件之重要性。依題意，在結果原因方面，丙之死亡係由於甲或乙之射擊行為，為甲或乙究係何人先開槍？在題意未明情況下，設若欠缺其他證據可資證明乙之死亡結果係由何人所擊發之子彈所肇因，依刑事訴訟法上「罪證有疑，利於被告」之罪移惟輕原則，僅能認定子彈擊中丙時，丙之死亡結果已發生，則甲乙均成立故意殺人未遂罪。

二六、何謂純正身分犯？不純正身分犯？設若甲婦於離婚後，腹部日漸隆起，誤以為懷孕，遂自行至藥房購買墮胎藥物服用，因而出血不止。在緊急送醫後，經醫師診斷為婦科腫瘤，並未懷孕，試問甲婦所為應如何論處？【地方特考三等】

答 (一)「純正身分犯」與「不純正身分犯」之意義

1. 純正身分犯：刑法第31條第1項規定「因身分或其他特定關係成立之罪，其共同實行、教唆或幫助者，雖無特定關係，仍以正犯或共犯論，但得減輕其刑。」條文所稱「因身分或其他特定關係成立之罪」即係所謂「純正身分犯」，性質上乃構成身分之犯罪。例如幫助有業務上特定關係之人侵占業務上所持有之物，仍應成立侵占業務上持有物罪之從犯，不能科以通常侵占之刑。實務上亦認為無業務上持有關係之人，對於他人之業務上持有物根本上既未持有，即無由觸犯同法第335條之罪，若與該他人共同實施或教唆幫助侵占者，依同法第31條第1項規定，應成立第336條第2項之共犯。
2. 不純正身分犯：刑法第31條第2項規定「因身分或其他特定關係致刑有重輕或免除者，其無特定關係之人，科以通常之刑。」條文所稱「因身分或其他特定關係致刑有重輕或免除」即係關於「不純正身分犯」之規定，性質上為加減身分之犯罪。

   學說上有認為，不具備特別犯之行為主體資格者，對於具有行為主體資格者之教唆或幫助行為，理論上即可因其參與行為而成立該罪之共犯，無待法律予以明文規範。

(二)題意所示，甲婦於離婚後，腹部日漸隆起，誤以為懷孕，遂自行至藥房購買墮胎藥物服用，因而出血不止。則甲係誤以為自己懷孕，惟刑法第288條墮胎罪係以懷胎婦女為行為主體，甲既不具備該純正身分犯之資格，即無由成立該罪。

二七、何謂原因自由行為？設若甲男知悉其在酒後會對配偶為家暴行為，仍未警惕，某日於在外參加婚宴，飲酒過量，返家後意識不清，再度對配偶施暴成傷，試問甲男所為應如何論處？【地方特考三等】

答 (一)原因自由行為之意義

刑法第19條規定「行為時因精神障礙或其他心智缺陷，致不能辨識其行為違法或欠缺依其辨識而行為之能力者，不罰。行為時因前項之原因，致其辨識行為違法或依其辨識而行為之能力，顯著減低者，得減輕其刑。前二項規定，於因故意或過失自行招致者，不適用之。」第3項關於「原因自由行為」之規範構成責任能力與行為同時存在原則之例外。詳言之，所稱「原因行為」係指行為人在先行行為之原因設定階段處於具有責任能力之狀態，嗣後因故意或過失自陷於無行為能力或精神障礙狀態，所稱「結果不自由」係指行為人之行為實現不法構成要件時之結果階段，行為人業已處於無法辨識其行為違法性或欠缺依其辨識而為行為之能力。其要件分敘如下：

1. 行為人對於自陷於精神障礙狀態須具有故意或過失：若行為人在原因階段欠缺對於侵害特定法益之故意或預見可能性，則回歸一般罪責原則處理。
2. 行為人在先行行為階段，即須對於其結果階段之行為將造成一定法益之侵害具有預見可能性。

關於原因自由行為之可罰性基礎，通說採「前置說」（又稱為「構成要件說」、「先行行為說」，認為欲建立原因自由行為之可罰性，即應將行為時之時點認定提前至自陷行為本身，亦即行為人自陷於精神障礙或心智缺陷之行為即屬實施構成要件之行為，與嗣後實現犯罪構成要件之行為結合而成一個整體構成要件，自陷於精神障礙或心智缺陷之行為，可謂係構成要件之著手行為，已屬未遂階段。

依修正後新法第19條第3項規定，行為人於為犯罪構成要件行為時雖因精神障礙或心智缺陷等狀態而處於不自由，但該不自由之原因係可得預防或加以排除者，此際之行為時意志不自由仍具有可歸責性，不影響其罪責能力。

(二)題示情形，甲男明知其在酒後會對配偶為家暴行為，仍未警惕，某日於在外參加婚宴，飲酒過量，返家後意識不清，再度對配偶施暴成傷，則甲於為傷害行為時雖處於意識不清狀態，然該不自由之原因係可得預防，不影響甲之罪責，甲仍構成刑法第277條第1項之傷害罪。

二八、公務員依法執行職務的行為，依刑法第21條之規定，乃屬於正當行為，不罰。惟當依法執行職務有過當時，其過當的行為，到底應依故意行為或過失行為論斷？有無刑法第134條之適用？試說明之。
【高考三級】

答　刑法第21條規定關於公務員依法執行職務之行為屬「法規阻卻違法事由」，在行為人之行為具備犯罪構成要件該當性之情形下，得因行為人係公務員依法執行職務，從而阻卻其行為之違法性，有疑義者為，當依法執行職務有過當時，其過當的行為，到底應依故意行為或過失行為論斷？

若由阻卻違法事由之立法目的觀之，具備構成要件該當性之行為經整體法規範評價後，認為不具備違法性，實乃因該行為未造成實質法益侵害結果，不論係法條明定之法規阻卻違法事由（如：正當防衛、緊急避難等），或透過法律解釋產生之超法規阻卻違法事由（如：得被害人之承諾、義務衝突等），均應為相同之評價；而就正當防衛及緊急避難之規定要件而言，條文均明定設有比例原則之要求，亦即必須在防衛行為不過當，及出於不得已所為之緊急避難行為，始能阻卻違法性，若屬防衛過當或避難過當之行為，即不得阻卻行為之違法性，但得主張減輕或免除其刑，亦即得減免其罪責；就依法令行為而言，條文雖未設相同限制，仍應為相同解釋，在行為人依法執行職務有過當時，即無從阻卻行為之違法性，但得主張減免罪責，故行為人仍應成立故意犯罪。

刑法第134條規定：「公務員假借職務上之權力、機會或方法，以故意犯本章以外各罪者，加重其刑至二分之一。但因公務員之身分已特別規定其刑者，不在此限。」此乃關於公務員犯罪加重處罰之規定，在行為人依法執行職務之過當行為論以故意犯罪之情形，仍有本條規定之適用。

二九、「共同正犯」與「對向犯」皆屬二人以上實行犯罪行為所成立的犯罪參與型態，試問二者形成結構有何差異？【高考三級】

答 「共同正犯」乃刑法總則中關於多數人犯罪之型態，刑法第28條規定：「二人以上共同實行犯罪之行為者，皆為正犯。」，此即所謂「共同正犯」，亦即兩個以上之行為人，基於共同之行為決意，各自分擔實施犯罪構成要件行為之一部，而共同實現構成要件之共犯型態，乃相對於「單獨正犯」之概念。在客觀要件上，行為人間具有共同之行為分擔（共同之行為實行），亦即共同正犯之各個參與者係基於共同之行為決意而為犯罪行為之分擔；在主觀要件上，行為人間須具有「共同之行為決意」，亦即係由兩個以上之行為人出於違反特定犯罪之故意，彼此聯絡、謀議、計畫，而在相互認識作用下，成立共同一致之犯意，學說上有將之稱為「共同實施犯罪意思」或「共同加工意思」。而在犯罪支配上，共同正犯之各個行為人對於犯罪過程均居於支配性角色，此即「共同之犯罪支配」，而在主觀上則形成一個共同行為決意，此與教唆犯或幫助犯必須附麗於正犯之從屬性不同。在法律效果上，共同正犯之刑事責任為「一部行為負擔全部責任」，此乃因各該行為人之部分行為對於最後之犯罪結果均具有實質之因果關係。

「對向犯」乃刑法分則中關於多數行為人之概念，學說上有稱之為「必要共犯」，亦即在構成要件上，雖僅預定一人之行為，但為充足該構成要件之內容，必須有立於對向關係之他方為一定行為之協力，始能成立，立法者對於此類犯罪之處罰模式不一，或有對參與者均賦予相同刑罰（如：重婚罪、通姦罪），或對參與者賦予不同刑罰（如：受賄罪與行賄罪），或僅處罰其中一方（如：販賣猥褻物品罪）；而就「共同正犯」與「對向犯」之形成結構而言，對向犯並無適用刑法總則關於共犯規定之餘地，因立法者已於對向犯之犯罪構成要件中設置處罰模式，即無再行援引總則規定處罰之必要。

三十、何謂「罪刑法定主義」（有稱為「罪刑法定原則」）？其意涵內容（有稱為「派生原則」）為何？試說明之。【調查局特考三等】

答 (一)罪刑法定主義之意義

刑法第1條規定：「行為之處罰，以行為時之法律有明文規定者，為限。」此即學說上所稱「罪刑法定主義」，指犯罪之法律要件及其法律效果，均須以法律明確加以規定，法律若未明文規定處罰者，即無犯罪與刑罰可言，簡稱「法定原則」。

(二)衍生原則

1. 習慣法禁止原則：在罪刑法定原則下，排除習慣法之適用，所有犯罪與刑罰之成立均應以成文法為依據，惟通說認習慣法可作為補充或解釋構成要件之依據。實務上最高法院23年上字第2038號判例即指出，刑法處罰發掘墳墓之本旨，在保護社會重視墳墓之習慣，故其犯罪之成立與否，應以是否違背法律上保護之本旨為斷。苟發掘墳墓之目的，在於遷葬，並無其他作用，而發掘以後隨即依照習慣改葬他處者，既與法律上保護之本旨不相違背，自無犯罪之可言。
2. 禁止溯及既往原則：指國家刑罰權之行使，必須符合可預見性及可預測性，使人民得以確立行為準則，避免觸法行為。
3. 禁止類推適用原則：指禁止以類推適用方式新創犯罪構成要件，或為逾越法條意義之擴張解釋，或加重刑罰與保安處分之適用，此亦為權力分立原則下之司法權與立法權之界線。
4. 罪刑明確性原則：指犯罪構成要件及其法律效果均須以法律明確定之。

三一、何謂「結果加重犯」？其成立要件為何？試說明之。【調查局特考三等】

答 (一)加重結果犯之意義

刑法第17條規定：「因犯罪致發生一定之結果，而有加重其刑之規定者，如行為人不能預見其發生時，不適用之。」此即所稱「加重結果犯」，指行為人以犯輕罪之意思實施犯罪行為，進而導致重罪之結果，法律對該犯罪類型亦設置特殊犯罪型態，將基本犯罪與加重結果視為獨立之犯罪型態，科以較重之刑，其規範目的在於衡平刑罰與責任。

(二)加重結果犯之要件

成立加重結果犯之要件包括。

1. 須因故意基本犯罪導致一定之結果。
2. 加重結果之發生須與基本行為間具有因果關係與客觀可歸責性。
3. 行為人於行為時須能預見結果之發生。實務見解認為，所謂「能預見」乃指客觀情形而言，與主觀上有無預見之情形不同。若行為人主觀上有預見，而結果之發生又不違背其本意時，則屬故意範圍。亦即行為人對於加重結果之發生有無可能預見，應依行為當時之客觀情狀，而非就行為人之主觀認識，以為判斷。故所謂「能預見」，係指「就客觀情形有可能預見」，而與有預見不同。
4. 須法律設有加重其刑之規定：若法律未設有特別加重處罰之規定，則回歸適用刑法競合理論處理論罪科刑問題。
5. 須行為人對於加重結果之發生欠缺故意。

三二、何謂集合犯？試述其適用之要件。【高考三級】

答 依學說及實務上見解，刑事法若干犯罪行為態樣，本質上原具有反覆、延續實行之特徵，立法時既予特別歸類，定為犯罪構成要件之行為要素，則行為人基於概括之犯意，在密切接近之一定時、地持續實行之複次行為，倘依社會通念，於客觀上認為符合一個反覆、延續性之行為觀念者，於刑法評價上，即應僅成立一罪；學理上所稱「集合犯」之職業性、營業性或收集性等具有重複特質之犯罪均屬之，例如經營、從事業務、收集、販賣、製造、散布等行為概念者。易言之，所謂集合犯，乃其犯罪構成要件中，本就預定有多數同種類之行為將反實行，立法者以此種本質上具有複數行為，反覆實行之犯罪，認為有包括一罪之性質，因而將此種犯罪歸類為集合犯，特別規定為一個獨立之犯罪類型，例如營業犯、收集犯、常業犯。從而集合犯之成立，除須符合上開客觀條件及行為人主觀上須出於一個決意外，該自然意義之複數行為，在時、空上並應有反覆實行之密切關係，依社會通念，客觀上認為以包括之一罪評價較為合理者，始與立法之意旨相符。

三三、刑法上之正犯與幫助犯實務上如何區別？試分述之。又若某甲明知張三非法販賣第一級毒品海洛因予李四，仍依張三之囑咐，將海洛因攜至李四住處交付，請附理由說明某甲所為係犯販賣第一級毒品罪之共同正犯或幫助犯。【地方特考三等】

答 (一)正犯與幫助犯之區別

關於正犯與幫助犯之區別，學說上有下列爭議。

1. 客觀理論：以「限制之正犯概念」為基礎

(1)形式客觀理論：單純就構成要件該當行為之形式客觀面加以觀察，區分正犯與參與犯，認為正犯係指自己實行一部或全部構成要件行為之人，參與犯則係透過準備、支持或唆使行為，進而參與他人實現構成要件之人。此說最能解釋直接正犯。然無法解釋間接正犯及部分之共同正犯。

(2)實質客觀理論：以「行為之危險性」或「因果關係之比重」作為區分正犯與參與犯之標準。然論者有批評行為之危險性未必可僅由外在客觀層面予以觀察。

2. 主觀理論

(1)故意理論／極端之主觀理論：正犯係以正犯之意思為犯罪，且係將該犯罪當作自己之犯罪；參與犯則係以參與犯之意思為之，且將犯罪當作他人之犯罪。惟此說忽略犯罪行為之客觀層面。

(2)利益理論：正犯係指對於犯罪結果具有直接利益之人，參與犯則係指對於犯罪無利益之人。然刑法係以處罰侵害法益行為為目的，應由被害人角度出發，而非關注行為人是否因此獲利。

3. 犯罪支配理論

(1)意義：以限制之正犯概念為基礎，認為行為人若在犯罪過程中居於犯罪支配地位，則屬正犯；若否，即為參與犯。

(2)類型

A. 行為支配／行動支配：行為人完全透過自己之行為單獨實現該不法構成要件。如：單獨正犯、直接正犯、同時犯。

B. 意思支配／優越之行為支配：行為人位居幕後之優勢支配地位，操縱支配被利用者之意思決定與意思活動自由，達到與親自實行犯罪構成要件相同價值之犯罪支配情況。如：間接正犯。

C. 功能之犯罪支配／機能之行為支配：由犯罪目的及角色分配之觀點切入，多數人協力共同參與構成要件之事實，且就整體犯罪計畫之實施均係不可或缺之角色。如：共同正犯、幫助犯、教唆犯。

(3)適用除外：下列犯罪類型不適用犯罪支配理論

A. 過失犯：依通說見解，參與犯及教唆犯限於故意犯類型，過失犯採取單一正犯概念，不適用犯罪支配理論。

B. 義務犯：義務犯僅限於違背不法構成要件所明定之特定義務始能成立，應以該特定義務為主要考量點。

C. 己手犯：己手犯係指須行為人親自實行構成要件該當行為始能成立之犯罪，如：刑法§168偽證罪；若非親自實行構成要件該當行為之人，縱具有犯罪支配能力，亦僅能成立參與犯。

(二)題示情形，若某甲明知張三非法販賣第一級毒品海洛因予李四，仍依張三之囑咐，將海洛因攜至李四住處交付，就毒品危害防制條例第4條第1項規定之販賣第一級毒品罪而言，其構成要件行為即指販賣第一級毒品之行為，包括毒品及價金之交付在內；故甲所為交付毒品之行為已屬構成要件行為，應成立販賣第一級毒品罪之共同正犯。

三四、甲於某晚下班返家途中，順路在路邊攤開懷暢飲，以致酩酊大醉，陷於無意識的狀態；適有乙的汽車停放於路邊，甲乃將其駕走，致將行人丙撞死。甲對其大量飲酒易陷於酩酊狀態的體質，素所深知。試問：甲的刑事責任應如何論處？【原住民特考三等】

答 刑法第19條規定「行為時因精神障礙或其他心智缺陷，致不能辨識其行為違法或欠缺依其辨識而行為之能力者，不罰。行為時因前項之原因，致其辨識行為違法或依其辨識而行為之能力，顯著減低者，得減輕其刑。前二項規定，於因故意或過失自行招致者，不適用之。」第3項關於「原因自由行為」之規範構成責任能力與行為同時存在原則之例外。詳言之，所稱「原因行為」係指行為人在先行行為之原因設定階段處於具有責任能力之狀態，嗣後因故意或過失自陷於無行為能力或精神障礙狀態，所稱「結果不自由」係指行為人之行為實現不法構成要件時之結果階段，行為人業已處於無法辨識其行為違法性或欠缺依其辨識而為行為之能力。其要件分敘如下：

(一) 行為人對於自陷於精神障礙狀態須具有故意或過失：若行為人在原因階段欠缺對於侵害特定法益之故意或預見可能性，則回歸一般罪責原則處理。

(二) 行為人在先行行為階段，即須對於其結果階段之行為將造成一定法益之侵害具有預見可能性。

關於原因自由行為之可罰性基礎，通說採「前置說」（又稱為「構成要件說」、「先行行為說」，認為欲建立原因自由行為之可罰性，即應將行為時之時點認定提前至自陷行為本身，亦即行為人自陷於精神障礙或心智缺陷之行為即屬實施構成要件之行為，與嗣後實現犯罪構成要件之行為結合而成一個整體構成要件，自陷於精神障礙或心智缺陷之行為，可謂係構成要件之著手行為，已屬未遂階段。

依修正後新法第19條第3項規定，行為人於為犯罪構成要件行為時雖因精神障礙或心智缺陷等狀態而處於不自由，但該不自由之原因係可得預防或加以排除者，此際之行為時意志不自由仍具有可歸責性，不影響其罪責能力。依題意，甲對其大量飲酒易陷於酩酊狀態的體質，素所深知，卻仍在路邊攤開懷暢飲，以致酩酊大醉，陷於無意識的狀態，甲對丙之死亡結果仍應成立過失致死罪。

三五、假設公務員甲的長官乙命令甲將家中發票拿去報公帳，甲從之。請說明甲在何種情形下可以阻卻違法？【退除役三等】

答　在法規阻卻違法事由方面，刑法第21條第2項規定：「依所屬上級公務員命令之職務上行為，不罰。但明知命令違法者，不在此限。」題示情形，甲若欲主張依所屬上及公務員命令之職務上行為阻卻違法，需符合下列要件：

(一) 客觀要件

1. 執行該命令之行為人須具有公務員身分。
2. 該命令須具有拘束力。
3. 該職務行為限於命令範圍內。

(二)主觀要件

1. 行為人須基於行使職務之意思為之。
2. 行為人須非明知命令違法。

此外，關於下級公務員對於上級公務員所發布之命令，負有何種程度之審查義務？倘若命令有違法情事，下級公務員仍依據該命令為之，得否阻卻違法？學說上有採「形式違法審查說」，認為對於長官所下達之命令，下級公務員僅能審查該命令是否具備形式合法要件，無權過問命令之實質內容是否合法正當。亦有採取「實質違法審查說」者，認為下級公務員除須審查命令是否具備形式合法要件外，尚須審查命令之實質合法性，若該命令實質上違法，則依據該命令所為之行為即不得阻卻違法。通說採取形式違法審查說之立場，認為下級公務員不應負有審查命令實質上是否違法之義務，否則即有混淆行政體系、拖垮行政效能之弊端。

三六、甲在某卡拉OK店飲酒唱歌作樂，因細故而與該店員工A發生爭吵，於是打電話央請友人乙與丙二人持木棍前來教訓A。乙與丙二人進入該店後，以所持木棍一陣毆打A，導致A受傷送醫，經醫師診治後，發現A脾臟破裂，乃施行手術切除脾臟。試問：甲、乙、丙三人之行為應如何處斷？【高考三級】

參考條文

- 刑法第277條：「(I)傷害人之身體或健康者，處三年以下有期徒刑、拘役或一千元以下罰金。(II)犯前項之罪因而致人於死者，處無期徒刑或七年以上有期徒刑；致重傷者，處三年以上十年以下有期徒刑。」
- 第278條第1項：「使人受重傷者，處五年以上十二年以下有期徒刑。」

答 (一)乙、丙持木棍毆打A、致A受有脾臟破裂傷害之行為，分別成立刑法第277條第2項後段傷害致重傷罪：

1. 在客觀構成要件該當性方面，乙丙持木棍毆打A，導致A受傷送醫，經治療後切除脾臟，脾臟既經切除即無回復之可能，故A所受之傷害屬刑法第10條第4項第6款所稱「其他於身體或健康，有重大不治或難治之傷害」；其次，在主觀構成要件方面，乙丙2人主觀上均認識到持木棍毆打人之身體將導致傷害結果，且係明知並有意使其發生，亦即對於A之受傷結果具備故意；若其2人在受甲之央請時均已知悉對方亦將實施傷害行為，則其2人在主觀上具有犯意聯絡，客觀上具有共同之行為分擔，可成立共同正犯；惟若乙丙2人係分別行動，對他方之行徑全然不知悉，則其2人主觀上欠缺共同犯罪之決意，僅係故意之同時犯，應分別成立該罪。

2. 題示情形，A之脾臟破裂與乙丙之持木棍毆打行為間具有相當因果關係，A所受之傷害結果與乙丙之行為具有客觀可歸責性，雖乙丙對於A之受重傷結果不具備故意，但對該重傷害結果應具有預見可能性，在乙丙不具備任何法規阻卻違法事由或超法規阻卻違法事由且均具備責任能力之情形下，乙丙應成立刑法第277條第2項後段傷害致重傷罪之共同正犯或分別成立該罪。

(二) 甲應成立教唆傷害致重傷害罪（刑法第277條第2項後段、第29條）

1. 教唆傷害致重傷罪之成立，係以行為人對於教唆他人實行傷害行為所導致之重傷結果具有預見可能性為要件，亦即教唆者對於正犯著手實行故意行為所導致之過失加重結果須具備預見可能性。

2. 題示情形，甲以電話央請乙丙2人傷害A，甲之行為在客觀上使乙丙2人產生傷害之犯意，主觀上甲係基於教唆故意，且具備學說上所稱之「教唆既遂故意」，對於A因受傷可能導致之重傷害結果亦具備預見可能性，故甲對於A所受之重傷害結果應負過失責任，應論以刑法第277條第2項後段、第29條之教唆傷害致重傷罪。

三七、甲經常受A霸凌而痛苦不堪，乃向友人乙訴苦，願意提供新臺幣10萬元代價，僱請黑道兄弟殺害A，以資報復。乙同情甲之處境，以甲所提供之新臺幣10萬元僱請丙殺A。丙前往A住處後，卻將B誤認為A，而將B殺死。試問：甲、乙、丙三人之行為應如何論處？
【高考三級】

參考條文

- 刑法第271條：「(I)殺人者，處死刑、無期徒刑或十年以上有期徒刑。(II)前項之未遂犯罰之。(III)預備犯第一項之罪者，處二年以下有期徒刑。」
- 刑法第276條：「(I)因過失致人於死者，處二年以下有期徒刑、拘役或二千元以下罰金。(II)從事業務之人，因業務上之過失犯前項之罪者，處五年以下有期徒刑或拘役，得併科三千元以下罰金。」

答 (一)丙誤B為A而將之殺害之行為，應成立刑法第271條第1項殺人既遂罪：

1. 殺人既遂罪之成立，係以行為人主觀上基於殺人之犯意，客觀上著手實行殺人行為並導致他人死亡之結果為其要件；依題意，丙基於殺人之故意並著手實行殺人行為，其主觀上係基於殺A之故意，客觀上卻誤B為A而殺之，此種「等價之客體錯誤」並不影響殺人故意，亦即行為人丙對於行為客體之認識與主觀認知出現不一致，但其主觀上認知之行為客體與客觀上侵害之行為客體具有構成要件保護同一性，在採取「法定符合說」之見解下，因行為人主觀上所認識之內容與客觀上發生之侵害法益事實具備同一類型之法定事實，故不影響其故意之成立。
2. 綜上，丙誤B為A而殺之，成立刑法第271條第1項殺人既遂罪。

(二)乙僱請丙殺害A之行為，應成立教唆殺人既遂罪（刑法第271條第1項、第29條）：

1. 教唆殺人既遂罪之成立，以行為人教唆他人著手實行殺人行為並導致他人死亡結果為要件。依題意，乙僱請丙殺害A之行為，客觀上係使丙形成殺人之犯罪決意之教唆行為，主觀上乙具備殺人之教唆故意及對生命法益造成侵害之教唆既遂故意，丙雖於實行構成要件行為時發生等價客體錯誤之情形，然依通說採取「法定符合說」，等價客體錯誤不阻卻構成要件故意，亦不影響教唆犯之故意。
2. 綜上，乙教唆丙殺A之行為，雖係因甲向其訴苦常遭A霸凌，表示願意提供金錢作為代價，請乙僱請黑道兄弟殺害A，乙因同情甲之處境而僱請丙殺害之，此等「幫助教唆」情形應如何認定，應視行為人乙對於正犯行為所產生之實際影響力為斷；依題意所示，乙以甲所提供之金錢僱請丙殺A，在客觀上係由乙促使原無犯罪決意之行為人丙產生犯意，乙具備教唆犯之構成要件無疑，故乙應成立教唆犯。

(三)甲提供金錢要求乙僱請殺手殺害A之行為，成立教唆殺人既遂罪（刑法第271條第1項、第29條）：

1. 依題意，甲雖係要求乙代為僱請殺手，對乙所實際僱請之殺手為何人並不知悉，然甲在客觀上係教唆乙為教唆殺人之行為，實務上認為教唆之教唆仍屬教唆犯，但以所教唆之人已向他人教唆其實行犯罪為成立要件，亦即此等「輾轉教唆」（或稱「間接教唆」）亦屬刑法「教唆犯」之概念範疇。

2. 承前所述，丙因受乙之教唆而欲殺害A，卻誤B為A而殺之，此一等價之客體錯誤不阻卻丙之殺人罪之構成要件故意，甲亦成立殺人罪之教唆犯。

三八、甲的腳踏車失竊，但無力購買新的腳踏車，他就想到要偷一部腳踏車，解決代步工具問題。某日，甲見到乙停放在商店門口未上鎖的新腳踏車，甲即跨上該車，尚未起步之際，突然腦中出現父親生前常講的話：「三思而後行，勿一失足成千古恨。」此時甲就從該車下來，將該車仍置放原地。試問本案甲有無刑責？【調查局三等調查工作組】

答 刑法上所稱之未遂犯，係指「已著手於犯罪行為之實行而不遂」（刑法第25條第1項規定參照），就著手時點之認定而言，通說採取主客觀混合理論（折衷說），認為應以行為人的想像與對於保護之行為客體之侵害作為判斷標準，若行為人犯罪之意思已於行為中顯露，而由該行為之整體計畫為觀察，以客觀之旁觀者角度對行為人之犯罪過程加以揣摩，判斷是否已直接導致相關構成要件所保護之客體之危險。

依題意，甲見到乙之腳踏車未上鎖，意圖為自己不法之所有，基於竊盜之犯意而跨上該車，尚未起步之際即心生悔意，由該車上下來將該車仍置於原地，則甲是否構成竊盜未遂罪？其判斷基準在於甲是否已著手於竊盜行為之實行，竊盜乃指竊取他人財物之行為，以破壞他人對財物之支配力為要件，依前揭主客觀混合理論，甲係基於破壞他人對財物之持有關係、建立自己之新持有關係而跨坐在乙之腳踏車上，已達著手於竊盜行為之實行，客觀上亦已建立對乙所有之腳踏車之新持有關係，縱甲因於尚未起步之際想起父親之教誨，並從該腳踏車上下來，將該車放置於原地，仍無礙其成立刑法第320條第1項之竊盜既遂罪嫌，惟甲於既遂後並未將腳踏車騎乘離去，可依刑法第57條關於行為人犯罪後之態度等規定為量刑之審酌。

三九、黑道分子乙因犯罪而逃亡，面臨警方之追緝。乙在鄉間路上，挾持開私人轎車之甲女當人質，乙以手槍命令甲女開她的私人轎車躲閃警方追逐，甲女遭到挾持花容失色，心想萬一處不好，生命恐有危險。但甲女隨後發現乙並沒有繫安全帶。甲女認為此是其脫免被挾持之唯一機會，甲女就以高速行駛，並且故意將車撞上路旁大樹，在甲女決定此舉之前，她知道乙可能因而喪命，並且她也認為她的行為具有刑責。果然，在撞上大樹時，因為撞擊力猛烈，乙當場死亡。試問甲女之刑責如何？【調查局三等調查工作組】

答 依題意，甲遭受乙以手槍加以挾持，其身體自由法益遭受侵害，甲為自保駕車故意撞上路旁大樹時，且甲明知乙可能因而喪命，則甲對於乙之死亡結果具有故意，惟乙得否主張緊急避難阻卻違法或欠缺期待可能性而減免罪責？茲分敘如下：

(一) 依刑法第24條規定：「因避免自己或他人生命、身體、自由、財產之緊急危難而出於不得已之行為，不罰。但避難行為過當者，得減輕或免除其刑。前項關於避免自己危難之規定，於公務上或業務上有特別義務者，不適用之。」在客觀要件上有二：

1. 緊急避難情狀：指客觀上存有對法益造成損害或危險之情況，包括人為及自然災害在內，且該危險須具有即時性，不包括事前可預測或可預見之危難在內。

2. 緊急避難行為：行為人之緊急避難行為需符合適當性、必要性及不過當之要件，亦即需符合比例原則之要求。在主觀要件上，行為人則須出於緊急避難意思及緊急避難意圖，始足當之。題示情形，甲遭乙挾持，其身體自由法益遭受侵害，然甲係採取侵害乙之生命法益之手段以保全身體自由法益，不符合緊急避難所要求之實質權衡原則，故不得據此主張阻卻違法。

(二) 減免罪責之欠缺期待可能性：所謂「期待可能性」，係指國家刑罰權對於無法期待行為人為適法行為時，不應科以刑罰制裁，亦即考量行為人是否有能力不為不法行為，而選擇為合法行為。在犯罪架構中屬於阻卻責任事由。本題中，甲因遭挾持，出於急迫採取侵害他人生命法益之手段，其避難行為顯屬過當，依刑法第24條第1項但書規定，甲就其故意殺人既遂罪得主張欠缺期待可能性而減免其罪責。

四十、甲因同業競爭，素來與乙不合，甲想要藉機整乙。某日，在警方公布希望民眾檢舉之超商搶案錄影畫面中，甲覺得該畫面的搶匪面貌與乙有幾分神似，甲明知乙並不是超商搶匪，但甲認為此刻是「整乙的好機會」，乃向警方檢舉乙為搶匪，甲希望警察會因受騙而逮捕乙。受理之警察丙到乙宅查看，當丙一看到乙，就知道乙根本不是錄影帶中之搶匪，特徵差異明顯，但由於乙態度不好，丙也就想整整乙，把乙當成是超商搶匪予以逮捕。試問本案甲、丙之刑責各如何？【調查局三等調查工作組】

答 甲明知乙並不是超商搶匪，但向警方檢舉乙為搶匪，並希望警察會因受騙而逮捕乙，甲之行為可能構成刑法第169條第1項之誣告罪；受理之警察丙到乙宅查看，當丙一看到乙，就知道乙根本不是錄影帶中之搶匪，特徵差異明顯，但由於乙態度不好，丙也就想整整乙，把乙當成是超商搶匪予以逮捕，丙之行為可能構成刑法第125條第1項第1款之濫用職權為逮捕罪。且甲對乙之行為可成立純正身分犯之共同正犯。解題時依構成要件該當性、違法性及有責性之三階層理論加以論述即可，並應注意刑法第31條之適用。

四一、B是貨車司機，經常性載運貨物，經過九彎十八拐的北宜公路送貨到東部城市。A是B之仇敵，其想殺死B，就破壞B的汽車之煞車，欲致B於死地。果然，B開車經過北宜公路，因煞車不靈造成嚴重車禍案件，B的車墜谷，B因而死亡。而在此次事故，竟然D也在B的車上，共赴黃泉。而D是A的好友，A並沒有想到D會搭B的便車，A懊悔不已。試問A的刑責為何？【調查局三等調查工作組】

答 就行為人之主觀犯意而言，行為人為實現客觀構成要件要素所存在內心之心理要素，包括行為人對於客觀不法構成要件之認知，以及為實現該不法構成要件之意欲，前者指行為人對於犯罪構成要件事實之認識，後者指行為人為實現客觀構成要件事實之決意。刑法第13條第1項所規定所稱「行為人對於構成犯罪之事實，明知並有意使其發生，即屬「直接故意」，同條第2項：「行為人對於構成犯罪之事實，預見其發生，而其發生並不違背其本意者，以故意論。」則係「間接故意」（又稱為「未必故意」）。

其次，與前述「間接故意」概念相近者，乃所謂「有認識過失」，亦即行為人對於構成犯罪之事實，雖預見其能發生而確信其不發生。

(一)A對B之死亡結果應負故意殺人既遂罪：依題意，在客觀構成要件上，A破壞B汽車之煞車，導致B開車因煞車不靈發生車禍後死亡，B之死亡與A之行為間具有相當因果關係，而在主觀構成要件上，A係基於殺人之直接故意而為破壞B汽車煞車之行為，在A具備違法性及罪責之情形下，A對B應論以刑法第271條第1項之故意殺人既遂罪。

(二)A對D之死亡結果亦應負故意殺人既遂罪：題示情形，A並未預見D搭B之便車，惟A在破壞B汽車之煞車時，應可預見B駕車時可能搭載其他乘客，對其他乘客之死亡結果應具有放任其發生之間接故意，且未為任何防果行為，故A對D之死亡結果亦應論以刑法第271條第1項之故意殺人既遂罪。

(三)綜上，A係以一行為觸犯一個直接故意殺人既遂罪及一個間接故意殺人既遂罪，在具備違法性及有責性之情形下，應成立刑法第55條之想像競合犯，從一重論以直接故意殺人既遂罪。

四二、甲的兒子乙就讀國民小學四年級，暑假的某個下午，乙在學校的棒球隊同學們來找乙聚會。甲出主意，帶著小朋友們一起到住家附近（並未有禁止棒球活動告示牌）的公園草地上打棒球。輪到乙打擊的時候，乙揮棒打擊出去。由於公園外圍只有約一公尺高的矮牆，球飛出公園外，打中馬路上正好騎機車經過丙的頭部安全帽。丙倒下，摔到對向機車騎士丁的正前方，丁來不及煞車，撞上丙的胸部，導致丙的胸部受到嚴重挫傷。問：甲和丁的刑事責任如何？
【調查局三等法律實務組】

答 刑事法上之「因果關係」係指行為與結果之間之支配關係，亦即行為人須對結果有支配力，行為人採取不同之作法即會有不同之結果出現，最高法院76年台上字第192號判例即指出，刑法上之過失，其過失行為與結果間，在客觀上有相當因果關係始得成立。所謂相當因果關係，係指依經驗法則，綜合行為當時所存在之一切事實，為客觀之事後審查，認為在一般情形下，有此環境、有此行為之同一條件，均可發生同一之結果者，則該條件即為發生結果之相當條件，行為與結果即有相當之因果關係。反之，若在一般情形下，有此同一條件存在，而依客觀之審查，認為不必皆發生此結果者，則該條件與結果不相當，不過為偶然之事實而已，其行為與結果間即無相當因果關係。

依題意，乙就讀小學四年級，依刑法第18條第1項屬無責任能力之人，甲帶乙到住家附近（並未有禁止棒球活動告示牌）的公園草地上打棒球，輪到乙打擊揮棒時，球飛出公園外，打中馬路上正好騎機車經過丙的頭部安全帽。丙倒下受傷，依前揭相當因果關係理論之說明，丙受傷之結果可謂係偶然之事實，行為人甲對丙之受傷結果在主觀上欠缺預見可能性，亦非應注意並能注意而未注意，故甲對丙之受傷結果不成立刑法第284條第1項之普通傷害罪。

再者，丙遭球擊中摔到對向機車騎士丁的正前方，丁來不及煞車，撞上丙的胸部，導致丙的胸部受到嚴重挫傷，承前相當因果關係之理論，丙摔至丁之正前方，對丁而言屬偶然之事實，丁就丙之受傷結果欠缺預見可能性，且客觀上亦未存有注意義務，故丁對丙之受傷結果不成立刑法第284條第1項之普通傷害罪。

四三、甲開車行駛於道路內線車道，此時有搶救病患之私人醫院救護車閃燈鳴笛從後方駛來。由於外線車道堵車，救護車對甲車廣播要求讓路，供搶救緊急病患。不意甲前天才因為汽車違規停車被拖吊，心生報復，完全不理會救護車讓路的要求，一路拖延，把救護車堵了三分鐘之久。當救護車把病患送到醫院時，病患經緊急大量輸血並進行手術，才救回一命。問：甲的刑事責任如何？【調查局三等法律實務組】

答　甲開車行駛於道路，不讓救護車先行之行為，可能構成刑法妨害公務罪或殺人未遂罪，茲分敘如下：

(一)妨害公務罪：刑法第135條第1項規定：「對於公務員依法執行職務時，施強暴脅迫者，處三年以下有期徒刑、拘役或三十萬元以下罰金。」惟依題意，該救護車係屬私人醫院，非刑法第10條第2項所稱具有法定職務權限之公務機關，故不應成立妨害公務罪。

(二)殺人未遂罪：依題意，甲係基於報復心理，不理會救護車讓路的要求，一路拖延，把救護車堵了三分鐘之久。當救護車把病患送到醫院時，病患經緊急大量輸血並進行手術，才救回一命，則甲主觀上應可認知其未讓救護車先行之行為可能導致救護車上之病患死亡，且駕車將救護車堵了三分鐘，已著手於殺人罪之構成要件行為，最後病患雖因大量輸血搶救成功，甲仍應論以刑法第271條第2項之殺人未遂罪。

四四、何謂「危險故意」？能否以刑法第185條之3所規定的不能安全駕駛罪為例做說明？【調查局三等法律實務組】

答 在犯罪行為人類型中，所謂「結果犯」係以特定犯罪結果之發生為要件，包括「實害結果」與「危險結果」在內，前者指行為對於刑法保護之法益已發生客觀可見之損害，後者指行為對於刑法保護之法益構成具體危險，但尚未造成客觀可見之實害而言。而所謂「行為犯（舉動犯）」則指行為人僅須實現構成要件所描述之行為，不待結果之發生，即屬既遂。就主觀要件而言，通說認為實害結果犯係指行為人對行為所導致之實害結果具有故意，危險結果犯則係指行為人對於危險結果具有認知為要件，對於危險犯罪類型的構成，法律規範意旨在於以一定行為模式論斷危險（即實害可能性）之存在，藉此防範典型危險的實現。

換言之，危險犯係指行為對法益或行為客體造成危險狀態，即可成立，依其危險狀態又可區分為「具體危險犯」與「抽象危險犯」，具體危險犯之危險故意係指行為人對於客觀上危險行為與危險結果發生具有預見可能性，並有意使其發生，抽象危險犯之危險故意則係指行為人對於客觀上之危險行為明知有意使其發生。

刑法第185條關於服用酒類不能安全駕駛動力交通工具而駕駛罪之規定，即屬危險犯之規定，其危險故意依實務上見解應屬抽象危險犯之類型，若行為人明知飲酒可能導致不能安全駕駛之結果，猶放任自己為之，即屬具備該條之危險故意，學說上有認為危險故意的認定形式上似乎與故意之基本理念有所衝突，透過容許風險原理的運用，危險故意概念並不脫離於實害故意的基本概念，衍生出來的結果是對於法律論斷危險故意的推翻可能性甚低，因為法律所規定之行為模式就一個理性人而言已經超越容許風險界限。

四五、甲把兒子乙託付給丙所經營的安親班，甲和全部其他家長一樣簽具切結書，同意自己的小孩子不用功唸書或不守秩序時，安親班可以施以體罰。某日，安親班的小朋友丁因為嬉鬧追逐而打破教室裡擺設的花瓶。丙聽到東西破裂的聲音，進門看到站在旁邊的乙，誤以為是乙打破花瓶，於是用藤條把乙的腿部打成多處淤傷。丙後來發現打錯人，於是轉而又用藤條把丁打傷。問：丙的刑事責任如何？
【調查局三等法律實務組】

答 題示情形涉及超法規阻卻違法事由中之「得被害人之承諾」以及「教師懲戒權」；所謂「得被害人之承諾」之客觀要件包括：

(一) 承諾人須為被害人。
(二) 被害人須具有承諾能力：國內多數說認為，承諾能力之判斷須在具體個案中依各該法益之意義及犯罪構成要件之類型加以評斷。
(三) 承諾人對於該法益具有處分權。
(四) 承諾必須先於侵害行為之前為之，且須於行為時仍有效存在。
(五) 承諾本身須為有效之意思表示。
(六) 侵害行為不得逾越承諾之範疇，而其主觀要件則係指行為人須對承諾之事實具有認識。

次就所謂「教師懲戒權」而言，其客觀要件包括：
(一) 存有足夠之教育理由。
(二) 須為適當且必要之處罰，而其主觀要件則係行為人須基於教育之目的而為行為。

依題意，甲簽具切結書，同意丙可於乙不用功唸書或不守秩序時，施以體罰，丙因誤認係乙打破花瓶，以藤條將乙的腿部打成多處淤傷，丙後來發現打錯人於是轉而又用藤條把丁打傷。乙得否援引得被害人之承諾或教師懲戒權阻卻其行為之違法性？丙因誤認係乙打破花瓶，以藤條將乙的腿部打成多處淤傷，丙之主觀上認為甲已簽具切結書，惟實際上打破花瓶者非乙，學說上稱此為「容許構成要件錯誤」，亦即行為人誤以為存有阻卻違法事由，然承前所述，家長所簽具之切結書內容係對孩童身體權利之處分權，學說上認為不符合得被害人承諾之要件，且就教師懲戒權而言，採取毆打方式應非達成教育目的所必要且適當之手段，故丙對乙、丁二人毆打成傷之行為均不得主張超法規阻卻違法事由，而應分別成立兩個故意傷害既遂罪（刑法第277條第1項），且丙係以二行為分別侵害數法益，應依刑法第50條規定分論併罰。

第五部分　歷年試題及解析

105年　身障三等

一、甲唆使本無犯意之乙前往A宅行竊，乙卻誤B宅為A宅而闖入，竊得現金5,000元後，臨走之際，忽瞥見B宅女主人丙正熟睡中，姿色撩人，頓生淫念，擬對丙強制性交，當乙動手脫卸丙之衣物時，丙驚呼救人，致未能得逞，乙倉皇逃逸。問本案甲乙之刑責各應如何論處？

破題分析

本題之考點在乙之客體錯誤，以及教唆之逾越。由於乙之數行為構成數罪，故在討論乙之罪責後，別忘了寫犯罪之競合為結論。

解題架構

1. 甲構成刑法321條加重竊盜罪之教唆犯。
2. 乙之行為構成刑法321條之加重竊盜罪以及222條第7款之加重強制性交未遂罪，且應數罪併罰。

答 (一)甲構成刑法321條加重竊盜罪之教唆犯

1. 刑法29條第1項為教唆犯定義：教唆他人使之實行犯罪行為者，為教唆犯。教唆行為必須以被教唆人本無犯罪之意思，因教唆人之煽動或指示而惹起其故意以特定對象之法益侵害為目的之犯罪意圖，而且教唆人必須主觀上具備「雙重故意」：教唆犯罪之故意以及教唆既遂之故意，方得當之。教唆犯依我國刑法定義為從犯，且刑法29條對教唆犯之罪責認定採限制從屬性原則，即：共犯之成立，以正犯之行為存在為必要，且從屬程度必須至正犯之不法。亦即是，正犯之犯罪行為該當於構成要件，且其主觀上不法沒有問題、無阻卻違法事由時，共犯方能成立。至於有責性之判斷，則依照個別正犯與共犯之具體情形判斷之。

2. 本題中，甲唆使本無犯意之乙前往A宅行竊，甲之教唆行為確實惹起乙之犯罪意圖，且甲為教唆行為之當下確有教唆他人犯罪之故意，以及預見犯罪結果發生且不違背其本意之故意。雖乙誤B宅為A宅而闖入行竊，但其行為所侵害之法益和造成之結果，與甲之教唆想像並無二致，都符合刑法321條第1款加重竊盜罪之構成要件：「犯竊盜罪而有下列情形之一者，處六月以上、五年以下有期徒刑，得併科新臺幣十萬元以下罰金：一、侵入住宅或有人居住之建築物、船艦或隱匿其內而犯之者。」因此甲構成刑法321條第1款加重竊盜罪之教唆犯。

3. 乙除了侵入住宅而竊盜之外，另行起意對丙進行強制性交而未遂，此部份犯罪並不在甲之教唆意圖當中，亦即是：甲之教唆僅及於乙之侵入住宅竊盜行為，而甲應只須為其所教唆之犯罪以及實現之結果負責，故甲並不構成加重強制性交未遂之教唆犯。

(二) 乙之行為構成以下罪責：

1. 乙侵入B宅之行為構成刑法306條之無故侵入住宅罪。

客觀上，B宅係一般人平日居住之場所，住居於其內之人民之居住安寧有保護之必要；乙無正當理由，未經住居者允許而侵入B宅，不僅侵害了B宅住民之居住安寧，主觀上乙亦無侵入之正當理由，乙無阻卻違法事由、具備有責性，故成立本罪。

2. 乙侵入B宅行竊之行為構成刑法321條之加重竊盜罪。

乙受甲之教唆而萌生侵入A宅行竊之主觀犯意，但客觀上乙卻誤B宅為A宅而侵入之，此種客觀上事實與行為人主觀上認知並不一致之情形，稱為「錯誤」，若係行為客體發生錯誤者，只要行為人主觀上所認識之事實，與客觀上客體之侵害事實，在同一犯罪構成要件之內，基於「法定符合說」之立場，在主客觀構成要件都符合的情況下，行為人仍得論以本條犯罪，不受其對事實認知錯誤之影響。

本題中，乙雖誤B宅為A宅，而侵入有人居住其內之建築物以竊盜財物，但乙既已具備竊盜財物之故意，且客觀上乙確實得手現金5,000元，取得此筆財物之之實力支配地位，乙之侵入住宅行為客體錯誤並不影響乙成立刑法321條之加重竊盜罪：「犯竊盜罪而有下列情形之一者，處六月以上、五年以下有期徒刑，得併科新臺幣十萬元以下罰金：一、侵入住宅或有人居住之建築物、船艦或隱匿其內而犯之者。」故在乙無阻卻違法事由、具備有責性的情況下，乙之行為仍構成加重竊盜罪。

3. 乙欲對丙強制性交但未遂之行為構成刑法221條第2項之強制性交未遂罪。

乙侵入住宅後竊盜財物並既遂之後，見丙之美色而另行起意，欲對其進行強制性交，主觀上乙有以強暴方式，違反丙之意願而侵害丙性自主權之故意，且乙動手卸脫丙之衣物之行為，確實已製造丙之身體及性自主權被侵害之風險，雖強制性交之結果因丙之呼救、乙倉皇逃逸而尚未發生，但乙之行為確實已該當刑法221條第2項強制性交未遂罪之著手。因此，乙客觀上有對丙強制性交未遂之著手結果，主觀上亦有侵害丙性自主權之故意，乙之行為無阻卻違法事由之適用、具備有責性，乙應論以刑法222條第7款之加重強制性交未遂罪。

4. 競合：依刑法50條本文：裁判確定前犯數罪者，併合處罰之。乙之侵入住宅行為係竊盜行為之行為一部，為加重竊盜罪所吸收，不另論罪；乙之強制性交未遂行為係侵入住宅後另行起意，而非一開始即有對丙強制性交之意圖而侵入住宅，主觀上故意和客觀上造成之法益侵害風險均與加重竊盜罪不同，乙之二行為係出於不同之犯意，且行為之間具可分割性，侵害法益種類亦不相同，應論以數罪併罰。

觀念延伸

犯罪結果之錯誤：分為客體錯誤與打擊錯誤。客體錯誤是指行為人對行為客體之認知錯誤，例如誤B為A而殺害之，使法益侵害之結果實現在客觀上不一樣的客體上；打擊錯誤則是行為人對行為客體之認知正確，但因為因果歷程之重大偏離或失誤，導致法益侵害之結果實現在客觀上不一樣的客體上。客體錯誤之犯罪結果，行為人之論罪應採取法定符合說，打擊錯誤之犯罪結果，行為人之論罪應採用具體符合說一因為行為人主觀上認識之事實與客觀上之法益侵害事實並不一致，故阻卻故意，行為人只成立過失罪責。

最高法院28年台上字第1008號判例要旨：

1. 打擊錯誤，係指行為人對於特定之人或物加以打擊，誤中他人等之情形而言。若對於並非為匪之人，誤認為匪而開槍射擊，自屬認識錯誤，而非打擊錯誤。

2. 殺人罪之客體為人，苟認識其為人而實施殺害，則其人之為甲為乙，並不因之而有歧異。

最高法院刑事判例27年上字第1887號要旨：毀越門扇而入室行竊，其越入行為即屬侵入住宅，已結合於所犯加重竊盜之罪質中，無更行構成侵入住宅罪之理。

刑法321條所列6款加重情況，皆屬「構成要件加重事由」，意即是行為人在行為當下必須同時對於加重行為和竊盜行為有所認知（有故意），方足當之。

二、甲男與A女相戀多年，近來A移情別戀，甲心生瞋恨，想毀容A，乃藉酒壯膽，某日飲高粱酒一瓶，於酩酊狀態下，前往A宅門口，待A下班歸來之際，猛向A潑灑強烈硫酸，經送醫急救後，A仍面目扭曲變形，且傷及右眼，矯正視力僅剩0.1，問甲之刑責應如何論處？

破題分析

本題之考點在原因自由行為（刑法19條第3項），以及重傷害之定義（刑法10條第4項）。

解題架構

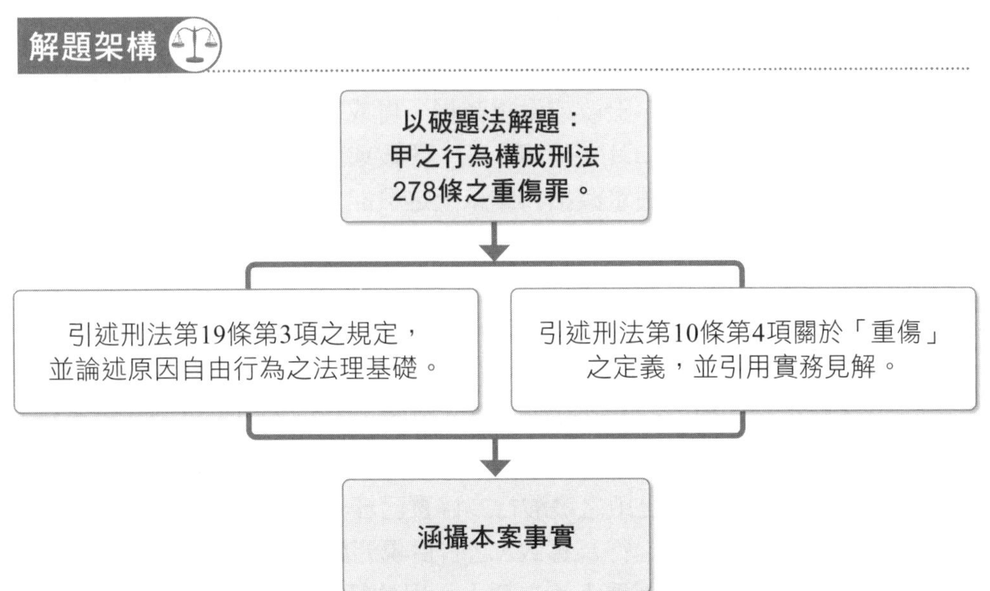

答 甲之行為構成刑法278條第1項之重傷罪。

(一)刑法19條規定：行為時因精神障礙或其他心智缺陷，致不能辨識其行為違法或欠缺依其辨識而行為之能力者，或者是因精神障礙或其他心智缺陷，致其辨識行為違法或依其辨識而行為之能力，顯著減低者，得以不罰或減輕其刑。但同條第3項規定：「前二項規定，於因故意或過失自行招致者，不適用之。」因此，如行為人因可歸責於自己的故意或過失而導致此種精神狀態失常之情狀，導致其辨識行為違法之能力或依其辨識而行為之能力顯著降低，而做出違法之行為者，不得援引刑法19條第1、2項之規定，主張不罰或減輕其刑。刑法19條第3項所規範的罪責態樣，學理上稱為原因自由行為，蓋行為人在實施犯罪構成要件行為時，固然有意識無法作用而導致不能控制其侵害行為之原因，但此原因之發生卻係於行為人意識完全自由時所致，故在立法價值上，認為有處罰行為人之必要。而所謂犯罪結果可歸責於行為人者，必須行為人在主觀上及客觀上均可歸責：客觀上，行為人自行招致的精神障礙狀態必須與犯罪結果有因果關係，且主觀上行為人亦明知或可得而知其自行招致之精神障礙狀態將導致犯罪結果發生者，始足當之。

(二)刑法10條第4項規定刑法中關於重傷之構成要件定義：「稱重傷者，謂下列傷害：一、毀敗或嚴重減損一目或二目之視能。二、毀敗或嚴重減損一耳或二耳之聽能。三、毀敗或嚴重減損語能、味能或嗅能。四、毀敗或嚴重減損一肢以上之機能。五、毀敗或嚴重減損生殖之機能。六、其他於身體或健康，有重大不治或難治之傷害。」而所謂「毀敗或嚴重減損」，依最高法院54年台上字第1697號判例要旨，係指傷害重大且不能治療或難於治療者而言，如傷害雖重大，而未達於不能治療或難於治療之程度，仍難以重傷既遂論。

(三)本題中，甲對A心生瞋恨，欲將A毀容，在行為前先以酒壯膽而後對A潑硫酸，造成A面目扭曲變形、右眼視力僅剩0.1之身體法益侵害結果，客觀上甲之潑酸行為確實已經構成刑法278條第1項之犯罪構成要件：甲之行為導致A之右目視能嚴重減損，且面容扭曲變形，傷害不可謂不重大；主觀上，甲於行為當時確實有重傷害A之故意，但是在有責性之檢驗中，雖甲於行為當時已陷入酩酊狀態，辨識其行為違法或依其辨識而行為之能力顯著降低，在意識失常之狀態下，甲之行為當時可能已經欠缺責任能力，但因甲之酩酊狀態係可歸責於己，即甲在行為前即懷有重傷害A之故意，且因此喝下一整瓶高粱酒，導致其意識不清，而放任自己陷入欠缺控制行為風險之能力狀態，依刑法19條第3項之規定，甲不可因行為時是無責任能力之狀態而主張依同條第1或2項不罰或減輕其刑責。

(四) 結論：甲因自己故意陷入酩酊之狀態，造成A之面目變形和右眼視力受有重大、嚴重之減損之行為，應構成刑法278條第1項之重傷害罪，且甲因原因自由行為之存在，不可主張行為當時無責任能力而免罰或減輕其刑。

觀念延伸

原因自由行為之處罰理論：

1. 例外說（實務所採）：原因自由行為是責任能力與行為同時存在之例外。
2. 構成要件說—前置說（學界通說）：原因行為和結果行為是整體的一行為，而結果階段所欠缺的責任能力，在先行行為階段予以補齊。
3. 構成要件說—先行行為說（黃榮堅老師）：原因行為對結果行為有支配性，因此可將原因行為當做處罰之對象。

最高法院28年上字第3816號判例要旨：故如被告於尚未飲酒之先，即已具有犯罪之故意，其所以飲酒至醉，實欲憑藉酒力以增加其犯罪之勇氣者，固不問其犯罪時之精神狀態如何，均應依法處罰。假使被告於飲酒之初，並無犯罪之意圖，祗因偶然飲酒至醉，以致心神喪失，或精神耗弱而陷於犯罪，即難謂其心神喪失之行為仍應予以處罰，或雖係精神耗弱亦不得減輕其刑。

105年　一般警察三等

甲為詐騙集團的首腦，於東南亞某一國家內設置電話詐騙的機房，由甲在國內指揮監控整個詐騙行動，並分別由該詐騙集團的成員乙、丙、丁等人赴該地之通訊機房，負責行電話詐騙。其以東南亞各國之人為詐騙對象，所得之詐騙所得，再從東南亞匯回臺灣給甲，爾後再做不法所得的比例分配。其詐騙先後共三百次，得款新臺幣數億元。後詐騙行動暴露，為當地警方所偵破，經解送回國，交予我國司法機關處理。試問甲、乙、丙、丁之犯行應如何處理？

破題分析

本題之考點在刑法總則之隔地犯（刑法第4條）、共犯（刑法第28條），以及95年修法廢除連續犯之後，多數犯罪行為之處理方式。最後可以提一下修正施行之沒收新制規定結尾。

解題架構

引述刑法第4條、28條之規定並闡述規範內容及法理；引述舊刑法56條之連續犯規定，並說明修法理由。 → 涵攝本案事實，並點出犯罪所得應沒收之規定。 → 結論

答 (一)刑法第4條規定：犯罪之行為或結果，有一在中華民國領域內者，為在中華民國領域內犯罪。為完整保護被害人之法益，以此條「隔地犯」之規定，不論犯罪行為人為單一或多數、犯罪之行為或結果其一在中華民國領域內者，即可以我國刑法論罪。若犯罪行為人有多數，主觀上有心理之接觸、犯意之連絡，客觀上組成犯罪集團分工合作，每個成員均對犯罪構成要件之實現有所貢獻者，應依刑法28條論以共同正犯：二人以上共同實行犯罪之行為者，皆為正犯。

若行為人之犯罪行為係以概括之犯意，連續數次為犯行者，在民國95年修法之前，多被論以舊法56條規定之連續犯：行為人本於主觀上已經產生之犯罪計劃，在預定的計畫範圍內，反覆實施同一罪

名、且原本就可獨立成罪之數犯罪行為；然而，民國95年後修法廢除連續犯，觀其修法理由，係因連續犯本質上為數罪之總和，且過往實務對於連續犯的認定過於寬鬆，導致犯罪行為無法被完整追究，不無鼓勵犯罪之嫌。故修法刪除連續犯之規定，現今以連續犯態樣犯罪者，依連續犯本為各獨立犯罪集結之本質，均應依刑法50條論以數罪併罰。

(二) 本題中，甲、乙、丙、丁之犯罪行為和結果，至少有其一是在中華民國境內發生，依刑法第4條之隔地犯規定，甲等四人之行為得以適用我國刑法論處之，我國法院對其犯罪行為有審判權。甲為詐騙犯罪集團首腦，甲、乙、丙、丁本於主觀上不法所有之意圖，由甲留守臺灣指揮犯罪行為，成員乙、丙、丁前往東南亞各地連續實施詐術，使被害人陷於錯誤之後交付財物於自身，甲、乙、丙、丁之犯行無阻卻違法事由、均具備有責性，故甲、乙、丙、丁四人應成立刑法339條第1項之詐欺取財罪，且甲等四人主觀上就詐欺取財行為有犯意之連絡，客觀上亦有分工之作業，彼此間均為犯罪完成之不可或缺角色，故甲、乙、丙、丁應依刑法28條論以詐欺取財罪之共同正犯。

甲和乙、丙、丁基於概括之犯意，以事先擬定好的犯罪計畫，分由集團成員反覆實施同一罪名之數個犯罪行為，由於數個詐騙犯罪皆可獨立成罪，且我國刑法已刪除連續犯之規定，甲、乙、丙、丁之犯罪行為應論數罪併罰，依刑法50條規定論處之。高達新台幣數億元之犯罪所得，依刑法38-1條第1項本文規定，犯罪所得，屬於犯罪行為人者，沒收之。

(三) 結論：甲、乙、丙、丁之行為構成刑法339條第1項之詐欺取財罪，甲、乙、丙、丁為本罪之共同正犯，且其連續詐騙行為應論以數罪併罰；其犯罪所得應予沒收。

觀念延伸

94年2月2日修正、95年7月1日施行之刑法廢除連續犯規定立法意旨：

按連續犯在本質上究為一罪或數罪，學說上迭有爭議，一般均認為連續犯在本質上應屬數罪，僅係基於訴訟經濟或責任吸收原則之考量，而論以一罪，故本法承認連續犯之概念，並規定得加重其刑至二分之一。然本法規定連續犯以來，實務上之見解對於本條同一罪名之認定過寬，所謂概括犯意，經常可連綿數年之久，且在採證上多趨於寬鬆，每每在起訴之後，最後事實審判決之前，對繼續犯同一罪名之罪者，均適用連續犯之規定論處，不無鼓勵犯罪之嫌，亦使國家刑罰權之行使發生不合理之現象。因此，基於連續犯原為數罪之本質及刑罰公平原則之考量，其修正既難以週延，爰刪除本條有關連續犯之規定。從立法例而言，連續犯係大陸法系之產物，英美刑法並不承認連續犯之概念，德國刑法自1871年以後、日本自昭和22年（民國36年）以後，均將連續犯之規定予以刪除，其餘大陸法系國家如瑞士、奧地利、法國等均無連續犯之明文，惟在實務上則視具體情形，或認係一罪，或認係數罪併罰。故有必要參考上開外國立法例，刪除有關連續犯之規定。

105年 高考三級

（一般行政、一般民政、人事行政）

一、某公益文教機構館長甲於民國（下同）104年6月19日代表我國接受外國贈送名家畫作一幅，價值新臺幣（下同）300萬元，惟甲並未依規定交該單位之事責人員予以典藏，而於二天後私自將該畫帶回家，於同年6月28日以250萬元賣給不知情人士A，隨後將其中50萬元送給其不知情的情婦B，另200萬元存於銀行（一年獲取利息3萬元）；甲於105年7月1日又代表我國接受外國贈送名家畫作一幅，價值400萬元，其再度如法炮製，於同年7月4日以300萬元賣給不知情人士C，隨後以該款項購買名車一部，送給其不知情的兒子D。甲之上開犯行於105年7月6日經人舉發（以上金流證明均已明確）。問：前揭各金錢財物應如何適用刑法規定予以沒收？

破題分析

本題之考點在104年12月30日修正、105年7月1日施行之沒收新制第38-1條，必須熟悉新條文之規定。

解題架構

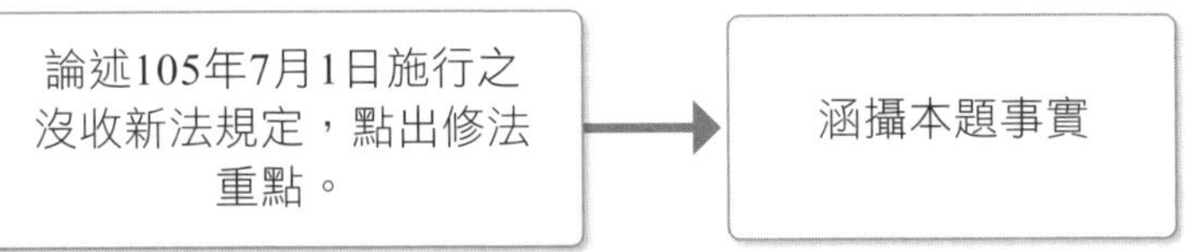

答 (一)民國104年12月30日修正刑法第五編之一關於沒收規定之章節，105年7月1日施行之。本次修法之制度特色為：依修正通過之沒收新制，明文規定沒收為刑罰及保安處分以外之法律效果，具有獨立性，並以專章立法方式規範沒收，其他修正內容包括：擴大犯罪所得沒收之範圍、及於第三人轉得者，且於被告死亡、逃匿經通緝等情形，亦可聲請單獨宣告沒收，解決過去因被告死亡或通緝而無法沒收境外不法資產之困境。新法第38-1條第1項規定：犯罪所得，屬於犯罪行為人者，沒收之。特別規定者，依其規定。同條第2項規定，有犯罪行為人以外之自然人、法人或非法人團體，因下列情形之一取得犯罪所得者，亦同：一、明知他人違法行為而取得。二、因他人違法行為而無償或以顯不相當之對價取得。三、犯罪行為人為他人實行違法行為，他人因而取得。至於犯罪所得之定義和得以沒收之範圍，規定於刑法第38-1條第4項：第一項及第二項之犯罪所得，包括違法行為所得、其變得之物或財產上利益及其孳息。

(二)本題中，甲館長將受贈名畫侵吞轉賣而得手金錢之行為，涉犯刑法336條之侵占公益原因持有物之侵占罪：對於公務上或因公益所持有之物，意圖為自己或第三人不法之所有，而侵占自己持有之物。甲館長因公益原因而代表我國接受外國單位贈送之名畫，主觀上本於為自己或第三人圖謀不法利益之意圖，客觀上亦利用其因公益原因對該些名畫之實力支配（持有狀態），將名畫之經濟價值易為自己或第三人所有，甲應構成刑法336條之公益侵占罪。甲將名畫變賣所得之金錢財物，依分別流向以及應適用之沒收規定論述如下：

1. 甲名下之定存200萬元：依新法第38-1條第1項規定：犯罪所得，屬於犯罪行為人者，沒收之。甲名下之定存200萬元屬於其侵占因公益原因所持有之名畫之犯罪所得，依新法第38-1條第1項規定應沒收之。

2. B情婦得50萬元：依新法第38-1條第2項第2款規定，犯罪行為人以外之自然人，因他人違法行為而無償或以顯不相當之對價取得犯罪所得，亦應予以沒收，不論第三人是否知情均同。故B情婦獲得因甲館長犯罪所得之金錢50萬元，亦應屬沒收之範圍。

3. 甲兒得300萬元轎車一輛：依刑法第38-1條第4項規定，第一項及第二項之犯罪所得，包括違法行為所得、其變得之物或財產上利益及其孳息。因此，甲館長犯罪所得之金錢變得300萬元轎車一輛，並轉贈予甲兒者，依刑法第38-1條第2項、第4項之規定，該轎車亦屬犯罪所得，應予沒收之。

觀念延伸

105年5月27日立法院三讀通過刑事訴訟法與刑法沒收新制之配套條文，並於105年7月1日施行。刑事訴訟法新增第七編之二（455-12～455-37條），就刑事案件沒收第三人財產及單獨聲請宣告沒收，制定相關程序規範，修法目的主要是消弭舊法時期被告脫產，導致犯罪所得無從追徵、追回不法利得機制不完善之窘境，新制度包括：

1. 檢察官於起訴時或審理中，皆得向法院聲請沒收第三人財產。（刑事訴訟法第455-13條）
2. 因程序需費過鉅致不符訴訟經濟時，經檢察官同意後，法院得免予沒收第三人財產、不論法院認定應沒收或不應沒收第三人財產，皆應於判決主文中諭知、對於沒收判決則可單獨提起上訴而不及於本案判決。（刑事訴訟法第455-15條、455-19條）
3. 增訂保全追徵之扣押配套規定，並明定扣押標的為債權等情形時之扣押方法及具有禁止處分之效力（刑事訴訟法133條）。扣押原則採法官保留，應聲請法院為扣押裁定，然為利司法實務之運作，例外就證據、附隨於搜索之扣押、經扣押標的權利人同意及情況急迫等情形，可於事後陳報法院（刑事訴訟法133-2條）。

其他，尚有扣押財產有減低價值、保管需費過鉅等情形時，檢察官於偵查中得變價之（刑事訴訟法141條）；另權衡扣押目的及比例原則，增訂以擔保金替代扣押，兼顧沒收之保全及權利人之使用利益（刑事訴訟法142-1條）。

二、甲、乙缺錢花用，乃決意向公園約會情侶抽取「戀愛稅」。某夜甲、乙開車至某公園，兩人下車尋找目標，發現幽暗處丙男與丁女正在親熱，甲、乙分持西瓜刀與藍波刀架住丙、丁脖子，喝令不准出聲，然後乙拿出繩索與膠布，分別將丙、丁嘴巴貼上膠布並捆綁手腳，搜刮其財物。甲、乙得手後，甲臨時起色念，欲對丁性侵，遂向乙佯稱尿急，要其先去開車，乙不疑即先行離去。正當甲對丁強制性交之際，丙不知何時已解開繩索，拿著石塊悄然走到甲背後，往其後腦一砸，甲立即昏厥，惟丙基於除惡務盡之意，又拿起掉落在地的西瓜刀對其連砍十幾刀後，始偕同丁逃離。待乙折返找甲時，見其身受重傷倒地，趕緊將甲送醫，幸逃過死劫。問甲、乙、丙之行為應如何論罪？

破題分析

本題有關刑法總則之考點在共同正犯之逾越（過剩行為）、正當防衛之要件。

解題架構

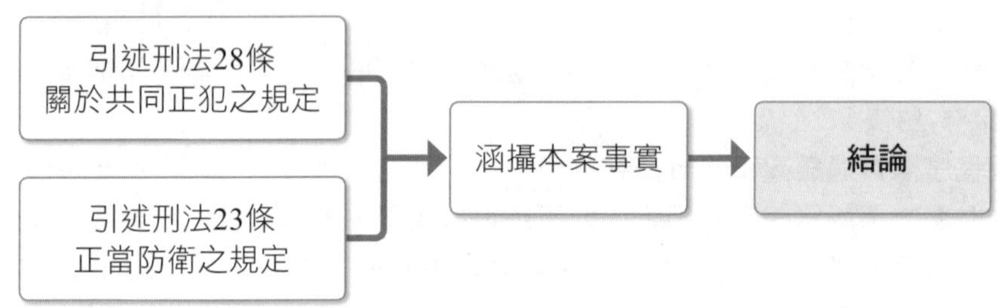

答 (一)刑法28條規定：二人以上共同實行犯罪之行為者，皆為正犯。若兩人以上之行為人，就犯罪計畫有主觀上之犯意聯絡、心理接觸，客觀上各自分工實施犯罪行為構成要件，彼此間為犯罪行為實現不可或缺之要角者，該些行為人即得論以犯罪之共同正犯。然而，若共同正犯中一人所為之行為，主觀上不法意圖已超出一開始與其他共同正犯謀議實施犯罪之主觀上認知，且客觀上行為並不包含在原本的犯罪計畫中，依最高法院50年台上字第1060號判例要旨：共同正犯之所以應對其他共同正犯所實施之行為負其全部責任者，以就其行為有犯意之聯絡為限，若他犯所實施之行為，超越原計畫之範圍，而為其所難預見者，則僅應就其所知之程度，令負責任，未可概以共同正犯論。此稱為共同正犯之逾越，又稱過剩行為者，行為人應自負其責。

(二)刑法23條規定：對於現在不法之侵害，而出於防衛自己或他人權利之行為，不罰。但防衛行為過當者，得減輕或免除其刑。若行為人對於客觀上之「現在」「不法」侵害有認知（防衛情狀）、主觀上基於防衛自己或他人權利之意思（防衛意思）而為防衛行為者，在比例原則之檢驗下，若認為該防衛行為的確是對抗緊急法益侵害最有效、傷害程度最小的手段，即可依本條主張阻卻違法，而不須處以刑事罪責。正當防衛之主觀、客觀要素缺一不可，又或防衛行為違反比例原則、逾越防衛必要性者，均不得主張正當防衛。

(三) 本題中，甲、乙、丙之行為，分別應論罪如下：

1. 甲、乙共同決意向人強索金錢，並分工進行壓制被害人自由、得手財物之行為，應論以刑法328條之強盜罪。

(1) 刑法328條第1項規定：意圖為自己或第三人不法之所有，以強暴、脅迫、藥劑、催眠術或他法，至使不能抗拒，而取他人之物或使其交付者，為強盜罪，處五年以上有期徒刑。由於強盜行為係以對被害人之人身和意識自由進行直接之壓迫和侵害，強行移轉原所有人對才誤之支配，不僅侵害被害人之財產法益，對被害人之身體、自由法益亦侵害甚鉅，故刑法328條第1項將其定為最輕本刑五年以上之有期徒刑。強盜罪與刑法346條恐嚇取財罪之差別，依最高法院67年台上字第542號判例要旨：刑法第346條之恐嚇取財罪之恐嚇行為，係指以將來惡害之通知恫嚇他人而言，受恐嚇人尚有自由意志，不過因此而懷有恐懼之心，故與強盜罪以目前之危害脅迫他人，致喪失自由意志不能抗拒者不同，應加以區辨。

(2) 甲和乙主觀上有共同實施強盜行為之犯意連絡，客觀上由甲乙共同開車尋找目標、分持兇器逼迫被害人就範並交付財物，足認甲乙之間有強盜行為之分工，且甲與乙均無阻卻違法事由，具備有責性，甲與乙構成刑法328條之強盜罪共同正犯。

2. 甲欲對丁進行強制性交而未遂之行為，構成刑法221條第2項之強制性交未遂罪。

(1) 刑法221條第2項規定：對於男女以強暴、脅迫、恐嚇、催眠術或其他違反其意願之方法為性交，卻未遂者，仍應依前項處罰，處三年以上十年以下有期徒刑。行為人主觀上有違反被害人自主意願而為性交之故意，客觀上以強暴、脅迫、恐嚇、催眠術或其他違反其意願之方法實現性器接合之性交行為者，即滿足本罪之構成要件。若依主客觀混合理論，以行為人之主觀計畫觀之，其實現構成要件之行為已足以引起一般人之恐慌，認有法益侵害風險失控之危險者，即便客觀上並未發生侵害結果，仍認行為人已「著手」為犯罪行為，構成犯罪之未遂。

(2) 本題中，甲臨時起意欲對丁行強制性交之行為，主觀上足認有違反丁之自主意願，而對之為性交之故意，客觀上甲應亦以強暴之行為壓制丁之身體自主性和意志自主性，依客觀一般人之通念，應認甲之強制行為已著手於強制性交罪之實施，故甲之行為應構成刑法221條第2項之強制性交未遂罪。又因乙對於強制性交部份之犯罪，與甲之間並無主觀犯意之連絡，客觀上亦未與其分工合作，甲應就此部份逾越共同正犯犯意聯絡之行為自負其責，故乙並不與甲構成刑法221條第2項之強制性交未遂罪共同正犯。

3. 丙為防免丁之性自主權受侵害，而取石塊攻擊甲致其昏厥之行為，構成刑法277條之傷害罪，但得依刑法23條主張不罰。

客觀上丙見丁之性自主法益將被甲侵害，出於防衛丁之權利之意思，持石塊攻擊甲以期停止甲之攻擊行為者，可認客觀上存有防衛情狀、丙主觀上有防衛之意思，且持石塊攻擊之行為確係當時最有效、侵害最小之防衛方式，丙之行為固然造成甲之身體法益受到侵害、昏厥倒地，且主觀上丙亦確實有侵害甲之身體法益之意思，但丙可依刑法23條主張正當防衛阻卻違法，不論以刑法277條傷害罪之罪責。

4. 丙惟恐甲再度發動攻擊，而取西瓜刀砍殺致甲受重傷之行為，構成刑法278條之重傷害罪。

客觀上，丙確有持西瓜刀砍殺甲，造成其身受重傷之結果，主觀上丙亦有造成甲重傷之認知與意圖，雖丙係為防止甲再度實施侵害行為之立場而對甲之身體法益進行侵害，以控制其行動，但此時客觀上並不存在防衛情狀：在甲昏厥時，並無不法侵害正在發生。故此時丙之「預先防衛」行為並不能符合正當防衛阻卻違法之要件，丙無阻卻違法事由可主張、具備有責性，丙之行為構成刑法278條之重傷害罪。

(四) 結論：甲之行為構成刑法328條強盜罪、刑法221條第2項之強制性交未遂罪，兩罪因基於分別起意之犯意，所侵害之法益種類亦不同，應依刑法50條論以數罪併罰；乙之行為與甲構成刑法328條強盜罪之共同正犯，依強盜罪論處之。丙取石塊將甲打至昏厥之行為固然構成刑法277條之傷害罪，但丙可主張正當防衛阻卻違法而不罰，之後丙又取西瓜刀將甲砍至重傷，因當時已不存在防衛情狀，故丙已不可主張正當防衛，於此丙應構成刑法278條之重傷害罪。

觀念延伸

防衛過當：

最高法院63年台上字第2104號判例要旨：刑法上之防衛行為，祇以基於排除現在不法之侵害為已足，防衛過當，指防衛行為超越必要之程度而言，防衛行為是否超越必要之程度，須就實施之情節而為判斷，即應就不法侵害者之攻擊方法與其緩急情勢，由客觀上審察防衛權利者之反擊行為，是否出於必要以定之。

共同正犯之逾越：指正犯之一人或數人有犯意或犯行之擴張，超出原本的犯罪計畫者，行為人應自負其責。

105年　高考三級（法制、法律廉政）

一、何謂「確定故意」與「不確定故意」？何謂「直接故意」與「間接故意」？試根據我國刑法之規定說明之。

破題分析

本題為單純申論題，引述刑法13條關於故意之規定，並詳細論述之即可。

解題架構

1. 引述刑法第13條第1項規定，論述直接故意／確定故意。
2. 引述刑法第13條第2項規定，論述間接故意／不確定故意。
3. 引述實務見解。

答 (一)「故意」是犯罪行為人之主觀不法要件，刑法第13條第1項規定：「行為人對於構成犯罪之事實，明知並有意使其發生者，為故意。」犯罪之故意係行為人於行為時之主觀意圖，基於「故意存在於行為時」之原則，如行為人於行為時沒有侵害法益之故意，即不能論以故意之罪責。因此，從行為著手之時點觀察，故意犯罪行為人於行為時所必須具備之主觀認知，必須包括對法益侵害結果之認知，以及希望法益侵害結果發生之意念，亦即須同時具備對法益侵害結果之「知」與「欲」，方得論以故意罪責。刑法第13條第1項之規定，學理上稱為「確定故意」，亦稱「直接故意」，意即行為人對構成犯罪之事實有明確認知，且主觀上有意使其發生，並決意以其行為促成之，此種明知而故犯之心態，即為「確定故意」、「直接故意」。

(二)依刑法第13條第2項之規定：「行為人對於構成犯罪之事實，預見其發生而其發生並不違背其本意者，以故意論。」若從行為結束之時點觀察，行為人主觀上對於犯罪事實雖無具體確定之認識，但有預見犯罪構成要件實現之可能性，而主觀上卻容認或接受該侵害結果發生，或行為結束後所發生之法益侵害結果，對行為人而言「不感意外」者，依刑法第13條第2項之規定，行為人於此有「不確定故意」，即「間接故意」。

(三) 依最高法院刑事判例22年上字第4229號要旨：「刑法關於犯罪之故意，係採希望主義，不但直接故意，須犯人對於構成犯罪之事實具備明知及有意使其發生之兩個要件，即間接故意，亦須犯人對於構成犯罪之事實預見其發生，且其發生不違背犯人本意始成立，若對於構成犯罪之事實，雖預見其能發生，而在犯人主觀上確信其不致發生者，仍應以過失論。」如行為人於行為當下，明知或得以預見犯罪構成要件之實現，而且有意使犯罪結果發生，或其主觀上容認犯罪結果之發生者，即應論以故意犯罪。

觀念延伸

何謂直接故意與間接故意？試各舉一實例說明之。

不確定故意又稱間接故意，有區分類型為：

1. 未必故意：行為人明明已預見一定結果之發生可能，但又以未必發生結果之意思，加以實行，爾後果然發生該結果者，行為人有未必故意。例如先前千面人在超商架上蠻牛飲料中下毒之事件，千面人即被認定有未必故意。
2. 擇一故意：行為人對數個行為客體中，何者發生特定犯罪之結果，無確定之認識，但卻知必有其中之一會發生此結果者，為擇一故意。例如歹徒令十名人質並列，自後持槍射擊之，歹徒雖不確定所射殺者為何人，但明知立列的人質中必有一人中彈，該歹徒即有擇一故意。
3. 概括故意：或稱為累積的故意。行為人對結果之發生，僅有概括之認識，而不確知究有若干數目之客體將發生一定結果者，為概括故意。例如於公車亭設置炸彈，行為人明知必發生傷亡結果，但於傷亡者到底有幾個人、有誰傷亡，並無之確定認識。

二、刑法第16條規定：「除有正當理由而無法避免者外，不得因不知法律而免除刑事責任。但按其情節，得減輕其刑。」上述規定之含義為何？試說明之。

破題分析

本題是在考刑法16條之「違法性錯誤」，當行為人欠缺不法意識時，以通說所採責任理論之立場，原則上應阻卻罪責。

解題架構

闡述法律錯誤之定義 → 引述刑法16條之規定，並提出檢驗標準 → 引申法律錯誤與事實錯誤之區別

答 (一)在犯罪結構中，依三階層論檢討行為人之行為是否構成犯罪時，除行為人之行為必須符合法條構成要件之外，行為人須同時具備違法性、有責性，方能論以罪刑。行為人明知自己的行為是違法的，仍決意為之，刑法予以處罰有正當性；行為人若不知道自己的行為違反刑法，表示其展現出來的主觀故意並沒有「法敵對」性質，或者其過失根本沒有應注意、得注意而未注意之縱容違反法秩序心態，從而刑法有可能不予處罰或減輕其刑。

(二)刑法16條規定：除有正當理由而無法避免者外，不得因不知法律而免除刑事責任。但按其情節，得減輕其刑。當行為人對法律認知錯誤，導致行為人陷入禁止錯誤：其不知該行為違反法律，或陷入包攝錯誤：行為人誤認該行為為法律所容許者，均屬「欠缺不法意識」；而依法條規定，區分為不可避免或可得避免者，若行為人因不可歸責之原因導致其誤解法律規定時，依刑法16條規定，得以免除或減輕其刑。所謂可否避免即是行為人可否歸責的問題，有以下衡量標準可供評斷：

1. 依行為人個人之條件，以及其個人學識能力，判斷依其社會地位是否可意識到行為之違法。
2. 當行為人對於行為之違法性感到有疑慮時，是否依其客觀條件可觸及之資源而言，向專業機關或專業人士諮詢，已盡查詢、確認之義務。

如事後檢驗在行為之當時，行為人對其法律錯誤認知之形成，未能滿足上述情狀，亦即是行為人未盡力了解法律規定、未盡查詢義務者，即會被認為其法律錯誤是可以避免的錯誤，不能主張因不知法律而免除刑事責任，但可依刑法16條但書，依個案情節減輕其刑。

(三)刑法16條所規範者係行為人對法律規定的認知錯誤，屬於違法性階層之阻卻罪責事由。現今通說採取「責任理論」，認為行為人的不法意識與故意分屬犯罪的不同檢驗階層，當行為人對事實認知錯誤時，其故意便可能出現問題。例如誤想正當防衛之情況下，行為人

對現在不法侵害之事實認知錯誤，導致誤想正當防衛之發生，此時發生之法律效果為：行為人之故意被阻卻，而僅論以過失罪責；當行為人對事實認知正確，但對法律規定理解錯誤時，例如年長的原住民獵捕保育類動物者，其對於該動物之種類和獵捕之事實認知正確，但因不可歸責事由而不知法律將其列歸於保育類動物而禁止獵捕時，便得以依刑法16條之規定阻卻其罪責，主張免除其刑。法律錯誤與事實之錯誤意義、效果均不同，應予區辨。

觀念延伸 

法律錯誤之種類：

1. 容許錯誤：對禁止規範的內容沒有誤解，但誤以為自己的行為可以主張阻卻違法。
2. 禁止錯誤：根本不知道自己的行為違反法律。
3. 包攝錯誤：對法律涵攝之內容認知錯誤者，例如：誤以為口交並非刑法第10條規定之性交行為態樣。

105年　地特三等

一、70歲老翁甲嗜酒如命無法自拔，不可一日無酒且每飲必醉，醉後必狂砸物品。某日甲酒醉後在街頭發酒瘋，持木棍砸毀路旁之商店，被店主報警逮捕後移送法辦。試問：應如何論處甲？若甲遭法院判處罰金新臺幣1萬元確定並命於執行前應送至禁戒處所施以禁戒9個月，9個月後甲受禁戒執行完畢。某日，甲又酒癮發作，再度酒醉並打傷路人，被害人報警處理並提出告訴。試問：甲是否構成累犯？

答 甲構成累犯。理由分述如下：

(一)甲持木棍砸毀路旁之商店，成立刑法（下同）第354條之毀損器物罪：

1.按毀棄、損壞文書、建築物、礦坑、船艦以外之他人之物或致令不堪用，足以生損害於公眾或他人者，處二年以下有期徒刑、拘役或一萬五千元以下罰金。第354條定有明文。本題甲在客觀上持木棍砸毀商店物品，其行為與商店物品之損害具有因果關係及客觀可歸責性，並致令不堪使用且足生損生於他人；主觀上甲具有毀損之故意。因此甲該當本罪之構成要件，且無阻卻違法事由。

2.又行為時因精神障礙或其他心智缺陷，致不能辨識其行為違法或欠缺依其辨識而行為之能力者，不罰。行為時因前項之原因，致其辨識行為違法或依其辨識而行為之能力，顯著減低者，得減輕其刑。前二項規定，於因故意或過失自行招致者，不適用之。第19條定有明文。甲為上開行為係因酒醉，其心智或辨識能力顯有欠缺。依上開第19條第3項及「原因自由行為」之法理，其心智或辨識能力有所欠缺係因自行招致，故不得阻卻罪責。

3.綜上所述，甲持木棍砸毀路旁之商店之行為成立第354條毀損器物罪。

(二)甲再度因酒醉而打傷路人之行為構成累犯

1.按刑分為主刑和從刑。主刑之種類如下：一、死刑。二、無期徒刑。三、有期徒刑：二月以上十五年以下。但遇有加減時，得減至二月未滿，或加至二十年。四、拘役：一日以上，六十日未滿。但遇有加重時，得加至一百二十日。五、罰金：新臺幣一千元以上，以百元計算之。第32條及第33條分別定有明文。又第41條第1項規定：「犯最重本刑為五年以下有期徒刑以下之刑之罪，而受六月以下有期徒刑或拘役之宣告者，得以新臺幣一千元、二千元或三千元折算一日，易科罰金。但易科罰金，難收矯正之效或難以維持法秩序者，不在此限。」第44條規定：「易科罰金、易服社會勞動、易服勞役或易以訓誡執行完畢者，其所受宣告之刑，以已執行論。」

2. 再按第47條規定：「受徒刑之執行完畢，或一部之執行而赦免後，五年以內故意再犯有期徒刑以上之罪者，為累犯，加重本刑至二分之一。第九十八條第二項關於因強制工作而免其刑之執行者，於受強制工作處分之執行完畢或一部之執行而免除後，五年以內故意再犯有期徒刑以上之罪者，以累犯論。」故構成累犯之條件，應為「受徒刑之執行完畢，或一部之執行而赦免後，五年以內故意再犯有期徒刑以上之罪者」。

3. 本題中甲應前開毀損罪而遭法院判處罰金新台幣1萬元確定並命於執行前應送至禁戒處所施以禁戒9個月，似未受徒刑之宣告。然罰金可為主刑之罰金或因受六月以下有期徒刑或拘役之宣告而易科罰金者，如為主刑，則甲未受有徒刑之宣告，不構成累犯之條件；若為易科罰金，依第44條規定，其顯受有徒刑之宣告，自構成累犯。

4. 參前述第354條毀損器物罪，如法院判處甲之罰金為主刑，應為15000元以下。而本件甲之罰金為1萬元，應為受六月以下有期徒刑宣告而易科罰金者，則依第44條、第47條規定，甲自應構成累犯。

二、警察局長甲要參加市長召開之治安會報，因時間急迫唯恐遲到被市長責罵，乃要求座車駕駛乙高速行車，乙唯恐抗命將遭甲處罰，乃照辦超速趕赴市政府，途經某十字路口時，又依甲之指示闖紅燈，結果撞傷騎機車經過之丙，丙依法提出告訴。試問：乙應負何刑責？

答 乙開車撞傷丙之行為成立刑法（下同）第284條第2項業務過失傷害罪。理由如下：

(一) 從事業務之人，因業務上之過失傷害人者，處一年以下有期徒刑、拘役或一千元以下罰金，致重傷者，處三年以下有期徒刑、拘役或二千元以下罰金。第284條第2項定有明文。又刑法上所謂「業務」，係指本人直接所選擇日常生活上所執行之職業事務而言，換言之，須以反覆實行同種類之行為為目的之社會活動，始得謂為「業務」（最高法院73年度台上字第5917號判決意旨參照）。

(二)本題乙為座車駕駛，其駕駛公務車係屬基於日常生活地位反覆實施之業務行為，又其闖紅燈之行為與丙受傷結果間具有因果關係及客觀可歸責性；主觀上，乙雖未有使丙受傷之故意，但為應注意而不注意，具有過失。

(三)而依所屬上級公務員命令之職務上行為，不罰。但明知命令違法者，不在此限。第21條第2項定有明文。欲主張依本條規定阻卻違法，至少命令本身在形上需具備法定程式，屬於合法命令。本題中甲要求乙闖紅燈之命令本身即違反交通法規，且其並非遇到緊急事件，故此命令顯然形式上已不具合法性。且乙主觀上亦應明知此命令違法，故依第21條第2項但書，乙不得依本條阻卻違法。

(四)綜上所述，乙之行為該當第284第2項之業務過失傷害罪，且無阻卻違法及罪責之事由，故成立本罪。

應注意：108年5月29日修正之第284條已將第2項刪除，並修正如下：「因過失傷害人者，處一年以下有期徒刑、拘役或十萬元以下罰金；致重傷者，處三年以下有期徒刑、拘役或三十萬元以下罰金。」其立法理由第一項謂：「原過失傷害依行為人是否從事業務而有不同法定刑，原係考慮業務行為之危險性及發生實害頻率，高於一般過失行為，且其後果亦較嚴重；又從事業務之人對於一定危險之認識能力較一般人為強，其避免發生一定危險之期待可能性亦較常人為高，故其違反注意義務之可責性自亦較重。因此就業務過失造成之傷害結果，應較一般過失行為而造成之傷害結果負擔較重之刑事責任。惟學說認從事業務之人因過失行為而造成之法益損害未必較一般人為大，且對其課以較高之注意義務，有違平等原則，又難以說明何以從事業務之人有較高之避免發生危險之期待。再者，司法實務適用之結果，過於擴張業務之範圍，已超越立法目的，而有修正必要，爰刪除原第二項業務過失傷害之處罰規定，由法官得依具體個案違反注意義務之情節，量處適當之刑。」

因此本題如以現行條文觀之，已無「業務過失傷害罪」之適用，僅論以「過失傷害罪」。

106年　身障三等

一、甲、乙、丙三人於2014年12月間結伴前往日本旅遊，由於旅費耗盡而起歹念，三人經過協商後，決議以製造假車禍騙取金錢之方式行騙。某日，由甲故意衝撞日本人A所駕駛之轎車，乙與丙二人佯裝路人，當A下車觀看甲受傷狀況時，乙與丙二人在旁吆喝，聲稱甲受傷嚴重，若賠給甲醫藥費，就可不報警處理，A信以為真，當場付給甲日幣30萬元，甲乙丙三人見計畫得逞，迅速離開現場。A思慮後感覺受騙而報警處理，日本警方偵辦後，依詐欺罪逮捕甲乙丙三人，嗣經日本法院依詐欺罪各判刑2年確定移監服刑，在2017年2月間服刑期滿後遣送回臺。試問：甲、乙、丙三人遣送回國後，我國法院應如何處斷？

答 我國法院不得再依我國刑法處斷，理由如下：

(一)刑法（下同）第9條規定：「同一行為，雖經外國確定裁判，仍得依本法處斷。但在外國已受刑之全部或一部執行者，得免其刑之全部或一部之執行。」第5條則規定：「本法於凡在中華民國領域外犯下列各罪者，適用之：一、內亂罪。二、外患罪。三、第一百三十五條、第一百三十六條及第一百三十八條之妨害公務罪。四、第一百八十五條之一及第一百八十五條之二之公共危險罪。五、偽造貨幣罪。六、第二百零一條至第二百零二條之偽造有價證券罪。七、第二百十一條、第二百十四條、第二百十八條及第二百十六條行使第二百十一條、第二百十三條、第二百十四條文書之偽造文書罪。八、毒品罪。但施用毒品及持有毒品、種子、施用毒品器具罪，不在此限。九、第二百九十六條及第二百九十六條之一之妨害自由罪。十、第三百三十三條及第三百三十四條之海盜罪。十一、第三百三十九條之四之加重詐欺罪。」本條係於105年11月30日甫修正公布，修正前條文僅至第10款，並未列入第11款之加重詐欺罪。

(二)按犯第339條詐欺罪而有下列情形之一者，處1年以上7年以下有期徒刑，得併科一百萬元以下罰金：一、冒用政府機關或公務員名義犯之。二、三人以上共同犯之。三、以廣播電視、電子通訊、網際網路或其他媒體等傳播工具，對公眾散布而犯之。刑法（下同）第339-4條第1項定有明文。查甲、乙、丙三人係於2014年12月在日本經協商後而向A行騙詐欺，依第339-4條第1項第2款規定，自成立加重詐欺罪。如依現行刑法第7條及第9條規定，我國法院自得依我國刑法處斷。

(三)然行為之處罰，以行為時之法律有明文規定者為限。行為後法律有變更者，適用行為時之法律。但行為後之法律有利於行為人者，適用最有利於行為人之法律。第1條前段及第2條第1項定有明文。查本題中甲、乙、丙三人係於2014年12月犯前述加重詐欺罪，依其行為時之刑法第7條，並未將第339-4條之加重詐欺罪納入其中。故依第1條前段及第2條第1項及修正前第7條之規定，我國法院不得再依我國刑法處斷。

二、甲男以駕駛遊覽車為業，乙女為隨車服務員，某日，甲駕駛搭載乘客30人遊覽車前往武陵農場一日遊，由於行程延誤，乙催促甲必須趕時間，於是甲在行經某路段十字路時故意闖紅燈通過，此時橫向適有大卡車行駛而來，甲見情況緊急，為了避免兩車相撞，急忙打方向盤閃避，導致遊覽車自撞路邊電線桿，車上乘客有5人受傷送醫。試問：甲、乙二人之行為應如何處斷？

答 甲之行為成立刑法（下同）第284條第2項之業務過失傷害罪，依想像競合法理，應從一重處斷。乙不成立教唆過失傷害罪。

(一)甲成立業務過失傷害罪，理由如下：

1. 從事業務之人，因業務上之過失傷害人者，處一年以下有期徒刑、拘役或一千元以下罰金，致重傷者，處三年以下有期徒刑、拘役或二千元以下罰金。第284條第2項定有明文。查本題甲駕駛遊覽車自撞路邊電線桿之行為與5名乘客受傷之結果間，具有因果關係且客觀上具有可歸責性；主觀上，甲雖無故意，但對此具有預見可能性，應注意、能注意而未注意。又甲以駕駛遊覽車為業，故自該當第284條第2項之業務過失傷害罪。

2. 再刑法第二十四條所稱因避免緊急危難而出於不得已之行為，係基於社會之公平與正義所為不罰之規定。倘其危難之所以發生，乃因行為人自己過失行為所惹起，而其為避免自己因過失行為所將完成之犯行，轉而侵害第三人法益；與單純為避免他人之緊急危難，轉而侵害第三人法益之情形不同。依社會通念，應不得承認其亦有緊急避難之適用。否則，行為人由於本身之過失致侵害他人之法益，即應成立犯罪，而其為避免此項犯罪之完成，轉而侵害他人，卻因此得阻卻違法，非特有背於社會之公平與正義，且無異鼓勵因過失即將完成犯罪之人，轉而侵害他人，尤非立法之本意。至其故意造成「危難」，以遂其犯罪行為，不得為緊急避難之適用，更不待言（最高法院72年度台上字第7058號判決意旨參照）。

3. 本題甲係於闖紅燈之際，見有大卡車行駛而來，見情況緊急，為避免兩車相撞，始急打方向盤閃避而使遊覽車自撞電線桿。其行為雖係為避免危難，然依前述最高法院判決意旨，此危難係甲違法闖紅燈在先所致，為「自招危難」，故甲不得主張緊急避難以阻卻違法，仍具有違法性。
4. 甲之行為該當第284條第2項之業務過失傷害罪，又不具有阻卻違法及罪責事由，其一行為侵害數法益（5人受傷），依想像競合法理，應從一重處斷。

(二) 乙不成立教唆過失傷害罪，理由如下：

1. 教唆他人使之實行犯罪行為者，為教唆犯。教唆犯之處罰，依其所教唆之罪處罰之。第29條定有明文。依通說見解，教唆犯之成立，除客觀上要有教唆行為之外，其主觀上必須具備雙重的教唆故意，即行為人不僅須認識其所為，乃是足使他人產生犯罪決意（即有教唆故意），同時必須具有使被教唆人實現既遂罪構成要件之故意（即構成要件故意），始能成立教唆犯。
2. 查本題乙雖催促甲趕時間，然就甲駕駛遊覽車自撞路邊電線桿之行為，並無教唆故意，且甲之行為不具傷害故意，而係過失所致。故依教唆犯之從屬性，乙不成立教唆過失傷害罪。

(三) 綜上所述，甲之行為成立第284條第2項之業務過失傷害罪，依想像競合法理，應從一重處斷。乙不成立教唆過失傷害罪。

應注意：108年5月29日修正之第284條已將第2項刪除，並修正如下：「因過失傷害人者，處一年以下有期徒刑、拘役或十萬元以下罰金；致重傷者，處三年以下有期徒刑、拘役或三十萬元以下罰金。」其立法理由第一項謂：「原過失傷害依行為人是否從事業務而有不同法定刑，原係考慮業務行為之危險性及發生實害頻率，高於一般過失行為，且其後果亦較嚴重；又從事業務之人對於一定危險之認識能力較一般人為強，其避免發生一定危險之期待可能性亦較常人為高，故其違反注意義務之可責性自亦較重。因此就業務過失造成之傷害結果，應較一般過失行為而造成之傷害結果負擔較重之刑事責任。惟學說認從事業務之人因過失行為而造成之法益損害未必較一般人為大，且對其課以較高之注意義務，有違平等原則，又難以說明何以從事業務之人有較高之避免發生危險之期待。再者，司法實務適用之結果，過於擴張業務之範圍，已超越立法目的，而有修正必要，爰刪除原第二項業務過失傷害之處罰規定，由法官得依具體個案違反注意義務之情節，量處適當之刑。」

因此本題如以現行條文觀之，已無「業務過失傷害罪」之適用，僅論以「過失傷害罪」。

106年　高考三等

（一般行政、一般民政、人事行政）

一、甲與乙為夫妻，某日二人正要開車外出卻發生嚴重爭執，乙怒氣下車。乙隔了十幾分鐘後準備再上車時，看見甲在已經發動的車上駕駛座睡著，乙突升殺機，竟將其所有但向來供甲使用之該車排氣管廢氣引入密閉車室內，希望甲在熟睡中中毒身亡。乙完事後，甲不知為何突然醒來，見乙仍未上車，一時暴怒，想起該車為乙所有，甲隨手拿起車上尖物，將前擋風玻璃擊碎，卻不知因此救了自己一命。試問甲之行為依刑法應如何論處？

▶參考法條（刑法）

第352條：毀棄、損壞他人文書或致令不堪用，足以生損害於公眾或他人者，處三年以下有期徒刑、拘役或三萬元以下罰金。

第353條：毀壞他人建築物、礦坑、船艦或致令不堪用者，處六月以上五年以下有期徒刑。因而致人於死者，處無期徒刑或七年以上有期徒刑，致重傷者，處三年以上十年以下有期徒刑第一項之未遂犯罰之。

第354條：毀棄、損壞前二條以外之他人之物或致令不堪用，足以生損害於公眾或他人者，處二年以下有期徒刑、拘役或一萬五千元以下罰金。

答 甲不成立犯罪，理由如下：

(一) 按毀棄、損壞文書、建築物、礦坑、船艦以外之他人之物或致令不堪用，足以生損害於公眾或他人者，處二年以下有期徒刑、拘役或一萬五千元以下罰金。刑法（下同）第354條定有明文。本題中本題甲在客觀上拿車上尖物將車子擋風玻璃擊碎，其行為與擋風玻璃之損害具有因果關係及客觀可歸責性，並致令不堪使用且足生損生於他人；主觀上甲具有毀損之故意。因此甲該當本罪之構成要件。

(二) 而第23條規定：「對於現在不法之侵害，而出於防衛自己或他人權利之行為，不罰。但防衛行為過當者，得減輕或免除其刑。」正當防衛的要件如下：(1)存在緊急防衛情狀，即存有現在、不法之人力侵害法益之行為而言；(2)實行緊急防衛行為，即針對侵害者所為、客觀上所必要、非屬權利濫用者；(3)主觀上防衛行為需出於防衛意思。

(三)查本題中，乙主觀上出於殺人故意，而客觀上將引汽車排氣管之廢氣入密閉車室內之行為，已該當殺人罪之構成要件，其行為無阻卻違法事由，故乙之上開行為具有不法性，對甲而言，卻存有需緊急防衛之情狀；而甲打破擋風玻璃之行為，亦為實行有效且最小侵害之防衛行為。

(四)然關鍵是主觀上甲並不具備防衛意思，即為學說上所稱之「偶然防衛」。其是否得主張正常防衛，有不同說法：既遂說認基於三階犯罪階層體系之立場，甲不具備防衛意思而無法阻卻違法，故應成立毀損既遂說；未遂說則認甲雖主觀上不具備阻卻違法之要素，但客觀行為上卻符合阻卻違法要素，故應成立毀損未遂罪。管見則採未遂說。又第354條毀損罪不罰未遂，因此甲不成立犯罪。

二、甲想要殺害住在宿舍30A室之乙，卻誤闖30B室丙之房間，甲見床上有人，即對其頭部位置開槍。其實床上之丙早在數小時前，因厭世服毒自殺。試問甲之行為應如何論罪？

答 甲之行為成立刑法（下同）第271條第2項之殺人未遂罪，理由如下：

(一)本題中，甲客觀上有殺人行為，然其誤丙為乙，屬學理上所謂之「客觀錯誤」。所謂「客體錯誤」，係指行為人主觀上欲攻擊之客體，與客觀上受攻擊之客體不同之情形。如行為客體在刑法法益評價相同，稱為「等價客體錯誤」；如不同，則為「不等價客體錯誤」。甲誤丙為乙而為殺人行為，丙、乙之生命法益均相同，故屬「等價客體錯誤」之情形。

(二)而就「客體錯誤」之情形，有「具體符合說」與「法定符合說」兩種判斷結論。「具體符合說」認為，行為人所認識的事實與實際發生的事實具體地相一致時，才成立故意的既遂犯；「法定符合說」認為，行為人所認識的事實與實際發生的事實，只要在犯罪構成範圍內一致，即成立故意的既遂犯。管見採「法定符合說」之結論，其不阻卻甲殺人之故意。

(三)然於甲開槍時，丙已死亡，丙死亡之結果與甲開槍之行為間沒有因果關係，故甲之行為僅為未遂。然究係普通未遂（障礙未遂）或不能未遂，學理上尚有爭議。「舊客觀危險說」認應依事後客觀觀點觀察，行為人之行為屬於相對不能，則為普通未遂；如為絕對不能，則為不能未遂。亦有認為應採事前觀察時點，如一般人於行為人行為時會認為無具體危險時，方屬不能未遂；否則即應屬普通未遂。新近學說則認如行人之認知偏離當代科學因果法則，則為重大無知之無危險，此時方為不能未遂。管見認應採從嚴解釋之立場，認甲之行為應屬普通未遂（障礙未遂）。

(四)綜上所述，甲之行為構成殺人罪之普通未遂犯，且無阻卻違法及罪責事由，而成立第271條第2項之殺人未遂罪。

106年　高考三等（法制、法律廉政）

一、甲乙為同居人。乙染有毒癮，數次因吸毒而入獄。一日，乙吸毒後，渾身癱軟，性命危急，甲急切準備電召救護車，乙則擔憂因吸毒而再度入獄，極力阻止。甲因乙的苦求，遲至一小時後，乙完全失去意識，才電召救護車送醫。送至醫院，已失去生命跡象。專家鑑定，即使甲並未遲疑，盡速將乙送醫，乙也因為多重器官衰竭，根本無法救治。問：甲成立何罪？

答 甲不成立刑法（下同）第271條第1項殺人罪之不作為犯，理由如下：

(一) 對於犯罪結果之發生，法律上有防止之義務，能防止而不防止者，與因積極行為發生結果者同。刑法第15條第1項定有明文，此即所謂之「不純正不作為犯」，其所負責任與因積極行為而發生結果者同。為免處罰範圍過度擴張，應以行為人具有防止結果發生的保證人地位為前提，才能論以不純正不作為犯。

(二) 所謂行為人居於保證人地位，係指行為人就他人故意積極作為之犯罪所侵害法益具體結果之發生，負有法律上防止義務。其簡單可分為五項要件：

1. 依法令規定所生之作為義務。
2. 依契約或其他法律形成之作為義務。
3. 基於前行為所形成之危險控制義務。
4. 基於習慣、法律精神之作為義務。
5. 特定密切關係所形成之作為義務。

如行為人居於保證人地位，其不作為又與結果發生具有準因果關係（即如其作為，結果極可能不致發生）時，則成立不作為犯。

(三) 本題中甲為乙之同居人，基於特定密切關係而居於保證人地位。雖甲遲至一小時後始電召救護車，然經專家鑑定，甲即便盡速將乙送醫，乙仍無法救治。故甲之不作為與乙死亡結果間，不具有「準因果關係」。因為甲不成立第271條第1項殺人罪之不作為犯。

二、甲暗夜持刀追殺乙，企圖置之於死地，揮刀兩次，砍傷乙之手臂。乙驚慌逃命，甲追逐數百公尺，氣力不繼，無法再追。乙慌不擇路奔逃，並不知道甲已經放棄追逐，略一恍神，跌入一處深洞，因跌勢凶猛，頭骨破裂死亡。乙所跌入的深洞，乃因施工人員丙疏忽所致。丙負責修復馬路上自來水管線，將人孔蓋掀開後，忘記復歸原位。問：甲、丙成立何罪？

答 (一)甲之行為成立刑法（下同）第271條第2項殺人未遂罪，理由如下：

1. 甲主觀上企圖置乙於死地，有殺乙之故意；客觀上暗夜持刀追殺乙，其行為該當殺人罪。然本題中乙係因丙之疏失而摔死，非被甲用刀殺死，甲持刀追殺乙與乙死亡結果之間並不一致。以客觀責理論判斷，甲雖製造了法所不容許之風險，但乙死亡結果屬異常因果歷程，主觀上甲就此異常因果歷程並無認識，因此不具有客觀可歸責性。
2. 綜上所述，甲之行為該當殺人行為，但未造成乙死亡之結果，無阻卻違法及罪責之事由，故成立第271條第2項之殺人未遂罪。另就甲砍傷乙之手臂部分，以殺人未遂之高度行為吸收傷害之低度行為，僅論以前述殺人未遂罪。

(二)丙之行為成立第276條第2項之業務過失致死罪，理由如下：

1. 因過失致人於死者，處二年以下有期徒刑、拘役或二千元以下罰金。從事業務之人，因業務上之過失犯前項之罪者，處五年以下有期徒刑或拘役，得併科三千元以下罰金。第276條定有明文。
2. 本題丙負責修復馬路上自來水管線，將人孔蓋掀開後，忘記復歸原位。就乙死亡之結果，丙違反消滅該風險之預見可能性及迴避可能性，又具有業務身分，無任阻卻違法及罪責事由，故成立第276條第2項之業務過失致死罪。

三、甲為某市政府科員，承辦與違建無關的業務。一日，甲以市政府名義發函給乙，告以乙家頂樓的加蓋屬於違建，必須限期拆除。乙為此驚慌不已。甲繼而電告乙，謊稱可以透過關係設法緩拆，但必須給付公關費用。市府公文雖假，但乙處在巨大壓力下，只能匯款十萬元至甲指定的帳戶。不數月，乙的違建依然遭到拆除。問：甲成立何罪？

答 甲偽造並行使公文書之行為，分別成立刑法（下同）第211條偽造公文書罪及第216條行使公文書罪。又甲另成立第339條第1項之詐欺取財罪，兩罪應依第55條想像競合論，從一重處斷。理由如下：

(一)偽造、變造公文書，足以生損害於公眾或他人者，處一年以上七年以下有期徒刑。行使第210條至第215條之文書者，依偽造、變造文書或登載不實事項或使登載不實事項之規定處斷。刑法（下同）第211條、第216條分別定有明文。本題甲雖為市府科員，然所承辦者為與違建無關之業務，卻以市府名義發函於乙，表示欲限期拆除乙家頂樓之違建。甲之行為該當第211條之構成要件，且無阻卻違法及罪責事由，故成立第211條之偽造公文書罪。甲除違造前開公文外，還持偽造公文向甲提出，亦成立第216條行使偽造公文書罪。

(二)又第339條第1項規定：「意圖為自己或第三人不法之所有，以詐術使人將本人或第三人之物交付者，處五年以下有期徒刑、拘役或科或併科五十萬元以下罰金。」第346條第1項規定：「意圖為自己或第三人不法之所有，以恐嚇使人將本人或第三人之物交付者，處六月以上五年以下有期徒刑，得併科一千元以下罰金。」查甲偽造及行使公文書之行為，係意圖為自己不法之所有，據以向乙索取金錢。就甲索取金錢之行為，有認屬第339條第1項之詐欺取財罪，因客觀上甲施用詐術提供違反真實之資訊，使乙陷於錯誤；亦有認應屬第346條第1項之恐嚇取財罪，因乙家頂樓縱屬違建，甲仍無要求價款之權利，故為非法受領給付，具有非難性，故其通知對乙為惡害的通知，使乙心生恐懼而支付10萬元。

(三)最高法院30年度上字第668號判例意旨謂：「恐嚇罪質，非不含有詐欺性，其與詐欺罪之區別，係在行為人對於被害人所用之手段，僅使其陷於錯誤者，為詐欺，使發生畏懼心者，為恐嚇。」顯見實務認為恐嚇取財罪與詐欺取財罪之區別在於被害人是否心生恐懼，換言之，實務認為除了一樣保護財產法益外，恐嚇取財罪更兼保護被害人之意思決定自由及行動自由（臺灣高等法院暨所屬法院 105年法律座談會刑事類提案第24號審查意見參照）。故本題之情形，乙雖擔心違建被拆，然尚無失去意思決定之自由，僅因陷於錯誤而支付款項，故管見認應論以詐欺取財罪。

(四) 再者，偽造私文書而後行使，偽造之低度行為應為行使之高度行為所吸收，應依行使論擬。行使偽造私文書與詐欺二罪之間，有方法與結果牽連關係，應從行使偽造私文書一重論處（最高法院69年度台上字第695號判例意旨參照）。綜上所述，甲偽造並行使公文書之行為，分別成立第211條偽造公文書罪及第216條行使公文書罪。又甲另成立第339條第1項之詐欺取財罪，兩罪應依第55條想像競合論，從一重處斷。

四、甲在小吃店買餐點，要價一百元，甲付給店員乙五百元，乙找給零錢四百元。甲見乙忙碌不堪，心神不專，告訴乙應該找回九百元，因為甲給的是一千元。乙心疑，甲正色曰：「可以調閱監視錄影器」。乙分身乏術，依意找給九百元。乙營業結束後，察看監視錄影器，始知受騙。數日後，甲再度光顧同一小吃店，店員乙認出甲的形貌，不動聲色。甲買早點，要價一百元，甲付給五百元，乙故意找給九百元，甲以為乙忙中有錯，欣然把九百元取走。乙則呼喚同事將甲攔下。問：甲的前後兩次行為成立何罪？

答 (一) 甲第一次之行為成立刑法（下同）第339條第1項之詐欺取財罪，理由如下：

1. 第339條第1項規定：「意圖為自己或第三人不法之所有，以詐術使人將本人或第三人之物交付者，處五年以下有期徒刑、拘役或科或併科五十萬元以下罰金。」

2. 本題中甲趁乙忙碌，佯稱自己付一千元，要乙找回九百元，且表明「可以調閱監視錄影器」之行為，係對乙提供了「違反真實的資訊」，使乙因此詐術而判斷力陷於錯誤，而自願處分財產法益，受有財產上之損失。甲之行為與乙（店家）財產損失之結果間具有因果關係，故甲該當第339條第1項之詐欺取財罪，且無阻卻違法及罪責事由，因此成立本罪。

(二) 甲第二次之行為不成立犯罪，理由如下：

1. 所謂以詐術使人交付。必須被詐欺人因其詐術而陷於錯誤，若其所用方法不能認為詐術，亦不致使人陷於錯誤，即不構成該罪。又所謂詐術，固不以欺罔為限，即利用人之錯誤而使其為財物之交付，雖亦屬詐術，惟必須行為人有告知他人之義務竟不為告知，而積極利用他人之錯誤，始足成立（最高法院91年度台上字第1071號判決意旨參照）。因此行使詐術包括作為與不作為，然如欲論以不作為詐欺犯，則行為人需「有告知他人之義務竟不為告知」，即需居於保證人地位，始足當之。
2. 本題中，甲並無積極傳達任何錯誤資訊之作為，故其發現乙（故意）多找900元時不予告知而收下金錢之行為，至多屬不作為，而甲對乙並未有保證人義務，故不該當詐欺取財不作為犯之要件。又乙找給甲之金錢，係乙故意為之，非乙之遺失物或過失脫離之物，是甲亦不該當侵占罪。
3. 綜上所述，就此部分甲之行為，並不成立犯罪。

106年　地特三等

一、甲與A因選舉結怨，某晚，基於殺害故意持槍到A家門口埋伏，看見B開門走出，以為B是A，朝B頭部開一槍後迅速離開，只是B正好彎腰撿拾掉落地上的手機，子彈打中站在B後面並準備送客的A，A經送醫急救後仍因槍擊造成中樞神經休克死亡。試問：甲的刑責為何？

答 甲之行為應構成刑法第271條之殺人既遂罪。

(一)犯罪既遂，係指行為人之行為，客觀上符合犯罪構成要件並發生法益侵害結果，且主觀上行為人亦具有實施犯罪行為且足得預見法益侵害結果發生之故意或過失，始足當之。惟若行為人主觀上對犯罪計畫之預見和想像，與客觀上發生之結果有不一致之情形者，依不一致的情形發生之部位不同，學說上將此種不一致的情形分類為「構成要件錯誤」、「禁止錯誤」以及「容許構成要件錯誤」。

(二)「構成要件錯誤」係指行為人對於構成要件事實之認知錯誤，導致犯罪結果與預想之犯罪計畫出現不一致的情形。如果是對於犯罪的客體（犯罪對象）認知錯誤，而導致法益侵害發生者，行為人之論罪又應視保護法益是否具等價性來區分為「等價之客體錯誤」和「不等價之客體錯誤」。如錯誤發生、法益侵害結果實現，現實中被侵害之法益與犯罪計畫中欲侵害之法益具有等質、等量性者，即稱為「等價之客體錯誤」，因為行為人之行為客觀上仍侵害了與其預想中一樣性質之保護法益，在通說採「法定符合說」、即行為人客觀上實現之構成要件與法條構成要件一致者，即便發生等價客體錯誤，仍不阻卻行為人之犯罪故意，故行為人仍應論以故意犯罪既遂。

(三)本題中，甲對A有殺人之故意，並已持槍至A門口家埋伏；雖甲誤以為B為A，而欲殺死眼前之「A」，惟僅因B剛好閃躲過而未擊中之，最後並亦產生真實的A被殺死之法益侵害結果。客觀上，甲開槍之行為，與A之死亡間有因果關係，A死亡之結果並符合刑法第271條第1項之殺人既遂罪；雖然甲在開槍當時係欲擊中B，但是不論B死亡或A死亡，其生命法益均為等價，均不應被剝奪；再輔以法定符合說之檢驗，甲之主觀上故意仍無法被阻卻，因此甲應構成刑法第271條第1項之殺人既遂罪。

二、甲無業並染上毒癮，常與父親A發生激烈爭吵，甲對A懷恨在心，A則揚言要教訓甲，讓他回歸正途。某日，甲缺錢買毒，回家向A要錢，A拿起球棒但未舉起，稱甲如果再要錢，就要棒打教訓。甲不假思索拿起木椅擲向A，A跌倒受傷流血，憤而提告傷害，甲在法庭上辯稱當時施以防衛行為。試問：甲之行為應如何論罪？

答 甲之行為應構成刑法第277條之傷害罪，並且應依刑法第280條之規定，加重其刑至二分之一。

(一)按「對於現在不法之侵害，而出於防衛自己或他人權利之行為，不罰。但防衛行為過當者，得減輕或免除其刑。」刑法第23條定有明文。「正當防衛」為法定之阻卻違法事由之一，如有現行不法侵害情事發生，不論是被害人或被害人以外之人，為防衛自己或他人權利而造成行為人之法益侵害者，便得主張此阻卻違法事由而減輕或免除其刑，要件如下：

1. 需有現在不法侵害情事發生，如不法侵害已結束或尚未發生，或並非不法侵害者，則不得主張。
2. 須為「正」對「不正」之反抗，即具有合法權益地位之人對不法侵害權益之人之反抗。
3. 防衛行為應以能有效阻卻不法侵害，並應選擇對加害人損害最小之手段。
4. 防衛人主觀上具有防衛意思：為防衛行為之人，主觀上必須有保護法益而對抗現在不法侵害之認知，方足當「正當防衛」。

(二)再按，以故意傷害人之身體或健康者，該當於刑法第277條之傷害罪；對直系血親尊親屬犯該條罪者，應加重其刑至二分之一。刑法第280條定有明文。本條係對於行為人具有特殊身分之罪責加重規定，立法目的係為維護孝道倫常，以及家庭倫理之價值。

(三)經查，本題中，甲拿起木椅擲向A，導致發生A受傷流血之法益侵害結果，甲之行為於客觀上應構成刑法第277條之傷害罪；雖甲辯稱當時係對A之不法侵害施以防衛行為，若自甲與A積怨已久、對A之行為可能充滿防備感之情況來看，甲雖可能確有防備意思，惟當時A雖持有球棒但並無動作，難認當時已有「現在」、「不法」之侵害情事發生且持續中，亦即客觀上並無防衛情狀產生，因此，甲主張對A有正當防衛之阻卻違法事由，並不成立。因此，甲對A應構成刑法第277條之傷害罪，並且應依刑法第280條之規定，加重其刑至二分之一。

107年　身障三等

一、甲為了要毒死乙，在乙的飲用水中下毒，乙飲畢後痛苦萬分，但因毒藥份量不足以致死，一息猶存。甲見乙之慘狀，心生不安，趕緊送乙至醫院急救，沒想到醫生丙急救時不慎誤用藥劑，導致乙不治死亡。試詳述甲的刑事責任。

答 甲之行為應構成刑法第271條第2項之殺人未遂罪，並得依刑法第27條第1項主張其為「中止未遂」，得減輕或免除其刑。

(一) 依「客觀歸責理論」，行為人之行為如已製造法所不容許之風險，且該風險在事件歷程中實現，導致構成要件結果發生者，該結果方可歸責於行為人。換言之，行為人之製造出的風險必須與構成要件結果之實現具有直接的、常態性的條件因果關係，如因果關係反常者，構成要件結果就不可歸責於行為人。學說上最常探討者為「第三人介入」之反常因果歷程態樣，即因第三人之行為介入而中斷行為人之行為風險之實現歷程，由第三人之行為取代行為人之行為，導致結果發生。此時，該風險之實現即不能歸責於行為人。

(二) 再依刑法第27條第1項規定，已著手於犯罪行為之實行，而因己意中止或防止其結果之發生者，減輕或免除其刑。結果之不發生，非防止行為所致，而行為人已盡力為防止行為者，亦同。此為「中止犯」之概念，係指行為人在製造風險後，出於己意而採取足以防止結果發生之作為、中斷風險之實現，降低或防止法益之侵害程度；立法者為獎勵行為人之真心悛悔，而訂定刑法第27條第1項，明定中止犯行之行為人得減輕或免除其刑。

(三) 本題中，甲主觀上出於毒死乙之故意，在乙之飲用水裡下毒，惟客觀上毒藥之分量並不足以讓乙死亡，故甲之下毒行為，客觀上本不能達成殺人之構成要件結果，在甲明知毒藥可致人於死、應非重大無知之不能未遂情況下，應屬單純之障礙未遂；惟甲下毒之後，乙因毒藥分量不足而並未身亡，在「未了未遂」之情況下，甲出於己意而將乙送至醫院以排除自己行為所製造之法益侵害風險（即以可能死亡之風險）者，雖然乙在醫院時，因醫生之誤用藥劑而死亡，惟醫生之醫療疏失是獨立導致乙死亡之原因，因此，乙之死亡與甲之下毒行為和送醫行為並無相當因果關係，甲仍應論以殺人未遂罪且應有刑法第27條第1項之中止未遂規定之適用，得以減輕或免除其刑。

二、甲欲毒殺在遠地工作的乙，利用郵寄包裹方式將有毒甜點送給乙，在包裹運送過程中，因郵務士丙駕駛不慎，車身翻覆意外導致貨物毀損，無法將包裹順利送達乙宅。試詳述甲的刑事責任。

答 甲之行為應構成刑法第271條第2項之殺人未遂罪。

(一) 按刑法第25條第1項規定：已著手於犯罪行為之實行而不遂者，為未遂犯。行為人主觀上具有實施犯罪行為、發生法益侵害結果之故意，客觀上製造法益侵害之風險並讓風險實現者，此時若未發生犯罪之結果，即有討論行為人是否成立未遂犯之必要。依刑法第25條第1項所示，行為人客觀上必須「著手」於犯罪行為之實行而未發生犯罪之結果，方得論以未遂犯，關於犯罪行為之實行究應該當於何種程度才能論以「著手」，有以下不同之理論：

1. 客觀理論：以行為時一般人對事實之認知來判斷行為人之行為是否足以實現法益侵害之風險。

2. 主觀理論：完全以行為人之主觀想像為準，如在行為人之犯罪計畫中，此行為之實施即可實現犯罪行為之結果，縱然客觀上、以一般人之標準仍不足以當之，亦應認定行為人已著手於犯罪之實施。

3. 主客觀混合理論：此為目前實務界及學界所採之通說，謂應以行為人之犯罪計畫為判斷基礎，再以一般人之客觀標準，判斷在行為人之主觀預想中，此行為之實施是否足以實現犯罪行為之結果。

(二) 本題中，甲主觀上出於毒死乙之故意，將有毒的甜點利用郵寄包裹方式寄送予乙；在甲之主觀想像中，該毒甜點應可順利送達乙，且乙收受包裹後，即會食用該甜點而毒發身亡。雖然乙死亡之結果因為丙之過失而未發生，但此應屬「障礙未遂」，應探討甲寄送包裹之行為，依主客觀混合理論是否已經該當於「著手」，方能論處甲之刑責；依客觀一般人之標準，寄送有毒的食品包裹給收件人，在可以期待收件人將收受並食用之情況下，應已經足以實現死亡結果，故甲之行為應已該當於著手，應論處刑法第271條第2項之殺人未遂罪。

107年　高考三級

（一般行政、一般民政、人事行政）

一、甲在路邊擺攤賣西瓜，將幾把極為鋒利的西瓜刀放在桌上供使用。住在附近的乙與丙兩位熟客經常到甲擺攤處與甲聊天，脾氣暴躁著稱的乙經常與丙發生激烈爭吵，彼此間亦偶有肢體衝突。某日，乙與丙兩人又發生爭吵，乙突然拿起桌上西瓜刀朝丙砍去。丙以手抵擋致手部受傷，後失去重心跌倒，頭部撞擊地面致顱內出血。雖經甲緊急送醫，仍不治死亡。試問：甲、乙之行為如何論罪？

答 (一)甲將西瓜刀放在桌上供使用，不成立刑法第277條第2項之傷害致死罪之幫助犯。

1. 按幫助他人實行犯罪行為者，為幫助犯。雖他人不知幫助之情者，亦同。刑法第30條第1項定有明文。幫助犯者，係指以積極作為或消極不作為為他人犯罪之實現提供助力，故必須以行為人主觀上亦對犯罪結果有所預見、具有實現犯罪結果之故意，但客觀上並未參與犯罪構成要件行為者，方得論以幫助犯。至於真正實施犯罪行為之人是否知悉其提供幫助，則非所問。
2. 本題中，甲將西瓜刀放置於桌上，係為方便其做生意用，並非出於幫助乙實現傷害丙之身體之故意，甲對於乙傷害丙之結果亦無預見，在甲沒有幫助故意之情況下，其單純將西瓜刀放置於桌上之行為並無論以刑法第277條第2項之傷害致死罪之幫助犯之必要。

(二)乙之行為應論以刑法第277條第2項之傷害致死罪。

1. 按因犯罪致發生一定之結果，而有加重其刑之規定者，如行為人不能預見其發生時，不適用之。刑法第17條定有明文。本條規定為加重結果犯，係以行為人除有基本犯罪之故意外，並結合過失所致之加重結果之犯罪。加重結果犯之論罪要件包括：

(1)行為人需出於故意實施基本犯罪。

(2)行為人因過失（能注意而未注意）導致加重結果發生：如行為人對加重結果之發生不僅有預見可能性，甚至其發生並不違背本意者，此即不能論以加重結果犯，而應探討行為人是否對較嚴重之結果本具有未必故意（間接故意）。加重結果犯乃係行為人並沒有希望該加重結果發生，但依一般人之智識可以預見基本行為將導致加重結果發生，但行為人主觀上並未注意者，方得將基本行為和加重結果結合論罪。

(3)需基本犯罪與加重結果之發生有因果關係。

(4)需法律有特別規定。

2. 本題中，乙持西瓜刀劈砍丙之行為，客觀上已造成丙之手部受傷，且乙應係出於傷害丙之身體完整性之故意為之；然而，丙經以手抵擋致手部受傷，後失去重心跌倒之結果，應可為客觀上一般人所得預見，而乙卻未為注意，因此，就丙跌倒後、撞擊頭部致顱內出血而死亡之加重結果，乙有應注意而未注意、能防止卻未防止之過失，且如非乙持刀砍傷丙，丙即不會因抵抗而失去重心跌倒，故此死亡結果與乙砍傷丙之基本犯罪有因果關係，乙之傷害行為致生丙死亡之加重結果，應論以刑法第277條第2項之傷害致死罪。

二、甲與A有金錢糾紛，兩人相約某日至某森林公園談判。甲行前突然心生殺意，決定隨身攜帶裝填子彈之槍枝一把，並命令其隨身跟班小弟乙提前到公園與他會合。在甲、乙兩人等待A出現之前，甲交給乙他攜帶來的槍枝，乙在未表示反對或提出疑問下，收下該槍。當看到A出現在遠處時，甲即對乙說：「可以動手了！」乙隨即朝A連開數槍，A就近躲進某棵大樹後方。乙以為A得到樹木掩護沒有受傷，雖尚有未被擊發的子彈，仍決定攜帶該手槍離開現場。甲看到乙離開現場，恐A反擊，亦於隨後離開現場。實際上，A已受到致命性槍傷，所幸自行就醫後僥倖存活。試問：甲、乙之行為如何論罪？

答 (一)甲之行為成立刑法第271條之殺人未遂罪之教唆犯，依刑法第29條第2項規定，應依其所教唆之罪處罰之。

1. 按教唆他人使之實行犯罪行為者，為教唆犯。教唆犯之處罰，依其所教唆之罪處罰之。刑法第29條定有明文。行為人在本來沒有犯罪意圖之情況下，因教唆人之教唆行為，挑起或發動其犯罪之故意，進而至少達到著手於犯罪行為之構成要件該當程度者，教唆人應從屬於行為人之行為處罰之。95年7月1日刑法修正後，我國對於「從犯」（即幫助犯、教唆犯）之處罰改採限制從屬性理論，即被教唆人著手於犯罪行為之實施，具備客觀上構成要件該當性、違法性之後，即便被教唆人不具備罪責能力（例如：未滿14歲），教唆人仍應以被教唆人之行為論罪。教唆犯之成立須具備下列要件：

(1)教唆故意：行為人已認識其行為將挑起或使他人產生特定犯罪之實施意圖，而仍決意使他人形成特定之犯意者。

(2)教唆行為：行為人以強暴、詐騙或脅迫等妨害意思自由以外之手段，使原無犯罪意圖之人產生犯罪之故意者，即屬有教唆行為之施行。

2. 本題中，甲對A懷有殺意，並將裝有子彈之手槍交與乙，並向乙道「可以動手了」，在客觀情況下可以推知：乙本來並無殺害A之故意，係因甲命其先到公園與之會合並交給其裝有子彈之手槍，在接受甲之指令後，方產生殺害A之主觀意圖，並於A出現時實行犯罪行為。甲教唆乙為之者，係刑法第271條之殺人罪，惟乙最後並未實現殺害A既遂之結果，故依限制從屬性理論，甲應從乙之犯行論以殺人未遂罪。

(二)乙之行為應成立刑法第271條之殺人未遂罪，並有刑法第27條第1項之適用，蓋乙因己意中止犯罪而得減輕或免除其刑。

1. 依刑法第27條第1項規定，已著手於犯罪行為之實行，而因己意中止或防止其結果之發生者，減輕或免除其刑。結果之不發生，非防止行為所致，而行為人已盡力為防止行為者，亦同。此為「中止犯」之概念，係指行為人在製造風險後，出於己意而採取足以防止結果發生之作為、中斷風險之實現，降低或防止法益之侵害程度；立法者為獎勵行為人之真心悛悔，而訂定刑法第27條第1項，明定中止犯行之行為人得減輕或免除其刑。

2. 本題中，乙被甲教唆而產生殺害A之故意，惟乙雖本於殺人之故意，朝A連開數槍而已可論為著手，卻在尚有子彈可擊發時停止射擊並離去，此足以認定乙係出於己意，停止或抑制造成A被射殺之風險實現行為，並使A不發生死亡之既遂結果。乙之行為應論以刑法第271條之殺人未遂罪，惟應有同法第27條第1項己意中止而得減輕或免除其刑之適用。

107年　高考三級（法制、法律廉政）

一、交警甲在執行酒駕攔檢勤務時，心儀一位面貌姣好的機車騎士A，暗中從駕照記住A的姓名與住址。數日後，甲以警察局的公文封寄出信函給A，信中說明「當日執行攔檢勤務，似有公物誤放在您的機車置物箱，希望台端收信後，盡速持該公物至本局，或與以下警員聯繫」，信件末端並蓋上警局戳章與甲的職章和聯繫電話。試問甲的行為成立何罪？

答 甲為交通警察，屬刑法第10條第2項第1款前段所定之「身分公務員」：「稱公務員者，謂下列人員：一、依法令服務於國家、地方自治團體所屬機關而具有法定職務權限（者）」。因此，甲為具有特殊身分之行為主體，先予敘明。甲之行為是否該當刑法所論之罪，分述如下：

(一)甲暗中從駕照記住A的姓名與住址之行為，不構成刑法上犯罪。

按個人之姓名、住址等資料應屬隱私權所保護之範圍，我國刑法上關於隱私權侵害之犯罪僅規範於刑法分則第28章之「妨害秘密罪」，且其中所規範之犯罪行為態樣，並不包含對於個人資料之無故刺探、窺視、紀錄或取得等等，依刑法第2條所揭示之罪刑法定原則：「行為之處罰，以行為時之法律有明文規定者為限。」甲暗中從駕照記住A的姓名與住址之行為，不構成刑法上犯罪。

(二)甲寄出不實內容之信函給A之行為，應構成刑法第213條公務員登載不實罪。

按公務員明知為不實之事項，而登載於職務上所掌之公文書，足以生損害於公眾或他人者，處一年以上七年以下有期徒刑。刑法第213條定有明文。本罪之保護法益係公文書之公共信用、維護社會大眾對於公權力行使以及行政機關意思表示之正當信賴，本題中，甲公務員明知並無物品遺落於A之機車置物箱，卻仍將此不實之情事登載於依其職掌所得製作之公文書中，此舉已足生損害於公文書之社會信用，故甲寄出不實內容之信函給A之行為該當於本罪。

(三)甲使用警察局公文信封以及蓋用警局戳章之行為，應成立刑法第218條第2項盜用公印罪。

1. 按盜用公印或公印文足以生損害於公眾或他人者，處五年以下有期徒刑。刑法第218條第2項定有明文。刑法上所稱公印，係指表示公署或公務員資格之印信而言，且刑法第218條第2項之盜用公印或公印文罪，必以盜取後，兼有使用之行為，足以生損害於公眾或他人為構成要件，最高法院刑事判例40年台非字第22號、33年上字第1458號意旨參照。
2. 本題中，甲公務員在內容不實之公文書上蓋用足堪代表公署資格之警局戳章，又以代表公署名義之警察局公文信封寄出該文書之行為，足生損害於公署之社會信用，因此甲之行為應足論以盜蓋公印並行使之盜用公印罪。

(四) 競合：甲公務員使用警察局公文信封以及蓋用警局戳章寄出不實文書給A之行為，屬一行為觸犯數罪，依刑法第55條之規定，應論以想像競合、從一重處斷，故處以刑法第213條公務員登載不實罪。

二、甲明知A所贈與的手機為A竊盜所得，卻仍收受使用。幾日後，經人告知，手機可能存有定位資訊，會洩露行蹤。甲將手機拆解，選取一些可用零件後，將手機其他部分四處丟散，以防被人發現。試問甲的行為依刑法如何論處？

答 (一) 甲收受A贈與之偷竊而來之手機，構成刑法第349條第1項之收受贓物罪。

1. 按收受、搬運、寄藏、故買贓物或媒介者，處五年以下有期徒刑、拘役或科或併科五十萬元以下罰金。刑法第349條第1項定有明文。贓物罪之成立，以關於他人犯罪所得之物為限，若係自己犯罪所得之物，即不另成贓物罪；所謂「贓物」，係指因財產上之犯罪所取得之財物而言，最高法院57年度台非字第91號刑事判決意旨參照。
2. 本題中，甲明知A所贈與的手機為A竊盜所得，卻仍收受之，甲之行為客觀上已構成收受贓物，妨害財產犯罪之被害人追尋、取回自己財物之權利行使，主觀上甲亦有明知是贓物而收受之故意，故應論以刑法第349條第1項之收受贓物罪。

(二) 甲明知手機係他人之物，而故意拆解、破壞，取其零件而拋棄部分零件者，構成刑法第354條之毀損罪。

1. 按毀棄、損壞前二條（文書、建築物、礦坑、船艦）以外之他人之物或致令不堪用，足以生損害於公眾或他人者，處二年以下有期徒刑、拘役或一萬五千元以下罰金。刑法第354條定有明文。蓋毀損罪之保護法益係財物所有權人對財產實物之支配、利用權，如因行為人故意將財物毀壞至完全喪失功能，或至令其「不堪用」之程度，即可構成刑法第354條所論之罪。

2. 本題中，甲明知手機係他人之物，為躲避查緝而出於故意，將手機拆解破壞，並將主要零件與其他零件四處丟散之行為，客觀上已足已使該手機之功能完全喪失，並使原所有權人無法再利用該手機；主觀上，甲亦係出於毀損該手機之故意而為之，甲之行為不法且有責，應論以刑法第354條之毀損罪。

(三) 競合：甲收受贓物並毀壞手機之行為，係出於個別犯意，且兩犯罪行為並無時空密接性，不能認為係接續行為或一行為。因此，甲之二個犯行應論以數罪併罰。

三、甲男借款給A女，在清償期屆至後，A無力償還，且躲避不知去向。某日，甲在開車時發現A的行蹤，甲即刻將車停在路邊，並強制A上車，甲不顧A的抗拒將車開向偏遠郊區。由於天色已晚，且甲揚言沒有看到A的還款誠意，不會讓A離去。兩人僵持一陣後，A表示願意與甲進行十次性行為，但債務應打七折清償。甲想了一下，在取得A的確實住處資訊後，同意接受A的條件，但A必須先在車內與其性交。A以氣氛不對為由，不願意與甲在車內發生性行為，並趁甲不注意打開車門逃逸。甲因已掌握A的住處，不以為意，沒有開車追趕，而將車駛離。A下車後，想抄近路回到市區，卻因路況不熟，失足摔落山谷，由於無人救援且山區氣溫陡降，A在數日後始為人發現凍死山區。試問甲的行為依刑法如何論處，又該車是否得依刑法規定沒收，理由為何？

答 (一) 甲強制A上車並將車開往偏遠郊區之行為，構成刑法第302條之私行拘禁罪。

1. 按私行拘禁或以其他非法方法，剝奪人之行動自由者，處五年以下有期徒刑、拘役或九千元以下罰金。刑法第302條第1項定有明文。條文所指之「其他非法方法」，應包含強暴、脅迫等妨害被害人身體或意思自由之方式，凡將被害人私行拘禁，或以其他非法方法剝奪其行動自由者，即應成立刑法第302條之妨害自由罪。縱被害人觸犯法令，仍不能以此為行為人免責之根據。最高法院刑事判例30年上字第1719號意旨參照。

2. 本題中，甲因對A有債權，即強制A上車並將其載至偏遠郊區，客觀上甲之行為確實係以強制力剝奪A之人身及行動自由，主觀上甲亦有限制A的行蹤的故意，雖然A確實積欠甲債務，然並不阻卻甲之行為之違法性。故甲之行為構成刑法第302條之私行拘禁罪。

(二) 甲未開車載A回市區、後A迷路並摔落山谷凍死之行為，不構成刑法第276條過失致死罪。

1. 按因過失致人於死者，處二年以下有期徒刑、拘役或二千元以下罰金。刑法第276條第1項定有明文。行為人主觀上有應注意、能注意而未注意之「過失」歸責要件，且該過失行為與被害人之死亡結果間，必須有相當因果關係，方能以本罪論處。如果被害人可能因單純的「不作為」致生損害結果，則必須檢討「不作為」之人是否對被害人具有保證人地位，亦即是否依法令、依契約或依生活關係之親疏而負有「作為」之義務。如果不作為之人對被害人並無保證人地位，則其不作為並不構成犯罪。

2. 本題中，A自甲車自行逃逸，恢復其行動自由，應係甲犯私行拘禁罪行為終了之時；甲之私行拘禁行為對A之人身自由所造成之風險及侵害已結束，故甲對A並無防止其他侵害之義務，因此，甲未載A回市區並不構成應注意而未注意之過失不作為，甲未違背刑法上保證人之義務；此外，A係因跌落山谷失溫致死，與A之死亡結果最接近之事實為A自己跌落山谷之情事，而甲未載A回市區並非導致A跌落山谷不可或缺之條件之一，故甲之不作為與A之死亡結果間並無相當因果關係。從而，甲未載A回市區並不構成不作為過失致死罪。

(三) 甲之車輛不得依刑法第38條以下之規定沒收。

1. 按刑法第38條第2項規定：「供犯罪所用、犯罪預備之物或犯罪所生之物，屬於犯罪行為人者，得沒收之。但有特別規定者，依其規定。」所謂「供犯罪所用之物」，依最高法院刑事判決106年度台上字第1374號意旨，乃指對於犯罪具有促成、推進或減少阻礙的效果，而於犯罪之實行有直接關係之物而言。在主觀要件上，本法雖未明文限制故意犯或過失犯，但過失行為人欠缺將物品納入犯罪實行媒介之主觀利用認識，並未背離其使用財產的合理限度或有濫權使用財產之情形，故無剝奪其財產權之必要，自應將犯罪工具沒收適用範圍限縮為故意犯，方符合目的性解釋。另在客觀要件上，應區分該供犯罪所用之物，是否為實現犯罪構成要件的事實前提，即欠缺該物品則無由成立犯罪，此類物品又稱為關聯客體，該關聯客體本身並不具促成、推進構成要件實現的輔助功能，故非供犯罪所用之物，其沒收必須有特別規定方得為之。例如不能安全駕駛罪，行為人所駕駛之汽車或機車即為構成該罪之事實前提，僅屬該罪之關聯客體，而不具促成、推進犯罪實現的效用，即非屬供犯罪所用而得行沒收之。至於犯罪加重構成要件中若有特別工具，例如攜帶兇器竊盜罪、利用駕駛供不特定人運輸之交通工具之機會犯強制性交罪，該兇器、交通工具屬於犯罪行為人者，分別對於基本構成要件之普通竊盜罪、強制性交罪而言，仍具有促成、推進功能，即屬於供犯罪所用之物，而在得沒收之列。

2. 本題中，甲之車輛並非「促成、推進或減少阻礙」以實現私行拘禁犯罪行為之物，如果當時甲未開車，仍可透過其他強暴脅迫手段實現私行拘禁A之犯罪結果，故甲之車輛僅係私行拘禁犯罪之「關聯物品」，非屬供犯罪所用而可得沒收之物。故甲之車輛不可沒收。

四、甲透過交友軟體認識A，兩人相約於某旅館為性行為。在旅館相見時，甲對A謊稱如果經由兩人模擬強制性交的情境，更可增進情趣。取得A的同意後，甲在強暴行為過程中，將A的貼身衣褲撕毀，並造成A的手腳輕微挫傷，最後甲以床單將A綑綁，使A無法動彈。在A大笑時，甲沒有進一步對A為性行為，反而拿取A的錢包，迅速離去，此時A始知受騙，掙脫後憤而報警。試問甲的行為成立何罪？

答 (一)甲撕毀A之貼身衣物之行為，不構成刑法第354條之毀損罪。

1. 按毀棄、損壞前二條（文書、建築物、礦坑、船艦）以外之他人之物或致令不堪用，足以生損害於公眾或他人者，處二年以下有期徒刑、拘役或一萬五千元以下罰金。刑法第354條定有明文。本罪所保護之法益為被害人對財產之支配、使用權，惟若得被害人承諾，而得於同意範圍內毀敗該財產之功能者，即得阻卻行為違法性而不論以毀損罪。

2. 本題中，甲提議模擬強制性交之過程而得A同意，顯見A在與甲有性交合意之前提下，有同意甲可以模擬強暴手段並實施之，A對於一定程度之財物或身體自由拘束已有預見，故在此範圍內，甲之行為均有「被害人同意」之阻卻違法事由。故甲不構成毀損罪。

(二) 甲造成A手腳輕微挫傷之行為，不構成刑法第284條之過失傷害罪。

按因過失傷害人者，處一年以下有期徒刑、拘役或十萬元以下罰金；致重傷者，處三年以下有期徒刑、拘役或三十萬元以下罰金。刑法第284條定有明文。惟被害人對於受傷結果已有預見並同意放棄部分身體法益之完整性者，此同意應得構成行為人之阻卻違法事由。本題中，A對於甲模擬強制性交過程中，可能會造成身體髮膚受傷之情況已有預見，且傷害發生時並未阻止甲之行為，應可認A對於甲過失傷害之結果具有「被害人同意」，故甲不構成刑法第284條之過失傷害罪。

(三) 甲綑綁A使其無法動彈之行為，不構成刑法第302條第1項之私行拘禁罪。

按私行拘禁或以其他非法方法，剝奪人之行動自由者，處五年以下有期徒刑、拘役或九千元以下罰金。刑法第302條第1項定有明文。蓋本罪欲保護者係被害人之人身及行動自由，惟如被害人對於拘禁之結果已有預見並同意放棄行動自由法益者，此同意應得構成行為人之阻卻違法事由。本題中，A對於甲模擬強制性交過程中，可能會壓制、妨害自己行動自由之情況已有預見，且損害發生時並未阻止甲之行為，應可認A對於法益侵害結果具有「被害人同意」，故甲不構成刑法第302條第1項之私行拘禁罪。

(四) 甲佯稱為與A性交，卻拿走A之財物之行為，構成刑法第320條之竊盜罪。

1. 按意圖為自己或第三人不法之所有，而竊取他人之動產者，為竊盜罪，處五年以下有期徒刑、拘役或五十萬元以下罰金。刑法第320條第1項定有明文。刑法上之詐欺罪與竊盜罪，雖同係意圖為自己或第三人不法之所有而取得他人之財物，但詐欺罪以施行詐術使人將物交付為其成立要件，而竊盜罪則無使人交付財物之必要，所謂交付，係指對於財物之處分而言，故詐欺罪之行為人，其取得財物，必須由於被詐欺人對於該財物之處分而來，否則被詐欺人提交財物，雖係由於行為人施用詐術之所致，但其提交既非處分之行為，則行為人因其對於該財物之支配力一時弛緩，乘機取得，即與詐欺罪應具之條件不符，自應論以竊盜罪。最高法院刑事判例33年上字第1134號意旨參照。因此，如果被害人並未因行為人施展詐術而陷於錯誤、進而「交付」財物，而係因行為人施展詐術、陷於錯誤而「弛緩」對於財物之支配者，被行為人趁機、基於不法所有之意圖剝奪其財物之所有，應論以竊盜罪、而非刑法第339條之詐欺取財罪。

2. 本題中，甲佯稱要與A為性交行為，而以模擬強暴之手段，限制A之行動自由，使A對於其財物之持有陷於「鬆弛」之狀態，但不代表A即願意交付財物予甲；甲明知錢包係A之物品，仍基於主觀上不法所有意圖，將錢包之所有權移轉至自己實力支配之下，因此，甲之行為應論以竊盜罪。

107年　地特三等

一、就刑法而言，義警（義勇警察）或義消（義勇消防隊員）是否屬於「公務員」？

破題分析 

本題在測驗是否瞭解刑法第10條第2項關於公務員的概念。

解題架構

1. 刑法第10條第2項公務員概念及分類。
2. 義警、義消是否屬刑法上公務員。

答 (一)學理上將刑法公務員分為身分公務員、授權公務員及委託公務員三類：

依據刑法第10條第2項規定，稱公務員者，謂下列人員：一、依法令服務於國家、地方自治團體所屬機關而具有法定職務權限，以及其他依法令從事於公共事務，而具有法定職務權限者。二、受國家、地方自治團體所屬機關依法委託，從事與委託機關權限有關之公共事務者。

1. 身分公務員，即第1款前段所規定依法令服務於國家、地方自治團體所屬機關而具有法定職務權限的人員，指的是國家或地方自治團體所屬機關依法令任用之人員。
2. 授權公務員，即第1款後段所規定及其他依法令從事於公共事務，而具有法定職務權限者，指的是非服務於國家或地方自治團體所屬機關人員，但因從事法定公共事務而被視為刑法上之公務員。
3. 委託公務員，指的是第2款受國家、地方自治團體所屬機關依法委託，從事與委託機關權限有關之公共事務者。

(二)義警、義消非屬刑法上公務員：

1. 義警是為協助警察指揮交通，維護交通安全之民眾組成，未有交通警察公務上之執法權利，並非依據法令從事公務之人員，無單獨執行交通勤務之權限，僅能配合警察服勤並受警察指揮運用及管理，故並非受公務機關授權或委託承辦公務之人員。

2. 義消是為協助消防人員而組織之編制人員，應接受消防指揮人員命令協助消防工作，亦非有消防勤務權限，僅能配合消防人員值勤並受指揮運用及管理，並非受消防機關授權或委託之公務人員。

綜上，義警、義消非屬刑法上公務員。

觀念延伸

可練習判斷其他類似身分之人員是否為刑法上公務人員，例如公營銀行行員、代收稅款的超商店員、署立醫院醫師、接受國科會計畫補助從事學術研究的國立大學教授……等。

二、甲月前甫僱請外傭乙在家幫忙照顧年邁的父親，卻因生活習慣及語言隔閡，兩人相處不睦。某日深夜，乙因不明疼痛，大聲呼救，甲僅袖手旁觀，並未將其送醫。幸鄰居丙突聞夜半哀嚎，警覺有異，報警處理，雖經救護人員緊急送醫，仍因延誤致乙死亡。請問：甲有無刑責？

破題分析

本題在測驗對於保證人地位的了解。

解題架構

1. 甲對乙是否具保證人地位？
2. 甲未將乙送醫是否構成刑法第271條故意殺人既遂罪之不作為犯（刑法第15條）。

答 甲對乙具保證人地位，故其未將乙送醫的不作為構成刑法第271條故意殺人既遂罪之不作為犯，討論如下：

(一)客觀上乙死亡與甲之未將其送醫的不作為有相當因果關係，主觀上甲故意不將乙送醫，但不作為犯之成立視甲對乙是否具保證人地位而定，故討論甲對乙是否具保證人地位：

1. 刑法上保證人地位成立有危險前行為、事實承擔、法令規定、危險源監督者、契約、生活共同體等。

2. 依本題題意，乙受雇於甲，雙方有勞務雇用關係，適用勞基法等法令，且甲家即為乙之工作場所，甲為甲家宅主人，為場所負責人，且對此場所有控制支配權，而乙是在工作期間內生病求助，因此，甲對乙有保證人地位。
3. 依本題題意，雖甲與乙語言不通，但乙已經哀號求助，鄰居丙也因此發現異狀，故甲不能主張語言不通，其未將乙送醫為故意且預見乙可能有生命危險，主客觀要件該當。

(二) 甲無阻卻違法、罪責或減免罪責事由。

(三) 甲未將乙送醫的不作為，構成刑法第271條故意殺人既遂罪之不作為犯。

觀念延伸

可多練習不同保證人地位類型的考題。

108年　身障三等

一、甲駕駛聯結車為業，載運H形鋼條前往A地送貨，沒有注意前方回堵，趕緊踩煞車，發現後方鋼條因慣性向前推擠，甲不敢再踩煞車，因為害怕鋼條會貫穿駕駛座而危及自己生命，只好讓車輛向前追撞乙駕駛之大貨車，乙車又撞上前方丙駕駛之轎車，造成丙車全毀，惟乙、丙僅受輕傷。試問：甲之行為應如何處斷？

破題分析

本題在測驗對於故意與過失的判斷，另測驗是否瞭解刑法第15條之保證人地位，及是否了解實務及學者對於自招危難之虞的緊急避難見解。

解題架構

1. 甲不踩剎車讓車輛向前追撞乙車是否成立刑法第277條傷害罪？可否主張緊急避難阻卻違法？
2. 甲不踩剎車讓車輛向前追撞乙車，導致乙車又追撞丙車，造成丙車全毀且丙受輕傷，可否主張緊急避難阻卻違法？是否構成刑法284條過失傷害罪與刑法354條毀損罪。

答 (一)甲不踩剎車讓車輛向前追撞乙車，可主張緊急避難阻卻違法，不成立刑法第277條傷害罪：

1. 甲不踩剎車與乙受傷間有相當因果關係，客觀構成要件成立：
   (1)刑法第15條規定，對於犯罪結果之發生，法律上有防止之義務，能防止而不防止者，與因積極行為發生結果者同。因自己行為致有發生犯罪結果之危險者，負防止其發生之義務。
   (2)甲疏於注意前方路況為危險前行為，但因踩剎車會導致鋼條向前推擠，故不踩剎車，屬於放任風險持續的不作為，故甲具有第15條第2項保證人地位，造成讓車向前追撞乙造成乙受傷，其不踩剎車與乙受傷間有相當因果關係，客觀構成要件成立。
2. 主觀上甲明知不踩剎車會追撞乙車，具備刑法第13條故意要件，主觀構成要件成立。

3. 但因甲若踩剎車會導致鋼條向前推擠，故在此討論自招危難之虞的緊急避難：

(1) 實務認為，只要是自招危難就不能將風險轉嫁他人，否則就是鼓勵他人自招危難，故視為欠缺避難意思，不可主張緊急避難。

(2) 學說則認為自招危難需進一步分為故意或過失之自招危難情形，若屬故意則不能主張緊急避難，若為過失則可討論。

4. 綜上，管見認為甲並非故意自招危難，且甲為保護自己生命法益而選擇犧牲乙的身體法益，符合衡平性，故採學說見解，認為可主張緊急避難阻卻違法，不成立刑法第277條傷害罪。

(二) 甲不踩剎車讓車輛向前追撞乙車導致乙車又追撞丙車，造成丙車全毀且丙受輕傷，可主張緊急避難阻卻違法，不構成刑法284條過失傷害罪與刑法354條毀損罪。

1. 甲疏於注意前方路況為危險前行為，但因踩剎車會導致鋼條向前推擠，故不踩剎車，屬於放任風險持續的不作為，故甲具有第15條第2項保證人地位，造成讓車向前追撞乙車又再追撞丙車，造成丙車毀損及丙受傷，其不踩剎車與結果間有相當因果關係，客觀構成要件成立。

2. 甲於主觀上對丙並非明知且故意造成丙車毀損及丙受傷，應屬過失。

3. 因甲並非故意自招危難造成，且甲為保護自己生命法益而選擇犧牲丙的身體法益及丙車，符合衡平性，故採學說見解，認為可主張緊急避難阻卻違法，不成立刑法第284條過失傷害罪及刑法354條毀損罪。

觀念延伸

可變化練習自招危難的其他題型，例如甲司機因未檢查車況就開車上路，途中煞車失靈，甲因避免撞到行人乙而改撞路旁之丙車之情形，或逗弄猛犬反被猛犬咬傷的題型。

二、甲於2年前曾因酒駕違犯不能安全駕駛罪，遭判刑3個月並已經執行完畢。某日，甲於臺北車站月台上趁旅客乙不注意之際，偷取乙隨行之伴手禮蜂蜜蛋糕一盒。試問：甲之行為應如何處斷？

破題分析 

本題在測驗是否瞭解刑法第47條累犯及刑法第321條加重竊盜罪的概念。

解題架構

1. 甲偷取蛋糕行為成立加重竊盜罪（刑法第321條）。
2. 甲故意再犯加重竊盜罪，合於刑法第47條累犯之規定。

答 甲偷取蛋糕行為構成刑法第321條加重竊盜罪，且合於刑法第47條累犯之規定，加重本刑至二分之一。討論如下：

(一)甲偷取蛋糕行為合於刑法321條第1項第6款加重規定，成立加重竊盜罪：

1. 於客觀上，甲未經乙之同意而破壞乙對蛋糕之持有，建立自己對蛋糕之持有關係，於主觀上，明知並有意使其發生，具備直接故意，主客觀構成要件該當。
2. 甲無阻卻違法、罪責或減免罪責事由。
3. 甲於月台上竊取乙之蛋糕，合於刑法第321條第1項第6款加重規定「在車站、港埠、航空站或其他供水、陸、空公眾運輸之舟、車、航空機內而犯之」，故成立加重竊盜罪，加重刑本刑至二分之一。

(二)甲於受徒刑執行完畢後五年內又故意再犯加重竊盜罪，合於刑法第47條累犯之規定，加重本刑至二分之一：

1. 刑法第47條第1項規定，受徒刑之執行完畢，或一部之執行而赦免後，五年以內故意再犯有期徒刑以上之罪者，為累犯，加重本刑至二分之一。
2. 甲因酒駕遭判刑三個月並已執行完畢後，又於2年後故意犯加重竊盜罪，合於刑法第47條累犯規定，加重本刑至二分之一。

綜上，甲偷取蛋糕行為構成刑法第321條加重竊盜罪，且合於刑法第47條累犯之規定，加重本刑至二分之一。

觀念延伸

可變化題型練習，例如甲受感化教育執行完畢後兩年犯過失致死罪、受有期徒刑執行完畢後三年犯過失致死罪……等題型。

108年　高考三級

（一般行政、一般民政、人事行政）

一、甲與A因為宮廟管理事務而發生嫌隙，甲數次向友人乙抱怨A為人奸詐惡毒，兩人遂謀議一同前去教訓A。甲與乙前去廟裡找A，乙一見到A，立刻將之抱住，甲隨即拿出刀子朝A的腹部刺了一刀之後，乙見A流血，突然心生後悔，遂大聲喝阻甲不要殺人，但甲不聽乙的勸阻，執意要殺A，乙擔心自己被牽連殺人罪，遂改而抱住甲不讓甲揮刀，並叫A趕緊逃跑，A果真負傷逃離現場。甲氣乙的阻擋，改而刺了乙手臂一刀，乙受傷放手後，甲再追躡找到A，然後將A殺死。試問：甲、乙二人對A所為行為，應如何論罪？

破題分析 

本題在測驗對刑法第27條中止犯構成要件的了解。

解題架構

1. 甲朝A腹部刺刀後又再追躡殺死A之行為，構成刑法第271條第1項殺人既遂罪。
2. 乙與甲謀劃並抱住A讓甲朝腹部刺刀，有殺人行為之分擔，應成立刑法第271條第1項殺人既遂罪共同正犯。
3. 乙雖於A被刺後心生後悔，有抱住甲阻止殺人之中止行為，但未能中止甲追躡殺死A之結果發生，故不能主張刑法第27條得減輕或免除其刑，仍以成立刑法第271條第1項殺人既遂罪共同正犯論。

答 (一) 甲朝A腹部刺刀後又再追躡殺死A之行為構成刑法第271條第1項殺人既遂罪：

1. 客觀上，甲持刀朝A腹部刺殺後又追躡殺死A，其行為與A死亡的結果有相當因果關係，另甲早與A有嫌隙，並與乙謀議教訓A，主觀上有殺人故意。
2. 甲無阻卻違法、罪責或減免罪責事由。
3. 甲朝A腹部刺刀後又再追躡殺死A之行為構成刑法第271條第1項殺人既遂罪。

(二)乙與甲謀劃並抱住A讓甲朝腹部刺刀，雖嗣後乙有抱住甲之中止行為，但A被甲殺死的結果猶仍發生，故乙不得以其中止行為主張減輕或免除其刑，仍成立刑法第271條第1項殺人既遂罪共同正犯：

1. 乙與甲謀劃並抱住A讓甲朝腹部刺刀，有殺人行為之分擔，應成立刑法第271條第1項殺人既遂罪共同正犯：

(1) 乙與甲謀劃並抱住A讓甲朝腹部刺刀，有殺人行為之分擔，主觀上有犯意聯絡。

(2) 甲無阻卻違法、罪責或減免罪責事由，應成立刑法第271條第1項殺人既遂罪共同正犯。

2. 乙有抱住甲之中止行為，但A被甲殺死的結果猶仍發生，故乙不得以其中止行為主張減輕或免除其刑：

(1) 刑法第27條第1項前段規定，已著手於犯罪行為之實行，而因己意中止或防止其結果之發生者，減輕或免除其刑；故行為人即使有防止的意思，但結果仍發生的話，行為人仍非刑法上的中止犯，不得以之為由減輕或免除其刑。

(2) 乙雖於A被刺後心生後悔，有抱住甲阻止殺人之中止行為，但最後甲追躡殺死A之結果猶仍發生，不能主張刑法第27條得減輕或免除其刑，仍以成立刑法第271條第1項殺人既遂罪共同正犯論。

3. 綜上，乙與甲謀劃並抱住A讓甲朝腹部刺刀，雖嗣後乙有抱住甲之中止行為，但A被甲殺死的結果猶仍發生，不得主張中止行為減輕或免除其刑，故乙成立刑法第271條第1項殺人既遂罪共同正犯。

觀念延伸

可練習此題的變化題型，例如乙抱住甲但遭刺傷後放手，但甲於乙放手後往前衝想追殺A，卻遭剛好經過的車輛撞傷倒地不起，A則幸運被路人救起送醫未死……等不同狀況的題型。

二、甲是某機關新進公務員，入職後第2個月，直屬長官乙直接交給甲新臺幣2萬元，告知是A廠商負責人代為轉交之入職慶祝禮金，且說明此一科室裡的每一個新進人員都有收過A廠商之禮金，甲擔心不收禮金會觸怒長官，遂將禮金收下。事隔數月之後，乙指示甲查驗A廠商進口貨櫃，甲發現貨櫃內物品與A廠商當初報關之貨品名稱與數量，全然不符，甲原本要記載查驗不合格，但乙威脅甲如不放行該貨物，將舉發甲收了A廠商2萬元，甲迫於無奈與恐懼，遂記載查驗合格而放行該批貨物，A廠商也因此逃漏新臺幣50萬元之關稅。試問：甲之行為如何論罪？

破題分析

本題在測驗對刑法第122條受賄而違背職務罪、刑法第131條圖利罪的了解，而本題另一考點則是測驗對於刑法第21條第2項規定，長官命令內容違背法理或法律時，是否為阻卻違法構成要件之了解。

解題架構

1. 甲明知且收下特定廠商提供之獎金，是否該當刑法第122條第1項違背職務受賄罪。
2. 甲受長官威脅而對A廠商之不法行為放行，除刑法第122條第2項受賄而違背職務罪之外，另還該當刑法第131條圖利罪。
3. 甲受長官乙的命令為違背職務行為，是否可主張阻卻違法事由（刑法第21條第2項規定）。
4. 沒收數額。

答 (一)甲明知且收下特定廠商提供之獎金，成立刑法第122條第1項違背職務受賄罪：

1. 依據27年渝上字第448號判例說明，收受賄賂罪，不論其受賄出於收受人之自動或被動均應成立。
2. 本題甲一開始是屬於被動狀態，但明知卻仍收下A公司提供之獎金，仍該當刑法第122條第1項違背職務受賄罪。

(二)甲對A廠商之不法行為放行，除構成刑法第122條第2項受賄而違背職務罪之外，另還成立刑法第131條圖利罪。

1. 甲收受賄款後，並於長官乙威脅下放行不該放行之貨物，此違背職務行為與收受賄款有對價關係，該當刑法第122條第2項受賄而違背職務罪。
2. 另因甲放行之濫權行為，使A公司可逃漏稅成功而獲利，構成刑法第131條圖利罪。

(三) 甲雖受長官乙威脅，但甲明知長官乙之命令違法，故不得主張違背職務之行為是依所屬上級長官命令之職務行為而阻卻違法。
1. 刑法第21條第2項規定，依所屬上級公務員命令之職務上行為，不罰，但明知命令違法者，不在此限。
2. 本題甲明知長官乙之命令違法，故不得主張違背職務之行為是依所屬上級長官命令之職務行為而阻卻違法。

(四) 沒收數額：
1. 依刑法第38條之1第2項第3款規定對A公司沒收逃漏稅50萬元。
   (1) 刑法第38條之1第2項第3款規定，犯罪行為人以外之自然人、法人或非法人團體，因下列情形之一取得犯罪所得者，亦同：3.犯罪行為人為他人實行違法行為，他人因而取得。
   (2) 甲之犯罪行為使A公司逃漏稅成功而獲利，因此按此條規定，應對A公司沒收50萬元獲利。
2. 依刑法第38條之1第1項規定對甲收賄之金額，沒收其不法所得2萬元。
   (1) 刑法第38條之1第1項規定，犯罪所得，屬於犯罪行為人者，沒收之。但有特別規定者，依其規定。
   (2) 甲收受的2萬元賄款則屬於犯罪所得之物，故應沒收之。

可練習受長官指示執行不違背職務收賄罪題型。

108年　高考三級（法制、法律廉政）

一、甲為了支持特定候選人，於投票日前四個月，將戶籍遷入該候選人的選區。事實上，甲在別處生活與工作。投票前兩週，甲收到選舉通知單。投票前一日，甲遭舉發為幽靈人口，在警方調查時坦承一切。警方以違反刑法第146條第2項的妨害投票罪，將甲移送地檢署偵辦。本罪處罰未遂。問：甲是否成立妨害投票罪的未遂犯？

破題分析

本題在測驗是否瞭解刑法第146條第3項虛遷戶籍投票罪的著手時點。

解題架構

1. 刑法第146條第3項虛遷戶籍投票罪未遂犯之主觀及客觀上要件討論。
2. 依本題題意進行甲之行為是否成立虛遷戶籍投票罪未遂犯之討論。

答　甲虛遷戶籍之行為，不成立刑法第146條第3項虛遷戶籍投票罪未遂犯，討論如下：

(一)主客觀要件及實務學說討論：

1. 依刑法第146條規定，以詐術或其他非法之方法，使投票發生不正確之結果或變造投票之結果者，處五年以下有期徒刑。意圖使特定候選人當選，以虛偽遷徙戶籍取得投票權而為投票者，亦同。前二項之未遂犯罰之。
2. 依本題題意，甲於主觀上具有為支持某特定候選人當選意圖，且已虛偽遷徙戶籍以取得投票權，但客觀上，是否已著手於虛偽遷徙戶籍罪之構成要件則於學說及實務上有不同見解：

(1)編入選舉人名冊：基於妨害投票之意圖而虛遷戶籍取得選舉人資格，並已編入該選區選舉人名冊，已足妨礙選舉公正性，故認為已著手。

(2)虛偽遷徙戶籍：最高法院101年度台上字第4041號判決說明，一旦基於支持某特定候選人當選之意圖而虛偽遷徙戶籍，則應以其遷籍行為作為本罪之著手。

(3)領票或圈選：依實務見解，認為投票權可分為領票、圈選及投票匭三階段動作，但一旦領票犯罪即達既遂。但另有學者認為，應實際將選票投入票匭才有導致候選人票數分配受到無選舉權人資格者投票行為影響。

(二)依上述不同見解，本人認為應採領票或圈選著手較為妥適，因選舉是以得票數高低為當選要件，若未進行領票或圈選行為則無法實際影響候選結果，不會造成妨礙投票法益。

(三)綜上，甲於投票前一日，遭舉發為幽靈人口，在警方調查時坦承一切，甲並未進行領票圈選等行為，仍未著手，故僅處於犯罪準備行為階段，故甲虛遷戶籍之行為，不成立刑法第146條第3項虛遷戶籍投票罪未遂犯。

觀念延伸

可變化題型練習，例如甲詐術使投票發生不正確結果、已領票或於將選票投入票匭前一刻被警察發覺……等。

二、甲經營小吃店，由於待客真誠，生意頗佳，但衛生條件卻不甚理想。小吃店的廚房設在騎樓，汽機車排放的油煙廢氣與路上揚起的塵土，直落鍋具的物料。無數蒼蠅在騎樓盤旋飛舞，飛雨落花中，落在食材上。餐後，小吃店贈送客人冷飲。一日，消費者某乙喝完冷飲，赫然發現杯底一隻蟑螂。甲辯稱，生意忙碌，未能注意周全，致有蟑螂入了冷飲，願給九折券一張，以示誠意。乙怒而舉發。問：甲的前述各種營業條件，是否有罪？

破題分析

本題在測驗是否瞭解刑法第191條妨害衛生物品罪，須注意此條文只處罰故意犯，故考點為解題時需討論行為人是否為故意，若僅為過失則不構成此罪。

解題架構

1. 說明刑法第191條妨害衛生物品罪構成要件。
2. 討論甲販賣被油煙、塵土汙染食材做成餐點及甲贈送有蟑螂的冷飲行為，是否構成刑法第191條妨害衛生物品罪、刑法第277條傷害罪或第284條過失傷害罪。

答 (一)甲販賣被油煙、塵土汙染食材做成餐點之行為不構成刑法第191條妨害衛生物品罪：

1. 刑法第191條妨害衛生物品罪規定，製造、販賣或意圖販賣而陳列妨害衛生之飲食物品或其他物品者，處六月以下有期徒刑、拘役或科或併科三萬元以下罰金。
2. 依本題題意，甲待客真誠，生意頗佳，但所販賣小吃都被油煙、塵土汙染，故於客觀上是販賣對人體健康有害的食品，但於主觀上，甲並無明知並有意販賣妨害衛生食品的意圖，也並非故意讓食材被汙染或故意製造被汙染的食品，只是未注意環境衛生，屬能注意而未注意之過失。
3. 因刑法第191條妨害衛生物品罪僅處罰故意犯，不處罰過失，故甲販賣被油煙、塵土汙染食材做成餐點之行為不構成刑法第191條妨害衛生物品罪。

(二)甲贈送有蟑螂的冷飲之行為不構成刑法第191條妨害衛生物品罪：

1. 客觀上甲贈送有蟑螂的冷飲對人體健康有害，但因此飲料為贈送而非販賣，此外，蟑螂非甲明知而故意製造或添加的，故不符合製造要件。
2. 主觀上，甲並未明知且故意贈送或製造蟑螂污染的飲料，故不構成犯罪故意。
3. 綜上，甲贈送有蟑螂的冷飲之行為不構成刑法第191條妨害衛生物品罪。

(三)甲販賣被油煙、塵土汙染食材做成餐點、贈送有蟑螂的冷飲之行為不構成刑法第277條傷害罪或第284條過失傷害罪：

1. 刑法第277條規定，傷害人之身體或健康者，處五年以下有期徒刑、拘役或五十萬元以下罰金。犯前項之罪，因而致人於死者，處無期徒刑或七年以上有期徒刑；致重傷者，處三年以上十年以下有期徒刑。另同法第284條規定，因過失傷害人者，處一年以下有期徒刑、拘役或十萬元以下罰金；致重傷者，處三年以下有期徒刑、拘役或三十萬元以下罰金。

2. 依本題題意，消費者某乙喝完冷飲發現蟑螂，怒而提告，也並未有消費者不適或因健康受傷害提告的情形，因刑法第277條傷害罪或第284條過失傷害罪是結果犯，故於未有傷害發生的情況下，甲販賣被油煙、塵土汙染食材做成餐點、贈送有蟑螂的冷飲之行為不構成刑法第277條傷害罪或第284條過失傷害罪。

觀念延伸

可練習例如甲添加化學藥劑、使用假油烹調，或消費者有食物中毒或者拉肚子等狀況的題型。

三、甲為A股份有限公司之負責人，為標得市政府某項工程，向服務於市政府擔任該工程政府採購之約僱人員乙表示，如果乙能透漏投標底價，並取得招標業務單位開立之工程瀝青混凝土品質檢驗標準，於事成後將致贈一百萬元。乙遂找來熟識之工友丙，告知其前開甲之意思，二人商量後，由丙至業務單位送公文時，趁機找出甲所需要之品質檢驗標準，趁四下無人，抽出影印後再放回。因甲取得檢驗標準及投標底價，致A公司順利取得該標案，獲利三千萬元。請問甲、乙、丙如何論罪？又應如何沒收？

破題分析

本題在測驗是否瞭解刑法第122條第1項、第2項受賄而違背職務罪、刑法第132條第1項洩漏國防以外秘密罪、刑法第122條第3項違背職務交付賄賂罪。另則測試是否對於純正身分犯、共同正犯及對犯罪行為人的沒收數額有所了解。

解題架構

1. 討論乙是否具公務員身分（刑法第10條第2項第1款）、丙是否為共同正犯（刑法第28條、第31條第1項），是否構成第122條第1項、第2項受賄而違背職務罪及刑法第132條第1項洩漏國防以外秘密罪。
2. 討論甲是否構成刑法第122條第3項違背職務交付賄賂罪。
3. 沒收數額（刑法第38條、第38條之1）。

答 (一)乙收受100萬元賄款、取得並洩漏招標業務單位開立之工程瀝青混凝土品質檢驗標準及底價行為，構成刑法第122條第1項、第2項受賄而違背職務罪及刑法第132條第1項洩漏國防以外秘密罪之數罪併罰：

1. 乙為刑法上公務員：乙雖為約僱人員，但因負責處理政府採購案件之招標，具有政府採購法之法定職務權限，依刑法第10條第2項第1款規定，屬授權公務員。

2. 乙收受100萬元賄款、取得招標業務單位開立之工程瀝青混凝土品質檢驗標準及底價，成立受賄而違背職務罪：

   (1) 乙主觀上明知並有意收受甲之賄賂，且違背職務取得招標業務單位開立之工程瀝青混凝土品質檢驗標準及底價，具有本罪之故意；另，收受賄賂與違背職務行為間有對價關係，該當本罪之客觀構成要件。

   (2) 乙無阻卻違法、罪責或減免罪責事由，故成立刑法第122條第1項、第2項受賄而違背職務罪。

3. 乙洩漏招標業務單位開立之工程瀝青混凝土品質檢驗標準及底價行為，構成洩漏國防以外秘密罪：乙明知並故意洩漏招標業務單位開立之工程瀝青混凝土品質檢驗標準及底價，主觀上有本罪之故意；另乙無阻卻違法、罪責或減免罪責事由，成立本罪。

4. 乙收受100萬元賄款、取得並洩漏招標業務單位開立之工程瀝青混凝土品質檢驗標準及底價行為，應論以刑法第122條第1項、第2項受賄而違背職務罪及刑法第132條第1項洩漏國防以外秘密罪之數罪併罰。

(二)丙與乙商量取得並洩漏檢驗標準及底價給予甲之行為，構成刑法第122條第2項受賄而違背職務罪及刑法第132條第1項洩漏國防以外秘密罪之共同正犯：

1. 丙為共同正犯：丙主觀上明知並有意與乙犯意聯絡，客觀上與乙有取得並洩漏檢驗標準及底價給予甲之行為分擔，依刑法第28條規定，丙屬於共同正犯。另依刑法第31條第1項規定，身分或其他特定關係成立之罪，其共同實行、教唆或幫助者，雖無特定關係，仍以正犯或共犯論。但得減輕其刑。故丙為工友，雖不具公務員身分，但仍以受賄而違背職務罪之正犯或共犯論。

2. 丙取得檢驗標準及底價之行為，構成刑法第122條第2項受賄而違背職務罪之共同正犯：

(1)丙主觀上明知並有意與乙犯意聯絡，客觀上與乙有取得檢驗標準及底價之行為，該當本罪之主、客觀構成要件。

(2)丙無阻卻違法、罪責或減免罪責事由，故成立刑法第122條第1項、第2項受賄而違背職務罪之共同正犯。

3.丙洩漏檢驗標準及底價給予甲之行為，構成刑法第132條第1項洩漏國防以外秘密罪之共同正犯：

(1)丙主觀上明知並有意與乙犯意聯絡，客觀上與乙有洩漏檢驗標準及底價給予甲之行為，該當本罪之主、客觀構成要件。

(2)丙無阻卻違法、罪責或減免罪責事由，故成立刑法第132條第1項洩漏國防以外秘密罪之共同正犯。

4.綜上，丙取得並洩漏檢驗標準及底價給予甲之行為，構成刑法第122條第2項受賄而違背職務罪及洩漏國防以外秘密罪之共同正犯之數罪併罰。

(三)甲交付100萬元賄款之行為構成刑法第122條第3項違背職務交付賄賂罪

1.甲於主觀及客觀上有明知並有意對乙交付賄款並使其進行違背職務行為，其交付賄賂行為與得標並獲取利益間有對價關係，該當本罪之主、客觀構成要件。

2.甲無阻卻違法、罪責或減免罪責事由，故成立刑法第122條第3項違背職務交付賄賂罪。

(四)沒收數額：

1. 依刑法第38條之1第2項第3款規定對A公司沒收獲利3000萬元：

(1)刑法第38條之1第2項第3款規定，犯罪行為人以外之自然人、法人或非法人團體，因下列情形之一取得犯罪所得者，亦同：3.犯罪行為人為他人實行違法行為，他人因而取得。

(2)甲之犯罪行為使A公司獲利，因此按此條規定，應對A公司沒收3000萬元獲利。

2.依刑法第38條之1第1項規定對乙沒收100萬元：

(1)刑法第38條之1第1項規定，犯罪所得，屬於犯罪行為人者，沒收之。但有特別規定者，依其規定。

(2)乙收受的100萬元賄款則屬於犯罪所得之物，故應沒收之。

觀念延伸

可練習不違背職務收賄罪題型，或練習以不同身分收賄的題型（例如民意代表）。

四、甲因屢次報考某市政府資訊人員失利，懷恨在心，遂製造木馬病毒程式夾帶於郵件中，寄至市長信箱，造成市政府網站癱瘓。甲又利用市政府網站之漏洞，操作電腦進入市政府網路系統，順利取得市府員工數千人之個資，並變更網站首頁之圖示。請問甲之行為如何論罪？

破題分析 

本題在測驗是否瞭解刑法妨害電腦使用罪章，需熟悉本章法條構成要件。

解題架構

1. 甲製造木馬病毒程式之行為。（刑法第362條製作電腦程式罪）
2. 甲寄送木馬程式癱瘓市府網站之行為。（刑法第360條干擾電腦罪、刑法第361條應加重其刑）
3. 甲利用電腦漏洞進入市府網站系統之行為。（刑法第358條入侵電腦罪、刑法第361條應加重其刑）
4. 甲取得市府員工數千人個資並變更網站首頁圖示之行為。（刑法第359條無故取得變更電磁紀錄罪、刑法第361條應加重其刑）
5. 競合。

答 (一)甲製造木馬病毒程式之行為構成刑法第362條製作電腦程式罪：

1. 主觀上甲具有故意，客觀上甲製作木馬病毒程式供自己犯罪，該當本罪主、客觀要件。
2. 甲無阻卻違法及阻卻罪責、減輕罪責事由，故成立本罪。

(二)甲寄送木馬程式癱瘓市府網站之行為構成刑法第360條干擾電腦罪：

1. 主觀上甲具有故意，客觀上甲寄送木馬病毒程式癱瘓市府網站，損害於公眾，該當本罪主、客觀要件。

2. 甲無阻卻違法及阻卻罪責、減輕罪責事由，故成立本罪。
3. 甲對公務機關電腦犯本罪，應依刑法第361條規定，加重其刑至二分之一。

(三) 甲利用電腦漏洞進入市府網站系統之行為構成刑法第358條入侵電腦罪：

1. 主觀上甲具有故意，客觀上甲利用電腦漏洞進入市府網站系統，該當本罪主、客觀要件。
2. 甲無阻卻違法及阻卻罪責、減輕罪責事由，故成立本罪。
3. 甲對公務機關電腦犯本罪，應依刑法第361條規定，加重其刑至二分之一。

(四) 甲利用電腦漏洞進入市府網站系統並取得市府員工數千人個資、變更網站首頁圖示，構成刑法第359條無故取得電磁紀錄罪：

1. 主觀上甲具有故意，客觀上甲利用電腦漏洞進入市府網站系統並取得市府員工數千人個資，還變更網站首頁圖示之行為，該當本罪主、客觀要件。
2. 甲無阻卻違法及阻卻罪責、減輕罪責事由，故成立本罪。
3. 甲對公務機關電腦犯本罪，應依刑法第361條規定，加重其刑至二分之一。

(五) 競合：

1. 甲製造木馬病毒程式並寄送木馬程式癱瘓市府網站之行為，先後構成製作電腦程式罪及干擾電腦罪，但因製造木馬病毒程式屬於預備行為，故依不罰前行為之法理，以干擾電腦罪論。
2. 甲後又利用漏洞進入市府網站系統，並取得市府員工數千人個資、變更網站首頁圖示，同樣具有行為階段，基於不罰前行為之法理，以無故取得電磁紀錄罪論之。
3. 甲構成的干擾電腦罪論及故取得電磁紀錄罪論為透過數行為所違反，且此兩罪保護的法益不同，故應數罪併罰。

觀念延伸

可練習各種妨礙電腦狀況，例如散布病毒造成電腦變慢、使用木馬程式取得他人電腦內信用卡帳號密碼並竊領帳戶內存款等題型。

108年　地特三等

（一般行政、一般民政、人事行政）

一、A與手下甲混跡黑幫，魚肉鄉民。村人乙與A某次發生衝突後，A放話將對乙不利，乙聽聞風聲後，決定先下手為強，A亦有防備，在該段時期行蹤異常保密，且捉摸不定。甲知悉乙有殺A的計畫後，竟將某日A的行程透露給乙，希望藉由乙的殺A行為，讓自己上位。乙知道A的行程後，將平時所收藏之大量安眠藥磨成細粉，利用機會放入A的飲食中，豈知該安眠藥藥劑性質無法致死（事後鑑定確認一般人只要稍有醫療常識，都應該知道此安眠藥即使大量服用，也無法有致死藥效）。A吃了乙所提供的飲食後，昏睡很久，醒來經檢查證明健康無損。試問甲、乙的行為依刑法如何處遇？

答 (一)乙的行為依刑法第26條規定不罰，理由如下：

1. 刑法（下同）第271條第1項、第2項規定：「(I)殺人者，處死刑、無期徒刑或十年以上有期徒刑。(II)前項之未遂犯罰之。」乙主觀上有殺死A之故意，客觀上有實施殺死甲之行為，無阻卻違法之事由，亦具罪責性，因為A未死亡，其行為看似應該當第271條第2項殺人未遂罪。
2. 然本題中，乙因欠缺普通常識，而用了一般人都知道不會致死之安眠藥毒害A，其行為究係障礙未遂或不能未遂，討論如下：

(1)障礙未遂即指行為人已著手於犯罪行為之實行，惟因意外之障礙而無法實現該犯罪之構成要件。就其造成未遂之原因進行審查，既不符合「不能」之要件，亦無「中止」事由者，稱為普通未遂或障礙未遂。第25條即規定：「已著手於犯罪行為之實行而不遂者，為未遂犯。

未遂犯之處罰，以有特別規定者為限，並得按既遂犯之刑減輕之。」

(2)而不能未遂又稱為不能犯，是指行為人基於犯罪的故意而著手實行，但其行為無法達到犯罪結果，也沒有危險者。第26條規定：「行為不能發生犯罪之結果，又無危險者，不罰。」

(3)對於此兩者之不同，最高法院109年度台上字第1566號判決要旨即謂：「刑法第26條規定，行為不能發生犯罪之結果，又無危險者，不罰。故不能未遂係指已著手於犯罪之實行，但其行為未至侵害法益，且又無危險者而言；雖與一般障礙未遂同未對法益造成侵害，然須並無侵害法益之危險，始足當之。而有無侵害法益之危險，應綜合行為時客觀上通常一般人所認識及行為人主觀上特別認識之事實為基礎，本諸客觀上一般人依其知識、經驗及觀念所公認之因果法則而為判斷，若有侵害法益之危險，而僅因一時、偶然之原因，致未對法益造成侵害，則為障礙未遂，而非不能未遂。」

(4)由上判決要旨，顯見障礙未遂與不能未遂相同之處在於「行為未對法益造成侵害」，而主要區別則在於「行為有無侵害法益之危害」。而有無侵害法益之危險，應綜合行為時客觀上通常一般人所認識及行為人主觀上特別認識之事實為基礎，本諸客觀上一般人依其知識、經驗及觀念所公認之因果法則而為判斷。

(5)依本題題意，乙所使用的安眠藥，一般人只要稍有醫療常識，都應該知道此安眠藥即使大量服用，也無法有致死藥效，依上開判決要旨，應屬不能未遂。故依第26條規定，其行為不罰。

3. 綜上所述，乙之行為本應該當第271條第2項殺人未遂罪，然因其本人重大無知而構成不能未遂，故依第26條規定，其行為不罰。

(二)甲的行為依第30條第2項規定亦不罰，理由如下：

1. 第30條規定：「幫助他人實行犯罪行為者，為幫助犯。雖他人不知幫助之情者，亦同。幫助犯之處罰，得按正犯之刑減輕之。」

2. 最高法院107年度台上字第1094號判決要旨謂：「刑法上所謂幫助他人犯罪，係指對他人決意實行之犯罪有認識，而基於幫助之意思，於他人犯罪實行之前或進行中施以助力，給予實行上之便利，使犯罪易於實行，而助成其結果發生者。」等語。

最高法院109年度台上字第979號判決要旨亦謂：「……關於幫助犯對正犯之犯罪是否具有因果性貢獻之判斷，學理上固有「結果促進說」與「行為促進說」之歧見，前者認為幫助行為對犯罪結果之發生，須具有強化或保障之現實作用始可；後者則認為幫助行為在犯罪終了前之任一時間點可促進犯罪行為之實行即足，不問其實際上是否對犯罪結果產生作用。茲由於實務及學說均肯定幫助行為兼賅物質上或精神上之助力，且從即令物質上之助力於犯罪實行時未生實際作用，仍非不得認為對行為人產生精神上之鼓舞以觀（例如提供鑰匙入室竊盜，但現場未上鎖，事後看來是多此一舉），可徵幫助行為對於犯罪結果之促進，並非悉從物理性或條件式之因果關係加以理解，尚得為規範性之觀察。換言之，若幫助行為就犯罪之實行，創造有利條件或降低阻礙，進而提升或促進結果發生之蓋然性而惹起結果，即堪認定其因果性貢獻之存在，進而可將法益侵害之結果，於客觀上歸責予提供犯罪助力之行為人，而成立幫助犯。」等語。

3. 本題中，甲知悉乙有殺A的計畫後，竟將某日A的行程透露給乙，希望藉由乙的殺A行為，讓自己上位。乙知道A的行程後，即實行後續行為。顯見甲透露A的行程予乙，係「基於幫助之意思，於他人犯罪實行之前或進行中施以助力，給予實行上之便利，使犯罪易於實行，而助成其結果發生」，故成立幫助犯。然因乙的行為依第26條規定不罰，則依第30條第2規定，甲之行為亦不罰。

二、甲在家中常感覺有不明人士不知用什麼方法在窺視自己，甲決定在家中裝上防護工具保護自己，於是在家門的玄關處，貼上警語「此屋有機關，當你不受邀請入內，已自陷危險，請即刻離開」，甲並在自己的臥房門把接上足以灼傷人的通電裝置。某日甲外出時，將房間通電裝置啟動，隨即出門，適有不明人士A侵入家中房屋後，雖看見警語不以為意，想進入甲的房間裝置隱藏攝影機，不料A的手一碰觸房間門把後，隨即被防盜機關電擊使得手掌皮膚組織灼傷。A受傷後即刻離開就醫。試問甲的行為依刑法如何處遇？

答　1.刑法（下同）第277條第1項規定：「傷害人之身體或健康者，處五年以下有期徒刑、拘役或五十萬元以下罰金。」本題中，甲在自己的臥房門把接上足以灼傷人的通電裝置，並於外出時，將房間通電裝置啟動，隨即出門。甲之上開行為，主觀上有傷害之故意，客觀上亦該當第277條第1項之構成要件，且亦無減免罪責之事由。

2. 然甲之行為具有「正當防衛」之阻卻違法事由，理由如下：

(1) 第23條規定：「對於現在不法之侵害，而出於防衛自己或他人權利之行為，不罰。但防衛行為過當者，得減輕或免除其刑。」

因此正當防衛的條件為：現在不法之侵害、與出於防衛自己或他人權利之行為。

第24條第1項規定：「因避免自己或他人生命、身體、自由、財產之緊急危難而出於不得已之行為，不罰。但避難行為過當者，得減輕或免除其刑。」

(2) 最高法院108年度台上字第2679號刑事判決要旨謂：「正當防衛之違法阻卻事由，係以行為人對於現在不法之侵害，本乎防衛自己或他人之權利意思，在客觀上有時間之急迫性，並具備實行反擊、予以排除侵害之必要性，且其因而所受法益之被害，亦符合相當性之情形，這時實行防衛行為者，始稱相當。倘若侵害已過去，或預料有侵害、而侵害尚屬未來，則其加害行為，即乏防衛正當。因此，以先下手為強心態，搶先害人者，無主張正當防衛之餘地。」

最高法院108年度台上字第1294號刑事判決要旨亦謂：「按刑法第23條『正當防衛』之要件，必對於現在之不法侵害，始能成立，若侵害已過去，或預料有侵害而侵害尚屬未來，則其加害行為，自無正當防衛可言。又同法第24條第1項之緊急避難行為，則以自己或他人之生命、身體、自由、財產猝遇危難之際，非侵害他人法益別無救護之道，為必要之條件。」

(3) 本題甲在家中常感覺有不明人士不知用什麼方法在窺視自己，甲決定在家中裝上防護工具保護自己，於是在家門的玄關處貼上警語並在自己的臥房門把接上足以灼傷人的通電裝置，後果有不明人士A無視警語闖入並遭通電裝置灼傷。因此甲裝通電裝置之行為，於A闖入時始發生作用，是否屬「現在」不法之侵害，則有疑義，依前述判決要旨之主張，似無主張正當防衛之可能，但可主張緊急避難。

(4) 據此，甲其僅使A灼傷，又貼有警語，並無不當之虞。故甲之行為具有緊急避難之阻卻違法事由。

3. 綜上，甲之行為雖構成第271條第1項之過失傷害，且無減免罪責事由，然其具備第24條緊急避難之阻卻違法事由，故其行為不罰。

108年　地特三等（法制、法律廉政）

一、甲為醫美診所醫師，專門執行皮膚雷射與醫美手術。某日甲幫A女進行雷射去斑除皺時，A女感覺非常疼痛而無法忍受，甲遂問A女要不要打止痛藥，A女答應之，甲暗中交代助理乙去拿麻醉藥而非止痛藥，乙取來藥物後，由甲為A女注射麻醉藥，A女因而立刻昏睡。甲於是趁機以性器插入A女下體為性交行為得逞。乙於甲性侵A女時，則在診間外面幫忙看守不讓閒雜人士接近診間。試問：甲、乙之行為如何論斷刑責？

答 (一)甲應論以刑法第222條第1項第4款之加重性交罪。理由如下：

1. 刑法（下同）第222條第1項第4款規定：「犯前條之罪而有下列情形之一者，處七年以上有期徒刑：……四、以藥劑犯之。」
   第225條第1項規定：「對於男女利用其精神、身體障礙、心智缺陷或其他相類之情形，不能或不知抗拒而為性交者，處三年以上十年以下有期徒刑。」
2. 本題中，A因手術疼痛，而同意甲施打止痛藥，但甲卻暗中注射麻醉藥，趁A因麻醉藥效發作昏睡時施以性交。主觀上甲有性侵A之故意，客觀上似亦同時該當上開兩條罪之構成要件，究應論以何罪，討論如下：
   (1)最高法院107年度台上字第3628號刑事判決要旨謂：「刑法第225第1項之乘機性交，與同法第221條第1項之強制性交罪，其法定刑均為3年以上10年以下有期徒刑，前者係指行為人利用被害人精神、身體障礙、心智缺陷或其他相類之情形，不能或不知抗拒而為性交者，後者則指行為人對被害人以強暴、脅迫、恐嚇、催眠術或其他違反其意願之方法而為性交者；前者，重在行為人利用被害人之不能或不知抗拒狀態而對之為性交，後者，則重在行為人係施用強制力而對被害人為性交，是二者之區別在於被害人不能抗拒之原因如何造成，及行為人是否施用強制力。」等語。
   (2)同院107年度台上字第3912號刑事判決要旨亦謂：「對於刑法加重強制性交罪與乘機性交罪，區別在於犯罪行為人是否施用強制力，以及被害人不能抗拒之原因如何造成。倘若被害人不能抗拒之原因，為犯罪行為人以強暴、脅迫、恐嚇、催眠術或其他違反其意願之方法所故意造成者，應成立加重強制性交罪。若是被害人精神、身體障礙、心智缺陷或其他相類似之情形，犯罪行為人利用被害人本身身體因素所造成不知或難以表達意願之狀態下而為性交者，則依乘機性交罪論處。」等語。

(3)依上開二判決要旨觀之，對於刑法加重強制性交罪與乘機性交罪，區別在於犯罪行為人是否施用強制力，以及被害人不能抗拒之原因如何造成；前者，重在行為人利用被害人之不能或不知抗拒狀態而對之為性交，後者，則重在行為人係施用強制力而對被害人為性交。本題中A不能抗拒甲之原因，係甲施打麻醉劑。縱原先A係因手術疼痛而同意甲施打止痛劑，但甲卻違背A之意願施打麻醉藥，趁其因藥效發作而施以性侵，顯然不僅止於利用被害人之不能或不知抗拒狀態而對之為性交，故應論以第222條第1項第4款之加重性交罪。

3. 綜上，甲既主觀上有故意，客觀上該當第222條第1項第4款之加重性交罪，且無阻卻違法事由及減免罪責事由，故應論以第222條第1項第4款之加重性交罪。

(二)

1. 第30條規定：「幫助他人實行犯罪行為者，為幫助犯。雖他人不知幫助之情者，亦同。幫助犯之處罰，得按正犯之刑減輕之。」
2. 最高法院110年度台上字第1798號刑事判決要旨謂：「按刑法第30條之幫助犯，係以行為人主觀上有幫助故意，客觀上有幫助行為，即對於犯罪與正犯有共同認識，而以幫助意思，對於正犯資以助力，但未參與實行犯罪之行為者而言。幫助犯之故意，除需有認識其行為足以幫助他人實現故意不法構成要件之『幫助故意』外，尚需具備幫助他人實現該特定不法構成要件之『幫助既遂故意』，惟行為人只要概略認識該特定犯罪之不法內涵即可，無庸過於瞭解正犯行為之細節或具體內容。」
3. 本題中，甲既構成第222條第1項第4款之加重性交罪，則乙幫忙甲拿麻醉藥和守門之行為，如有幫助故意，則依第30條規定，應成立幫助犯。

(1)依上開最高法院判決要旨，幫助犯之故意，除需有認識其行為足以幫助他人實現故意不法構成要件之「幫助故意」外，尚需具備幫助他人實現該特定不法構成要件之「幫助既遂故意」，惟行為人只要概略認識該特定犯罪之不法內涵即可，無庸過於瞭解正犯行為之細節或具體內容。

(2)本題中，乙為甲之助理，按甲之吩咐拿麻醉藥及在診間外守門之行為，似為業務上之正當行為。然依題意，縱乙在甲吩咐後拿麻醉藥係出於不知情，但在診間外守門時，應有「概略認識該特定犯罪之不法內涵」，故應有幫助故意。

4. 綜上，乙成立甲之幫助犯。

二、甲為環保稽查大隊成員（具公務員身分），某日奉上級長官命令前往A工廠查核民眾檢舉之水污染陳情案，甲到達A工廠後，A工廠之廠長乙，因為擔心工廠埋設暗管違法排放污水之行為會被查緝，遂於甲到來後，將內含新臺幣5萬元的信封袋塞到甲的口袋，並請求甲做做樣子，不要真的查核。甲當場拒絕金錢誘惑，並嚴格執行稽查工作。試問：乙之行為如何論罪？（請依中華民國刑法規定作答）

答 (一)刑法（下同）第122條第3項規定：「對於公務員或仲裁人關於違背職務之行為，行求、期約或交付賄賂或其他不正利益者，處三年以下有期徒刑，得併科三十萬元以下罰金。但自首者減輕或免除其刑。在偵查或審判中自白者，得減輕其刑。」

(二)本題中：

1. 行為主體為乙，行為客體係對身為公務員之甲，要求其為違背職務之行為，依上開第122條第3項規定，此部分構成要件該當。

2. 本條構成要件中，有三種行為樣態：行求、期約或交付賄賂或其他不正利益，依最高法院判決要旨亦認為：本行為「係屬嚴重犯罪，故採抽象危險犯方式予以規範，行為一經著手，罪即成立，雖然可分要求、期約、收受（於對向犯立場，則為行求、期約、交付）3階段，但非必然循序進階，跳躍甚或一次直接進行最末階段，並不違常。」等語（最高法院109年度台上字第2311號刑事判決要旨參照）。因此該當三種行為樣態之一，均該當本罪。

3. 又最高法院32年非字第28號刑事判例要旨謂：「刑法第一百二十二條第三項之賄賂罪，其行求、期約、交付各行為，係屬階段行為，經過行求、期約而最後交付賄賂，或於行求、期約當時即行交付者，均應依交付行為處斷。」等語。顯然無論是行求、期約或交付之行為，均以高度之交付行為，吸收前二者之中、低度行求、期約之行為。

(三) 綜上，本題乙應論以第122條第3項之罪，並以交付賄賂或其他不正利益之行為，吸收前二之行求、期約之行為，以交付行為論罪。又本罪屬抽象危險，僅乙有第122條第3項之行為即可論罪，毋庸甲之同意。

三、甲警察於某路段執行臨檢盤查，乙為通緝犯，開車經過該路段，遭甲攔停要求接受檢查。乙停車受檢時，擔心自己通緝犯身分被發現，用力踩下油門，欲衝撞甲，在快要衝撞到站在車子前方的甲之際，甲立即持手槍朝擋風玻璃射三槍，子彈貫穿玻璃射中乙的頭部。乙雖送醫急救進行手術，術後仍呈現認知障礙，語言能力嚴重減損與四肢肢體障礙之情形。試問：甲之行為如何論罪？

答 (一) 刑法（下同）第278條第1項規定：「使人受重傷者，處五年以上十二年以下有期徒刑。」

第10條第4項第6款規定：「稱重傷者，謂下列傷害：……六、其他於身體或健康，有重大不治或難治之傷害。」

本題中甲持搶射擊擋風玻璃，致乙被射中頭部，知覺失調，依上開規定，應該當第278條第1項重傷害之構成要件。

(二) 第23條規定：「對於現在不法之侵害，而出於防衛自己或他人權利之行為，不罰。但防衛行為過當者，得減輕或免除其刑。」最高法院29年上字第509號刑事判例要旨謂：「防衛是否過當，應以防衛權存在為前提」等語。本題中，乙因擔心自己通緝犯之身分被發現，而用力採油門欲衝撞甲，在快要衝撞到站在車子前方的甲之際，甲始持手槍朝擋風玻璃射三槍。對甲而言，其存在有「現在不法之侵害」，而出於「防衛自己之生命權」向乙射擊，故應可成立正當防衛之阻卻違法事由。

(三)且最高法院108年度台上字第62號刑事判決要旨謂：「正當防衛屬正對不正之權利行使，並不要求防衛者使用較為無效或根本不可靠之措施。因此，若防衛者未出於權利濫用，而以防衛之意思，則防衛方法不以出於不得已或唯一為必要，只要得以終結侵害並及時保護被侵害之法益，均屬客觀必要之防衛行為。」因此甲持槍射擊擋風玻璃致乙重傷部分，並不影響甲成立正當防衛，唯是否構成防衛過當，最高法院110年度台上字第3363號刑事判決要旨謂：「對於現在不法之侵害，而出於防衛自己或他人權利之行為，不罰。但防衛行為過當者，得減輕或免除其刑。所稱防衛過當，係指防衛行為超越必要之程度而言，防衛行為是否超越必要之程度，須就實施之情節而為判斷，即應就不法侵害者之攻擊方法與其緩急情勢，由客觀上審查防衛權利者之反擊行為，是否出於必要以定之。」依題意觀之，甲為維護自己生命權，在不得不的狀況下射擊擋風玻璃，其行為顯出於必要，故甲之防衛行為並無過當之問題。

(四)綜上觀之，甲雖構成第278條第1項之重傷罪，然得主張第23條前段正當防衛為阻卻違法事由，且無過當之問題，故不罰。

四、甲搭捷運時，突然看見扒手乙偷偷將手伸入A的後背包，且拿走A的皮夾，甲立刻大叫「小偷，不要動」，此時捷運剛好到站，乙見捷運車門打開，立刻拿了皮夾下車。甲也跟著下車追躡乙而去，甲快追到乙時，用力跳躍從後撲向乙，接著乙與甲雙雙跌倒在地，甲因而腳踝扭傷無法起身，乙不想與甲糾纏，立刻爬起來逃跑。乙偷了皮夾之後，將皮夾內的提款卡取出，前往ATM提領新臺幣6萬元（密碼寫在卡片背面）。試問：乙之行為如何論罪？

答 (一)乙之行為說明如下：

1.乙在捷運上拿走A皮夾之行為構成刑法第321條第1項第6款之加重竊盜罪，說明如下：

(1)刑法（下同）第320條第1項規定：「意圖為自己或第三人不法之所有，而竊取他人之動產者，為竊盜罪，處五年以下有期徒刑、拘役或五十萬元以下罰金。」

第321條第1項第6款規定：「犯前條第一項、第二項之罪而有下列情形之一者，處六月以上五年以下有期徒刑，得併科五十萬元以下罰金：……六、在車站、港埠、航空站或其他供水、陸、空公眾運輸之舟、車、航空機內而犯之。」

(2)本題中，乙在捷運車廂中扒走A之皮夾，依上開規定，該當第321條第1項第6款之構成要件，又無阻卻違法及罪責事由，自成立第321條第1項第6款之加重竊盜罪。

2.乙的行為成立第339-2條以不正方法由自動付款設備取得他人之物之規定。說明如下：

(1)第339-2條第1項規定：「意圖為自己或第三人不法之所有，以不正方法由自動付款設備取得他人之物者，處三年以下有期徒刑、拘役或三十萬元以下罰金。」

(2)刑法規定中所稱之「不正方法」，是泛指一切不正當之方法，至於個案中之判斷，則視各該規定之規範目的而定。如本條則應係指以詐欺等方，違反提款機正常使用流程而取得他人之財物等而言。本題中乙取走A之皮夾後，持A之提款卡至提款機領錢。由於提款卡之密碼寫在提款卡背面，因此乙順利由提款機取得金錢。然乙確實非提款卡之所有人，係以不正之方法（竊盜）取得提款卡，則就上開規定觀之，乙自成立本罪。

3.綜上，乙之二行為分別成立第321條第1項第6款及第339-2條第1項之罪名，應論以數罪併罰。

(二)甲之行為不成立犯罪，說明如下：

1.第304條規定：「以強暴、脅迫使人行無義務之事或妨害人行使權利者，處三年以下有期徒刑、拘役或九千元以下罰金。前項之未遂犯罰之。」

本題中，甲見乙行竊，除大叫追呼為其為小偷外，也跟著下車追躡乙而去，並在快追到乙時，用力跳躍從後撲向乙，使兩人雙雙跌倒在地。依上述規定，甲之行為可能構成第304條之強制罪。

2.然第21條規定：「依法令之行為，不罰。」

依刑事訴訟法第88條第1項、第2項之規定：「現行犯，不問何人得逕行逮捕之。犯罪在實施中或實施後即時發覺者，為現行犯。」

本題中乙係在捷運上行竊時被甲發現，甲因此對乙有追躡及阻止其逃走之行為，因此縱令甲之前述行為可能該當第304條強制罪，但依第21條規定，得阻卻違法，因此甲之行為不成立犯罪。

109年　身障三等

一、甲因嫌隙欲置A於雙腳殘廢，但不打算自己執行，乃以30萬元代價，重金慫恿乙動手，乙因需款孔急，當下應允收錢。次日深夜，乙駕車前往A宅，計畫翻牆後取A宅廚房內菜刀行兇，盤算之際，竟疏於注意而闖越紅燈，不慎將路人輾斃，下車察看，死者正是A，心想：得來全不費功夫，A命該絕。乙旋即主動致電警網，告以車禍一事，警方獲報到場處理後，將乙函送法辦。試問甲、乙各有何刑責？

答 (一)乙的行為論處如下：

1. 刑法（下同）第276條規定：「因過失致人於死者，處五年以下有期徒刑、拘役或五十萬元以下罰金。」
2. 本題中，乙雖本欲重傷A，然其不慎撞死A時，並不知被害人為A，亦無致A於死之故意，雖造成A死亡之結果，然仍因論以第276條之過失致死罪。

(二)甲的行為論處如下：

1. 第278條規定：「使人受重傷者，處五年以上十二年以下有期徒刑。
犯前項之罪因而致人於死者，處無期徒刑或十年以上有期徒刑。
第一項之未遂犯罰之。」
第28條規定：「二人以上共同實行犯罪之行為者，皆為正犯。」
第29條第1項規定：「教唆他人使之實行犯罪行為者，為教唆犯。」
2. 最高法院100年度台上字第978號刑事判決要旨謂：「所謂教唆犯，係指以使他人犯罪為目的，對於本無犯罪意思之人，以挑唆或勸誘等方式，使其萌生犯罪決意進而實行犯罪之行為者而言。若係為實現自己犯罪目的而參與犯罪之謀議，或就實行犯罪之方法或程度有所計劃，並推由他人出面實行犯罪之行為，其參與謀議者應成立同謀共同正犯，而非教唆犯。所謂教唆犯，係指以使他人犯罪為目的，對於本無犯罪意思之人，以挑唆或勸誘等方式，使其萌生犯罪決意進而實行犯罪之行為者而言。若係為實現自己犯罪目的而參與犯罪之謀議，或就實行犯罪之方法或程度有所計劃，並推由他人出面實行犯罪之行為，其參與謀議者應成立同謀共同正犯，而非教唆犯。」

3. 本題中，如乙順利依甲之意使A重傷，則上開判決見解，甲應論以共同正犯而非教唆犯，合先敘明。然本題中，乙未著手重傷A前，已不慎撞死A，又第278條重傷罪並未處罰預備犯，故甲不成立重傷罪之共同正犯，亦不成立過失致死罪之共同正犯。甲不成立犯罪。

二、甲因失業已久無以度日，竟以口罩遮蔽車牌，騎乘機車遊蕩於銀行附近尋找行搶對象，見老婦A走出銀行獨自步行，乃迅速騎車接近A並突然伸手將A之手提包猛力拉走，A受此力量之扯動，重心失穩，跌倒後因頭部撞及地面當場血流如注，經送醫後宣告不治身亡。老婦A為一低收入之獨居老人，手提包內除證件及帳單外，並無分文。試問甲應負何刑責？

答 (一)刑法（下同）第325條規定：「意圖為自己或第三人不法之所有，而搶奪他人之動產者，處六月以上五年以下有期徒刑。

因而致人於死者，處無期徒刑或七年以上有期徒刑，致重傷者，處三年以上十年以下有期徒刑。第一項之未遂犯罰之。」

(二)最高法院95年度台上字第6019號刑事判決要旨謂：「搶奪罪既、未遂標準，應以搶奪動產是否移入自己實力支配之下為斷。如已移入自己實力支配之下，無論時間長短，或因被人追趕而棄贓逃逸，仍屬本罪之既遂，而非未遂。」

依上開判決要旨觀之，搶奪罪既未遂，以搶奪動產是否移入行為人自己實力支配之下為斷，並不以是否得到財物為斷。本題中，甲已為搶奪行為，雖事後發現A之手提包內並無財物，僅有證件及帳單，仍不影響其行為既遂之事實，甲又無阻卻違法事由及減免罪責事由，應成立搶奪既遂罪。

(三)又，本題因甲之搶奪行為，致A因此受傷死亡，故應論以第325條第2項之搶奪致死罪。

109年　高考三級

（一般行政、一般民政、人事行政）

一、甲計劃殺死乙，乃趁周末在乙平日上班騎機車必然經過的乙家大門口前方，挖了一個大洞，洞的下面鋪滿刀片，並在路面上作好偽裝，完全看不出來路上有大洞。未料隔天周一早上，本來要上班的乙突然生病，乙之妻丙為了買成藥而騎機車出門，丙未能發現路上有洞，連同機車摔入洞內而被刀片刺死。試說明：甲的刑事責任為何？

答 (一)刑法（下同）第271條第1項、第2項規定：「殺人者，處死刑、無期徒刑或十年以上有期徒刑。前項之未遂犯罰之。」

第276條規定：「因過失致人於死者，處五年以下有期徒刑、拘役或五十萬元以下罰金。」

(二)本題中，甲欲殺乙，卻誤致丙死亡，在學說中為「錯誤理論」下的問題，說明如下：

1. 所謂「客體錯誤」，係指行為人對於行為客體發生誤認。而所謂「打擊錯誤」指行為人所為之攻擊行為因實行失誤，導致其所損傷之客體與行為人原欲攻擊之客體不同。綜上觀之，本題應屬「打擊錯誤」，即甲非誤丙為乙而殺之，係攻擊行為因實行失誤而致丙死亡。
2. 就「打擊失誤」，通說採具體符合說，即行為人主觀上認識之事實與客觀上之事實必須具體一致，始能成立故意。因此在「打擊錯誤」之情況下，甲此時可阻卻構成要件故意。綜上，甲對乙成立殺人未遂罪，對丙則成立過失殺人罪。一行為觸犯數罪名，以想像競合論以殺人未遂罪。

(三)然，本題中甲所施行之殺人方法，對於乙家中其他家人及路過之路人，均可能因出門或造成法所不容許之風險，甲亦未加以預防。換言之，對乙家中的其他人和路人，甲有「對於構成犯罪之事實，預見其發生而其發生並不違背其本意」之未必故意。因此對丙死亡的結果而言，甲之行為應論以殺人故意既遂。

(四)綜上，如認甲對丙之死亡有未必故意，則應論甲對乙成立殺人未遂罪，對丙則成立故意殺人既遂罪。一行為觸犯數罪名，以想像競合論從重論以殺人既遂罪。

二、甲為了殺害乙，準備了毒藥一小瓶，計劃於隔天在乙的飲料內下毒。未料當晚甲的兒子丙擦桌子時，不小心打翻毒藥，丙害怕被甲罵，因此在該寫明毒藥的空瓶中，加入自來水，藉以讓甲不要發現此事。隔天，不知上述情事的甲，出於殺害乙之意思，將該瓶中之液體倒入乙的飲料中，乙喝下後並無任何反應。試說明：甲之刑事責任為何？

答 (一)刑法（下同）第25條第1項規定：「已著手於犯罪行為之實行而不遂者，為未遂犯。」

第26條第1項規定：「行為不能發生犯罪之結果，又無危險者，不罰。」

1. 前者稱為「普通未遂」或「障礙未遂」，後者稱為「不能未遂」。
2. 從客觀未遂理論的角度，認為行為如不能發生犯罪之結果，又無危險者，即不構成刑事犯罪。

從主觀理論的角度，則認為行為人所展現出來對法的敵對意志，即為應處罰之對象。

通說則採主客觀混合理論（印象理論），即行為人透過其行為已經顯示出法敵對意志，並且更進一步因為行為人的行為已足以動搖一般人對於法律的信賴，因此對未遂犯加以處罰。

(二)最高法院109年度台上字第1566號判決要旨謂：「刑法第26條規定，行為不能發生犯罪之結果，又無危險者，不罰。故不能未遂係指已著手於犯罪之實行，但其行為未至侵害法益，且又無危險者而言；雖與一般障礙未遂同未對法益造成侵害，然須並無侵害法益之危險，始足當之。而有無侵害法益之危險，應綜合行為時客觀上通常一般人所認識及行為人主觀上特別認識之事實為基礎，本諸客觀上一般人依其知識、經驗及觀念所公認之因果法則而為判斷，若有侵害法益之危險，而僅因一時、偶然之原因，致未對法益造成侵害，則為障礙未遂，而非不能未遂。」

(三)綜上，本題中甲如以客觀理論觀之，因其行為不能發生犯罪結果，又無危險，故應不罰；然如依印象理論及上開判決要旨觀之，則甲之行為應論以殺人之障礙未遂較妥適。

109年　高考三級（法制、法律廉政）

一、甲攜帶一拍戲使用無內部機械結構的假手槍在路上閒逛，突然看見行人A頸上戴有光澤柔和的珍珠項鍊，甲認為該項鍊價值不菲，心生歹念。甲尾隨A至暗巷，甲隨機拿出假手槍要求A將珍珠項鍊交出。A自知該項鍊的珍珠是假的，毫不猶豫即將項鍊取下交付，未料甲見A絲毫不心痛的樣子，以為A很有錢，竟生擄人勒贖的犯意，甲以槍抵住A，將A狹持至附近無人所在的工地。在工地中，A趁甲以手機與A的家人聯繫而不注意時，慌忙逃出並沿路大聲呼救，甲見狀也不敢追趕，匆忙離去。試問甲的行為成立何罪？

答 (一)甲之行為成立第330條第1項之加重強盜罪，說明如下：

1. 刑法（下同）第330條第1項規定：「犯強盜罪而有第三百二十一條第一項各款情形之一者，處七年以上有期徒刑。」
   第328條第1項規定：「意圖為自己或第三人不法之所有，以強暴、脅迫、藥劑、催眠術或他法，至使不能抗拒，而取他人之物或使其交付者，為強盜罪，處五年以上有期徒刑。」
   第321條第1項第3款規定：「犯前條第一項、第二項之罪而有下列情形之一者，處六月以上五年以下有期徒刑，得併科五十萬元以下罰金：……三、攜帶兇器而犯之。」
2. 最高法院103年度台上字第1515號刑事判決要旨謂：「刑法第330條加重強盜罪，係以犯強盜罪而有同法第321條第1項各款情形之一，為其構成要件。又同法第321條第1項第3款所稱之『兇器』，乃依一般社會觀念足以對人之生命、身體、安全構成威脅，而具有危險性之器械而言，其種類並無限制，亦不以非法取得為必要。」等語。
3. 本題中，甲持玩具手搶脅迫A將珍珠項鍊交出，其行為該當第328條第1項之強盜罪。又甲所持玩具手搶，雖無內部機械，但對A及一般大眾而言並無法判斷其為玩具手槍，該玩具手槍顯對其以對其生命、身體、安全等構成威脅，故依上開最高法院判決要旨，認應以兇器論，故甲之行為該當第330條第1項之加重強盜罪，且無阻卻違法事由及減免罪責事由，成立加重強盜罪。

(二)甲之行為應論以第347條第1項之擄人勒睹罪既遂罪，說明如下：

1. 第347條第1項規定：「意圖勒贖而擄人者，處無期徒刑或七年以上有期徒刑。」同條第3項規定：「第一項之未遂犯罰之。」
2. 最高法院98年度台上字第7627號刑事判決要旨謂：「擄人勒贖，刑法將之分為二類型，即意圖勒贖而擄人與擄人後意圖勒贖，前者係自始以勒贖為目的，而進行擄人作為手段；後者則原來僅為單純之押人，嗣後始變為勒贖。無論何者，本質上皆為妨害自由及強盜之結合，而形式上則為妨害自由及恐嚇取財之結合，法定刑並較諸結合前之單純各罪重甚。擄人勒贖中，贖金之取得與否，固無關犯罪既、未遂之判斷，而係應以是否業已置於行為人實力支配下為準……」等語。
3. 本題中，甲於為強盜行為後，起意擄人勒贖，即以槍抵住A，將A狹持至附近無人所在的工地。其行為該當第347條第1項之擄人勒贖罪，雖在其與A之家人聯繫時，A趁隙逃走，甲亦未取贖，但其已將A至於其實力支配之下，依上開最高法院判決見解，已構成既遂。故甲之行為應論以第347條第1項之擄人勒賭罪既遂罪。

二、甲與乙向來不睦。某日甲行走於人行道時，遭乙持棍棒埋伏攻擊，甲為求自保，奪走一旁走路路人A拿在手上的雨傘，對乙的身體大力揮擊，想使乙放下棍棒。乙遭受反擊後，發覺自己反而處於挨打的局勢，乙為求自保，隨手撿拾地上的石頭丟向甲，甲頭部受傷。試問甲、乙的行為成立何罪？

答 (一)乙的行為論述如下：

1. 刑法（下同）第277條第1項規定：「傷害人之身體或健康者，處五年以下有期徒刑、拘役或五十萬元以下罰金。」

   本題中乙一開始持棍棒埋伏攻擊甲的行為，該當上開第271條第1項規定之構成要件，又無阻卻違法事由和減免罪責事由，因此乙的行為成立普通傷害罪既遂。
2. 第23條規定：「對於現在不法之侵害，而出於防衛自己或他人權利之行為，不罰。但防衛行為過當者，得減輕或免除其刑。」

   第24條第1項規定：「因避免自己或他人生命、身體、自由、財產之緊急危難而出於不得已之行為，不罰。但避難行為過當者，得減輕或免除其刑。」

本題中，乙在甲反擊後又持石頭攻擊甲，其行為該當第271條第1項規定之構成要件。又雖乙係在甲反擊後始持石頭攻擊甲，但係由於其先攻擊甲而致甲反擊，不成立第23條或第24條第1項之正當防衛及緊急避難等阻卻違反法事由，又乙仍無減免罪責事由，故乙持石頭攻擊甲致甲頭部受傷之行為，亦成立普通傷害罪既遂。

3. 則乙之二行為觸犯二罪，應以數罪併罰論。

(二) 甲的行為論述如下：

1. 第325條第1項規定：「意圖為自己或第三人不法之所有，而搶奪他人之動產者，處六月以上五年以下有期徒刑。」第304條第1項規定：「以強暴、脅迫使人行無義務之事或妨害人行使權利者，處三年以下有期徒刑、拘役或九千元以下罰金。」

本題中甲為求自保，奪走路人A拿在手上的雨傘之行為，雖然客觀上該當第第325條第1項及第304條第1項之搶奪罪和強制罪，但主觀上並無為自己或第三人不法所有之意圖，且其係在乙的攻擊下為求自保而為之，具有第23條及第24條第1項規定之正當防衛和緊急避難之事由，故不成立前述之搶奪罪和強制罪。

2. 又，本題中甲奪下雨傘後對乙大力揮擊之行為，亦如前述，因具有第23條及第24條第1項規定之正當防衛和緊急避難之事由，故不成立第277條第1項之普通傷害罪。

三、甲、乙、丙三人共謀進入A的家中行竊。三人同時說好，各自攜帶一把螺絲起子以撬開門窗。三人使用螺絲起子打開窗戶，成功潛入A的家行竊。在離開A的家時，甲、乙先行將財物裝載上車，丙正欲離開時卻遭鄰居B察覺並壓制，甲、乙為將丙救出，儘管丙當場表示反對施暴，兩人仍拿出各自的螺絲起子刺擊B，丙因此得以逃脫。試問甲、乙、丙的行為成立何罪？

答 (一) 甲、乙、丙共謀並持螺絲起子進入A家行竊之行為論述如下：

1. 刑法（下同）第320條第1項規定：「意圖為自己或第三人不法之所有，而竊取他人之動產者，為竊盜罪，處五年以下有期徒刑、拘役或五十萬元以下罰金。」

第321條第1項第1項第1至4款規定：「犯前條第一項、第二項之罪而有下列情形之一者，處六月以上五年以下有期徒刑，得併科五十萬元以下罰金：

一、侵入住宅或有人居住之建築物、船艦或隱匿其內而犯之。

二、毀越門窗、牆垣或其他安全設備而犯之。

三、攜帶兇器而犯之。

四、結夥三人以上而犯之。」

第28條規定：「二人以上共同實行犯罪之行為者，皆為正犯。」

2. 本題中，甲、乙、丙三人共謀並持螺絲起子進入A家行竊之行為，該當第321條第1款到第4款之加重竊盜罪，因此依上開及第28條規定，甲、乙、丙三人之該部分行為，成立第321條第1項第1到4款加重竊盜罪之共同正犯。

(二) 甲、乙以螺絲起子刺擊B之行為論述如下：

1. 第329條規定：「竊盜或搶奪，因防護贓物、脫免逮捕或湮滅罪證，而當場施以強暴脅迫者，以強盜論。」

第277條第1項規定：「傷害人之身體或健康者，處五年以下有期徒刑、拘役或五十萬元以下罰金。」

2. 最高法院106年度台上字第2790號判決要旨謂：「竊盜或搶奪，因防護贓物、脫免逮捕或湮滅罪證，而當場施以強暴脅迫者，依刑法第329條之規定，應以強盜論。其所謂之『當場』應包括行為人於犯罪實行中，或甫結束但仍處於未能確定全部犯罪成員已然脫免逮捕，其因而接續施以強暴脅迫之行為仍與其原先犯行及盜所現場緊接，有時空之密接不可分之情形而言；再所謂『脫免逮捕』，非僅指脫免逮捕施行強暴脅迫之行為人本身，亦指為避免共犯之遭受逮捕之情事。」

3. 本題中，甲、乙為使丙脫逃，而在丙強力反對下，各自的螺絲起子刺擊B之行為，依上開第329條規定及最高法院判決要旨，應論以準強盜罪。又其刺傷B之行為，亦成立第277條第1項規定之普通傷害罪。故甲、乙該部分之行為，應論以準強盜罪及普通傷害罪之共同正犯。

四、甲基於私怨挾持A並將其囚禁於自宅內，某日甲必須出遠門，便將家中鑰匙交予友人乙，且要求乙定期察看A是否安全，不料A於乙監視三日後，卻在乙外出用餐時不慎噎死。甲在國外不知情，在A死後仍請求另一友人丙幫忙觀察甲房外的巷道是否有可疑人士出入，丙於不知A死亡之情形下協助甲囚禁A。試問甲、乙、丙成立何罪？

答 (一)甲的行為論述如下：

1. 刑法（下同）第302條第1項、第2項規定：「私行拘禁或以其他非法方法，剝奪人之行動自由者，處五年以下有期徒刑、拘役或九千元以下罰金。

   因而致人於死者，處無期徒刑或七年以上有期徒刑；致重傷者，處三年以上十年以下有期徒刑。」

2. 本題中，甲私行拘禁A之行為，成立上開第302條第1項規定之私行拘禁罪，但就A噎死部分，甲之拘禁行為並未製造出特殊風險關係，故就該部分不論以第302條第2項之拘禁致死罪。

(二)乙的行為論述如下：

1. 第28條規定：「二人以上共同實行犯罪之行為者，皆為正犯。」

   又臺灣高等法院106年度上訴字第2113號刑事判決要旨謂：「按共同犯罪之意思不以在實行犯罪行為前成立為限，倘了解最初行為者之意思而於其實行犯罪之中途發生共同之意思而參與實行者，亦足成立相續之共同正犯。……」等語。

2. 依上開判決要旨，乙應甲要求定期察看A是否安全之行為，屬「了解最初行為者之意思而於其實行犯罪之中途發生共同之意思而參與實行者」，因此乙的行為應論以第302條第1項規定之共同正犯。

3. 再者就A噎死的部分，乙與甲一樣，並未製造出特殊風險關係，故就該部分不論以第302條第2項之拘禁致死罪。

(三)丙的行為論述如下：如依前述，丙的行為應與乙同，成立第302條第1項規定之共同正犯，然事實上A已噎死，無犯罪客體，故丙不成立犯罪。

110年　身障三等

一、甲於深夜返家，因酒醉誤認乙宅為自宅而闖入，乙飼養之狼犬遂對甲攻擊，乙聞甲哀號聲，但誤認甲為竊賊，雖明知狼犬正在咬甲，卻自始並未制止，希望甲受教訓而不再竊盜，經過一分鐘後，乙一聲令下，該訓練有素之狼犬即停止對甲之攻擊，惟甲卻因被狼犬咬傷要害，送醫後仍因傷重而死。問：乙是否應負刑責？

答　乙的行為論述如下：

1. 刑法（下同）第277條規定：「傷害人之身體或健康者，處五年以下有期徒刑、拘役或五十萬元以下罰金。
   犯前項之罪，因而致人於死者，處無期徒刑或七年以上有期徒刑；致重傷者，處三年以上十年以下有期徒刑。」
   本題中乙放任狼犬攻擊甲，致甲傷重致死之行為，該當上開第277條第2項規定之傷害致死罪。
2. 第23條規定：「對於現在不法之侵害，而出於防衛自己或他人權利之行為，不罰。但防衛行為過當者，得減輕或免除其刑。」
   (1) 本題中，甲因酒醉方誤認乙宅為自宅而闖入，依第306條規定：「無故侵入他人住宅、建築物或附連圍繞之土地或船艦者，處一年以下有期徒刑、拘役或九千元以下罰金。」甲之行為主觀上雖無犯意，但客觀上仍該當第306條規定之無故侵入住宅罪，因此仍屬不法之侵害，乙自得據第23條規定主張正當防衛。
   (2) 惟乙放任狼犬攻擊甲一分鐘，並未適當制止，自屬防衛過當之行為，故依第23條但書規定，僅得減輕或免除其刑。
3. 綜上，乙之行為該當第277條第2項傷害致死罪，雖有正當防衛之阻卻違法事由，但因防衛過當，僅得減輕或免除其刑。

二、甲、乙為男女朋友並論及婚嫁，甲男之母親丙反對甲與乙結婚，並極力阻止兩人交往，乙女即生報復心，乃以分手威脅甲，唆使甲殺害丙，甲也不滿丙平日管教嚴厲，兩人共謀以假車禍方式殺丙。某日，甲依計畫在丙外出過馬路時，開車衝撞丙致死。問：甲、乙應負何刑責？

答 (一)甲之行為論述如下：

1. 刑法（下同）第271條規定：「殺人者，處死刑、無期徒刑或十年以上有期徒刑。」

   第272條規定：「對於直系血親尊親屬，犯前條之罪者，加重其刑至二分之一。」

2. 本題中，甲故意開車撞死丙之行為，該當第271條第1項之殺人罪，又丙為甲之母，甲因此有第272條加重罪責事由，故其行為應論以第272條殺害直系尊親屬罪。

(二)乙的行為論述如下：

1. 第28條規定：「二人以上共同實行犯罪之行為者，皆為正犯。」

   第29條第1項規定：「教唆他人使之實行犯罪行為者，為教唆犯。」

2. 最高法院100年度台上字第978號刑事判決要旨謂：「所謂教唆犯，係指以使他人犯罪為目的，對於本無犯罪意思之人，以挑唆或勸誘等方式，使其萌生犯罪決意進而實行犯罪之行為者而言。若係為實現自己犯罪目的而參與犯罪之謀議，或就實行犯罪之方法或程度有所計劃，並推由他人出面實行犯罪之行為，其參與謀議者應成立同謀共同正犯，而非教唆犯。所謂教唆犯，係指以使他人犯罪為目的，對於本無犯罪意思之人，以挑唆或勸誘等方式，使其萌生犯罪決意進而實行犯罪之行為者而言。若係為實現自己犯罪目的而參與犯罪之謀議，或就實行犯罪之方法或程度有所計劃，並推由他人出面實行犯罪之行為，其參與謀議者應成立同謀共同正犯，而非教唆犯。」

3. 本題中，乙之行為看僅似教唆甲犯案，但觀其行為，則有「為實現自己犯罪目的而參與犯罪之謀議，或就實行犯罪之方法或程度有所計劃，並推由他人出面實行犯罪之行為」，故依上開判決要旨，應論以共同正犯。

4. 又第31條第1項規定：「因身分或其他特定關係成立之罪，其共同實行、教唆或幫助者，雖無特定關係，仍以正犯或共犯論。但得減輕其刑。」本題中甲係成立第272條殺害直系尊親屬罪，雖乙、丙間並無甲、丙間血緣關係，故依上開規定，仍論以第272條殺害直系尊親屬罪之正犯，但得減輕其刑。

110年　高考三級

（一般行政、一般民政、人事行政）

一、甲花錢請乙為其殺死情敵A，乙猶豫不決，此時丙在一旁為甲幫腔勸說，乙因而被說動接受甲的金錢委託去殺A。隔日，乙偷偷在A的便當中下毒，A不知便當遭下毒仍將便當吃光光，隨即毒發口吐白沫倒地抽搐，狀甚痛苦。乙心生不忍、頓時悔悟，立刻以手機打電話通報救護車前來救A，並告知A所中之毒的種類，惟在救護車尚未抵達前，A被家屬發現送醫急救，A因此撿回一命。試討論本案中甲、乙、丙之刑責？

答 (一)乙之行為如下論處：

1. 刑法第27條第1項規定：「已著手於犯罪行為之實行，而因己意中止或防止其結果之發生者，減輕或免除其刑。結果之不發生，非防止行為所致，而行為人已盡力為防止行為者，亦同。」
2. 本題乙偷偷在A的便當中下毒而致A中毒，然乙心生不忍、頓時悔悟，立刻以手機打電話通報救護車前來救A，惟在救護車尚未抵達前，A被家屬發現送醫急救，A因此撿回一命。綜上，乙有殺人故意，又客觀上構成殺人未遂之行為及結果，無阻卻違法事由和減免罪責事由，該當刑法（下同）第271條第2項殺人未遂罪。
3. 然乙心生不忍而通報救護車，雖其防果行為與A未死亡之結果間無因果關係，然亦該當第27條第1項後段準中止未遂，成立個人減免刑罰事由，得減輕或免除刑罰。

(二)甲、丙之行為如下論處：

1. 第28條規定：「二人以上共同實行犯罪之行為者，皆為正犯。」第29條規定：「教唆他人使之實行犯罪行為者，為教唆犯。教唆犯之處罰，依其所教唆之罪處罰之。」
2. 最高法院100年度台上字第978號刑事判決要旨謂：「所謂教唆犯，係指以使他人犯罪為目的，對於本無犯罪意思之人，以挑唆或勸誘等方式，使其萌生犯罪決意進而實行犯罪之行為者而言。若係為實現自己犯罪目的而參與犯罪之謀議，或就實行犯罪之方法或程度有所計劃，並推由他人出面實行犯罪之行為，其參與謀議者應成立同謀共同正犯，而非教唆犯。所謂教唆犯，係指以使他人犯罪為目的，對於本無犯罪意思之人，以挑唆或勸誘等方式，使其萌生犯罪決意進而實行犯罪之行為者而言。若係為實現自己犯罪目的而參與犯罪之謀議，或就實行犯罪之方法或程度有所計劃，並推由他人出面實行犯罪之行為，其參與謀議者應成立同謀共同正犯，而非教唆犯。」

3. 在本題中，甲雖未實際著手下毒，但係為實現自己之犯罪目的而推由他人出面實行犯罪之行為，依上開判決要旨，應成立同謀共同正犯，而非教唆犯。故亦應論以第271條第2項之殺人未遂罪。
4. 至丙則應依第29條之規定，以教唆犯論。

二、流氓甲回家發現其妻與鎖匠乙在家中聊天、狀甚曖昧，甲怒火中燒頓生殺意，遂直接拿起桌上水果刀向乙砍殺，乙左臂中刀受傷逃跑，甲持刀衝出繼續追殺乙，乙見甲窮追不捨，為求活命不得已乃緊急以萬能鑰匙打開丙家門鎖，進入丙住宅內躲避追殺。此時，在家睡午覺的丙被驚醒，發現陌生人乙闖入家中，誤以為是盜匪入侵，為自衛乃持鋁棒攻擊乙，導致乙身上多處受輕傷。試討論甲、乙、丙可能應負之刑責？

答 (一)甲的行為論處如下：

1. 刑法（下同）第271條第1項、第2項規定：「殺人者，處死刑、無期徒刑或十年以上有期徒刑。前項之未遂犯罰之。」第277條規定：「傷害人之身體或健康者，處五年以下有期徒刑、拘役或五十萬元以下罰金。」
2. 最高法院99年度台上字第7200號刑事判決要旨謂：「刑法第271條第2項規定之殺人未遂罪，與刑法第277條第1項規定之傷害既遂罪之區別，係以行為人是否具有殺人故意為斷，至於判斷行為人是否具有殺人故意，應審酌個案當時具體情況，如行為人攻擊的手法、攻擊目標、力道輕重等，綜合審酌認定之。」

3. 甲砍傷乙之行為同時該當第271條第2項殺人未遂罪及第277條第1項傷害既遂罪，依上開判決要旨所述之內容判斷，甲砍傷乙後又追砍不止，顯係應論以殺人未遂罪。

(二) 乙之行為論處如下：

1. 第306條第1項規定：「無故侵入他人住宅、建築物或附連圍繞之土地或船艦者，處一年以下有期徒刑、拘役或九千元以下罰金。」
2. 乙闖入丙之住宅行為，該當第306條第1項之構成要件。然第24條規定：「因避免自己或他人生命、身體、自由、財產之緊急危難而出於不得已之行為，不罰。但避難行為過當者，得減輕或免除其刑。」乙係為躲避甲之追砍而侵入丙之住宅，因此有緊急避難之阻卻違法事由，故不成立本罪。

(三)

1. 丙誤以為乙是盜匪入侵，為自衛乃持鋁棒攻擊乙，導致乙身上多處受輕傷之行為，該當第277條第1項之普通傷害罪。
2. 然第23條規定：「對於現在不法之侵害，而出於防衛自己或他人權利之行為，不罰。但防衛行為過當者，得減輕或免除其刑。」管見不認為丙有「誤想防衛」之情事，因乙闖入丙家，對丙而言確係不法之侵害，故丙得主張正當防衛。但丙可能有防衛過當之情狀，故依第23條但書規定，得減輕或免除其刑。

110年　高考三級（法制、法律廉政）

一、甲、乙兩人正在競爭一份工作，這份工作需要持有有效駕照。甲為了讓乙失去競爭機會，計畫讓乙因犯罪而被吊銷駕照。甲因此邀請乙外出用餐，並於乙所飲用無酒精飲料內偷偷加入麻醉藥品。餐後，甲告訴乙，剛聽說乙兒子發生意外事故，乙太太心急如焚，希望他立刻回家。乙在未加確認事實下，立即開車回家，途中，因精神恍惚撞上路人A，導致A當場死亡。試問甲、乙行為依刑法如何論處？

答 (一)乙之行為論處如下：

1. 刑法（下同）第185-3條規定：「駕駛動力交通工具而有下列情形之一者，處二年以下有期徒刑，得併科二十萬元以下罰金：

　一、吐氣所含酒精濃度達每公升零點二五毫克或血液中酒精濃度達百分之零點零五以上。

　二、有前款以外之其他情事足認服用酒類或其他相類之物，致不能安全駕駛。

　三、服用毒品、麻醉藥品或其他相類之物，致不能安全駕駛。

　因而致人於死者，處三年以上十年以下有期徒刑；致重傷者，處一年以上七年以下有期徒刑。」

2. 本題中，乙的行為客觀上該當上開第185-3條第1項第3款、第2項之構成要件，然乙實質上並不知自己被下藥，主觀上無故意，故不成立本罪。

3. 又第276條規定：「因過失致人於死者，處五年以下有期徒刑、拘役或五十萬元以下罰金。」本題中，乙不知自己被甲下藥，其本人駕車行為，並未造成和A死亡結果間有不容許之風險，因此沒有因果關係，綜上，乙亦不成立第276條之過失致人於死罪。

(二)甲之行為論處如下：

1. 第277條第1項規定：「傷害人之身體或健康者，處五年以下有期徒刑、拘役或五十萬元以下罰金。」甲故意對乙下藥之行為，對乙之健康造成傷害，該當上開第277條第1項之普通傷害罪，又無阻卻違法事由及減免罪責事由，成立普通傷害罪。

2. 第271條第1項規定：「殺人者，處死刑、無期徒刑或十年以上有期徒刑。」第13條第2項規定：「行為人對於構成犯罪之事實，預見其發生而其發生並不違背其本意者，以故意論。」本題中，甲下藥欲使乙犯罪而失去工作競爭機會，而下藥使乙為危險駕駛，顯見甲就A或任何人之死亡，有預見其發生而其發生並不違背其本意之間接故意，依第13條第2項規定，成立殺人罪。

二、甲、乙、丙相約到酒店慶生，並共同邀請已經喝不少酒之A一起跳舞。四人開始跳舞後不久，A突然倒在甲身上。三人以為A是不勝酒力睡著，趁機接續對當時表情就像睡著般之A實施性侵入行為。後經鑑定，在A倒在甲身上當時就已經因心肌梗塞猝死。試問甲、乙、丙行為依刑法如何論處？

答　甲、乙、丙三人之行為論處如下：

1. 刑法（下同）第28條規定：「二人以上共同實行犯罪之行為者，皆為正犯。」又第225條第1項規定：「對於男女利用其精神、身體障礙、心智缺陷或其他相類之情形，不能或不知抗拒而為性交者，處三年以上十年以下有期徒刑。」
2. 本題中甲、乙、丙三人以為A是不勝酒力睡著，趁機接續對當時表情就像睡著般之A共同實施性侵入行為，其行為該當第225條第1項之乘機性交罪。唯A實際上業已死亡，非屬第225條第1項之客體，故應論以第225條第3項規定：「第一項之未遂犯罰之。」之乘機性交未遂罪。又三人係共同犯之，亦以共同正犯論。
3. 第247條第1項規定：「損壞、遺棄、污辱或盜取屍體者，處六月以上五年以下有期徒刑。」由於A被「乘機性交」時已死亡，故甲等三人之行為，客觀上該當第247條第1項之污辱屍體罪。然三人當時並不知A已死亡，故主觀上沒有故意，而不成立該罪。

三、甲在政府持股占60%之A股份有限公司擔任辦公室資訊相關設備採購業務。甲透過中間人乙傳話給B公司負責人丙，表示如果願意與他合作，他會提供協助，若不合作，他會讓B公司永遠無法得到A公司任何採購標案。經過考慮，丙決定與甲合作。在2005年至2016年期間，甲於其承辦之政府採購法採購程序，數次提供給B公司投標相關資訊，使之順利取得標案。每次丙均於透過乙交付一定金額，以作為取得標案之回報。試問甲、乙、丙行為依刑法如何論處？

答 (一)甲的行為論處如下：

1. 刑法（下同）第10條第2項規定：「稱公務員者，謂下列人員：

一、依法令服務於國家、地方自治團體所屬機關而具有法定職務權限，以及其他依法令從事於公共事務，而具有法定職務權限者。

二、受國家、地方自治團體所屬機關依法委託，從事與委託機關權限有關之公共事務者。」

第122條第1項、第2項規定：「公務員或仲裁人對於違背職務之行為，要求、期約或收受賄賂或其他不正利益者，處三年以上十年以下有期徒刑，得併科二百萬元以下罰金。

因而為違背職務之行為者，處無期徒刑或五年以上有期徒刑，得併科四百萬元以下罰金。」

2. 本題中甲在政府持股占60%之A股份有限公司擔任辦公室資訊相關設備採購業務，就此部分業務，依第10條第2項第1款後段之規定，屬公務員身分。則甲收受丙之一定金額之回扣部分，成立第122條第1項之公務員違背職務收賄罪；對甲數次提供給B公司投標相關資訊，使之順利取得標案部分，則成立同條第2項之違背職務罪，且無阻卻違法事由和減免罪責事由。

3. 甲數行為成立數罪，應論以數罪併罰。

(二)丙的行為論處如下：

1. 第122條第3項規定：「對於公務員或仲裁人關於違背職務之行為，行求、期約或交付賄賂或其他不正利益者，處三年以下有期徒刑，得併科三十萬元以下罰金。但自首者減輕或免除其刑。在偵查或審判中自白者，得減輕其刑。」

2. 丙定與甲合作透過乙交付一定金額，以作為甲提供標案資訊回報的行為該當上述第122條第3項之違背職務行賄罪，且無阻卻違法事由和減免罪責事由，故成立該罪。

(三)乙的行為論處如下：

1. 第30條規定：「幫助他人實行犯罪行為者，為幫助犯。雖他人不知幫助之情者，亦同。幫助犯之處罰，得按正犯之刑減輕之。」
2. 本題中，乙協助丙將賄款交付予甲，依第30條規定，為丙之幫助犯，則應與丙同論以第122條第3項之違背職務行賄罪，但得減輕其刑。

四、甲與乙在共同吸食安非他命時，甲因不耐其6個月大兒子A哭鬧，用力搖晃導致A摔落地面死亡。在旁目睹整個過程之乙受甲之託，以垃圾袋包裹A屍體掩埋於某墓園。甲始終良心不安而於事發後之第7年自首。偵查中，乙以證人身分具結後證述：「案發當日甲幫A洗澡，不慎讓A滑出澡盆摔死。」又針對檢察官所提「甲是否有吸食毒品」問題時，乙答以：「不知道」。試問甲、乙行為依刑法如何論處？

答 (一)甲之行為論處如下：

1. 刑法（下同）第286條第1項、第3項規定：「對於未滿十八歲之人，施以凌虐或以他法足以妨害其身心之健全或發育者，處六月以上五年以下有期徒刑。」、「犯第一項之罪，因而致人於死者，處無期徒刑或十年以上有期徒刑；致重傷者，處五年以上十二年以下有期徒刑。」
2. 最高法院109年度台上字第4353號刑事判決要旨謂：「……其立法理由略以：『一、刑法第126條第1項、第222第1項第5款及第286條均有以凌虐作構成要件之規範，依社會通念，凌虐係指凌辱虐待等非人道待遇，不論積極性之行為，如時予毆打，食不使飽；或消極性之行為，如病不使醫、傷不使療等行為均包括在內。二、參酌德國刑法有關凌虐之相類立法例第225條凌虐受照顧之人罪、第343條強脅取供罪、第177條之加重強制性交，有關凌虐之文字包括有：qualen即長期持續或重複地施加身體上或精神上苦痛，以及Misshandeln即不計時間長短或持續，對他人施以身體或精神上的虐待。三、是以，倘行為人對被害人施以強暴、脅迫，或以強暴、脅迫以外，其他違反人道之積極作為或消極不作為，不論採肢體或語言等方式、次數、頻率，不計時間之長短或持續，對他人施加身體或精神上之凌辱虐待行為，造成被害人身體上或精神上苦痛之程度，即屬凌虐行為。』是祇要以強暴、脅迫或其他違反人道之積極作為或消極不作為之方法，使他人承受凌辱虐待等非人道待遇，即屬凌虐行為，尚不以長期性、持續性或多次性為必要。該項關於凌虐之定義性規定，適用於刑法分則所有與凌虐構成要件有關之規定。至同法第286條第1項修正理由雖謂：「實務上認為凌虐行為具有持續性，與偶然之毆打成傷情形有異」，旨在說明增訂第10條第7項前之實務見解，自不得據此認為該條所稱之凌虐構成要件，以具有持續性為必要。又同法第286條第3項係同條第1項之加重結果犯，只要行為人主觀上對於被害人為未滿18歲之人，明知或有預見之不確定故意，而施以前開凌虐行為，因而發生死亡之加重結果，兩者間有相當因果關係，且行為人對於該加重結果之發生主觀上雖無預見，但客觀上有預見可能性，即成立該項前段之罪。倘行為人對於加重結果之發生有所預見，則屬故意犯之範疇，應論以兒童及少年福利與權益保障法第112條第1項前段、刑法第271條第1項之殺人罪。……」等語。

3. 本題中甲因不耐其6個月大兒子A哭鬧，用力搖晃導致A摔落地面死亡。其行為依上開判決要旨，甲主觀上對於被害人為未滿18歲之人，明知或有預見之不確定故意，而施以前開凌虐行為，因而發生死亡之加重結果，兩者間有相當因果關係，且行為人對於該加重結果之發生主觀上雖無預見，但客觀上有預見可能性，即成立第286條第3項之罪。
4. 又第247條第1項規定：「損壞、遺棄、污辱或盜取屍體者，處六月以上五年以下有期徒刑。」
   最高法院100年度台上字第978號刑事判決要旨謂：「所謂教唆犯，係指以使他人犯罪為目的，對於本無犯罪意思之人，以挑唆或勸誘等方式，使其萌生犯罪決意進而實行犯罪之行為者而言。若係為實現自己犯罪目的而參與犯罪之謀議，或就實行犯罪之方法或程度有所計劃，並推由他人出面實行犯罪之行為，其參與謀議者應成立同謀共同正犯，而非教唆犯。所謂教唆犯，係指以使他人犯罪為目的，對於本無犯罪意思之人，以挑唆或勸誘等方式，使其萌生犯罪決意進而實行犯罪之行為者而言。若係為實現自己犯罪目的而參與犯罪之謀議，或就實行犯罪之方法或程度有所計劃，並推由他人出面實行犯罪之行為，其參與謀議者應成立同謀共同正犯，而非教唆犯。」

本題中甲託乙以垃圾袋包裹A屍體掩埋於某墓園之行為，係推由乙出面實行犯罪行為，故應論以遺棄屍體罪之共同正犯，而非教唆犯。

(二)

1. 第247條第1項規定：「損壞、遺棄、污辱或盜取屍體者，處六月以上五年以下有期徒刑。」本題中乙受甲之託，以垃圾袋包裹A屍體掩埋於某墓園之行為，成立本罪。
2. 第168條規定：「於執行審判職務之公署審判時或於檢察官偵查時，證人、鑑定人、通譯於案情有重要關係之事項，供前或供後具結，而為虛偽陳述者，處七年以下有期徒刑。」乙就甲之行為，以證人身分具結後做虛偽之證述，自成立第168條之偽證罪。

NOTE

高普 | 地方 | 原民
各類特考

一般行政、民政、人事行政

1F181111	尹析老師的行政法觀念課 ---- 圖解、時事、思惟導引	尹析	690 元
1F141111	國考大師教你看圖學會行政學	楊銘	670 元
1F171111	公共政策精析	陳俊文	590 元
1F271071	圖解式民法 (含概要) 焦點速成 + 嚴選題庫	程馨	550 元
1F281111	國考大師教您輕鬆讀懂民法總則	任穎	490 元
1F291111	國考大師教您看圖學會刑法總則	任穎	470 元
1F331081	人力資源管理 (含概要)	陳月娥 周毓敏	490 元
1F351101	榜首不傳的政治學秘笈	賴小節	570 元
1F591091	政治學 (含概要) 關鍵口訣＋精選題庫	蔡先容	620 元
1F831111	地方政府與政治 (含地方自治概要)	朱華聆	630 元
1F241101	移民政策與法規	張瀚騰	590 元
1E251101	行政法 -- 獨家高分秘方版測驗題攻略	林志忠	590 元
1E191091	行政學 -- 獨家高分秘方版測驗題攻略	林志忠	570 元
1E291101	原住民族行政及法規 (含大意)	盧金德	600 元
1E301091	臺灣原住民族史及臺灣原住民族文化 (含概要、大意)	邱燁	590 元
1E571111	公共管理 (含概要) 精讀筆記書	陳俊文	610 元
1F321111	現行考銓制度 (含人事行政學)	林志忠	560 元
1N021111	心理學概要 (包括諮商與輔導) 嚴選題庫	李振濤	近期出版

以上定價，以正式出版書籍封底之標價為準

學習方法 系列

如何有效率地準備並順利上榜，學習方法正是關鍵！

榮登新書快銷榜

連三金榜 黃禕

翻轉思考 破解道聽塗說	適合的最好 調整習慣來應考	一定學得會 萬用邏輯訓練

三次上榜的國考達人經驗分享！
運用邏輯記憶訓練，教你背得有效率！
記得快也記得牢，從方法變成心法！

作者線上分享

網路書店

作者在投入國考的初期也曾遭遇過書中所提到類似的問題，因此在第一次上榜後積極投入記憶術的研究，並自創一套完整且適用於國考的記憶術架構，此後憑藉這套記憶術架構，在不被看好的情況下先後考取司法特考監所管理員及移民特考三等，印證這套記憶術的實用性。期待透過此書，能幫助同樣面臨記憶困擾的國考生早日金榜題名。

最強校長 謝龍卿

榮登博客來暢銷榜

經驗分享＋考題破解
帶你讀懂考題的know-how!

作者線上分享

open your mind！
讓大腦全面啟動，做你的防彈少年！

108課綱是什麼？考題怎麼出？試要怎麼考？書中針對學測、統測、分科測驗做統整與歸納。並包括大學入學管道介紹、課內外學習資源應用、專題研究技巧、自主學習方法，以及學習歷程檔案製作等。書籍內容編寫的目的主要是幫助中學階段後期的學生與家長，涵蓋普高、技高、綜高與單高。也非常適合國中學生超前學習、五專學生自修之用，或是學校老師與社會賢達了解中學階段學習內容與政策變化的參考。

多元教育培訓
數位創新

現在考生們可以在「Line」、「Facebook」粉絲團、「YouTube」三大平台上，搜尋【千華數位文化】。即可獲得最新考訊、書籍、電子書及線上線下課程。千華數位文化精心打造數位學習生活圈，與考生一同為備考加油！

頂尖名師精編紙本教材

超強編審團隊特邀頂尖名師編撰，
最適合學生自修、教師教學選用！

千華影音課程

超高畫質，清晰音效環
繞猶如教師親臨！

TTQS 銅牌獎

實戰面授課程

不定期規劃辦理各類超完美考前衝刺班、密集班與猜題班，完整的培訓系統，提供多種好康講座陪您應戰！

遍布全國的經銷網絡

實體書店：全國各大書店通路

電子書城：

Google play、Hami 書城 …

Pube 電子書城

網路書店：

千華網路書店、博客來

MOMO 網路書店…

書籍及數位內容委製服務方案

課程製作顧問服務、局部委外製作、全課程委外製作，為單位與教師打造最適切的課程樣貌，共創1+1=無限大的合作曝光機會！

多元服務專屬社群 @ f YouTube

千華官方網站、FB 公職證照粉絲團、Line@ 專屬服務、YouTube、考情資訊、新書簡介、課程預覽，隨觸可及！

國家圖書館出版品預行編目(CIP)資料

(高普考)國考大師教您看圖學會刑法總則/ 任穎編著. -- 第十版. -- 新北市 : 千華數位文化股份有限公司, 2022.01

面； 公分

ISBN 978-986-520-866-0 (平裝)

1.刑法總則

585.1　　110021938

[高普考]　**國考大師教您看圖學會刑法總則**

編　著　者：任　穎

發　行　人：廖　雪　鳳
登　記　證：行政院新聞局局版台業字第 3388 號
出　版　者：千華數位文化股份有限公司
地址／新北市中和區中山路三段 136 巷 10 弄 17 號
電話／(02)2228-9070　傳真／(02)2228-9076
郵撥／第 19924628 號　千華數位文化公司帳戶
千華公職資訊網 : http://www.chienhua.com.tw
千華網路書店 : http://www.chienhua.com.tw/bookstore
網路客服信箱 : chienhua@chienhua.com.tw

法律顧問：永然聯合法律事務所
編輯經理：甯開遠
主　　編：甯開遠
執行編輯：陳資穎
校　　對：千華資深編輯群
排版主任：陳春花
排　　版：邱君儀

出版日期：2022 年 1 月 5 日　　第十版／第一刷

本書如有勘誤或其他補充資料，
將刊於千華公職資訊網　http://www.chienhua.com.tw
歡迎上網下載。